ちくま学芸文庫

増補　責任という虚構

小坂井敏晶

筑摩書房

はじめに

責任とは何か。

一言に責任といっても刑事責任・民事責任・政治責任・道徳責任などがある。窃盗や強盗殺人のように個人が負う責任もあれば、薬剤事件や原発事故などのように企業・集団に対して問われる責任もある。最近の事件に関する責任もあれば、ナチス・ドイツや大日本帝国が過去になした戦争犯罪などの歴史的責任も挙げられる。これらすべてに共通する責任とは何なのか。様々な形態の責任を貫く本質があるのだろうか。あるいは同じ言葉を使っても実は違う現象を意味するのだろうか。

二〇〇四年のイラク人質事件を契機に自己責任という表現が社会に定着した。それ以降この言葉は、組織を司る権力者が責任を逃れ、弱者に責任を押し付けるためのスローガンになった。このように集団から個人へと責任が転嫁される場合もあれば、逆に個人から集団へと責任が移転・拡大されることもある。教員・警察官・大企業の社員などが犯罪をなすとマスコミは大きく取り上げる。世間は糾弾し、組織の長が謝罪する。私生活の上で生ずる犯罪を防止する術は組織にない。にもかかわらず組織が遺憾の意を表すのは何故なのか。これらは逆方向に作用する二つの別な社会現象なのか、それとも両者の背景には同じ論理が横たわるのだろうか。

しばしば責任は自由と対で言及される。自由と自分勝手は違う、自由には責任が必ず伴う。こう考える人は多い。しかし自由と責任は本当に関連があるのか。自由になされた行為だから責任を負うという常識に誤りはないのか。

愛する人が殺される。遺族は悲しみ、犯人を憎む。極刑に処すべきだ。罪なき人間を殺した責任をとれ。しかし何故、死刑が責任の成就になるのか。腹いせのための復讐とどこが違うのか。死刑制度に抑止力がない事実は知られている。それでも死刑を望む人は多い。何故だろう。責任という社会制度はどのような論理構造に支えられているのだろうか。

問題設定

人間が主体的存在であり、自己の行為に責任を負うという考えは近代市民社会の根本を支える。殺人など社会規範からの逸脱が生じた場合、その出来事を起こした張本人を確定し、その者に責任能力が認められる限り、懲罰を与える。人間が自由な存在であり、自らの行為を主体的に選び取るという了解がそこにある。

他方、人間が自律的な存在ではなく、常に他者や社会環境から影響を受けている事実を社会科学は実証する。行動が社会環境に左右されるなら、責任を負う根拠はどこにあるのか。

各人の性格が行動の一因をなす事実を持ち出しても、この問題は解決できない。確かに人間の行動は外界の要因だけで決定されない。しかし人格という内的要因も本を正せば、親から受けた遺伝形質に家庭教育や学校などの社会影響が作用して形成される。我々は結局、外来要素の沈殿物にすぎない。私は一つの受精卵だった。父の精子と母の卵子が結合して受精卵ができ、外界の物質・情報が加わってできたのが私だ。したがって私が取る行動の原因分析を続ければ、最終的に行動の原因や根拠を私の内部に定立できなくなる。

さらには脳科学や認知心理学が明らかにするように、行為は意志や意識が引き起こすのではない。意志決定があってから行為が遂行されるという常識は誤りであり、意志や意識は他の無意識な認知過程によって生成される。

人間行動を理解する上で、文化や教育など社会環境を重視するアプローチと、個人の遺伝要素を重視するアプローチが対立してきた。しかし遺伝説にせよ、社会環境説にせよ、人間行動を客観的要因に還元する以上、そこから人間の自由意志は導けない。両者を折衷しても事情は変わらない。自律的人間像に疑問を投げかける科学の因果論的アプローチと、自由意志によって定立される責任概念の矛盾をどう解くか。

二つの事実や理論の間に矛盾が見つかる場合、そのうちの一方を採用して他方を否定する解決に我々は走りやすい。しかしどちらの事実・理論も維持しながら、考え方の出発点を再考して矛盾を止揚する方がより根本的な解決をもたらす。[1]自由や責任が実証科学の成果と矛盾して見えるのは、発想の根本で勘違いするからではないか。自由や責任を因果関係の枠組みで我々は理解するが、自由や責任は別の論理によるのかもしれない。

こんな話がある。ある夜、道ばたの街灯近くで捜し物をする人に出会う。どうしたのかと尋ねると、鍵を落としたので家に帰れないと言う。一緒に探したが見つからない。そこで、この近くで落としたのは確かなのかと確認すると、いや落としたのは他の場所だが、そこは暗くて何も見えない。だから街頭近くの明るいところで探していると答えた。我々も探すべきところを探さずに、慣れた思考枠に囚われていないか。自由や責任を因果関係で理解する常識は、この街灯の光に相当しないだろうか。

本書は規範論ではない。責任をどう取るべきかという議論はしない。実際に人間はどう行動するのか、責任と呼ばれる社会現象は何を意味するのか、これが本書の課題である。例えば responsibility = 応答可能性に依拠する主張がある。[2]しかし実際に人間は応答しているのか。またもし応答するとしたら、それは何故なのか。

「道義上の責任はあるが、法的責任はない」とうそぶく政治家や官僚がいる。政治責任や法的責任が現実の制裁を引き起こすのに対し、道徳責任は結果が目に見えないために、こういう言動がなされる。しかし理論的観点からは道徳責任の方がより重要な問題を孕む。法律は人間が相談して決める協約だから、時代や社会によって内容が変わるのは当然だ。政治責任も、その時ごとの政治情勢に左右される。だが、道徳責任の根拠を問うことは、汝殺すなかれという戒律に疑問を投げかけることを意味する。

以上の問題意識に導かれて、責任は社会的に生みだされる虚構だと主張する。道徳や真理に根拠はない。しかしそれにもかかわらず、揺るぎない根拠が存在すると感知されなければ人間生活は営めない。虚構として根拠が成立すると同時に、その恣意性・虚構性が隠蔽される。人間が作り出す規則にすぎないのに、法や道徳が普遍的価値を体現するのは何故なのか。

虚構と言うと、嘘・偽り・空言のように事実と相違しているという消極的な意味で理解される。だが、虚構は事実の否定ではない。個人心理から複雑な社会現象にいたるまで虚構と現実は密接な関わりを持つ。虚構の助けなしには、我々を取り巻く現実がそもそも成立しない。

本書の構成

具体的には次の順序で考えていく。先ず序章「主体という物語」で、社会心理学と脳科学の立場から人間の主体性に疑問を投げかける。[3] 後に続く章で展開される議論の出発点として、自由意志が行為を導くという常識を斥ける。

この知見を背景に第1章でホロコーストを再考する。六〇〇万人のユダヤ人が虐殺されたのはヒトラーの狂気だけが原因ではない。命令を下すだけで人は死なない。実際に手を汚したのは私たちと変わらない普通の人々だ。当時のドイツと同じ状況に投げ込まれたら、私たちも殺人を犯すのか。責任転嫁の仕組みを中心に集団殺戮の機構を分析しよう。

第2章は死刑制度に光を当てる。死刑判決から処刑までには夥しい数の人々が関わる。殺人に伴う罪悪感はどんどんと転嫁され、死刑執行の最終責任者はどこにもいない。ホロコーストや戦争犯罪のような悪だけでなく、必要と認められている制度も実は同じ心理機制のおかげで維持される。

第3章では冤罪を扱う。冤罪は人類の歴史とともに生まれ、多くの人々が苦汁をなめてきた。それは単に法制度の欠陥が原因でもなければ、捜査官や裁判官の資質だけが問題なのでもない。司法制度は分業の下に多くの人々が関わって運営される。集団行為は関係者の意志を超え、自己運動を展開する。その意味で逸脱行為・事件としてではなく、ある条件を満たせば必ず生ずる事故として冤罪を把握し直す必要がある。

だが、冤罪が必然的に生ずる原因はそれだけでない。より根源的に罪および責任の本質と深い関わりを持つ。その点を解明するため、次の二章では責任の正体に迫るべく、理論的見地から考察する。(4)先ず第4章で意志・行為・自由・責任の概念分析を通して、自由意志による行為だから責任を負うという近代個人主義的了解の誤りを明らかにする。次に第5章で、行為の因果律とは別の原理によって責任が問われる事実を敷衍するために集団責任の論理構造を分析する。さらに責任概念・現象の歴史的変遷を視野に収めた上で責任の正体を突きとめたい。

最終の第6章において、道徳や社会秩序の根拠生成を検討する。前近代では神や自然など、共同体の〈外部〉に投影される超越的存在が秩序を根拠づけた。神を殺した近代は、どのように社会秩序を正当化するのか。人間によって生み出されるにもかかわらず、社会秩序は人間から遊離し、〈外部〉として我々の前に姿を現す。貨幣と贈与を例にとって根拠の成立構造を示そう。最後にジョン・ロールズの『正義論』を批判材料に、社会秩序を合理的に構築する近代的試みの先に待つ陥穽を明らかにしたい。

地獄への道は善意で敷き詰められている。ものを考える際の最大の敵は常識という名の偏見だ。倫理的配慮が絡みやすいテーマを考えるときこそ、常識の罠を警戒しなければならない。善意が目を曇らせる。良識と呼ばれる最も執拗な偏見をどうしたら打破できるか。できるだけ虚心になって責任を考察しよう。

註

（1）アインシュタインの研究姿勢はこの発想で貫かれている。例えばL・インフェルト『アインシュタインの世界』（武谷三男・篠原正瑛訳、講談社、ブルーバックス、一九七五年）、F. Balibar, *Einstein 1905. De l'ether aux quanta*, PUF, 1992、拙著『答えのない世界を生きる』（祥伝社、二〇一七年）、三一―三七頁を参照。

（2）大庭健『自分であるとはどんなことか』（勁草書房、一九九七年）、一七七頁、同『他者とは誰のことか』（勁草書房、一九八九年）、三〇〇頁、同『「責任」ってなに？』（講談社現代新書、二〇〇五年）、一五―三八頁、斎藤慶典『レヴィナス　無起源からの思考』（講談社選書メチエ、二〇〇五年）、徐京植・高橋哲哉『断絶の世紀　証言の時代――戦争の記憶をめぐる対話』（岩波書店、二〇〇〇年）、九〇―一四八頁、高橋哲哉『戦後責任論』（講談社、一九九九年）、二三―五四頁、瀧川裕英『責任の意味と制度』（勁草書房、二〇〇三年）、一二七―一六四頁。

（3）社会心理学では、ある状況下で責任が問われる際、どのような帰属バイアスが生じるかという問題設定がなされる（萩原滋『責任判断過程の分析』［多賀出版、一九八六年］、F. Heider, *The Psychology of Interpersonal Relations*, Wiley, 1958; B. Weiner, *Judgments of Responsibility: A Foundation for a Theory of Social Conduct*, Guilford Press, 1995）。発達心理学では、責任帰属の仕方が個人の発達段階に応じて異なる事実が明らかにされている（J. Piaget, *Le jugement moral chez l'enfant*, PUF, 1932; L. Kohlberg, *The Philosophy of Moral Development: Moral Stages and the Idea of Justice*, Harper and Row, 1981）。しかしこれらのアプローチは、そもそも責任とは何なのかという基礎的問いには触れない。

（4）第4章と第5章の大筋は、二〇〇五年九月に慶應義塾大学で開催された日本心理学会第六九回大会特別講演で口頭発表した後、T. Kozakai, "Une interprétation psychosociale de la responsabilité morale",

Bulletin de Psychologie, *481*, 2006, p. 81-291; T. Kozakai, "Moral Responsibility and Social Fiction", *in* K. Gergen, T. Sugiman & W. Wagner (Eds.), *Meaning in Action: Constructions, Narratives and Representations*, Springer, 2007, p. 289-301; T. Kozakai, "De la responsabilité collective: Esquisse d'une théorie de la fiction sociale", *Bulletin de Psychologie*, *494*, 2008, p. 131-144 に発表した。

目次

増補　責任という虚構

序章　主体という物語

人間は主体的存在であり、自己の行為に責任を負わねばならない。この考えは近代市民社会の根本を支える。殺人など、社会規範からの逸脱が生じると、その出来事を起こした犯人が確定され、懲罰が与えられる。だが、それは当人に責任能力が認められる限りでのことだ。したがって心神喪失や正当防衛・緊急避難など、他の行為を選択できない場合は責任が問われない[1]。犯罪を踏みとどまる可能性があるから、犯罪行為をなせば責任が発生する。しかし社会科学や認知科学はこの自律的人間像に疑問を投げかける。責任を考えるにあたり、人間主体性の批判的検討から始めよう。

ハンナ・アーレントによるホロコースト分析

一九六〇年五月一一日夕刻、追手を逃れてアルゼンチンの首都ブエノス・アイレスの郊外に潜伏していた旧ナチス幹部アドルフ・アイヒマンは、イスラエル秘密諜報機関によって拉致された。アウシュヴィッツ強制収容所の毒ガス室や火葬焼却炉の建設を推進した張本人だ。そして九日後にはイスラエルに密かに護送され、世界中が注目する裁判が翌六一年の四月一一日に開始された。

全体主義について名著を残した政治哲学者ハンナ・アーレントはこの裁判を傍聴し、米国誌『ニューヨーカー』で分析した。これは後に『イェルサレムのアイヒマン』という本として出版される。ところが、彼女の分析は発表されるやいなや世界中に激しい論争を巻き起こし、特にユダヤ人からの厳しい糾弾をうける。批判の的になった原因は三つあった。第一にアーレントが描き出したアイヒマンのイメージ、そして著書の副題にもなった「悪の陳腐さ」という概念、第二にユダヤ人を突き放したような口調・表現、そして第三には虐殺にユダヤ人自らが貢献したという主張。たとえばフランスの週刊誌『ヌーヴェル・オプセルヴァトゥール』に「ハンナ・アーレントはナチスの手先か」という特集が組まれた。批判は歴史学や政治学という学問界を超えて感情的な中傷に及んだ。(2)『イェルサレムのアイヒマン』は発刊後すでに五〇年以上を経た現在でも論争の的になっている。(3)

人間の自由と責任を考察する意図からは、彼女が批判された第一の理由すなわち「悪の陳腐さ」という発想に注目しよう。正確には悪が陳腐なのでなく、悪を犯した人間と悪を引き起こしたメカニズムについての表現である。ナチスによるユダヤ人虐殺が人類史上未曾有の犯罪なのはまちがいない。しかしそれは精神異常者が起こした事件ではなく、普通の人間の正常な心理過程を経て生じた出来事だとアーレントは主張した。ホロコーストから半世紀以上を経て冷静な目で問題を捉えるようになった今日でも、このような提議はにわかに受け入れがたい。

アーレントはナチス擁護の修正主義者どころか、不朽の名著『全体主義の起源』や『人間の条件』に代表されるように全体主義の本質を客観的につかもうと努力した政治哲学者だ。彼女自身ナチスの魔手を逃れてアメリカ合衆国に亡命したユダヤ人でもある。

確かにヒトラーはユダヤ人を極端に嫌悪した人間だった。嗜虐的傾向を持ち、精神的にも円満であるとは言いがたい。しかしアイヒマンはそのような性格破綻者ではなかった。どちらかというと穏やかな人柄で目立たず、自分自身の考えをあまり主張しない人間だった。ユダヤ人を毛嫌いしたわけでもない。性格にまったく異常がないという判断が数人の精神科医から出されている。(4) では何故アイヒマンは絶滅収容所の建設を熱心に実行したのか。

アイヒマンだけの問題ではない。虐殺政策を立てるだけでは数百万の人々を殺せない。

銃の撃鉄を引く、あるいは強制収容所に移送してガス室に押し込め、毒ガスを流すという、殺人に実際に手を下す履行者がいなければ人間は現実に死なない。次章で詳しく検討するように、ホロコーストの虐殺に加わった者の大多数は決して精神異常者などでなかった。なぜ普通のドイツ人が殺人に加担したのか。

一般に認められている臨床基準に照らし合わせる時、ナチス親衛隊員のうち「精神異常」と呼べる者の割合は一〇%を超えない。この所見は生存者の証言全体から導かれたものだ。ほとんどの収容所において嗜虐的な親衛隊員はたった一人あるいはほんの一握りにすぎなかった。もちろん他の親衛隊員も善良とは呼べないが、常軌を逸した行動を取る人間ではなかった。我々の所見では、ナチス親衛隊員は指導者か部下かを問わず、アメリカ軍やカンザス市警察の新規採用者として心理テストを受けたならば、圧倒的多数が合格しただろう。(5)

当時のドイツの状況におかれれば、同様の犯罪に我々も手を貸したというのか。いったいアーレントの考えは正しいのか。上から命令されれば、我々は罪のない者を拷問にかけ、殺害してしまうのか。

アイヒマン実験

アーレントの分析が非難の嵐を巻き起こす頃、アメリカ合衆国でスタンレー・ミルグラムという若い社会心理学者が、後に世界中を仰天させる実験を行っていた。

実験は次の筋書きの下に行われた。[6] 新聞広告を出し「学習と記憶に関する実験」への参加を広い市民層に呼びかけた。実験には二人の被験者と、白衣を着た実験担当者（ミルグラムの助手）とが参加する。二人の被験者のうちどちらか一人が「先生」の役、そしてもう一人が「生徒」の役を務める。生徒役は単語の組合せを暗記し、後ほど思い出さなければならない。[7] 他方、生徒が誤った解答をするたびに先生は罰として電気ショックを与える。どちらが生徒あるいは先生になるかはクジ引きで決める。

それぞれの役割が決まったら全員一緒に実験室に入る。そこには電気イスが設置され、白衣の実験者は生徒が逃げられないよう電気イスに縛りつける。生徒の両手を電極に固定し、身動きできないことを確認した後に先生役は初めの部屋に戻り、電気ショック送信装置の前に座る。装置にはボタンが三〇あり、順に一五ボルト、三〇ボルト、四五ボルト……というように一五ボルトずつ電圧が上がる。最後のボタンを押すと四五〇ボルトの高圧電流が流れる仕掛けだ。そして誤答の度に一五ボルトずつ電圧を上げるよう指示される。

さて実験が始まった。生徒と先生はインターフォンを通して話す。生徒は時々まちがえる。電気ショックの強度が徐々に上がる。七五ボルトに達した時に、それまで平気で答えていた生徒が呻き声をもらす。一二〇ボルトに達すると「痛い。ショックが強すぎる」と訴えるようになる。しかし実験はさらに続く。一五〇ボルトになると「もうだめだ。出してくれ。実験はやめる。これ以上は続けられない。実験を拒否する。助けてくれ」と叫ぶ。ショックを受けるごとに悲鳴は強くなるばかりだ。二七〇ボルトになると実験停止の要求というより断末魔の呻きに近い。「学習と記憶に関する実験」どころか完全な拷問だ。三〇〇ボルトになると、「これ以上は質問されても答えるのを拒否する。とにかく早く出してくれ。助けてくれ。心臓が止まりそうだ」と生徒は繰り返す。これ以降は質問をしても返答がない。だが、数秒間待って答えがない場合は誤りと判断してショックを与えよと実験者が指示する。生徒が返答を拒否しても先生役はボタンを押し続けなければならない。さらに実験は進み、電圧がますます上がる。生徒は苦しみの叫び声を挙げ、助けてくれと繰り返すのみ。三四五ボルトに達した時、生徒の声がまったく聞こえなくなった。それまで叫び続けていたのに急に反応がなくなった。気絶したのだろうか、あるいはもしかすると最悪の事態に……。しかし実験はまだ容赦なく続く。そして最終の四五〇ボルトのボタンに達してもショックを与え続けろと指示される(8)。

以上がミルグラムの行った有名な「権威への服従」実験のあらましだ。生徒役は脚本にしたがって演技するサクラだった。常にサクラが生徒役、本当の被験者が先生役になるようにクジに仕掛けがしてある。実際には通電されず、あらかじめ録音されたサクラの演技がマイクから聞こえてくるだけだ。だが、被験者には十分な現実感がある。生徒が死んだのではと被験者の一部は心配したし、失神など重大な事態が起きたと思った被験者は多かった(9)。会ったばかりの罪なき人を拷問し、下手をすると殺すかもしれないという状況設定だ。心理学の研究のためとはいえ、どれだけの被験者が四五〇ボルトの電気ショックを与えるだろうか。

サクラが助けを求め始めた時点で、実験を続けるべきかどうかと被験者の多くは問い質す。だが、白衣の実験者に促されると躊躇しながらも実験を続行してしまう。サクラの叫びが切実になるにつれて被験者の表情がこわばり、実験中止を提案したり、電気ショックを与えるのをいったんは拒否する。だが、実験者が続行を指示すると、責任は持てないと断りながらも多くの被験者は拷問を再開する(10)。

ミルグラムの実験には合計およそ一〇〇〇人の被験者が参加した。毎回被験者四〇人のグループを作り、実験条件をいろいろと変えた。結果を比較できるように各実験グループは似た構成にした。内訳をみると約四割は工員・単純労働者、四割はホワイトカラー、残りの二割が管理職だった。年齢別では二割が二〇歳代、四割が三〇歳代、四割が四〇歳以上。先に説明した基本設定では四〇人の男性が実験に参加し、そのうち二六人すなわち六五％が最高電圧の四五〇ボルトに達し、実験者が止めるまで拷問を続けた(11)。

ユダヤ人ミルグラムが社会心理学を専攻したそもそもの理由は、ホロコーストで殺人に加担した人間の心理が知りたかったからだ。まさか正常な精神の持ち主が残虐行為に手を貸すはずがない。彼はこの実験を構想したとき信じていた。[12]

おぞましく、意気消沈させる結果だった。[……]少し前まで素朴な考えに囚われていた私は、邪悪な政府がアメリカ合衆国に生まれても、ドイツで維持されたような死の収容所を管理するために必要な道徳欠陥者は国中を探しても見つからないだろうと思っていた。だが、ニューヘイヴン[実験の実施されたイェール大学の所在地]だけでも必要な人員を集められるだろうと今は思い始めている。正当な権威が発する命令だと思いさえすれば、ほとんどの人々はどんな種類の行為であろうと、やれと言われれば良心の呵責を感じることなく実行してしまうのだ。[13]

服従の原因

実験内容を詳しく説明し、自分自身が被験者だったら、どの電圧に達したときに実験続行を拒否するかと精神科医三九名、学生三一名、その他多様な社会層出身者四〇名に尋ねた。「もうだめだ。出してくれ」とサクラが叫ぶ一五〇ボルトの時点が限界だとほとんどの人々が回答し、最高電圧の四五〇ボルトまで続ける人は皆無だった[14]。では自分自身でなく他の人の行動予測としてはどうか。他の精神科医四〇人に被験者の行動予測を尋ねたら、ほとんどの被験者は一五〇ボルトに達した時点で実験を中止するだろうと言う。三〇〇ボルトまで続けるのは全体の四％以下、最高電圧の苦痛を与える者は人口一〇〇〇人当たり一人にすぎないとの所見だった（精神科医四〇人の平均値[15]）。大学在学生・卒業生・社会学者そして様々な職業に就く中流層の人々にも尋ねたが、社会背景の違いにもかかわらず驚くほど一様な判断を示し、四五〇ボルトまで電気ショックを与える人はまずいない、もし仮にいてもおそらく人口の一、二％だろうと答えた[16]。ちなみに精神科医の予測が他の人々に比べてとりわけ低いが、その意味については第5章で再考しよう。

実験結果がなぜ、我々の抱く人間観と大きく乖離したのだろうか。普通の人間ならこんな残酷な仕打ちはできない、自分なら途中で実験を拒否するという確信の背景には、人間は自己の行動への制御能力を持ち、よほど強い脅迫・強制でもない限り、意志にそぐわない行為をしないという合理的人間像がある。

この実験は一九六〇年代半ばにアメリカ合衆国で実施されたが、国民性や時代背景が高い服従率の原因だとは考えにくい。追試実験がドイツ・南アフリカ共和国・オーストリア・ヨルダン・スペインなどで実施され、ミルグラム実験以上に高い七割から九割にも上る服従率を示した。したがってアメリカ人の国民性では研究結果を説明できないし、これら実験の実施時期は一九六〇年代末から一九八〇年代半ばにわたっており、特別な社会状況に依存するとは考えられない[17]。国により服従率がいくらか高かったり低かったりするが、それは本質的問題ではない。なぜ、これほど多くの人々が簡単に拷問するのか。

先に示したミルグラム実験の被験者は全員男性だった。しかし性別も服従率と関係ない。女性被験者を起用して実験を行っても、男性と同様に四〇人のうち二六人（六五％）が四五〇ボルトの最終電圧まで拷問を続けた[18]。

被験者の六五％が服従し、残りの三五％は途中で拷問を拒否した。被験者の社会的背景と、拷問に追従する傾向との関係をミルグラムは検討した。学生と社会人では反応にほとんど違いがない。プロテスタント信者やユダヤ教徒に比べると、カトリック教徒はほんのわずかだが服従しやすい。高学歴者の方が拒否する傾向がほんの少しだが強い。民主党支持者と共和党支持者の間には差がない。軍隊に長期間務めた者はいくらか服従傾向がある。職業上、高い道徳を要求される弁護士・教師・医者と、人間よりもモノと接する機会の多い物理学者やエンジニアとを比較すると、拒否傾向は前者の方がやや高い。だが、これらの差違はどれもわずかであり、三分の二の人々が拷問した事実を理解する手助けにはならない[19]。

では何が原因なのか。普段の生活では理性の仮面を被っているが、いったん状況が許しさえすれば凶暴な本性をむき出しにするのが人間なのだろうか。この考えが正しければ、実験室に入れられ、科学の名の下に他人を傷つけることを許されるやいなや誰でも拷問し始めるだろう。だが、この説明も検討され、退けられている。もし人間の生得的攻撃性が原因なら、一五ボルトずつショックを強くせよと指示しなくとも高電圧のショックを自発的に選ぶはずだ。しかし誤答のたびに与えるショックの電圧を被験者に自由に選択させる場合、一五〇ボルトを超える者は四〇人のうち二人にすぎなかった。[20]

人格・国民性・教育・イデオロギーあるいは本能などに依拠する説明は、行動や判断の原因を行為者の内的性質に求める。だが、人間は真空状態において行動するのではなく、社会状況に大きく影響される。[21] 後述するように、実験状況をほんの少し変化させるだけで服従率が大幅に上下するのはそのためだ。

個人の人格・教育・信仰などが行動に無関係だと主張するつもりはない。三五％の被験者は拷問を拒否した。しかし大半の人々が権力に簡単に服従し拷問に加担する事実は人格やイデオロギーのせいにするだけでは済まされない。職業・宗教・支持政党などに注意しながら、特別な階層に被験者が偏らないように、工員・郵便局員・教師・販売員・エンジニア・単純労働者・会社経営者・管理職など多様な背景を持つ一般市民をミルグラムは募った。学歴構成を見ても中学卒から博士号取得者までさまざまで、被験者のサンプリングが偏っていたわけではない。また被験者は自発的に実験参加を希望した人々であったが、そのことから残虐な傾向を持つ者ばかりが集まったとは考えられない。第一に彼らは学習と記憶に関する研究への参加を了承したのであり、拷問に巻き込まれるとは予想していなかった。第二に実験研究への参加を志願する者の方が、受動的に参加する者よりも一般的に服従率は低い。[22]

このように異常でも何でもない普通の人々のほとんどが見ず知らずの人を拷問にかけた。[23] 現実感が乏しく、生徒役が本当に苦しんでいると被験者が信じなかったために高い服従率が得られたのでもない。後ほど再確認するように被験者の多くは心理的苦痛を忍びながら拷問したのであり、十分な現実感があった。[24] 想像以上に人間は状況に強く影響されるのである。

問題の所在

我々の行動は他者に強く影響される。かといって外部環境の情報によって行動が完全に決定されるわけではない。ミルグラム実験では被験者の三分の一が拷問を拒否した。各国の追試実験では少なくとも一割の人々が抵抗した。人間の行為はその場の状況だけで完全に決まるわけではない。服従か抵抗かという結果は個人的要素にも依存する。したがって自由の余地は残されており、責任を負う必要が発生する。そこから自由・主体性（内因）と、外部環境による規定（外因）、それぞれの重みを探る問題意識が出てくる。

だが、この発想は初めから論理的誤りを犯している。個人的要素とは何か。生まれたばかりの赤ん坊を想像しよう。どんな環境で育つかにより、この子の性格は大きく左右される。遺伝形質も我々自身が選択した条件でなく、両親から受けた外的要素だ。生まれた時の所与に親や学校による教育が加わり、我々の人格が徐々にできる。生まれながらの遺伝形質でもなく、外界の影響でもない要因はない。偶然も外因だ。デカルトのような二元論を採るならば、肉体と別の存在として精神や霊魂を考えられるが、今日この立場を支持する科学者は稀だ。肉体と外界の影響の両方から独立する精神や主体性は存在しない。

アルコールや麻薬の中毒患者に育てられるか健全な人間を親に持つか、男として生まれるか女として生まれるか、あるいはナチス・ドイツの時代にドイツ人として生まれるかユダヤ人として生まれるか、我々は選択できない。しかしそれによって性格は大きく変わる。我々は結局、外来要素の沈殿物だ。私の生まれながらの形質や幼児体験が私の性格を作り行動を規定するなら、私の行為の原因は私自身に留まらず外部にすり抜ける。犯罪を犯しても、そのような遺伝形質を伝え、そのような教育をした両親が責められるべきではないか。どうして私に責任が発生するのか。もちろんこの論理は両親にも当てはまる。彼らにもまたその両親にも責任はない。この議論からわかるように、個人の肉体的・精神的性質に行動を帰しても主体的責任は導けない。

親や外界から人格を授かったとしても、他の誰でもないまさに自らの人格である以上、それに対して責任を持たねばならないという意見もある。だが、人格形成責任論は採れない。この発想は、人格により行為が決定論的に発生する事実を認めながらも、当該行為が生み出されるに至る原因としての人格を形成した自己責任を最終的根拠として問題にする。しかしこの論理は自己矛盾に陥る。行為を決定した人格を作り出した責任を問うためには、その人格形成の時点で「自由な行為者」を想定する。だが、その論拠たる「自由な行為者」も、それ以前に形成された人格に基づく以上、この論理は無限背進する(25)。

行為の原因を各人に固有な性質に求めても責任は定立できない。問題点を明確にするために次の二つのケースを考えよう。幼児を狙う性犯罪常習者がいる。この犯人は幼少のとき父親に自分自身、性的虐待を受け、そのトラウマが原因となり子供を見ると性衝動を抑えきれない。このような病的習慣を持つ人間は社会にとって重大な脅威だから、子供を扱う職業に就かせないなど行動を制限せざるをえない。あるいは隔離し刑務所や精神病院に閉じこめる必要がある。更生が不可能と判断される場合は死刑もありうるだろう。だが、いけないと知りつつも欲望に抗しきれず犯罪に走ってしまう人間は自由だろうか。行為に対する責任が発生するのは、その行為を踏みとどまる可能性があるからだ。社会環境や個人資質が原因で他の選択肢がないならば自由意志による行為とは考えられない。社会を保護するために、このような個人に対して隔離や行動制限などの手段を取らねばならないが、そのことは彼に責任があることを意味しない。子供を見れば必ず性衝動に駆り立てられるという偏執的性向は、この行為と犯罪者との関係を必然なものとし、他の結果が生じる可能性を除外する。したがって責任は発生しない。

逆に精神の健全な男が一度だけ過ちを犯すとしよう。彼の個人資質は正常で、普段は犯罪の危険性がないし、子供と一緒にいる時に性衝動が仮に生まれても、それに対して抵抗する能力を持つ。子供とみれば必然的・自動的に犯罪行為に及ぶのではなく他の選択肢もありうる。したがってこの男は自由を有し、また自由な人間だから自らの行為に責任を負わねばならない。

したがって次のパラドクスが我々の前に立ちはだかる。偏執的性犯罪常習犯は自己の行為に責任を取れない。それでも、再犯防止のため厳罰や去勢などの処置を通して行動習慣を変化させたり、社会隔離あるいは死刑などの措置が必要になる。それに対して、正常でありながら一度だけ過ちを犯した人間は、偏執的常習犯ほど危険な人物ではない。したがって罰は軽くていいし、去勢や隔離の必要もない。しかし自由に選択した行為であるから、自らの行為に対する責任が発生する。つまり個人資質を原因として犯罪行為可能性が高まるにつれて責任は逆に減少する。言い換えるならば、社会を保護する目的で科すべき正当な罰の重さは責任の重さに反比例する。

では責任があるから罰するのではなく、単に犯罪抑止のために罰があると考えればよいのか。壊れた機械を修理したりスクラップにして破棄処分するように、問題のある人間や社会にとって危険な人物は再教育したり刑務所や精神病院に閉じこめたり、あるいは死刑に処する。だが、正常に機能しない機械は修理するか壊すという発想ならば、責任は無駄な概念になる。[26]主体的責任を導くためには肉体的・精神的性質に行動を帰するだけでは不十分であり、行為者の意志との関係を問う必要がある。

ところで行為を起こす内因としての自由意志とは何なのか。責任概念の根拠をなす主体性は存在するのか。単に私の腕が上がるのではなく、私は腕を上げると言う時、腕を上げる意志決定を私がするという了解があるが、その意志とは何なのか。意志決定をする私とは一体何なのか。意志決定の後に行為が遂行されると我々はふつう思うが本当にそうだろうか。以下では社会心理学や脳科学の実証的観点から人間の自由・自律性について考えよう。

意識と行動の乖離

ミルグラムの研究だけでなく、社会心理学では膨大な数の研究を通して、人間が簡単に影響される事実を明らかにしている。しかし同時に我々は自律感覚を持ち、自己であるか他者であるかを問わず、人間行動の原因を当人の内的要素に求める傾向がある。あまりにも強い錯覚であるために、人間の存在形態に根源的なバイアスという意味で、「根本的帰属誤謬（Fundamental Attribution Error）」という表現が生まれた[27]。人間の他律性という科学的事実と、我々の自律感覚はどう両立するのか。ミルグラムの実験に戻ろう。命令を遂行する被験者の冷徹な態度にミルグラムは驚く。

　生徒役［サクラ］が最初に痛がった時、バッタ氏［先生役の被験者］は何の感情も示さなかった。生徒の尋常でない反応がまるで自分に無関係であるかのように被験者の顔には感情の起伏がまったく現れない。生徒役の手を電極に押しつけるように実験者が指示しても［この実験設定では先生と生徒が同じ部屋に入れられる。電気ショックから逃れるために生徒が手を持ち上げるように指示してあり、罰を与えるためには先生役の被験者が生徒の手を強制的に電極に押しつける必要がある］、被験者は機械的に命令を実行するだけだ。［……］驚くべきは、生徒の反応に被験者がまったく無関心な様子だ。まるで生徒を人間だと認識してないかのようだ。しかし同時に、実験者に対しては礼儀正しい態度で服従を示す。

　三三〇ボルトになると、これ以上は電極にも触れないし、回答も拒否すると生徒が言う。すると困惑顔のバッタ氏は「ちゃんと答えて早く終わった方がいい。こんなことを一晩中続けるわけにはいかないんだ」と叱りつける。被験者が生徒役に声をかけたのは、一時間続く実験中この時が最初で最後だった。あとはずっと黙り込んでいた。その場面は残忍で、意気を萎えさせるものだった。生徒の叫びを押さえつけ、電気ショックを送り続けながら、被験者の表情は堅く、生徒の苦しみに関心を示さない。拷問を楽しむ様子はない。自分に与えられた仕事を適切に遂行する満足感だけが見て取れる。

四五〇ボルトのショックを与え終えた時、被験者は実験者に向き直り、「さあ、次は何をしますか、先生」と催促する。彼の口調は恭しく、生徒の執拗な拒否とは対照的に、実験に協力したい気持ちが明確に伝わった。(28)

だが、全員がこのような冷血な態度を示したのではない。それどころかほとんどの被験者は実験遂行に強い困惑を覚える。大粒の汗を拭いながら興奮のあまりヒステリーのような笑いを繰り返す者、苛立って机をたたきながら忌まわしい実験が一刻も早く終わるのを祈る者などの姿が録画されている。実験直後にミルグラムが被験者と交わした会話の一部を挙げよう。

［ミルグラム］　狼狽しているようですが、どうしてですか。
［被験者］　当然でしょう。もう一人の様態が心配です。まさか死んではいないでしょうね。
［ミルグラム］　心配するくらいなら、なぜ実験を続けたのですか。

［被験者］だって実験の先生が続けろというから仕方ないでしょう。

［ミルグラム］ボタンを実際に押したのは誰ですか。

［被験者］それは私です。でも、それは実験を続けろと指示されたからです。

［ミルグラム］何故その指示を無視しなかったんですか。

［被験者］何言ってるんですか。実験のためにボタンを押し続けろと言われたからです。私自身はやりたくなかったのです。


生徒役が実はサクラであり、電気ショックを受けなかったと説明すると、「えっ、本当ですか。そりゃあよかった。安心しました。私は人権問題に敏感ですから心配していました」と被験者は述懐した(29)。自らがとった行動と信条の乖離に気づいていない。このことは我々の問題設定にとって大切な意味を持つ。被験者は拷問したくなかった、できればやめたかった。しかし拒否できなかった。だから汗びっしょりになり、ヒステリーのような笑いを止められなかったのだ。他の例も見よう。

私が示した反応は自分自身驚くべきものでした。私の様子を見ましたか。引きつったような笑いが次から次へと起こり、止めようとどんなに努めても無理でした。こんな症状が起きたのは初めてです。常軌を外れた状況に遭遇して現れた生理的反応でしょう。

抵抗できない人を苦しめる状況にありながら、拷問の命令を拒否したり被害者を助けたりする力が私にはありませんでした。ヒステリーのような失笑の原因はこの辺りにあると思います。[……]「あなたもアイヒマンと同じじゃないの」と後ほど妻に言われました。本当にその通りです。(30)

女性の反応も紹介しておこう。大学卒業後、結婚して主婦になったが、PTAの代表を務めたり、ボランティアとして一週間に一度、非行少年少女の面倒をみている。

[……]私は続けたくなかったんです。私がどんなに苦しんだかわからないでしょう。感受性が高く、他人の痛みに特に敏感な私のような人間が拷問するなんて想像できますか。本当に私の意志に逆らってやったんです。虫一匹殺せない私にこんなことができるなんて信じられない。[……]「許して、こんなこと続けられない、これ以上は先に進めない」って実験をどんなに放棄したかったかわかりません。「できない、できない」って、ずっと自分に繰り返していたんです。(31)

科学のためだから仕方ないと合理的に判断して電気ショックを流したのでもなければ、意識喪失か催眠状態に陥って手が勝手に動いたというのでもない。ましてや拷問が好きだからやったのではない。嫌で仕方がないのにやってしまう心理が問題なのである。拒絶の明確な意志[32]があっても、それだけでは現実の拒否行動は生まれない。意識と行動の乖離の劇的な姿がここに現れている[33]。

心理学では、意志が行為を導くという自律的人間像を支持する理論はほとんど出されてこなかった。精神分析と行動主義は二〇世紀前半から心理学界で勢力を奮ったが、これらの学説はどちらも人間の主体性を否定する。ひとの行動を根本で規定するのは精神分析学にとって無意識であり、行動主義では条件反射だ。意識という観察不可能な存在は人間行動を理解する上で無用だと行動主義は切り捨てた。性衝動を学説の中心に据える精神分析も、隠された無意識的動機によって行為が生起すると考える以上、行動を自由に選択し、自らの行為に責任を負う主体的人間像は浮かんでこない。

このような学説状況の中、人間の主体性を回復する願いから態度概念が導入された。公害に反対する人は環境汚染に繋がる行動を取らないだろう。男尊女卑の考えを持つ社長は女性を管理職に抜擢しないだろう。差別思想に囚われた者は外国人に意地悪だろう。このように各人の性向と行動との間には密接な関係があると普通信じられている。態度概念は常識に合致する。それに実践的観点から言っても、行動が実際に起きるのを待たず、態度を測定して行動を予測できれば、選挙動向や消費傾向などの予測に役立つ。態度変更によって行動が変化するならば、犯罪防止や教育分野にも効果が期待できる[34]。

ところが一九六〇年代末になってこの分野の研究に大きな困難が現れた。それまでに発表された研究を検討した結果、態度測定による行動予測がほぼ不可能だと判明したからだ。[35]態度は行動とあまり関係ないことがわかり、態度概念の存在意義が問題視された。態度や考えが変化しても、それにともなって行動も変化するとは限らない事実が今では社会心理学の常識になっている。[36]意識は行動の原因ではなく、行動を正当化する機能を担う。意識が行動を決定するのではなく、行動が意識を形作るのだ。[37]

原因と理由

自分のことは自分が一番よく知っていると言う。だが、この常識は事実からほど遠く、一種の信仰にすぎない。次の簡単な実験を考えよう。[38]靴下の展示スタンドをスーパーマーケットに設置し、通りかかる買物客に声をかけ、市場調査を口実に商品の質を評価してもらう。スタンドには見本として靴下が四本吊るしてある。実は靴下はすべて色・形・寸法・肌触りなど同じものだ。だが、この舞台裏は買物客に伏せておく。

普通に考えるなら、どの商品も同じ評価になるはずだが、実験では右側の商品ほど高い評価を受けた。さて「最も良質」の靴下が選ばれたところで理由を尋ねた。すると、こちらの方が肌触りがいい、丈夫そうだなどと、もっともらしい理由が返ってくるが、商品の位置に言及する買物客は皆無だった。選んだ靴下が単に右側にあったからではないかと尋ねても、そんな不合理な理由で選ぶはずがないと言う。右側に吊るされた靴下が好まれた原因は不明だが、それはここでの問題ではない。何らかの情報が無意識に判断に影響する事実だけ確認しておこう。虫の知らせや勘が働くなどと言うが、これも同様の現象だ。外部情報の影響を受けるが、その過程が意識されないために超自然現象と勘違いするのである。

人間の主体性を吟味するためにサブリミナル・パーセプション（閾下知覚）についても押さえておこう。[39] 一〇〇〇分の何秒という短い時間だけ文字や絵を見せると、被験者は何を見たのかわからないだけでなく、何かを見たという意識さえ抱かない。三人（そのうち二人はサクラAとB）に参加してもらい、短時間だけ詩を見せるから、詩の作者が男性か女性かを当てるよう依頼する。しかし実際には詩でなく、サクラ二人のうちどちらか一人（例えばA）の写真を見せる。その後で、「見せられた詩」（実際にはサクラAの写真しか見ていない）の作者の性別について討論させる。サクラAは詩人が男性に違いないと主張し、サクラBは女性だと答える。タキストスコープ（瞬間露出器）による短時間（一〇〇〇分の四秒）の提示なので、何かを見たという意識さえ生じない。それでも無意識情報が判断を左右し、サクラAの意見に被験者は影響を受ける。つまり詩だと偽ってサクラAの写真を見せると、Aの言う通り、詩人が男性だと判断する（サクラAとBを入れ替えても、詩人の性別を入れ替えても結果は同じ[40]。

もう一つ例を挙げよう[41]。簡単な図形Aを一〇〇〇分の一秒間だけ被験者に見せ、それを五回繰り返す。投影時間が短いので何かを見たという感覚さえ被験者には生じない。その後、まだ見せてない図形Bを先ほどの図形Aの横に並べて二枚を同時に今度はゆっくりと投影する。その上で、どちらの図形を前に見たか判断せよと指示する。当てずっぽうだから、ほとんど当たらない。次に二つの図形のうちどちらが好きかと尋ねてみた。すると見た意識さえないのに、初めに見せられた図形Aをより高い確率で選ぶ。

閾下知覚の効果はかなり長い期間持続する。先の図形認知判断で当たる確率は時間の経過につれて低下する。好感度判断に関しては、瞬間的に見た図形（見たことさえ意識していない）を好む傾向が一週間経つと逆により強くなる。好き嫌いという素朴な感情さえも主体性の及ばない次元で起きる。意識されない微妙な体験が感情を左右する。

日常的な判断・行為はたいてい無意識に生ずる。知らず知らずのうちに意見を変えたり、新たに選んだ意見なのにあたかも初めからそうだったかのように思い込む場合もある。過去を捏造するのは人の常だ。そもそも心理過程は意識に上らない。行動や判断を実際に律する原因と、行動や判断に対して本人が想起する理由との間には大きな溝がある。というよりも無関係な場合が多い。

自らの行動あるいは身体や精神の状態に関しては当然ながら他者よりも本人の方がよく

知っている。頭痛を感ずる時、それは幻覚にすぎないと医者や周りの者が説明しても意味がない。身体や心の痛みは本人だけに属する現象だ。他人には痛みを想像し心配はできても痛みを直接感ずることはできない。医者にわかるのは、どういう症状が生理的次元で発生しているかだけだ。その異常が原因でどのような苦痛を感じるかという経験則に照らし合わせて患者の痛みを想像するにすぎない。自分の精神および身体の状態に関しては他人よりも本人の方が豊富かつ正確な情報を持つ。しかし心理状態がどのようにして生じるのか、何を原因として喜怒哀楽を覚えるのか、どのような過程を経て判断・意見を採用するのかは本人自身にもわからない。

そうは言っても何らかの合理的理由があって行為・判断を主体的に選び取る印象を我々は禁じえない。急に催す吐き気のような形で行為や判断の原因は感知されない。何故か。「靴下実験」に戻ろう。商品の位置に影響されながらも被験者は選択の「理由」に言及する。影響された事実を調査員に繕うために嘘をつくのではない。被験者はその「理由」を誠実に「分析」して答えたのである。自らがとった行動の原因がわからないにもかかわらず、もっともらしい理由が無意識に捏造される。

これは催眠術が解かれた後に現れる暗示に似ている。催眠状態の人に「催眠が解けた後で私が眼鏡に手を触れると、あなたは窓辺に行って窓を開けます」と指示する。その後、何気ない会話をし、自然な仕草で眼鏡に手をやる。すると被験者は突然立ち上がって窓を開けに行く。なぜ窓を開けたのかと尋ねてみよう。わからないけれど何となく急に窓が開けたくなったと答える人はまずいない。暑かったとか、知人の声が外から聞こえた気がするなどと合理的理由が持ち出される。自分の行為の原因がわからないから、妥当そうな「理由」が無意識に捏造される。

自分の感情・意見・行動を理解したり説明する際、我々は実際に生ずる心理過程の記憶に頼るのではない。ではどのようにして人間は自分の心の動きを理解するのか。我々は常識と呼ばれる知識を持ち、社会・文化に流布する世界観を分かち合う。ひとは一般にどのような原因で行為するのかという因果律もこの知識に含まれる。不意に窓を開けたくなったり、商品の単なる位置が好悪判断を規定するという説明は合理的な感じがしない。窓を開けるのは部屋の空気を入れ替えたり、外を眺めるためであり、空腹を覚えたので窓を開けたなどという説明は非常識でしかない。すなわち自らの行動を誘発した本当の原因は別にあっても、それが常識になじまなければ、他のもっともらしい「理由」が常識の中から選ばれる。このように持ち出される「理由」は広義の文化的産物だ。つまり行為や判断の説明は、所属社会に流布する世界観の投影にほかならない。

行為・判断が形成される過程は本人にも知ることができない。自らの行為・判断であっても、その原因はあたかも他人のなす行為・判断であるかのごとくに推測する他ない。「理由」がもっともらしく感じられるのは常識的見方に依拠するからだ。自分自身で意志決定を行い、その結果として行為を選び取ると我々は信じる。だが、人間は理性的動物ではなく、合理化する動物なのである。

私と呼ばれる同一化現象

外界の情報に強く影響されるにもかかわらず、あたかも自分で判断し行為すると錯覚する。この自律幻想は近代個人主義イデオロギーと深い関連を持ち、アジア人やアフリカ人に比べて西洋人の方が強い[42]。同一社会内でも一般に社会階層が上昇すればするほど、また学歴が高くなればなるほど、この錯覚は強くなる[43]。とはいえ人間が主体感覚とともに生きる存在である限り、どの社会・時代であろうとも自律幻想が消えはしない。

常に変化する思考内容や感情とは別に恒常普遍の精神的実体が存在すると想定したのはデカルトだが、彼や後継者と袂を分かち、自己同一性の根拠を記憶の連続性に求めた思想家としてジョン・ロックがいる。経験を通して我々が世界と結びつくのは記憶の働きによる。またその結びつきが我々の同一性を現象せしめる[44]。私の記憶という表現はおかしい。私とは記憶そのものだからだ。

自己は記憶の沈殿物だ。したがって他者と共有した時間をすべて取り除いたら自分自身が消失する。だから身近な人を亡くすと、いつまでもその写真に語りかけたり、当人を思い出すモノを大切に取っておくのだろう。葬式は記憶を整理して、生前とは別の「場所」に死者を住まわせるための儀式だ。

自己は社会的磁場の力を受けて生成される。どんなに個人的に思える感情や好みも、育った文化圏の影響を強く受けている。社会に流布する価値観がそのまま内在化されるわけではない。G・H・ミードは社会的価値の内在化によって生成される客観的契機と、それに反発する主観的契機とが織りなす動的な過程として自己を規定した。だが、この主観的契機はそれ自体を分離して取り出せるような実体ではない。社会化の影響を、後に反省的に自己から捨象する時、そこに余る残滓あるいはノイズのようなものだ。(45) 記憶を媒介に同一性を実体視する個人主義者ロックの立場は踏襲できない。

応援する野球チームの勝利や日本人のオリンピック金メダル取得を自分のことのように喜ぶ現象は、自分とは別の存在に同一化する錯誤だ。しかし自分の社会的地位や身体要素を誇らしく感じたり、逆に悲観すること自体すでに心理的同一化の結果だ。「私」あるいは精神が身体に同一化する。私とは人格・属性の別称ではなく、不断に生ずる同一化プロセスだ。

自分の美貌を褒められて喜ばない人はいないが、何故だろう。身体的属性は遺伝に大きく依存する。美しいのは自らの努力の結果でなく、そのような形質を両親が備えていたからだ。(46) 対して整形手術や化粧で美しくなる場合は「自分の本当の美しさではない」とか

「あの女性は整形美人にすぎない」と逆に評価が下がる。両親からの遺伝は外因の結果にすぎない。化粧や整形手術による美貌の方が、原因がより直接に本人の意志と結びつけられる。因果関係からみると自分の美貌をより誇れるはずだが、そうはならない。

統合失調症患者は幻覚をしばしば経験する。幻覚とは、脳が作り出す情報を外部から来たと錯覚する現象だが、健常者においても類似の現象を人為的に起こすことができる。対象X以外ならば何を考えてもよいと言われると、逆にこのXがよけい気にかかる。例えばシロクマのことだけは思うなと被験者に指示した上で、雑踏のざわめきの録音を聞かせると、録音の中で言及されないにもかかわらず、「シロクマ」と聞いたと被験者は錯覚する。[47]

自分が生み出した情報を外部に同定するのとは逆に、外部情報を自己に帰する誤りも生じる。有名な研究を一つ挙げよう。女性一〇人の写真を順に示し、そのうちの何枚かに対して男性被験者の心拍が高まる錯覚を次の方法で起こす。心拍状態を調べるという理由で被験者はマイク（実はただの見せかけ）を胸につけられ、スピーカーから心拍音が聞こえると説明される。次に女性の写真が一枚ずつ順に被験者に見せられる。その際、あらかじめ選ばれた五枚の写真が提示される時にスピーカーの「心拍音」（被験者の心拍とは無関係の音）が速くなるようにしておく。胸にマイクを装着された被験者はこうして、五人の女性に対して鼓動が高まる「経験」をする。女性一〇人の写真それぞれに感ずる魅力を尋ねたところ、「心拍音」が速くなった写真の女性は他の女性に比べより魅力的だと判断された。一カ月後に再確認しても、この効果は消えなかった(48)。

私という同一性はない。不断の自己同一化によって今ここに生み出される現象、これが主体の正体だ。比喩的にこう言えるかもしれない。プロジェクターがイメージをスクリーンに投影する。プロジェクターは脳だ。脳がイメージを投影する場所は自己の身体・集団あるいは外部の存在と状況に応じて変化する。主体は脳でもなければイメージが投影される場所でもない。主体はどこにもない。主体とは社会心理現象であり、社会環境の中で脳が不断に繰り返す虚構生成プロセスである。

意志を生むからくり

理性的精神が行為を司るというデカルト的自己像は誤っている。そのような統一視座はどこにも存在しない。意志決定があってから行為が遂行されるという構図は脳科学によって否定されている。

ベンジャミン・リベットが行った有名な実験がある。手首を持ち上げるよう被験者に指示する。いつ手首を動かすかは被験者の自由だ。我々の常識では、まず手首を挙げる意志が起こり、その次に手首を動かすための信号が関係器官に送られ、少ししてから手首が実際に動く。ところが実験によると、手首の運動を起こす指令が脳波に生じてしばらく時間が経過した後で意志が生じ[49]、そのまた少し経ってから手首が実際に動く不思議な結果になった。

つまり手首を動かす指令が無意識のうちに生じると、運動が実際に起きるための神経過程と、手首を動かそうという「意志」を生成する心理過程とが同時に作動し始める。自由に行為すると言っても、行為を開始するのは無意識過程であり、行為実行命令がすでに出された後で、「私は何々がしたい」という感覚が生まれる[50]。ここで問題にするのは身体の運動が何気なしに生じ、それに後から気づくという事態ではない。自由にかつ意識的に行為する場合でも、意志が生じる前にすでに行為の指令が出ている。だからこそ、この実験結果は哲学や心理学の世界に激しい衝撃を与えたのである[51]。

「意志」が生ずるために必要な時間は、運動が実際に起きるための時間より少し短い。行為と「意志」を生み出す無意識信号が脳内で発生してから、運動が実際に生じるまでに約五五〇ミリ秒かかるのに対し、「意志」が生まれるまでには三五〇ミリ秒ほどしかかからない。つまり実際に手首が挙がる約二〇〇ミリ秒前に「意志」が形成される。そのため意志が行為を引き起こすという感覚のごまかしに気づかない。

手首を動かすという単純な行為だけが転倒した順序で生ずるのではない。「意志」は必ず無意識過程によって引き起こされる。行為遂行の脳内信号が意志に先行する構図は人間の行う行為すべてに共通する[52]。

行為と意志を生み出す過程はそれぞれ並列に生じるので、行為が起こってから意志が現れたとしても理屈上はおかしくない。人を殴ってしばらくしてから、「気に食わない奴だ。殴ってやろう」という意志が後になって現れる。殴ろうと思う時には相手はすでに足下に倒れている。もしそのようにヒトの神経系統が配線されていたら、自由や責任という概念もデカルトやカントの哲学も生まれなかっただけでなく、人類社会が今の形を取ることさえなかっただろう。

実際に神経系統を変更した実験もある。手術をして神経の経路を変更するわけにはいかないが、同様の効果が出る工夫を施した。被験者にスライドを見てもらい、好きなときにプロジェクターのボタンを押して次のスライドに移動するよう指示する。ところが実はボタンはプロジェクターに接続されておらず、ボタンを押しても何も起きない。その代わりに被験者の脳波を測定し、指の運動を起こす命令信号が発生した時にプロジェクターのスライドが変わるようにしておく。被験者はこの舞台裏を知らない。さて実験が始まると被験者は不思議な経験をする。被験者がボタンを押そうと思う寸前にスライドが変わってしまい、その直後にボタンを押す意志を感じるという、通常とは逆の感覚が現れた。本人も知らないうちにプロジェクターに心を読み取られている感じだ。つまり前の実験と同様に、指を動かす命令信号が発生すると、運動を実際に起こすための過程と「意志」を生む過程とが並行して進行するが、装置のせいで、ボタンを押す意志を先取りしてスライドが変わるのである[53]。

意志や意識は行為の出発点ではない。これは認知科学でよく知られた事実だ。「分割脳」の研究に依拠して敷衍しよう[54]。高等動物の脳は左右二つの大脳半球で構成され、それらは脳梁で接続されている。どちらかの大脳半球に達した情報は脳梁を通して他方の半球に伝えられる。しかし脳梁が切断されると、片方の大脳半球にある情報は他方の大脳半球に伝わらなくなる。もう一方の大脳半球はその情報を「知らない」状態が生ずる。

癲癇治療法の一環として脳梁を切断する場合がある。癲癇とは、脳において電気信号が制御を失って異常発生する症状を言うが、脳梁を切断して左右の大脳半球を分け隔てれば、片方の大脳半球で起きた異常な電気信号がもう一方の大脳半球に波及せず、その活動が維持できるので意識不明に陥らずにすむ。麻痺していない方の手足を使って身体を横たえたり、完全な場所への移動も可能だし、助けを呼ぶこともできる。

脳梁切断術を施しても知能が低下したり人格が変わったりしないので普段は問題が生じない。しかし大脳半球がそれぞれ独立に働くようになるので不思議な現象が起きる場合もある。こんな症例が報告されている。ある時、患者の一人が怒りだして妻に乱暴を始める。右大脳半球が興奮すると、神経系統は左右交差しているので左手が反応する。左半球はそれを見て右半球の行為を留めようとする。つまり右手を使って左手の乱暴を制止する[55]。まるで一つの身体の中に二つの精神が宿るかのようだ。右手と左手を媒介に左右の脳が代理戦争を始める。[56]

脳の基本処理段階ですでに人間の意識が捏造される。脳梁を切断された患者の左右両視野それぞれに異なる二枚の絵を短い時間だけ見せる。右視野に見せられた絵の情報は左大脳半球に、左視野に見せられた絵の情報は右大脳半球に到達する。例えばニワトリの足の絵を右視野に見せると、左大脳半球だけがその情報を知る。また雪景色を左視野に見せると、その情報は右大脳半球だけに伝わる。次に患者の前に置かれたテーブルの上にニワトリ・かなづち・スコップ・トースター・リンゴなど数枚の絵をおき、先に見た二枚の絵のそれぞれに関連する絵を選んでもらう。すると患者は右手でニワトリ（右視野に見えたニワトリの足に対応）を指さし、左手でスコップ（左視野に見えた雪景色に対応。スコップで雪かきをする）を示した。右視野と同様に右手は左大脳半球が制御し、左視野と左手は右大脳半球が司るので、この結果には何の不思議もない。

ところが何故これらの絵を選んだのかと患者に尋ねると、おかしな答えが返ってきた。患者は躊躇なく、「簡単なことでしょう。ニワトリの足は当然ニワトリと関連があるし、ニワトリ小屋を掃除するためにスコップが必要だから」と答えたのだ。なぜ患者はこのような誤った説明をするのだろうか。ほとんどの人にとって言語能力は左大脳半球だけが制御し、右大脳半球にはその能力が欠落している。そのため左視野に入った雪景色の情報が右大脳半球に到達しても、その視覚情報を言語化できない。返答を迫られた患者は左大脳半球を使って答えようとするが、右視野に見えたニワトリの足の情報しかない。左右の大脳半球が分断されているので、雪景色を右大脳半球が「見た」事実を左大脳半球は知らない。そこでまことしやかな虚構の物語を左大脳半球が捏造する[57]。

デカルトが考えたような統一された精神や自己は存在しない。脳では多くの認知過程が並列的に同時進行しながら、外界からもたらされる情報が処理される。意識や意志は、もっと基礎的な過程で処理されたデータが総合された生産物だ。行動を起こす出発点というよりも逆に、ある意味での到達点をなす[58]。マイケル・ガザニガは言う。

何かを知ったと我々が思う意識経験の前にすでに脳は自分の仕事をすませている。〈我々〉にとっては新鮮な情報でも脳にとってはすでに古い情報にすぎない。脳内に構築されたシステムは我々の意識外で自動的に仕事を遂行する。脳が処理する情報が我々の意識に到達する〇・五秒前にはその作業を終えている[59]。

集団が支える自己

人間は言語を媒介とする意味世界に生き、外界に開かれた認知構造を持つ。固定した本能に縛られないおかげで人間は文化という複雑な意味体系を生み出した。ところで生物は閉鎖回路の内部でしか生を営めない。体温、水分の割合、カリウムなどの無機物含有量が一定の範囲以上に変化しないように生物は自らの内部環境を絶えず調節する。安定した内部環境のおかげで生物は、変化に富んだ外界に適応できる。同様に、認知的に外に開かれた人間には自己を閉じるための社会装置が要る。集団は様々な規範・価値を通して我々の思考・行動に制限を加える。この外部影響のおかげで人間は自己を維持する。文化は体外に創出された〈内部〉だ[60]。

情報場の力学に恒常的に身を曝す開放された認知システムとして人間を理解しよう。我々は多様な情報を外界と常に交換しながら意識や判断を均衡に保つ。同じ考えを維持しても、それは外部から影響を受けないからではなく、互いに均衡する異なった影響力を外部から行使され続けるからだ。四方八方から作用する磁力の中にいるから同じ位置が維持されるようなものだ。磁場が変化すれば、それに応じて一定方向の力がかかり物体が移動するように、情報源の均衡が破れる時、我々は簡単に影響され、思いもよらない判断や行動に走る。

一九五〇年代にソロモン・アッシュがアメリカ合衆国で行った有名な実験がある[61]。二つの図があり、その一方には約二〇センチの線分（基準線）が一本描いてあり、もう一方には異なる長さの三本の線分がある。基準線と同じ長さの線分を数メートル離れた位置から選ぶよう被験者に指示する。線分三本の長さはかなり違うので通常はまちがえない。しかし数人のサクラが実験に参加し、全員が口裏を合わせて誤答を選ぶと、サクラに影響されて被験者は判断を誤る。一二回の試験で被験者全体の七五％が少なくとも一回はサクラにつられた。判断総数に対する割合でみると三三％の回答に相当する。明らかにおかしい回答でも他の全員が一致して正しいと判断すると、それに抗して自らの意見を主張するのは想像以上に難しい。

しかしこのような影響が起こるのは、長いものには巻かれろというように影響源が多数派だからではない。アッシュは大多数のサクラに誤った答えを選ばせながら、サクラのうち一人だけは異なる回答をするように実験状況を変更した。これは本当の被験者からすると周囲の参加者の意見が分裂した状況を意味する。この場合、大多数のサクラが同じ回答を維持しても、その影響力は弱くなり、サクラにつられる回数が全体の一割程度に留まる。

この時、サクラの一人が正しい答えを選ぶ場合でも、他のサクラ以上に誤った答えを選ぶ場合でも影響力が減少する。つまり影響源の多数派性や味方の有無が問題なのではなく、依拠する情報源が一つに絞られるために被験者の判断が影響を受けるのである。サクラの影響に屈服しなかった被験者たちにその理由を実験後に尋ねたところ、近しい友達や両親が同じ状況に立たされたらどう答えるかを想像して対抗したと言う(62)。

ミルグラム実験が示した驚くほど高い服従率の原因も、被験者が外界から隔離され、依拠できる他の情報がないからだ。密室性を崩し、実験者の指示と異なるもう一つの情報源を被験者に与えれば服従率は減少する。先生役を三人（実はそのうち二人はサクラで残りの一人だけが本当の被験者）にして、一五〇ボルトの時点でサクラの一人が実験停止を申し出る。実験者は継続を指示するが、サクラは聞き入れず電気ショックを与える装置を離れ、部屋の隅にイスを移動し座り込む。仕方なしに実験者は残りの二人（被験者ともう一人のサクラ）に実験継続を指示する。二〇〇ボルトに達したら残りのサクラも実験停止を決め、最終的に被験者だけが残される。この設定では服従率が一〇％に留まった[63]。

外界から影響を受けずに自律する自己など存在しない。互いに拮抗する多様な情報に包まれて自己の均衡が保たれる。影響されるという言明は実は正確でない。影響されると言う時、外力が働かない限り自己同一性を保つ存在としてすでに我々は人間を理解している。だが、そのような同一性はどこにもない[64]。

集団力学が生み出す暴力についてアメリカの社会心理学者フィリップ・ジンバルドが行った有名な研究がある[65]。責任と主体性との関係を考える材料として確認しておこう。監獄に似せた施設をスタンフォード大学の構内に設け、新聞広告を通して被験者を募った。採用された被験者は二週間にわたって実験に参加し、一日あたり一五ドルの報酬を受け取る。アメリカ合衆国とカナダから合計七〇名の参加希望者があったが、心理テストの結果、少しでも性格異常や権威主義的傾向がある者は除外し、最終的に男子大学生二四名を厳選した。クジ引きの結果、半数に「囚人」の役をさせ、残り半数には「看守」役を演じてもらった。

現実感を出すように実験は周到に計画された。例えば囚人を監獄に護送する際、サイレンを鳴らす本物のパトカーで各囚人の家に乗り込んだ。驚く近所の人たちを横目に両手両足を広げさせ身体検査した。そして手錠をはめて本物の警察署にいったん連行してから、看守たちが待機する監獄に囚人を護送した。看守にはすべて制服とサングラスを着用させ、鍵の束と棍棒を所持させた。囚人が監獄に到着すると、身体検査・私物押収そして私服を脱いで囚人服着用という、おきまりの入監手続がとられた。

全員実験のために雇われた大学生である事実を被験者たちは承知していた。精神異常者や犯罪歴をもつ者は一人も紛れ込んでいないし、囚人あるいは看守の役をあてがわれたのもクジ引きの結果にすぎないと知っていた。精神的・肉体的暴力を看守が本気で振るうとは考えられない状況だった。ところが実験が開始されるやいなや大変な様相になる。囚人に与えるべき食事を制限したり、苛めるために腕立て伏せを命じたり、睡眠を妨害する看守が現れる。囚人を貶めるために便器の掃除を素手でさせたり、排便の度に許可を求めさせる。しばしば許可を却下し、独房のバケツで用を足せと命じる。あるいはバケツに残された大便の臭いを嗅ぐよう囚人に強要する。初めの予定では実験を二週間続けるはずだったが、看守たちが凶暴な態度を現し、危険な状態になったので、結局六日間で実験が中断された。ジンバルドは言う。

この実験で最も悲惨でかつ残念に感じた点は、加虐傾向のない正常な人間でも残酷行為を簡単にしてしまう事実だ。監獄状況に置くだけで反社会的行動を引き出す十分条件をなす[66]。

犯罪者の社会復帰を図る従来のモデルは人格など個人的性質に重点を置き、個人を変えることにのみ関心を払ってきた。釈放後に犯罪者が生きる社会環境については考慮されてこなかった。だから、このモデルでは再犯現象を理解できないのだ[67]。

この章では人間の根源的な他律性を検討したが、それは単なる社会決定論ではない。一般に社会心理学は社会が個人に与える影響と同時に、個人心理が社会形成に貢献する往復のプロセスを研究する。だが、外因と内因に分ける発想自体がすでに誤りだ。人間の自由や意志の自律性が脅かされるのは外界の影響が強いからだけではない。社会決定論を批判するために各人に固有な内的属性を持ち出しても、そこからは自由も意志の自律性も出てこない。デカルト的心身二元論を採るのでない限り、そのような方向では自由も意志も最終的に脳の機能に還元され、無限に続く因果律に絡め取られてしまう。主観と客観、あるいは個人と社会の相互作用として人間を把握する発想自体を疑う必要がある。この点は第

4章以降でさらに検討しよう。ここでは責任概念を支える自律的人間像の脆弱さが確認できれば十分だ。主体性に投げかけられた疑問は机上の空論ではない。次章では人間の主体性が最も深刻に問われる状況に注目し、我々の慣れ親しんだ人間像にさらに揺さぶりをかけよう。

註

（1）「犯罪が成立するためには、構成要件に該当する違法な行為について、さらに、その行為者に非難が可能であること（Vorwerfbarkeit）を要する。この非難可能性が責任（Schuld）である。そして、近代刑法においては、「責任がなければ、刑罰はない」（Keine Strafe ohne Schuld）という原則が支配しているが、刑法上の責任は、主観的かつ個人的責任として理解されている。すなわち、主観的責任とは、行為者に責任能力および故意または過失が具備されている場合にのみその行為者を非難しうるとすることをいい、個人的責任とは、行為者は自ら行った犯罪についてのみ責任を負うとすることをいう」（福田平・大塚仁編『現代青林講義　刑法総論〔改訂版〕』青林書院、一九九七年、一四四頁）。

（2）M.-I. Brudny-de Launay, «Présentation», *in* H. Arendt, *Eichmann à Jérusalem*, Gallimard, 1991, p. V, X.

（3）H. Arendt, *Responsibility and Judgment*, edited by Jerom Kohn, Schocken Books, 2003; R. Brauman & E. Sivan, *Éloge de la désobéissance. À propos d' «un spécialiste» Adolf Eichmann*, Le Pommier-Fayard, 1999; D. J. Goldhagen, *Hitler's Willing Executioners: Ordinary Germans and the Holocaust*, Knopf, 1996; I. Kershaw, *The Nazi Dictatorship: Problems and Perspectives of Interpretation*, Edward Arnold, 1985; L. S. Newman & R. Erber (Eds.), *Understanding Genocide: The Social Psychology of the Holocaust*, Oxford University Press, 2002; R. Rosenbaum, *Explaining Hitler: The Search for the Origins of His Evil*, Random House, 1999; M. Terestchenko, *Un si fragile vernis d'humanité. Banalité du mal, banalité du bien*, La Découverte/MAUSS, 2005. 日本では加藤典洋「語り口の問題」『敗戦後論』（講談社、一九九七年）所収二三五―二七五頁および高橋哲哉『戦後責任論』（講談社、一九九九年）。

（4） H. Arendt, *Eichmann in Jerusalem: A Report on the Banality of Evil*, Penguin Books, 1994 (first edition: 1963), p. 25-26.

（5） G. M. Kren & L. Rappoport, *The Holocaust and the Crisis of Human Behavior*, Holmes & Meier, 1980, p. 2（Z. Bauman, *Modernity and Holocaust*. Cornel University Press, 1989［tr. fr., *Modernité et holocauste*, La Fabrique Éditions, 2000, p. 49］より引用）.

（6） S. Milgram, *Obedience to Authority: An Experimental View*, Pinter and Martin Ltd., 2005 (first edition: 1974).

（7） 例えば「nice - day, blue - sky, wild - duck」といった組み合わせを暗記する。その後に「blue-sky, ink, box, lamp」と選択肢を与え、「sky」と答えれば正解、それ以外は誤答。

（8） S. Milgram, *Obedience*, New York University Film Library, 1965.

（9） Milgram, *Obedience to Authority, op. cit.*, p. 90-91.

（10） 電気ショックを与えるのを被験者が躊躇したり、拒否する場合、「実験を続行してください」「実験は途中でやめるわけにはいきません」「実験は絶対に続けなければなりません」「あなたに選択する余地はありません。とにかくやるしかないのです」という四種類の勧告が順になされ、被験者がそれでも拒否し続ける時点を以て実験終了する。いったんは拒否しても、この四つの勧告によってほとんどの被験者は実験を再開した。*Ibid.*, p. 23.

（11） *Ibid.*, p. 33.

（12） S. Milgram, *The Individual and the Social World: Essays and Experiments*, Addison-Wesley, 1977, p. 92-93. ミルグラムの研究は一九六一年夏に開始され、翌年五月二七日に終了した。そしてこの四日後の五月三一日にアイヒマンの絞首刑が執行された。T. Blass, "Perpetrator Behavior as Destructive Obedience. An Evaluation of Stanley Milgram's Perspective, the Most Influential Social-Psychological Approach to the Holocaust", *in* L. S. Newman & R. Erber (Eds.), *Understanding Genocide: The Social Psychology of the Holocaust*, Oxford University Press, 2002, p. 91-109. この実験を準備する段階でミルグラムは生徒役の悲鳴を聞かせずに実験を行った。悲鳴で臨場感を高めなくとも拒否者の割合は十分高いと予想したからだ。ところが予想に反して被験者のほぼ全員が最高電圧のショックを与えた。そのためシナリオを変更し服従率を低下させた。Milgram, *Obedience to Authority*, *op. cit.*, tr. fr., p. 24-25.

（13） T. Blass, *The Man Who Shocked the World: The Life and Legacy of Stanley Milgram*, Basic Books, 2004, p. 100.

（14） Milgram, *Obedience to Authority*, *op. cit.*, p. 30-31.

（15） S. Milgram, "Some Conditions of Obedience and Disobedience to Authority", *Human Relations*, 18, 1965, p. 57-76.

（16） Milgram, *Obedience to Authority*, *op. cit.*, p. 31-32.

（17） 南アフリカ（八八%）: D. M. Edwards, P. Franks, D. Fridgood, G. Lobban & H.C.G. Mackay, "*An*

Experiment on Obedience", Unpublished student report, University of the Witwatersrand, Johannesburg, South Africa, 1969 (T. Blass, "The Milgram Paradigm after 35 Years: Some Things We Now Know about Obedience to Authority", *in* T. Blass [Ed.], *Obedience to Authority: Current Perspectives on the Milgram Paradigm*, Lawrence Elbaum Associates, Inc., 2000, p. 48より引用). ヨルダン（七三%）：M. Shanab & K. Yahya, "A Behavioral Study of Obedience in Children", *Journal of Personality and Social Psychology, 35*, 1977, p. 530-536. ヨルダン（六三%）：M. Shanab & K. Yahya, "A Cross-Cultural Study of Obedience", *Bulletin of the Psychonomic Society, 11*, 1978, p. 267-269. ドイツ（八五%）：D. Mantell, "The Potential for Violence in Germany", *Journal of Social Issues, 27*, 1971, p. 101-112. オーストリア（八〇%）：G. Schurz, "Experimentelle Überprüfung des Zusammenhangs zwischen Persönlichkeitsmerkmalen und der Bereitschaft zum destruktiven Gehorsam gegenüber Autoritäten", *Zeitschrift für experimentelle und angewandte Psychologie, 32*, 1985, p. 160-177. スペイン（九〇%）：B. Miranda, B. Caballero, G. Gomez & M. Zamorano, "Obediencia a la autoridad", *Pisquis, 2*, 1981, p. 212-221.

(18) より厳密には男女差に関する完全な答えは出ていない。ミルグラムの研究では被験者の性別を比較したが、生徒役のサクラと、ショックを指示する実験者は常に男性だった。拷問する相手や命令する者と被験者が同性の場合と異性である場合とで同じ反応をするかはわからない。男女の反応の違いを正確に検討するためには、サクラと実験者の性別も同時に変化させる必要がある。しかしこの組み合わせ（八通り）をすべて検討した研究はない。実験によっては男女間に差が出ない場合もあれば（Milgram, *Obedience to Authority, op. cit.*; Shanab & Yahya, 1977, art. cit.; Shanab & Yahya, 1978, art. cit.）、女性の方が男性より服従率が高い場合（C. L. Sheridan & R. G. King, "Obedience to Authority with an Authentic Victim", *Proceedings of the American Psychological Association, 7*, 1972, p. 165-166）、逆に男性の方が女性よりも高い場合もある (W. Kilham & L. Mann, "Level of Destructive Obedience as a Function of Transmitter and Executant Roles in the Milgram Obedience Paradigm", *Journal of Personality and Social Psychology*, *29*, 1974, p. 696-702)。

（19） Milgram, *Obedience to Authority*, *op. cit.*, p. 207.

（20） *Ibid.*, p. 71-73.

（21） ミルグラムの著書が公にされた際、この驚くべき結果をマスコミが大きく取り上げた。しかしそこでも服従率の高さのみが問題にされ、人間行動が社会状況に強く規定される点は注目されなかった。S. Milgram, «Préface à la deuxième édition française», in *Soumission à l'autorité*, Calmann-Lévy, 1974, p. 12-13.

（22） Milgram, *Obedience to Authority*, *op. cit.*, p. 169-170.

（23） 服従率が被験者の出身背景にほとんど左右されない事実の傍証としてミルグラムは次の逸話を紹介する。研究を本格的に始める前の準備段階として、イェール大学の学生を対象に実験したところ、およそ六〇％の被験者が四五〇ボルトの電流で拷問した。その結果を同僚に知らせると、「学生は特殊な集団だから、この結果は一般化できない。学生以外の広い社会層からサンプルをとれば、このような結果が出るはずがない」とすぐさま却下されたという。しかしその後、管理職・事務員・失業者・工員など様々な社会背景を持つ人々を被験者に選んでも学生と同じ結果だった。*Ibid.*

（24） *Ibid.*, p. 171-173.

（25） 瀧川裕英『責任の意味と制度』（勁草書房、二〇〇三年）、一〇五―一〇六頁。

（26） この問題は第5章で詳しく論議する。

（27） L. Ross, "The Intuitive Psychologist and His Shortcomings", *in* L. Berkowitz (Ed.), *Advances in Ex-*

perimental Social Psychology, Academic Press, Vol. 10, 1977, p. 173-220. 外国のサッカー選手やボクサーが幸運を祈って試合前に十字を切る。あるいはカジノで賭けをする際にサイコロに息を吹きかける。こんなことをしても実際には何の役にも立たないが、このような仕草を通して外界の推移を変えられるという錯覚は誰にでもある。これも自律幻想の一形態だ。E. J. Langer, "The Illusion of Control", *Journal of Personality and Social Psychology, 32*, 1975, p. 311-328; N. Dubois, *La psychologie du contrôle. Les croyances internes et externes*, Presses Universitaires de Grenoble, 1987.

(28) Milgram, *Obedience to Authority, op. cit.*, p. 46-47.

(29) 実験を記録した映画。Milgram, *Obedience, op. cit.*, 1965を参照。

(30) Milgram, *Obedience to Authority, op. cit.*, p. 55.

(31) *Ibid.*, p. 81-86.

(32) 意志の正体については後述。さらに第4章でも議論する。

(33) アルジェリア解放戦線（FLN）に協力したアルジェリア市民を殺害したフランス人中隊長は四〇年後にジャーナリストのインタヴューでこう語る。「この四人の市民の死に対して私は自分を責める。しかし、その時に経験した状況に今いるとしたら、残念ながら今日でも同じことを繰り返したと思う。こんなことを言うのは悲しい。しかしその通りだから仕方ない」。P. Rotman, *L'énemie intime*, Seuil, 2002, p. 115.

(34) 態度概念の定義は研究者によって異なり、定説はないが一般に、対象や状況に対して現れる行動を予測する心理状態として態度を仮説的に構成する。したがって定義自体からして態度と行動との間には因果関係が想定される。総括としてW. J. McGuire, "Attitudes and Attitude Change", *in* G. Lindzey & E. Aronson (Eds.), *Handbook of Social Psychology* (second edition), Random House, 1985, p. 233-346.

(35) A. W. Wicker, "Attitudes vs Actions: The Relationship of Verbal and Overt Behavioral Responses to Attitude Objects", *Journal of Social Issues, 25*, 1969, p. 41-78. 態度と行動との関係を研究した四二本の論文を検討した結果、「これらの研究を総合すると、観察可能な行動と態度との間には弱い関係しかないか、あるいはまったく関係がないと判断すべきだろう」と結論された。

(36) Dubois, *op. cit.;* G. Montmollin, «Le changement d'attitude», *in* S. Moscovici (Ed.), *Psychologie Sociale*, PUF, 1984, p. 91-138; J. Sabini, *Social Psychology*, W. W. Norton & Company, Inc., 1992. などの教科書や総括論文 McGuire, art. cit. を参照。

(37) L. Festinger, *Theory of Cognitive Dissonance*, Stanford University Press, 1957. 拙著『社会心理学講義』(筑摩選書、二〇一三年)、第5、6講を参照。

(38) R. E. Nisbett & T. D. Wilson, "Telling More than We Can Know: Verbal Reports on Mental Processes", *Psychological Review, 84*, 1977, p. 231-259.

(39) 入門書として下條信輔『サブリミナル・マインド』(中公新書、一九九六年)。

(40) R. F. Bornstein, D. R. Leone & D. J. Galley, "The Generalizability of Subliminal Mere Exposure Effects: Influence of Stimuli Perceived without Awareness on Social Behavior", *Journal of Personality and Social Psychology, 53*, 1987, p. 1070-1079.

(41) W. R. Kunst-Wilson & R. B. Zajonc, "Affective Discrimination of Stimuli that Cannot Be Recognized", *Science, 207*, 1980, p. 557-558.

(42) H. R. Markus & S. Kitayama, "Culture and the Self: Implications for Cognition, Emotion, and Motivation", *Psychological Review, 98*, 1991, p. 224-253.

(43) J. -L. Beauvois, *La psychologie quotidienne*, PUF, 1984; Dubois, *op. cit.*

(44) J. Locke, *An Essay Concerning Human Understanding*, edited by P. H. Nidditch, Calendon Press, 1975 (first edition: 1690). S. Shoemaker & R. Swinburne, *Personal Identity*, Basil Blackwell, 1984［S・シューメーカー、R・スウィンバーン『人格の同一性』寺中平治訳（産業図書、一九八六年）］およびS. Shoemaker, *Self-Knowledge and Self-Identity*, Cornell University Press. 1974 (first edition: 1963)［S・シューメーカー『自己知と自己同一性』菅豊彦・浜鍋辰二訳（勁草書房、一九八九年）］に依拠。

(45) G. H. Mead, *Mind, Self, and Society: From the Standpoint of a Social Behaviorist*, edited by C. W. Morris, The University of Chicago Press, 1934. ミードの言及するIはデカルト的コギトではない。主体はそれ自体を取り出そうとしても不可能な契機として、つまり社会的価値に対して常にズレをもたらす契機としてしか捉えられない。ミードの言及するIの近似的概念を探すならばフロイトのエスを考える方が適切だ。ちなみに他者の反応や態度の内在化したものを意味するミードのMeはフロイト理論においては超自我に相当し、ミードのSelfがフロイトの自我にあたる。R. M. Farr, *The Roots of Modern Social Psychology*, Blackwell, 1996, p. 125; J. Laplanche & J.-B. Pontalis, *Vocabulaire de la psychanalyse*, PUF, 1967, p. 241.

(46) 両親の遺伝子が出会う際に偶然が作用して美貌が得られたのかもしれない。しかしそれでも本人の努力によるわけでないのは同じだ。決定論を斥け、自己の生成に偶然が作用すると主張しても自由や責任の問題は解けない。第4章参照。

(47) D. M. Wegner & T. Whearley, "Apparent Mental Causation: Sources of the Experience of Will", *American Psychologist*, *54*, 1999, p. 480-491.

(48) S. Valins, "Cognitive Effects of False Heart-Rate Feedback", *Journal of Personality and Social Psychology*, *4*, 1966, p. 400-408. その他の研究としてD. G. Dutton & A. P. Aron, "Some Evidence for Height-

ened Sexual Attraction under Conditions of High Anxiety", *Journal of Personality and Social Psychology, 30*, 1974, p. 510-517; S. Schachter & J. Singer, "Cognitive, Social, and Physiological Determinant of Emotional States", *Psychological Review, 69*, 1962, p. 379-399 がよく知られている。

(49) 一周二・五六秒で回る時計の針を見せ、どの位置に針が来た時に手首を挙げようとしたかを各トライアル後に被験者に尋ねた。

(50) B. Libet, "Unconscious Cerebral Initiative and the Role of Conscious Will in Voluntary Action", *Behavioral and Brain Sciences, 8*, 1985, p. 529-566; ——, "Are the Mental Experiences of Will and Self-Control Significant for the Performance of a Voluntary Act?", *Behavioral and Brain Sciences, 10*, 1987, p. 783-786;——, "The Timing of a Subjective Experience", *Behavioral and Brain Sciences, 12*, 1989, p. 183-185. まとめとしては B. Libet, *Mind Time: The Temporal Factor in Consciousness*, Harvard University Press, 2004 を参照。

(51) "Open Peer Commentary", *Behavioral and Brain Sciences, 8*, 1985, p. 539-566; "Commentary on Benjamin Libet (1985) Unconscious Cerebral Initiative and the Role of Conscious Will in Voluntary Action", *Behavioral and Brain Sciences, 10*, 1987, p. 781-786; "Continuing Commentary", *Behavioral and Brain Sciences, 12*, 1989, p. 181-185 において脳科学・心理学・哲学の専門家による二七本の論文がリベット研究に賛否両論を展開し、リベットが答えた。

(52) Libet, *Mind Time, op. cit.*, p. 149, 200; P. Merikle & J. Cheesman, "Conscious and Unconscious Processes: Same or Different?", *Behavioral and Brain Sciences, 8*, 1985, p. 547-548.

(53) W. Grey Walter, *Presentation to the Osler Society*, Oxford University, 1963 (D. C. Dennett, *Consciousness Explained*, Penguin Books, 1993, p. 167-168 より引用).

（54） M. S. Gazzaniga, *Le Cerveau dédoublé*, Dessart et Mordaga, 1970;——, *The Social Brain: Discovering the Networks of the Mind*, Basic Books, 1985 [tr. fr., *Le cerveau social*, Odile Jacob, 1996].

（55） Gazzaniga, *Le cerveau dédoublé, op. cit.*, p. 165.

（56） 当人には二種類の感覚が現れる。比較的多い例は「拮抗失行」と呼ばれ、優位な左半球が司る右手の動作を、右半球が制御する左手が妨害する場合である。この症状では、自分の意図にしたがって動く右手を、他者が操る左手が邪魔する感覚が現れる。つまり右半球が命令する左手の動きは不随意運動として感じられる。もう一つのタイプは「意図の抗争」と呼ばれ、何かを行おうと意図すると、それに反する別の意図が現れる。交互に出現する二つの意志が抗争する感覚だ（深尾憲二郎「自己・意図・意識——ベンジャミン・リベットの実験と理論をめぐって」、中村雄二郎・木村敏編『講座生命 vol. 7』河合文化教育研究所、二〇〇四年所収、二三八—二六八頁）。

（57） Gazzaniga, *Le cerveau social, op. cit.*, p. 101-103.

（58） M. S. Gazzaniga, *The Ethical Brain: The Science of Our Moral Dilemmas*, Harper Perennial, 2005; M. Minsky, *The Society of Mind*, Simon & Schuster, 1985; J. Yates, "The Content of Awareness is a Model of the World", *Psychological Review, 92*, 1985, p. 249-284.

（59） M. S. Gazzaniga, *The Mind's Past*, University of California Press, 2000, p. 63.

（60） 前掲、拙著二〇〇—二〇一頁。

（61） S. E. Asch, "Studies of Independence and Conformity: A Minority of One against a Unanimous Majority", *Psychological Monographs: General and Applied, 70*, 1956, p. 1-70.

（62） J. Israel, "Experimental Change of Attitude Using the Asch-Effect", *Acta Sociologica, 7*, 1963, p. 95-104. アッシュの方法でアメリカ人と日本人の影響度を比較した研究がある。研究者自身の予想を裏切っ

てアメリカ人よりも低い影響効果が日本人に観察された。この結果も同様に解釈できる。個人主義的なアメリカ人に比べて集団主義的な日本人は準拠集団との結びつきがより強固なために、目前のサクラが行使する影響力に対抗する情報に支えられるからだ。R. Frager, "Conformity and Anticonformity in Japan", *Journal of Personality and Social Psychology*, *15*, 1970, p. 203-210; 我妻洋『社会心理学入門』上巻（講談社学術文庫、一九八七年）、五八―六四頁。

（63） Milgram, *Obedience to Authority*, *op. cit.*, p. 117-123.

（64） T. Kozakai, "Conformisme", *in* S. Mesure & P. Savidan (Eds.), *Le dictionnaire des sciences humaines*, PUF, 2006, p. 183-185.

（65） P. Zimbardo, *Quiet Rage: The Stanford Prison Experiment Video*, Stanford University, 1989.

（66） C. Haney, C. Banks & P. Zimbardo, "Interpersonal Dynamics in a Simulated Prison", *International Journal of Criminology and Penology*, *1*, 1973, p. 69-97.

（67） C. Haney & P. Zimbardo, "The Past and Future of U. S. Prison Policy: Twenty-Five Years after the Stanford Prison Experiment", *American Psychologist*, *53*, 1998, p. 709-727.

第1章　ホロコースト再考

ナチス・ドイツは六〇〇万人近くのユダヤ人と、[1]ロマ・共産主義者・同性愛者・身体障害者・精神薄弱者など多くの人々を殺害した。この大量虐殺の原因は未だに諸説ある。[2]ホロコーストに限らず、社会現象は一般に歴史・経済・政治・宗教・心理などいろいろな要因が複雑に絡み合って生ずるのであり、どれが主要な原因だと簡単に決定できない。ここでの目的は、大量虐殺を可能にした社会心理過程の分析にある。

狂信的指導者が政治機構の中枢で決定するだけで人は死なない。銃殺や毒ガス処刑に手を汚したのはナチス指導者でなく、ほとんどは普通の警察官や役人だ。官僚組織の命令網にからめ捕られた一般の人々の心理を分析し、ひいては人間の自由について考えたい。[3]

普通の人間

前章で検討したミルグラムの研究はホロコーストを理解する願いから実施された。[4] ミルグラム実験がナチス大量殺戮の小規模なシミュレーションだと主張するのではない。すでに断ったように社会現象は複雑な要因が重なって生ずる。人工的に設定された実験研究の結果だけを基に説明はできない。しかし共通要因も否めない。環境条件が普通の人間を殺人へと駆り立てる事実はホロコーストの場合にも指摘されている。

人間はみな同じだと言うのではない。しかし信条や道徳観を異にしても、ある環境におかれると、その違いを超えて同じ行動をとる事実を重く受け止めよう。ある民族を嫌悪する人々や嗜虐性向の持ち主は、そうでない者に比べてよりひどい仕打ちをするかもしれない。だが、普通の人間でも状況次第で残虐に振る舞ってしまう点が問題なのだ。

虐殺政策を立てるだけでは数百万の人々を殺せない。銃の撃鉄を引く、強制収容所に移送してガス室に押し込め、毒ガスを流すという、殺人に実際に手を下す履行者がいなければ死者は出ない。その意味において一般市民の心理を分析する上で、序章で参照した実験結果は無視できない。

手を汚した警察官や役人は特別な選別を経て担当部署に就いたのではない。官僚機構のどの位置にいる者でも銃殺隊に加えられたり、絶滅収容所の看守に命じられたりした。処刑を担当する任務に特別な性格の人間を配置する機構にはなっていなかった。どの部署をとっても当時のドイツ社会の縮図にすぎなかった。[5] なぜ普通の人々が殺人に手を貸したのか。

歴史家クリストファー・ブラウニングは『普通の人々』の中で、第二次大戦中ポーランドに駐留したドイツ警察予備隊第一〇一大隊の活動を、元隊員二一〇名による証言資料の分析を通して明らかにした。[6] 予備隊に配属された警察官のほとんどは年をとりすぎ、前線に送っても戦力として期待できない家庭の平凡な父親だった。徴兵を受け、警察予備隊に配属されるまで工員・商人・手工業者・事務員などだった普通の人たちだ。ヒトラーが政権を奪う以前に思春期を過ごし、ユダヤ人絶滅政策が猛威を振るう頃にはすでに人格形成を終えていた。そのため彼らはナチス・エリートのような反ユダヤ主義者ではなかった。第一次世界大戦に参加した経験を持つわずかの年長者を別にすれば、予備隊に配属されるまで誰も銃を持ったことがなかった。[7] しかし彼らは合計五〇〇人に満たない少人数の部隊でありながら、わずか一年半の期間に三万八〇〇〇人のユダヤ人を銃殺し、四万五〇〇〇人をトレブリンカ絶滅収容所のガス室に送り込み殺害した。[8] 以下では(1)責任転嫁の仕組み、(2)犠牲者との心理距離、(3)正当化がもたらす効果という三点から彼らの行動を分析しよう。

責任転嫁の仕組み

近代企業の活動を思わせる高度な組織化の下に遂行されたユダヤ人虐殺政策は官僚制的性格を強く持つ。その点はすでに言及したアーレントの著書以外にも、ホロコーストを論議する際に必ず参照されるラウル・ヒルバーグ『ヨーロッパ・ユダヤ人の絶滅』[9]でも強調されている。官僚制最大の特徴は作業分担だ。ユダヤ人の名簿作成・検挙に始まり、最終的に処刑に及ぶまでには多くの段階の任務がある。各作業を別々の実行者が担当する時、責任転嫁が自然に起きる。「私だけが悪いんじゃない」「私がしなくても結果は変わらない」「私は単に名簿を作成しただけだ」「強制収容所への移送列車の時間割を決めただけだ」「検挙しただけで私は殺していない」などと正当化される。ユダヤ人がどのような運命に遭うか、うすうす気付いている場合もあるだろう。しかし殺人の流れを一括して把握せず、流れ作業のほんの一部だけに携わるために自らを責任主体と認識しにくい。普通ならば道徳観念が禁止する行為もそれほどの抵抗なしに実行してしまう条件がこうして用意される。

アイヒマンは一度も集団銃殺に立ち会わなかった。一〇〇万人に上る犠牲者を出したアウシュヴィッツ収容所に立ち寄ったことはあるが、実際に毒ガスで殺害する現場は一度も見ていない。囚われたユダヤ人が収容所に着くと、強制労働に当てられる人々と、そのままガス室送りになる人々とに選別されたが、その非情な場面もアイヒマンは経験していない[10]。ポーランドのヘウムノ絶滅収容所に立ち寄った際の出来事をアイヒマンはこう述懐する。

何人のユダヤ人が毒ガス・トラックに乗ったかは知らない。ほとんど見ていなかったからだ。見られなかったのだ。とても見られなかった。もう我慢できなかった。叫びが続いて……。私は気が動転し、何もわからなかった。［……］それから車に乗って毒ガス・トラックについていった。その時、今までの人生で出会ったことのない恐ろしい光景を見た。ポッカリと大きく口を開けた溝の方に毒ガス・トラックが行き、死体を捨てていた。肢体には艶があり、まだ生きているように思えた……。溝の中に死体をどんどんと投げ込んでいた。私服を着た一人が歯科医のペンチで死体の歯を抜くのが見えた。すぐに私はその場を去った。車に飛び乗り、それから一言も口をきかなかった。この日以降、車に長時間乗っても運転手と言葉を交わさなくなった。この日、私は本当に辛かった。完全に参っていた。毒ガス・トラックの覗き穴から内部を見るように、白衣を着た医者から勧められたことだけ覚えている。申し出を私は拒絶した。そんなことができる精神状態ではなかった。とにかく、その場を一刻も早く去りたかった[11]。

ブラウニングが検討したポーランド駐屯警察予備隊の場合でも、現場で銃殺を指揮する隊長は銃殺の命令だけ発しておいて、現実に銃殺が始まる時にはすでに自分の宿舎に帰っていた(12)。犠牲者の運命に変わりなくとも、自らが手を下すかそうでないかでは加害者にとって心理的意味が大きく異なる。ミルグラムは先生役を演じる参加者を二人（そのうち一人はサクラ）にして、サクラに電気ショックのボタンを押す係りをあてがい、本当の被験者には解答の確認とショック毎に電圧を読み上げる役割だけをさせた。つまり被験者にとってこの状況は、目前で行われる犯罪への消極的参加を意味する。責任回避のおかげで拷問拒否者の割合は圧倒的に減り、四〇人中の三七人（九三％）が最高電圧四五〇ボルトまで実験を継続した(13)。

命令する者と、自ら直接手を下す者とが分離されると、犯罪に対する心理負担が減り、結果的に殺戮装置が機能する。責任が雲散霧消するメカニズムがここにある。大隊長さえもこの任務に堪えられなかった。ユダヤ人を拘束した後に受けた命令の内容を知った際、「とても嫌な任務が我々に与えられた。最高幹部の命令だから服従しなければならない。だが、こんなことをしなければならないなんて、とても承服できない」と涙を浮かべた。そして震える声を振り絞って部下に命令を伝えたという。大隊長は銃殺の現場に一度も立ち会わなかった。「神よ、何故こんな命令が私に下るのでしょうか」と胸に手を当て嘆いたり、部屋で独り涙を流す彼の姿を部下が証言している。銃殺任務を果たした後、疲労困憊した部下は良心を麻痺させるため浴びるように酒を飲む。部下に対して、「このような任務を与えた上層部にすべての責任がある」と大隊長が訓戒する。自らは手を汚さないおかげで、また上部の命令だから仕方ないと諦め、かろうじて命令を部下に伝達できたのだ[14]。中隊長の一人は心身症にかかり、銃殺命令を部下に伝えた後で必ず激しい胃痛に襲われた。そのため現場に随行できず医務室に横たわっていた[15]。

部下は殺害直前まで任務内容を知らされず、「重要な任務があるので、明日は朝早くから起きて準備するように」とだけ指示された[16]。考える余裕を与えないためだ。殺害に実際に携わる者は単なる命令遂行者として位置づけられ、責任感覚が麻痺する。

ユダヤ人狩りだけをドイツ警察予備隊が受け持ち、実際に銃殺する役割は外国人に宛がったこともある。ナチスが占領したソ連領で囚人となったウクライナ人・リトアニア人・ラトヴィア人にゲシュタポが訓練を施して銃殺させた[17]。ドイツ周辺国に住み、ユダヤ人や共産主義ソ連に敵意を抱いていた彼らは、ソ連戦線に送らない保証を取り付け、餓死から逃れるために、この任務を受け入れた[18]。

しばらくすると銃殺ではなく、トレブリンカ絶滅収容所に移送してユダヤ人を殺すようになる。分業体制のおかげで警察予備隊の心理負担は減る。しかしそれでも家畜用貨物列車にユダヤ人を詰め込む作業は暴力なしにできない。病人・老人など身体が弱って動けない者や抵抗する者はその場で射殺しなければならない。いやがる群衆を貨物列車に追い込むために鞭で殴る必要もある。そのため惨い場面に耐えられない隊員の心理を慮って、強制移送に伴う残酷な役割はウクライナ人・リトアニア人・ラトヴィア人に託された[19]。殺人を犯したのは外国人であり、責任が自分たちにあるとは誰も思わなかったと当時の軍曹が証言している[20]。

ミルグラムの実験において服従率が高かった理由の一つは、自分は単なる命令執行者にすぎないと被験者が認識し、命令を下す実験者に責任を転嫁するからだ。実際多くの被験者は実験継続を何度も躊躇するが、万一問題が生ずれば責任を取ると実験者が言うと、拷問を再開する。これはニュールンベルク裁判においてナチス被告が援用した責任転嫁と同じ論理でもある。

ポーランド駐留ドイツ警察予備隊において、どうしても銃殺できない者は他の部署への配属を許すので申し出よと、殺戮に先立って大隊長が提案する場合もあれば、そのような選択を与えない場合もあった。自ら選択する場合は辛い。拒否する可能性がある以上、殺人に荷担すれば、その責任を引き受けなければならない。自由選択の余地を表立って与えられない方が責任転嫁しやすく、したがって心理的に楽だったと言う[21]。

作業分担による責任感軽減を理解する上でラタネとダーリーの研究が役に立つ[22]。このテーマに彼らが関心を持ったきっかけは次の事件だった。一九六四年三月のこと、ニューヨーク郊外で二八歳の女性が殺害された。三〇分の間に何度も襲われ、刃物で切りつけられたが、助けを叫ぶ彼女に誰も助けの手を差し伸べなかった。警察への通報もなかった。ところが実は三八人のニューヨーク市民が殺人場面を自宅の窓ごしに眺めていた事実が事件後の調べで判明した。新聞など報道機関は都市住民の無関心さ・冷淡さを非難の的に挙げた。この事件に憤った市民の中には、これら無責任な人々の氏名と住所を新聞紙上に公表し糾弾すべきだと提案する者も出た[23]。大きな社会問題としてこの事件が取り挙げられたのは、殺害現場を見ていた傍観者の数が多かったからだ。目撃者が少数なら犯罪阻止は無理だったかもしれない。しかし三八人も目撃者がいたのだ。ただの一人も警察に通報しなかったのは何故なのか。

ラタネとダーリーは次の実験を行った。マーケティング調査と称して大学生に研究室まで出向いてもらい調査用紙に答えさせる。しばらくすると調査担当者は、忘れ物をしたがすぐ戻るのでそのまま続けて欲しいと断り、研究室を出ていく。隣の事務室で書類を移動する音や足音が薄い壁を通して被験者に聞こえる。するとまもなく調査員が脚立に上る様子があった後、突然悲鳴とともに脚立から転げ落ちる音が響く。後には静けさが残るだけで調査員が戻る気配はない。さあ被験者はどうするか。調査員を救助するために隣の部屋に行くだろうか。これが実験の脚本で、被験者に聞かせた物音や悲鳴は録音テープのものだ。被験者が一人の場合と、見知らぬ被験者二人が同時に参加する場合を比較しよう。一人の場合は平均して七〇％の被験者が救助のために席を立った。では二人組の場合はどうか。二人いれば少なくとも一人が救援に向かう確率はより高いはずだ。一人の時に七〇％の確率で救援すると仮定すると、二人のうち少なくとも一人が救助する確率は、誰も救助しない確率を計算し（三〇％×三〇％＝九％）、それを一〇〇％から引けばよいから九一％になる。しかしこのような算術論理と心理過程は大きく異なる。実際には四〇％の組だけが救助行動を起こし、残りの六〇％の組は何もしなかった[24]。

他にも、火事が起きたと思わせたり、被験者の一人（実はサクラ）が癲癇の発作を起こすなど設定を変えても結果は同じだ。居合わせる人の数が多いほど、かえって援助行動が起こりにくい[25]。自分がしなくても他の人がやるだろうと責任感が希薄になり、犯罪を阻止したり救助の手を差し伸べる心理が鈍るからだ。ニューヨーク女性殺人事件も、自分以外に目撃者はいくらでもいる、もうすでに誰かが警察に電話しただろう、わざわざ自分が警察と関わって面倒な手続きに巻き込まれる必要はないなどと目撃者が思ったとすれば説明がつく。

分業体制は近代社会と切っても切り離せない。分業のおかげで飛躍的な経済発展を見た。しかし集団行為に組み込まれる人々は、長い流れ作業の後に生ずる結果に自分自身も加担する感覚が薄れてしまう。この問題は集団責任の構造を扱う第5章で再び検討しよう。

心理的距離

ユダヤ人虐殺計画が予定通り進まず、その対策にガス室が考案された。ガス室で殺害する方法は銃殺に比べ、少なくとも三つの技術的「利点」がある。[26]

第一に多くの人間を一度に抹殺できる。例えばビルケナウに設置された大型ガス室は二一〇平米（三〇メートル×七メートル）の容積を有していた。この大型タイプが二室と小規模なタイプが二室あり、合計殺戮能力は二四時間あたり六〇〇〇人と計算されている。[27] チクロンBが投げ込まれると数分から長くとも二〇分以内に全員死亡する。毒ガス注入三〇分後に換気扇が回り、ガスが排気される。死体焼却炉は合計で二四時間あたり八〇〇〇体を燃やす能力を持っていた。[28] このように毒ガス室は銃殺に比べてはるかに効率がよい。

第二に大量虐殺を外部に秘匿しやすい。ユダヤ人殺害の事実を国際社会に隠蔽するだけでなく、一般ドイツ市民にも隠す必要があったが、強制収容所という密室環境で殺害すれば、秘密が外部に漏れにくい。

第三に殺す側の心理的苦痛を和らげる。ユダヤ人大量虐殺はナチス・ドイツがソ連領に侵攻する一九四一年初夏に始まる。ドイツ陸軍後方に配備された「特別殺戮部隊（Einsatzgruppen）」が軍の移動とともに各地のユダヤ人を手当り次第に銃殺していった。だが、心理的苦痛から多くのナチス隊員が精神および身体に変調を起こしたため、虐殺を統括するハインリヒ・ヒムラーは他の方法を見つける必要を痛感する。[29]銃殺のような直接的殺人の場合、殺す側にとって自らの行為とユダヤ人の死との因果関係が明白だ。そのため原始的で効率が悪いだけでなく、実施部隊の精神衛生を蝕む殺戮方法に代えて、被害者の悲惨な姿を殺人者に隠蔽する他の方法をナチスの指導層と官僚が模索し、最終的に毒ガス室による抹殺に行き着いた。[30]絶滅収容所のおかげで銃殺する必要がなくなり、重い気分が晴れたとアウシュヴィッツ統括責任者ルドルフ・ヘスは告白している。[31]

分業体制の下では組織的に連動する各行為が全体の中で持つ意味が隠され、現実感が失われる。そして現実感を覚えない時、ひとは残虐行為を驚くほど簡単に成し遂げる。犠牲者が喜び・悲しみ・苦痛を感ずる生身の人間であることを忘れ、まるで家畜か害虫であるかの錯覚が生まれる。

ポーランド駐留警察予備隊では、ユダヤ人が一発で即死するように銃剣の照準を延髄に定める指示と訓練を受けて処刑に臨んだ部隊もあれば、説明を一切与えられずに処刑を命じられる部隊もあった。断末魔の苦しみを感じないで犠牲者が即死する場合は、殺害する側の心理抵抗が比較的弱い。激しい悲鳴や血が飛び交ったりせず、現実感が薄いからだ。

［……］犠牲者を即死させるにはどうすべきか、我々はシェーンフェルダー医師から説明を受けた。私はよく覚えている。医師は説明しながら肩から頭部まで身体の輪郭を描

き、正しく射撃できるよう銃剣の照準を定める部位を明示した(32)。

対して技術指導を受けなかった部隊では撃ち損なったり急所を外す。至近距離から発砲するといえ殺しの素人だ。犠牲者はすぐに息絶えない。苦しみの呻き声を上げたり、内臓や血が飛び散ったりと正常な人間には正視できない場面を体験した。そのため処刑後にノイローゼになって任務を解かれたり、部署変更を願う者が何人も出た(33)。

第一中隊と異なり、第二中隊の警官は殺害方法を教えられず、銃剣の照準を定めなかった。ヘルゲルト［軍曹］が述べるように、そのため「失敗」の連続で「ユダヤ人を不必要に傷つけた」。［……］「我々は目視で射撃を始めた。狙いが上すぎると頭蓋骨が木っ端みじんになり脳の塊や骨が飛び散った。そこで銃剣を延髄に向けて照準を定めるよう指示された」。しかしヘルゲルトによると、そのような指示は何の役にも立たなかった。「至近距離で銃口を突きつけて発砲すると、今度は犠牲者の頭に銃弾が当たる時、頭蓋骨全体あるいは少なくとも後頭部が吹っ飛び、血や骨の破片そして脳の塊が警察官のからだ全体に嫌というほど散らばった(34)」。

最初、銃剣を照準として用いるよう指示されず、首付け根の頸椎を狙えとだけ言われた。結果は身の毛もよだつ、おぞましいものだった。「血・脳・骨の破片で警官たちは全身汚れまみれになった。内臓が制服にぶら下がっていた[35]」。

詰め所に戻った時、おぞましい経験をした警察官は神経をやられ、錯乱し、あるいは怒りを周囲にぶちまけた。食欲を失い、ほとんど食べ物を口に運ばないくせに酒だけは浴びるように飲む。酒の配給はいくらでもあり、警官の多くは泥酔して死んだようになった[36]。また銃殺担当者は大酒を飲み、酔っぱらってから任務に当たる場合も多かった[37]。

すでに説明したミルグラムの実験設定では、生徒役のサクラは他の部屋に入れられ、彼が苦しむ表情が被験者に見えない。しかし同じ部屋で生徒がショックを受ける場合は臨場感が増し、拷問の心理的苦痛がより強くなる。この状況の服従率は四〇％に下がった。さらに心理負担を高めるために、今度は電気ショックを与えるたびに被験者が生徒の身体に触れるよう工夫した。罰を与えるために生徒の手首を押さえつけて電気ショックを課さなければならない。被験者の心理負担はより高くなる。この設定ではさらに服従率が三〇％まで下がった。常識からするとまだ驚くほど高い数値だが、拷問の苦痛が具体性を増すにつれて六五％から三〇％へと半分以下に服従率が減少した[38]。

ちなみに磨りガラスを通して拷問の様子が被験者に見えた予備実験の段階では、拷問される生徒の方を誰も見なかった。ガラス窓から生徒の様子が見えると教えても、苦しむ様子を見るのが辛いから見たくないと被験者は答えた[39]。

心理負担だけから言えば、原爆で何十万もの人々を殺す方が、人間一人を包丁やバットで殺傷するより容易だ。多くの人命を奪った行為を後悔するかもしれない。しかし行為の瞬間においては、泣き叫び哀願する老婆や子供一人の生命を血まみれになって奪う状況に比べて、レーダーや計器の数値を見ながら爆弾投下のボタンを押すだけの方がはるかに楽だ。湾岸戦争の映像がテレビで流された時、さながらビデオゲームでも見るような観があった。兵士の心理負担を減らし能率よく殺戮できるように人間工学的にも近代兵器は技術向上をとげている[40]。犠牲者との心理距離が保たれ、具体的な人間性に触れないと、殺傷に対する強い抵抗が起こらない。だが、殺す相手が自分と同じ人間だと認識するやいなや、殺人の意味が変容する。

一回目の銃殺後、[……]次の犠牲予定者の中に一人の母と娘がいた。私は彼女たちとおしゃべりを始め、カッセル出身のドイツ人だと知った。私は射殺にもうこれ以上加わらないと決めた。こんなことはおぞましく耐えられない、私は病気になったと中隊長に言い、任務を解くよう願い出た[41]。

銃殺から毒ガス室へと殺戮方法が変更され、犠牲者の数は増加した。しかし血みどろの殺人を犯す必要がなくなった隊員の心はずっと軽くなった。ユダヤ人を待つ運命が死以外にありえないことは明らかだった。だが、自ら捕まえたユダヤ人がその後どこに送られ、どのような処遇にあうのかドイツ警察予備隊隊員は具体的に知らなかったし、知りたいとも思わなかった。こうしてユダヤ人の苦しみは他人事になっていった[42]。

正当化の心理

ミルグラム実験に参加した者の少なからずは「生徒役の人があまりにも無知で頑固だった。あれでは罰を受けても仕方がない」と実験後に述べた[43]。罪悪感を軽減するために被害者の価値を貶め、自らの行為を正当化する。不幸の渦中にいる人に助けの手を差し伸べたい、しかし尽力しても無意味だとわかった時、我々の心は無意識のうちに防衛機制を作動させる。どうしようもない不幸を目の前にする時、あるいは不本意ながら自らの手を汚さざるをえない時、責任感を軽減し心の負担を抑制する反応が誰にも起きる。

拷問に立ち会う時に起きる心の動きを調べた実験がある[44]。強度のストレスを感じると人間は通常と異なる行動をとりやすい。例えば前線に送られる兵士の精神状態を正確に把握しないと色々な問題が生じる。だからストレスにさらされる人々の異常状態を早期発見するための研究が必要になる。こんな口実の下、隣室にいる人の様子をマジック・ミラーを通して分析して欲しいと依頼し、女性（実はサクラ）を電気ショックで拷問する場面を見せた[45]。

電気ショックに苦しむ女性の姿を一〇分間見せた後、彼女のイメージを尋ねる。半分の被験者には、これで実験は終わりと告げ、残りの被験者には、実験は今半分の時点でこのあとまだ続くと説明した。つまり女性が受ける苦痛の長さを変え、彼女に対して被験者が抱く感情が左右されるかを調べた。

拷問を受ける人の苦しみが大きければ大きいほど被験者の無力感や罪悪感が強くなる。しかしその時、拷問される理由が当人にあると思い込めば無力感や罪悪感を弱めるのに役立つ。したがって女性の苦難が続行する時こそ、彼女に対する印象がより悪くなる[46]。そして傍観するだけでなく、自ら害を加える時、正当化の傾向はさらに高まる[47]。

世界は正義に支えられるという信仰がこの心理機制の背景にある。天は理由なく賞罰を与えるはずがない。徳をなせば必ずいつか報われる。欺瞞や不誠実にはいずれしっぺ返しが待つ。そう思い込むことで他者の不幸が正当化される[48]。

ユダヤ人から人間性をはぎ取り、家畜か単なるモノのようにナチスが扱った事実はよく知られている。強制収容所に送られるユダヤ人を点呼する際にナチスの大佐は「全部で何個になるのか」と尋ね、部下が「全部で六五〇個あります」と応対していた[49]。第二次大戦中、細菌戦研究のために生体実験を行い、多くの命を奪った日本軍七三一部隊は俘虜を丸太と呼んだ。氏名をはぎ取り、単なる番号で呼び、殺害する相手を非人間化すれば心理負担が減る。[50] 米軍兵士は戦場でフィリピン人・朝鮮人・日本人をグーグー（goo-goo）とかグーク（gook）と名付けたが、ここにも同じ心理機制が働いている。[51] 一九九四年のルワンダ虐殺でフツ族がツチ族をゴキブリと蔑称したり、[52] アルジェリア解放戦線（ＦＬＮ）のレジスタンスをフランス兵士が拷問する際にドブネズミと呼んだのも同様だ。[53]

一般にナチスは見かけ上の合法性を重んじたが、[54] それも殺人者の心理不安を和らげるための配慮だった。強制収容所の看守のほとんどは農民・商人・下級役人の息子であり、収容者の多くと同じ階級の出身だった。そのためユダヤ人との同一化を起こしやすい。自分と変わらない人間を殺すのは苦しい。したがって殺害を正当化する理由がさらに必要になる。囚人に「自らの罪」を認めさせたり、収容所での生活に満足している旨の書類に署名するようユダヤ人に強制した。ナチス全体主義が機能するためには、殺人にせよ金品強奪にせよ、正当な法手続きに則ってなされている、不法行為ではないという心理保障が必要だった。[55]

アイヒマンやヘスだけでなく、捕えられたナチス指導者はヒトラーの命令に従ったまでだと主張したが、それは単なる責任逃れの言い訳ではない。[56] 何層もの正当化システムが重なり合って機能しなければホロコーストは遂行されえなかった。したがって殺戮メカニズムに荷担した人間が自分に責任はないと感じるのは当然だった。逆に言えば、このような無責任感覚が生じる環境を作り出せなければ、六〇〇万人もの罪なき人々を殺せない。

反ユダヤ主義の機能

ホロコーストを生んだ主な原因として反ユダヤ主義が挙げられる。しかし反ユダヤ主義は特にドイツ人に顕著だったわけでない。一般に東ヨーロッパの方が強かった。ポーランドのユダヤ系社会学者ジグムント・バウマンは言う。

ナチスによる権力掌握以前、そして彼等の支配確立後も、ドイツ庶民の反ユダヤ主義は他のヨーロッパ諸国と比較にならないほど弱かった。ユダヤ人解放への長い道のりがワイマール共和国によって仕上げられる以前すでにドイツは、宗教の上でもまた民族としてもユダヤ人に正義と寛容を示す安らぎの地として世界中のユダヤ人が認めていた。二〇世紀の息吹を聞いた時、イギリスやアメリカ合衆国とは比べものにならないほど多くのユダヤ人自由業者や大学教授をドイツは擁していた。［……］ホロコースト研究家の中で最も優れた歴史家の一人ヘンリー・ファインゴールドは「もしワイマール共和国時代に世論調査がなされたら、ユダヤ人に対するドイツ人の反感はおそらくフランス人のそれ以下だったにちがいない」と結論づけた。(57)

もしヨーロッパ諸国の中でユダヤ人絶滅を企てる国が一つだけあるとすれば、それはフランスだと一九一四年の時点で言っても誰も驚かなかっただろうと、比較研究を行ったフランスの歴史家ジョルジュ・モーセも述べる[58]。

ルーマニアでは残酷なやりかたでユダヤ人が殺された。例えば一九四一年一月にはおよそ五〇〇〇人のユダヤ人を貨物列車に詰め込み、全員が疲労で死亡するまで目的地なしに列車を何日も走らせた。そしてユダヤ人が経営する肉屋の軒先に死体を吊り下げるという残虐さだった。そのため逆にナチスがしばしば介入して殺戮を止めさせたとアーレントが報告している[59]。

確かにヒトラーが政権を奪取して以降、反ユダヤ主義はドイツ社会に急激に浸透していったし、ユダヤ人を虫けらのような存在に貶める宣伝がなければ、ホロコーストはありえなかった。だが、それは反ユダヤ主義がホロコーストの原因をなしたという意味ではない。この発想は、意志や意識が行動を司るという常識を踏襲している。しかし前章ですでに述べたように、このような近代的人間像は事実に合わない。ヒルバーグは分析する。

繰り返される中傷プロパガンダは必要に応じて援用された。例えば「ユダヤ人は有害だ」という言明が、殺戮プロセスに組み込まれた人間の精神において「ユダヤ人は有害だから私はユダヤ人を殺す」という形で完全に正当化される。こういった表現が果たす機能を理解すれば、反ユダヤ主義宣伝がなぜ戦争最後の日までずっと続けられたのかが納得される。プロパガンダは、官僚制度の内部外部を問わず、殺戮行為の前あるいは後に生ずる罪悪感や疑問を打ち砕くために必要だったのだ[60]。

プロパガンダが捏造するステレオタイプは、ユダヤ人とドイツ人との間に超えられない境界を設け、犠牲者との同一化を防ぐ効果を持つ。犠牲者の苦しみに自らを重ね合わせるようでは殺戮不可能だ。反ユダヤ主義が原因でホロコーストが生じたのではない。しかしいったん虐殺が開始されれば、殺戮者の苦悩を麻痺させる手段が必要になる。そういう意味で反ユダヤ主義の強化はホロコーストの原因というよりも、逆に虐殺の結果だと言えるかもしれない。

ホロコーストの近代性

誤解してはならない。ホロコーストの本当の恐ろしさは、あからさまな暴力性にはない。逆にむき出しの暴力をできるかぎり排除したおかげで数百万にも上る人間の殺戮が可能になったのだ。バウマンは『近代とホロコースト』でこう述べる。

虐殺に直接関わった組織の人間が異常に嗜虐的で狂信的だった事実はない。［……］それどころか特別殺戮部隊あるいは抹殺に関わった他の組織に要員を配属する際、あまりに熱狂的だったり感情の起伏が激しい者、狂信的イデオロギーの持ち主は排除され、他の部署に配置換えされた。［……］組織の命令による殺人とは反対に、欲望や楽しみのための殺人は通常の殺人罪と同様に扱われ、少なくとも規則上は有罪判決を受ける可能性があった。非人間的行為に日夜従事する部下の精神安定と道徳基準を維持しなければならないという強い懸念――おそらくこの気持ちは本当だった――をヒムラーは一度ならず表明した(61)。

意味もないのに残酷な拷問で楽しんだり、女囚を強姦したり、単なる腹いせのためにユダヤ人を苦しめるドイツ人も少なからずいた(62)。だが、そのような人間ばかりでは大量虐殺は遂行できない。「合理的」かつ「効率良く」殺害するため、無駄な拷問や虐待が起きないよう指導層は常に努めていた。

［……］虐殺過程で心がけられた「ヒューマニズム」はホロコースト成功の重要な鍵だった。もちろんこの「ヒューマニズム」は犠牲者を助けるためでなく、殺害する側の苦

痛を和らげるためにすぎない点は強調しなければならない。しばしば「行過ぎ」を制限したり、あらゆる種類のふしだらで恥ずべき行為を避けるよう努力が払われた。残虐行為が野放しにならないよう歯止めをかけるシステムと方法を練り上げると同時に、殺害者を押しつぶしかねない心理的重荷の軽減が図られた。毒ガス・トラックの製作や毒ガス室の建設、ユダヤ人の子供と女性を殺すためにウクライナ人・リトアニア人・ラトヴィア人を用いた事実、死体を埋めたり燃やしたりする役目にユダヤ人を充てたことなど、すべて同じ意味を持つ。効率向上こそが、この「ヒューマニズム」の真の目的だった。[63]

ナチス台頭以前頻繁に起こったポグロムの延長でホロコーストは理解できない。ナチスはポグロムの残虐性を意識的に退け、殺人行為を合理的に管理したからこそ、あれだけの犠牲者を出したのである。一九三八年一一月九日夜から一〇日未明にかけてナチス党員と突撃隊がドイツ各地のユダヤ人住宅・商店・教会（シナゴーグ）を襲撃し放火した。その際に砕け散った窓ガラスが月明かりに照らされて水晶のように輝いたという。その様子にちなんで「水晶の夜」と名付けられ、ナチスによるユダヤ人迫害の大事件として記憶されている。ホロコーストの全期間を通してこれほど大規模なポグロムは他に生じていない。しかしこの夜に殺されたユダヤ人の数はわずか一〇〇人にも満たない。中世から幾たびも繰り返されてきたユダヤ人迫害とホロコーストはまったく性格を異にする。「水晶の夜」

に類したポグロムが仮に毎日行われてもホロコーストの大量虐殺は不可能だ。

ドイツ国家はおよそ六〇〇万人のユダヤ人を殺害した。一日あたり一〇〇人の割合で殺してゆくと、これだけの数に達するのにはほぼ二〇〇年間を要する。［……］扇動された大衆が怒り狂うことはある。だが、怒りを二〇〇年間ずっと維持するのは不可能だ。感情や心理的要因はいつまでも続かない。どんなに血に飢えた感情でも遅かれ早かれ癒える。［……］例えば子供の苦しみを目の当たりにして突然、憐憫の情にほだされるかもしれない。しかし「人種」を根こそぎ絶やすためには、まさしくこの子供たちを殺す必要があったのだ。(64)

倫理的配慮を括弧に入れて技術的観点だけから思考実験してみよう。多くの人間を殺すのに最も効率の良い方法は何か。殺す側の心理負担をできるだけ減らす必要があるのはすでに見た。ヒルバーグに依拠して敷衍しておこう。

殺戮プロセスを遂行する最大の困難は行政管理でなく、心理的要因だった。最終解決の徹底的遂行は、その発想自体からして、強力な心理的躊躇や拒絶への対処能力が殺人者の側にあるかどうかにかかっていた。［……］部下が精神的に崩れていく兆候に指揮官は常に注意していた。親衛隊最高責任者であり、中央ロシア警察局長の任にあったフォン・デム・バッハは一九四一年秋、ヒムラーに進言し、彼を動転させた。

「この部隊の人間の眼をご覧なさい。どんなに彼らが動揺しているか見てください。もうこれらの人間は終わり(fertig)です。彼らにこの先の人生などありません。何という結果を我々は生み出したのでしょうか。ノイローゼ患者と乱暴者だけではありませんか(Entweder Nervenkranke oder Rohlinge)。」

[……]心理的観点から見て、行政上の無駄は危険だった。乱れた行動は殺戮装置のためにならず、官僚機構の崩壊に繋がる。だから迅速かつ急激な(schlagartige)行動を官僚は選択したのだ。最小の努力で最大の殺戮効果を得る必要があったのだ。[65]

殺される側に注目するならば、彼らの抵抗を抑える方法の確保が大量虐殺実施の鍵だった。ナチスは殺す寸前までその意図をユダヤ人に隠していた。毒ガス室をシャワー室に偽装したり、温かいスープが待っているから早くシャワーを済ませよと犠牲者を騙して急がせた。職業を尋ね、「それはいい。我々の収容所では看護婦や仕立て屋が欲しかったんだ。一刻も早くシャワーを浴びて清潔な体になってくれ。大事な人だから健康でいてもらわないと困る」と嘘をつき、毒ガス室に追いやった。[66]「シャワー室」前の床に落ちた眼鏡を認めると、「レンズを割って足を怪我しないように気をつけてくれよ」などと言う。[67]「清潔にせよ」「シラミが一匹いても死につながる」「消毒室への通路」など偽りの標識がいくつもの言語で掲げられた。脱いだ服を「シャワー」後に取りまちがえないようにと脱衣場壁のフックに番号をふる。チクロンBを運ぶ「消毒係」は赤十字の描かれた車で到着するという手の込んだ偽装も行われた。(68) バリカンを使わずハサミで女性の髪を刈ったのも、待ち受ける死を感じさせないための処置だ。(69) 死体処理担当のユダヤ人特務部隊を他のユダヤ人と隔離して殺害意図を最後の瞬間まで隠したのも、犠牲者のパニックや抵抗を避けるための措置だった。

絶滅収容所に到着後、ユダヤ人は「選別」される。少数の男性は強制労働のために残されるが、女性・子供はすぐに毒ガス室に送られる。しかし老人や病人は毒ガス室まで歩くのに時間がかかる。そこで赤十字の白旗を掲げた「病院」に彼らは連行され、銃殺そして燃やされた。少しでも殺人効率を高めるために「病院」は選別場の近くにあったが、燃える死体が外から見えないように細い通路を備え、死の直前までユダヤ人に悟られないよう配慮した。(70) もし死の恐怖からパニックが起きたら、次から次へと運ばれてくるユダヤ人を効率よく「処理」できなくなる。アウシュヴィッツから奇跡的に脱出したルドルフ・ヴルバ(71)は映画『ショア』でこう証言する。

殺戮システム全体がたった一つの原理に依っていた。どこに連れて行かれるか、そしてそこに何が待つかを誰にもわからないようにすること、これだった。ユダヤ人がパニックを起こさず、秩序を保って毒ガス室に向かわなければならない。特に女性と子供のパニックが危惧された。だから我々［殺害の手助けを強制されたユダヤ人］の誰一人として、パニックを起こしそうな言葉を犠牲者にかけないよう注意することはナチスにとって何よりも重要だった。［……］もしパニックが起きたら選別場所で全員を銃殺しなければならない。そんなことになれば殺人システム全体が停止する。死体や血だらけの・場所に次の列車を入れるわけにいかない。よけいにパニックが広がってしまう。ナチスにとっての至上命令は、すべてを滞りなく進行させることだった。時間の無駄をできるかぎり省くことだった。(72)

死体から金歯をもぎ取る作業や死体焼却炉での労働など最も辛い役目を宛がわれたユダヤ囚人特務部隊は生活面で優遇された。彼らはパン・肉・ソーセージだけでなく酒も豊富に与えられ、他のユダヤ人と異なり一人部屋に住まわされた。枕と毛布がついたベッドで寝ることもできた。(73) 彼らに十分な栄養を与え、精神状態を良好に保ったのも、ひとえに殺戮効率を考えてのことだった。(74)

同胞の処刑に自ら進んで手を貸すユダヤ人はいない。この任務を与えられると最初は誰も心理ショックを受け、茫然自失に陥ったり、自殺を試みる者が少なくなかった。そのためナチス親衛隊は特務部隊のユダヤ囚人の扱いに苦慮した。死体を扱う作業に慣れない新人には、ユダヤ人犠牲者が生きている間は顔を合わせないように注意し、毒ガス室に横たわる死体だけを処理させた。生きた人間が殺される具体性を分業によって隠蔽し、殺人の意味を抽象化することで心理負担の軽減に努めた。(75) 初めは信じられないような行為でも人間はまもなく慣れてしまう。特務部隊に入れられたが奇跡的に生き残ったユダヤ人の一人が言う。

[面接者] 合計どれだけの期間、特務部隊で働いたのか。

[回答者] 一九四四年五月一五日から一九四五年一月一八日まで、合計で八カ月です。

[面接者] あのような地獄で、どうして働けたのか。

[回答者] [……] 強制労働でした。特に初めの数日がそうでした。死体の中に家族の一員を見つけるのを誰もが恐れていました。最初が一番辛かった。しかしすぐに慣れるのです。すべてに慣れてしまうのです。まちがいありません。時々、夜間に働く折りに死体の隣に座ってましたが、何も感じなくなってました。[……] ほんの小さなミスでも犯せば殺されるのを知っていました。だから自分の任務を守ったのです。実を言うと収容所に入れられている間、ドイツ人は誰一人として私を乱暴に扱いませんでした。ただ作業で失敗をすると、すぐさま処刑されるのです。

【面接者】　自分のしていることの意味について考える余裕はあったか。

【回答者】　これらすべて、初めは想像するのも辛いことでした。目の前に見えることが理解できませんでした。人間一人が五〇〇グラムの灰になるんです。時々は考えました。しかしそれが何になりますか。他に選択の余地があったのでしょうか。［……］でも二、三週間するとすべてに慣れてしまいます。時折、休憩の時に死体に手を触れました。しかし何も感じないのです。私たちはロボットのようでした。生き残って、この地獄で起きたことすべてを伝えるためには非情になる必要がありました。人間は獣よりも残酷だということを現実が証明しています。そうです、我々は獣でした。感情などありませんでした。人間らしさが少しでも我々に残っているのか疑ったほどです。

【面接者】　毒ガス室や死体焼却炉で一日の作業を終えた後に歌を口ずさむことができるなど私には信じられない。

【回答者】　すでに言ったように、あそこで我々は単にロボットだったのではなく、獣に変えられていたのです。何も考えませんでした。考えていたのは、逃亡するか生き延びるか、ただそのことだけでした。(76)

医師の役割

ホロコーストにおいて医師が大きな役割を果たした事実はよく知られている。未曾有の大量虐殺を可能にしたのは、ポグロムに象徴される残酷な殺人から、「ユダヤ問題最終解決」と命名された「衛生政策」へと意味が変容したからだった。

毒ガス室で使用されたチクロンBは以前から殺虫剤として市販されていた。そのため漏れがあれば、すぐに危険を察知できるように刺激性ガスが混入してあった。しかし絶滅収容所で殺人ガスとして使用するにあたって刺激成分の除去が施された。ユダヤ人が「安らかに」死ぬための配慮だった。この組成変更により、チクロンBは誰にも扱える殺虫剤ではなく、「医薬品」として位置づけられる。したがって管理責任者は医学の専門家でなければならない[77]。

殺戮や死体焼却の方法に関して医者は専門家としての見解を頻繁に求められた。例えば子供連れの母親はどうすべきか。技術的観点だけから言えば親子を引き離す方が効率よい。しかし安心させて無駄な抵抗を防ぐためには、死ぬ直前まで一緒にしておくべきだろう[78]。裸の死体をどうやって燃やすか。人間の身体には多くの水分が含まれ、死体は簡単に火がつかない。そこで医師の技術的助言が役立つ[79]。焼却炉で死体を燃やすと脂肪が溶けて下部に貯まる。それを集めておいて他の死体を焼くための燃料として利用するというように[80]。

医師の役割は実用的側面に留まらない。より重要なのは彼らが担う象徴的意味だ。一九四四年春に大量のユダヤ人がハンガリーからアウシュヴィッツに送られるようになると、一人一人を吟味して「選別」する余裕がなくなる。老人・病人・女性・子供と、屈強で健康な男性とを分別するだけになる。技術的には誰にでもできる簡単な作業だ。しかしそれでも医師が必ず臨席して指揮にあたらなければならない。選別は殺人への単なる準備ではない。収容所の限られた食料・住宅事情では病人や老人を養う余地がない。無理をすれば他の収容者まで栄養失調になったり疫病の犠牲になる。こうして「間引き」が正当化される。「ユダヤ問題最終解決」は単なる殺人でなく、「正しい世界秩序」を建設するための有意義で厳粛な行為として意味づけられる必要があった[81]。

選別されすぐに毒殺された人々は記録に残らないが、いったん収容所に入所したユダヤ人は必ず医師が死亡診断書を作成した。もちろん内容はデタラメだ。これも処刑を秩序に組み込むための必要措置に他ならない[82]。

毒ガス室に入れられたユダヤ人は苦しむことなく速やかに死んでゆくと嘘の説明をし、ナチス指導者が抱く罪悪感の軽減に貢献したのも医師だ。ガス室導入にあたり毒殺試験に立ち会ったアウシュヴィッツ強制収容所所長ルドルフ・ヘスは述懐する。

窒息死以上の苦しみを毒ガスが与えると私はずっと信じていた。だが、どの死体にも痙攣の痕跡が見られなかった。肺に対する青酸の麻痺効果はとても迅速かつ強力で、一酸化炭素吸入や酸素欠乏が引き起こす窒息現象は起きないと医師から説明された。［……］私が臨席した光景が心の安らぎをもたらしたことを正直に白状する。今後ユダヤ人を大量に殺戮しなければならないと知った時、私自身もアイヒマンもどんな方法を用いるのかわからなかった。ガスを使用するとは知っていた。だが、具体的にどうするかは知らなかったし、どんなガスを使うのかもわからなかった。現在は毒ガスをすでに入手し、使用方法も理解した。女性や子供を銃殺しなければならない思いに私は戦慄していた。［……］今後は安心だ。あのような「血の海」を見る必要もないし、犠牲者は死ぬ直前まで恐怖を知らずに済むのだ(83)。

ダニエル・ゴールドハーゲンの反論

ダニエル・ゴールドハーゲンは『ヒトラーの自発的死刑執行人たち　普通のドイツ人とホロコースト』において、本書が依拠するアーレント・ヒルバーグ・ブラウニング・バウマンなどの機能・構造主義解釈に真っ向から異議を申し立てた(84)。彼はブラウニング『普通の人々』と同じ資料を用い、ポーランド駐留ドイツ警察予備隊が行ったユダヤ人虐殺に多くのページを割いた。両者の分析は共通点を持つものの、大量殺戮の原因に関して正反対の結論を引き出す。

ナチスの殺戮を担った者は精神面も出身階層も当時ドイツの一般市民と何ら変わらず、ドイツ社会の縮図に過ぎなかったとどちらの論者も言う。この見解は『ヨーロッパ・ユダヤ人の絶滅』においてヒルバーグがすでに明らかにしたものだった。

殺人機構に絡めとられた官僚たちは他のドイツ人と精神上何ら変わらない。犯罪者は特殊なタイプのドイツ人ではない。以下に述べる見解は殺人者だけでなくドイツ人全員に当てはまる。[……]

行政計画・司法構造・予算体系の性質からして、人員の特別な選別・養成はありえなかった。どの警察官がゲットーの見張りに回されるかわからなかったし、列車の護送に充てられるかも知れなかった。第三帝国中央保安局の行政官に移動式虐殺装置の管理が命じられる可能性もあった。中央経済行政局の金融専門家は誰でも絶滅収容所に勤務する可能性があった。言い換えるならば、たまたま該当部署に就いていた人間が、その時その場で必要な任務に動員されたのだ。[85]

殺害命令を拒んでも殺される危惧がなかった事実に関してもゴールドハーゲンとブラウニングは合意する。[86]だが、「人格や教育・イデオロギー背景にかかわらず、このような犯罪を犯す可能性は誰にでもある」と結論するブラウニングと対照的に、「ユダヤ人虐殺の原因は、ナチスだけに限らずドイツ人すべてに共通する反ユダヤ主義だ」とゴールドハーゲンは主張した。言い換えるならばナチスの行為の主な原因をブラウニングは社会状況・認知環境に求め、ドイツ人に限定しないのに対し、ゴールドハーゲンはドイツ人固有の精神的性質に帰した。ちなみにこの違いは彼らの著書のタイトルに明示され、ブラウニングが「普通の人々」としたのを受けて、ゴールドハーゲンは「普通のドイツ人」と命名した。

ゴールドハーゲンの著作は専門家の激しい批判にさらされた。例えばイェルサレムのヤド・ヴァシェム（ホロコースト・センター）館長イェフーダ・バウアーは「この本に対して賛意を公にする歴史家はただの一人としていない。専門家たちがこれほど一致した立場を取ることは非常に珍しい」と断罪した[87]。ワシントンの国立ホロコースト記念博物館（U. S. Holocaust Memorial Museum）で開催された公開シンポジウムにおいて、ゴールドハーゲンのテーゼは歴史学界のユダヤ人重鎮から手ひどく批判された。ヒルバーグは「ゴールドハーゲンのテーゼはまったく無意味だ」と述べ、バウアーは「これはゴールドハーゲン自身が犯した誤りというよりもハーバード大学で彼の論文を指導した教授の責任だ。ドイツの歴史にまったく無知で比較研究の方法も知らない、このような論文を認めることはありえない」と非難した[88]。

だが、専門家の批判をよそにジャーナリズムや一般大衆には広く受け入れられた。この書が一九九六年に出版されるやいなや、アメリカ合衆国でベストセラーになる。すぐにドイツ語にも翻訳され、わずか一カ月のうちに八万部がドイツでも売れた。一般大衆の好評を得た背景には出版社が展開した広告戦略の成功、そして学術書としては珍しく、感情をあおる描写が意図的になされた点が指摘される。

しかし我々の問題意識にとってより重要なのは、殺戮の原因を反ユダヤ主義に求めた点、そして社会状況が人間行動に与える影響を過小評価した点だ。ホロコーストを「悪の陳腐さ」と規定するアーレントや、「普通の人間」が犯した殺人行為だと分析するブラウニングの解釈に従う時、ナチスの犯罪者と我々との距離が縮まり、自らが犯罪をなす可能性を読者は否定しえない。しかし反対にナチス・ドイツ人を特別な人格の持ち主として規定するゴールドハーゲンの解釈ならば、読者は他人事として心の余裕を持ってホロコーストに対面できる[89]。ゴールドハーゲンとブラウニングの著書を比較検討したフランスの歴史家は次のように述べる。

長期的展望に立てば、多くの批評家が気づかなかった、ある効果をダニエル・ゴールドハーゲンの本は孕む。もし「普通のドイツ人」が我々とそんなに違うならば、彼らの行為になぜ我々が動揺しなければならないのか。それが本当なら自分には関係ない話だと読者は思う。逆にクリストファー・ブラウニングの本は我々にとって教訓をなす。なぜなら読み終わって本を閉じた時、将来我々が同じような連鎖に巻き込まれたら抵抗する術がないのではないか、これら普通の人々は我々自身の姿かもしれないと自問するからだ。[90]

反ユダヤ主義にホロコーストの起源を求める解釈は徐々に淘汰され、その代わりに最近の歴史家や社会学者は、西洋近代を貫く一般的メカニズムを重視する傾向が強い。しかしこのような動向は、殺されたのがユダヤ人であり、殺したのがドイツ人だという事実を背景に退け、殺人者のイメージをぼかしてしまう。学者の抽象的説明に満足できない一般大衆にとって、ホロコーストの原因をドイツ人の国民性に求めるゴールドハーゲンの解釈こそ、まさに待ち望んでいたものだった。[91]

袋小路

ブラウニングとゴールドハーゲンのどちらが正しいのかという歴史解釈の次元を超えて、責任に関する重要な問題がここに現れている。マルクス主義的に下部構造が社会動向を規定すると理解しようが、ヒルバーグやブラウニングのように組織形態や社会状況が人間行動に影響を与えると捉えようが、どちらにせよ人間行動が外部条件の強い規定を受けると考えると困った事態が生じる。当時のドイツのような状況で上から命令されさえすれば誰でも殺害に加担してしまうならば、どうして我々はナチスの責任を問えるのか。

ではゴールドハーゲンの解釈ならどうか。ホロコーストを「普通の人々」の一般心理機制から理解するミルグラムやブラウニングの姿勢と異なり、ゴールドハーゲンはあくまでもドイツ人だけの問題だとし、彼らの責任を追及する。だが、ホロコーストの原因を一九世紀に培われたドイツ特有の反ユダヤ主義だとする彼の解釈も、原因分析と責任判断との間に横たわる矛盾から逃れられない。『ヒトラーを解釈する』を著したロン・ローゼンバウムが言う。

ドイツ人固有の絶滅志向的反ユダヤ主義［eliminationist anti-Semitism］によって冷厳かつ情け容赦なしに彼らが動かされるのなら、ドイツ人は他の行為を選択する可能性がないことを意味する。選択の余地がなければ責任も発生しない。抵抗を許さない強い力で頭の中に響く、殺せと命ずる幻覚の声に突き動かされる精神分裂病者に責任がないのと同じだ。［……］自らの決定論的説明モデル［ホロコーストの原因はドイツ人特有の反ユダヤ主義だというテーゼ］にゴールドハーゲンが執着すればするほど、ドイツ人を免罪するという彼自身望まない結果が導かれる。ドイツ人は抵抗不可能な力によって踊らされる単なる駒になる。抵抗する可能性がなく、他の選択を取りえなかった存在としか映らなくなる。これがおそらく、彼の本――少なくともドイツ語訳に関しては――がドイツ人読者の間で驚くべき人気を博した本当の理由だろう。(92)

ゴールドハーゲンの主張が正しく、ホロコーストの原因が一九世紀に培われたドイツ固有の反ユダヤ主義だとすると、ヒトラーはどう位置づけられるか。反ユダヤ主義の産物としてヒトラーを捉えると、彼の果たした役割が矮小化され、結局ヒトラーの責任が軽減されてしまう。「ヒトラーが生まれなくとも当時ドイツのイデオロギー状況がヒトラーのような人間を必ず生んだだろう」とゴールドハーゲンは語る。その論理に従えばヒトラーはホロコーストの原因でなく、ドイツ文化が引き起こした結果の一つにすぎなくなる。(93) それだけでない。一九世紀に培われたドイツのイデオロギーがホロコーストの原因なら、ユダヤ人殺害の責任を問うどころか、ローゼンバウムが指摘するようにヒトラーは被害者でさえある。ブラウニングのテーゼと同様に、殺人に荷担したナチス・ドイツ人の責任を問えなくなる。(94)

ヒトラーの政権奪取を決定論的に説明すると、悲劇に対する責任が雲散霧消してしまう。各個人の力を超える抽象的要因によって不可避的にヒトラーが宰相に任命されたのなら、責任を問うことは当時の誰に対しても明らかに不当だろう。(95)

ホロコーストの原因を精緻に分析すればするほど、結局誰も悪くない、悪いのはナチス体制を生んだ反ユダヤ主義あるいは人間すべてに共通する社会・心理過程などの抽象的要因だという困った結論が導かれる。そもそもホロコーストは想像を絶する出来事であり、それを解釈し説明する試み自体が誤りではないのか。ナチスの犯罪を正常な行為として位置づけ、そこから最終的に免罪につながるのではないか。映画『ショア』の監督クロード・ランズマンはホロコーストを理解する試み自体を激しく非難する。

何故という問いを立てる時、望むと望まざるとにかかわらず、必然的に正当化に行き着く。このような問いはそれ自体が破廉恥なのだ。何故ユダヤ人は殺されたのか。何故という問いに答えなど存在しない。言い換えるならば、どんな答えであってもそこから正当化が始まり、ショアの仕組みを「理解可能」にしてしまうからだ(96)。

我々がここに直面する困難は、原因追及という行為自体が必然的に孕む問題であり、歴史学・社会学・心理学など、どのアプローチを採用してもつきまとう問題だ。ホロコーストの原因は分析しなければならない、しかしそれは免罪することではないと道徳を説いても、論理上の矛盾は解決されない。問題はずっと深刻であり、自由と責任を常識的発想で捉える限り、この問題に解決はありえない。それは本書の議論が進むにつれて明らかになるだろう。

アーレントの政治学解釈、ミルグラムの社会心理学実証研究、近代的官僚機構の分業が大量殺戮を可能にしたとするヒルバーグの解釈、そしてドイツ警察予備隊の行動を詳らかにしたブラウニングによる歴史分析を検討した。これらはどれも、社会環境がいかに重大な影響を人間行動に及ぼし、普通の人々が信じられない行動に出る事実を明らかにした。強制収容所に囚われた経験を持つ精神分析学者ブルーノ・ベッテルハイムはアーレントの著作をこう論評する。

近代技術と近代的社会組織が全体主義に利用される時、普通の人間いやそれどころかアイヒマンのように凡庸な人間でも、何百万もの人々を殺戮する政策において、これほど大きな役割を演じてしまう事実がある。［……］この異常なメカニズムがあるかぎり、普通の官僚、アイヒマンとの比較で言うなら例えば中佐程度の官職にある者が単にボタンを押すことで、我々人間のほとんどを絶滅させることも理論上は今日でも可能だ。ルネサンスのヒューマニズム、そして一八世紀の自由主義に根づいた、我々が常日頃抱く人間像と、現代の技術革命の中に生きる人間存在の現実との齟齬がここに現れている。［……］またこれはアイヒマンなる一人の男の凡庸さと、これほど平凡な個人が数百万に上る人々の命を奪う事実との間に横たわる齟齬でもある。彼がもっと人間的に優秀だったら、人間性が邪魔してこの悪行は行われなかっただろう。反対に人間として彼がもっと劣っていれば、おぞましい仕事をなすのにこれほど能率的ではなかっただろう。彼はボタンを押せと言われれば、その指示に従い、どうしたらよりよくボタンが押せるかには懸念を抱いても、それによって死に追いやられる人々の運命は考えもしない、まさしく凡庸な人間と呼ぶべき存在だったのである。(97)

上からの命令を忠実に実行しただけの単なる組織の歯車の一つにすぎなかったという立場に対して、アイヒマンはユダヤ人虐殺を自らの意志にしたがって熱心に遂行した確信犯だという解釈も最近の研究では出されている。(98) しかしここでの目的はホロコースト自体の解釈ではなく、そこに現れる普通の人々の行動そして責任に関する考察である。アイヒマン個人の犯罪性に関する事実がどうであれ、当時と同じ状況におかれる時、普通の人間がどのような行動をとるのかという問題設定は変わらない。

この章ではホロコーストを遂行した人間の心理に焦点を合わせ、状況次第で誰もが同様の犯罪に加担する可能性を検討した。殺人者が普通の人間だった事実を確認したのは、むろんナチスを擁護するためではない。犯罪を憎むあまり、ナチスと我々とを分け隔てる戦争責任観を支持している限り、集団犯罪を生むメカニズムは見えてこないし、責任の正体も明らかにならない[99]。今まで見てきた責任転嫁の仕組みは犯罪に限らない。次章ではこのテーマをさらに掘り下げ、問題の核心を剔り出そう。

註

（1）ユダヤ人犠牲者数については多くの算出が公表されたが、そのほとんどは五〇〇万から六〇〇万の間の数字を挙げる。ナチスによるユダヤ人虐殺を詳細に研究したラウル・ヒルバーグの大著『ヨーロッパ・ユダヤ人の絶滅』は五一〇万人とした。死亡原因の内訳はゲットーにおける日常的な虐待・窮乏による死者が八〇万人以上、野外での銃殺による犠牲者が一三〇万人、そして強制収容所での死者が三〇〇万人。R. Hilberg, *The Destruction of the European Jews*, Holmes & Meier, 1985 [tr. fr., *La destruction des Juifs d'Europe*, Fayard, 2006, III, Annexe B : Statistiques des victimes juives, p. 2249-2273]. 出身国別ではポーランド二七〇万、ソ連二一〇万、ハンガリー五六万、ドイツ一四万、チェコスロバキア一四万、ルーマニア一二万、オランダ一〇万など。より新しい検討として W. Benz, "Death Toll", *in* W. Laqueur (Ed.), *The Holocaust Encyclopedia*, Yale University Press, 2001, p. 137-145. アウシュヴィッツでの犠牲者に関しては、"The Number of Victims", *in* Y. Gutman & M. Berenbaum (Eds.), *Anatomy of the Auschwitz Death Camp*, Indiana University Press, 1994, p. 61-76 が詳しい。

（2）文献が膨大なので方法論の総括的紹介として二点だけ挙げる。I. Kershaw, *The Nazi Dictatorship: Problems and Perspectives of Interpretation*, Edward Arnold, 1985; R. Rosenbaum, *Explaining Hitler: The Search for the Origins of His Evil*, Random House, 1999.

（3）南京虐殺、ポル・ポトによるカンボジア集団殺戮、ルワンダ民族虐殺、ユーゴスラヴィア民族浄化などでなく、ホロコーストを題材に取る主な理由は、(1)もっとも研究が進み、客観的資料・分析が豊富、(2)近代最大の犯罪行為が、それほど強い強制がないにもかかわらず、普通の人々によって遂行されたという二点に帰す。外国の問題よりも日本の戦争責任を問うべきだという批判は、規範論を展開しない本書と無関係である。

（4）T. Blass, *The Man Who Shocked the World: The Life and Legacy of Stanley Milgram*, Basic Books, 2004, p. IX-XI.

（5）Hilberg, *op. cit.*, tr. fr., III, p. 1869-1870.

（6）C. R. Browning, *Ordinary Men: Reserve Police Battalion 101 and the Final Solution in Poland*, Harper Collins Publishers Inc., 1992. 在仏イスラエル大使も務めた歴史家エリー・バルナヴィがこの本の仏語訳を担当し、歴史修正主義に対する反対陣営の旗手ピエール・ヴィダル＝ナケが「まえがき」を寄せたように、ブラウニングのテーゼは専門家から高い評価を受けている（*Des hommes ordinaires. Le 101e bataillon de réserve de la police allemande et la Solution finale en Pologne*, Les Belles Lettres, 1994）。ブラウニングの仕事はイェルサレムのヤド・ヴァシェム（ホロコースト・センター）にも認められ、同館が主催して刊行された The Comprehensive History of the Holocaust シリーズで中心的役割を与えられている。C. R. Browning, *The Origins of the Final Solution: The Evolution of Nazi Jewish Policy, September 1939-March 1942*, University of Nebraska Press/Yad Vashem, 2004.

（7）Browning, *Ordinary Men*, *op. cit.*, *p.* 1, 44, 48, 165, 181-182.

（8）*Ibid.*, p. 142, 225-226.

（9）Hilberg. *op. cit.*

(10) H. Arendt, *Eichmann in Jerusalem: A Report on the Banality of Evil*, Penguin Books, 1994, p. 89-90.
(11) *Ibid.*, p. 87-88.
(12) Browning, *op. cit.*, p. 57-58.
(13) S. Milgram, *Obedience to Authority: An Experimental View*, Pinter and Martin Ltd., 2005 (first edition: 1974), p. 121-124. 逆に責任転嫁を難しくすれば服従率が下がる。例えば実験者を二人にして途中からそれぞれが異なった指示を被験者に与える。一五〇ボルトに達して生徒が「もうだめだ。助けてくれ」と叫ぶ時点で、「生徒が苦しんでいる。これ以上は危険だ。中止しよう」と実験者のうち一人が言い出す。他方もう一人の実験者は今まで同様に「大丈夫です。続けてください」と促す。このような矛盾する指示の下では一人の被験者たりともそれ以上の電圧に進まず、実験が中止された。*Ibid.*, p. 107-110.
(14) Browning, *op. cit.*, p. 58.
(15) *Ibid.*, p. 118-120.
(16) *Ibid.*, p. 56.
(17) *Ibid.*, p. 79.
(18) *Ibid.*, p. 52.
(19) *Ibid.*, p. 77, 163.
(20) *Ibid.*, p. 85.
(21) *Ibid.*, p. 86.
(22) B. Latané & J. M. Darley, *The Unresponsive Bystander: Why Doesn't He Help?*, Appleton-Century-Crofts, 1970.
(23) M. Gansberg, "Thirty-Eight Who Saw Murder Didn't Call the Police", *New York Times*, March 27,

1964.

（24） J.-P. Leyens, *Psychologie sociale*, Pierre Mardaga, 1979, p. 168-169.

（25） 換気口から部屋に煙が充満した際、一人だけの場合は七五％の被験者が異常を報告したが、三人一緒の時は三八％の組だけが煙の発生を報告した。この場合少なくとも一人が救助する理論確率は九八％を超える（1－0.25×0.25×0.25）。B. Latané & J. M. Darley, "Group Inhibition of Bystander Intervention in Emergencies", *Journal of Personality and Social Psychology*, *10*, 1968, p. 215-221. 他の実験では被験者が一人の場合、八五％の被験者が癲癇患者に対して救助行動を起こした（平均五二秒後）が、被験者とともにいるサクラ四人のうち誰も救助を始めない場合は被験者の一三％のみが救助行動を示した（平均一六六秒後）。J. M. Darley & B. Latané, "Bystander Intervention in Emergencies: Diffusion of Responsibility", *Journal of Personality and Social Psychology*, 8, 1968, p. 377-383.

（26）「ユダヤ問題最終解決」の心理負担に関してはB. Bettelheim, "Eichmann: le système—les victimes", in *Survivre*, Robert Laffont, 1979, p. 321-340; Browning, *Ordinary Men*, *op. cit.*; P. Burrin, «Shoah», in *Encyclopedia Universalis*, Vol. 20. 1990, p. 994-998; Hilberg, *op. cit.*, tr. fr., III, p. 1862-1906. などを参照。絶滅収容所の組織・施設については*ibid.*, tr. fr., III, ch. 9; F. Piper, "Gas Chambers and Crematoria", *in* Gutman & Berenbaum (Eds.), *op. cit.*, p. 157-182; J.-C. Pressac, *Les crématoires d'Auschwitz*, CNRS Éditions, 2007 (première édition : 1993) が詳しい。

（27） Laqueur (Ed.), *op. cit.*, p. 235.

（28） Piper, art. cit.

（29） G. Decrop, «Préface à l'édition de 1995», *in* R. Hoess, *Le commandant d'Auschwitz parle*, La Découverte, 2005, p. 14; R. *Ogorreck, Die Einsatzgruppen und die "Genesis der Endlösung"*, Metropol Verlag,

1996 [tr. fr., *Les Einsatzgruppen. Les groupes d'intervention et la «genèse de la solution finale»*, Calmann-Lévy, 2007, p. 194-195, 224-225] .

(30) Z. Bauman, *Modernity and Holocaust.* Cornel University Press, 1989 [tr. fr., *Modernité et holocauste*, La Fabrique Éditions, 2000, p. 59-60].

(31) Hoess, *op. cit.*, p. 224.

(32) Browning, *op. cit.*, p. 60.

(33) *Ibid.*, p. 64-70.

(34) *Ibid.*, p. 64.

(35) *Ibid.*, p. 65.

(36) *Ibid.*, p. 69.

(37) *Ibid.*, p. 93, 108.

(38) Milgram, *Obedience to Authority, op. cit.*, p. 36-37.

(39) *Ibid.*, p. 34.

(40) *Ibid.*, p. 158-159; Bauman, *op. cit.*, tr. fr., p. 59; D. Grossman, *On Killing: The Psychological Cost of Learning to Kill in War and Society*, Back Bay Books/Little, Brown and Company, 1996.

(41) Browning, *op. cit.*, p. 67.

(42) *Ibid.*, p. 90. ナチスに殺されたユダヤ人の数が六〇〇万に上ると聞いても、それは単なる統計上の数値にすぎない。抽象的な死は感情を呼び起こさない。他人事だからだ。ヒルバーグ『ヨーロッパ・ユダヤ人の絶滅』は醒めた分析ばかりが二五〇〇頁も続く大著（仏訳）だが、最後の方に一箇所だけ感傷的な文章がそっと、しかし唐突に出てくる。ユダヤ人が銃殺される場面に居合わせた者の言葉だ（Hilberg,

op. cit. tr. fr. III, p. 1931.)。

十歳ほどの少年は父親に手を握られていた。涙をこらえる息子に父は静かに語りかける。子どもの頭を優しく撫でながら父は天を指さし、何か言って聞かせているようだった……。黒髪の痩せた女の子を覚えている。私のそばを通る時、ある仕草をして呟いた。「二十三歳……」、と。そこにいた人々はみな全裸だった。墓穴の縁に刻まれた階段を彼らは降りて行き、すでに横たわる人々の頭を踏みつけながら、ナチス親衛隊員が指さす場所まで進んだ。負傷した者も、すでに死に絶えた者も一緒に横たわっていた。そして、そのそばに全裸の人たちも身を横たえた。まだ息のある者の頭を撫でながら、誰かが囁いていた。そして、銃声が数発響きわたった。

この文章を眼にした時初めて、犠牲者の姿が私の瞼に浮かんだ。距離を取った分析をどれだけ読んでも起きなかった痛みが胸を締めつけた。学問の対象として考察してきた三人称の死が、急に意味を変えて迫ってきた。

(43) Milgram, *Obedience to Authority*, *op. cit.*, p. 11.

(44) M. J. Lerner & C. H. Simmons, "Observer's Reaction to the 'Innocent Victim': Compassion or Rejection?", *Journal of Personality and Social Psychology*, 4, 1966, p. 203-210.

(45) 実際には、隣室で拷問される女性をマジックミラーを通していったん覗かせた後、「戦場では兵士の様子を常に直接観察できるとは限らないので、ビデオ録画からでも兵士の異常行動の前兆をとらえる必要がある」との口実の下に、直接観察させるのではなく、サクラの反応(すでに録画したもの)をテレビモニターを通して被験者に見せた。どの被験者に対してもサクラの演技を一定に保つためである。

(46) この問題の総括として M. J. Lerner, D. T. Miller & J. G. Holme, "Deserving and the Emergence of Forms of Justice", *in* L. Berkowitz (Ed.), *Advances in Experimental Social Psychology*, vol. 9, 1976, p. 133-162 を参照。強姦被害者の責任を問う心理の研究 C. Jones & E. Aronson, "Attribution of Fault to a Rape Victim as a Function of Respectability of the Victim", *Journal of Personality and Social Psychology*, *26*, 1973, p. 415-419; R. E. Smith, J. P. Keating, R. K. Hester & H. E. Mitchell, "Role and Justice Considerations in the Attribution of Responsibility to a Rape Victim", *Journal of Research in Personality*, *10*, 1976, p. 346-357 も参照。責任の心理過程に関する総括は、萩原前掲書および Weiner, *op. cit.*

(47) R. A. Osterhouse & T. C. Brock, "Distraction Increases Yielding to Propaganda by Inhibiting Counter-Arguing", *Journal of Personality and Social Psychology*, *15*, 1970, p. 344-358; J. H. Goldstein, R. W. Davis & D. Herman, "Escalation of Aggression: Experimental Studies", *Journal of Personality and Social Psychology*, *31*, 1975, p. 162-170. 正当化の心理は次章でさらに詳説する。

(48) M. J. Lerner & D. T. Miller, "Just World Research and the Attribution Process: Looking back and ahead", *Psychological Bulletin*, *85*, 1978, p. 1030-1051. 理由なく懲罰を受ける世界の恐ろしさを高橋和巳は次の寓話に託す（『日本の悪霊』新潮文庫、一九八〇年、四五一―四五二頁）。

昔、中国の先秦(せんしん)時代、ある国の王が遊説家にこう尋ねた。自分はこの王国の絶対者たるべく、人民を恐怖させ畏敬(いけい)させせようとして、厳罰を用いて、少しでも法を犯すものがあれば情容赦なく極刑に処しているのだが、なお人民の服従は充分ではない。どうすればよいかと。遊説家はこう答えた。王は法によって裁いておられる。それではどんな厳法であっても、どんなに細則をもうけても駄目です。なぜなら法が存在すれば、何を犯せばどう罰せられるかが解るのであるから、それさえ犯さねばなにも心配することはなく、なにも積極的に王に媚(こび)を売り忠誠を誓う必要はない。それではだめです。こうするのです。手あたり次第に人民をとらえ、良い者も悪い者も、めったやたらに投獄し、しかも罰に軽重の法則なく、なぜ罰せられるのかも分らぬように殺し、なぜ許されるのかも分らず釈放するのです。きっと人民は王を恐怖し、王の一挙手一投足に、おびえ、王は絶対の存在となるでしょうと。

(49) P. Levi, *Se questo è un uomo*, Giulio Einaudi Editore, 1976（プリーモ・レーヴィ『アウシュヴィッツは終わらない』竹山博英訳、朝日選書、一九八〇年、一〇頁）.

(50) 森村誠一『悪魔の飽食』（光文社、一九八一年）。

(51) 本多勝一『殺される側の論理』（朝日文庫、一九八二年）、二七―二八頁。

(52) ルワンダ虐殺についてはP. Gourevitch, *We Wish to Inform You that Tomorrow We Will Be Killed with Our Families*, Picador, 1998; R. Lemarchand, "The Rwanda Genocide", *in* S. Totten, W. S. Parsons & L. W. Charny (Eds.), *Century of Genocide*, Routledge, 2004, p. 395-412.

(53) フランス兵士によるアルジェリア人の拷問についてはP. Rotman, *L'énemie intime*, Seuil, 2002.

(54) Hilberg, *op. cit.*, tr. fr., p. 1865-1874.

(55) B. Bettelheim, «Comportement individuel et comportement de masse dans les situations extrêmes», in *Survivre*, Robert Laffont, 1979, p. 78-79.

(56) Arendt, *op. cit.*; Hoess, *op. cit.*; F. Bayle, *Psychologie et éthique du national-socialisme. Étude anthropologique des dirigeants S. S.*, PUF, 1953, p. 35-51.

(57) Bauman, *op. cit.*, tr. fr., p. 66-67.

(58) Rosenbaum, *op. cit.*, p. 345.

(59) Arendt, *op. cit.*, p. 190-191.

(60) Hilberg, *op. cit.*, tr. fr., III, p. 1883-1884.

(61) Bauman, *op. cit.*, p. 50.

(62) 個人的次元での残虐性は戦時にいくらでも見受けられる。アジア各地での日本兵の行動、ベトナム戦争中のアメリカ兵の犯罪行為、フランス兵のアルジェリア人に対する拷問、第二次大戦終了間際にソ連兵が日本人俘虜に行った仕打ちなどを思い起こせば十分だろう。ホロコーストの特異性と恐ろしさは、そのような通常の意味での暴力にはない。

(63) Hilberg, *op. cit.*, tr. fr., III, p. 1867-1868.

(64) J. R. Sabini & M. Silber, "Destroying the Innocent with a Clear Conscience", *in* J. E. Dinsdale (Ed.), *Survivors, Victims, and Perpetrators: Essays on the Nazi Holocaust*, Hemisphere Publishing Company, 1980, p. 329（Bauman, *op. cit.*, tr. fr., p. 153 より引用）.

(65) Hilberg, *op. cit.*, tr. fr., III, p. 1862-1863. ドイツ語は原著者。

(66) 奇跡的に生き残った「ユダヤ人特務部隊（Sonderkommando）」による証言。C. Lanzmann, *Shoah*, Gallimard, 1985, p. 105-106.

(67) R. J. Lifton, *The Nazi Doctors: Medical Killing and the Psychology of Genocide*, Basic Books, 2000 (first edition: 1986), p. 166.

(68) Lanzmann, *op. cit.*, p. 178-179.

(69) *Ibid.*, p. 165.

(70) *Ibid.*, p. 171-173.

(71) 本名は Walter Rosenberg。Alfred Wetzler とともに書いた「Vrba-Wetzler 報告書」にて Rudolf Vrba という仮名を使用したため、通常、歴史研究においても仮名で呼ばれる。M. Karny, "The Vrba

and Wetzler Report", *in* Gutman & Berenbaum (Eds.), *op. cit.*, p. 553-568.

(72) Lanzmann, *op. cit.*, p. 176. ルドルフ・ヘスの証言（Hoess, *op. cit.*, p. 182-183）も参照。アウシュヴィッツに到着したユダヤ人を安心させるために、彼らと同じ出身地のユダヤ人で特務部隊を編成した。同じ言葉を話す同胞に嘘をつかせ、犠牲者が不安や嫌疑を抱かずに「シャワー室」に向かうよう配慮した。

(73) G. Greif, «Le témoignage du Sonderkomando Yakkov Gabbay», in *Des voix sous la cendre. Manuscrits des Sonderkomandos d'Auschwitz-Birkenau*, Mémorial de la Shoah/Éditions Calmann-Lévy, 2005, p. 291.

(74) F. Piper, «Les conditions de vie et de travail spécifiques du Sonderkomando», in *Des voix sous la cendre, op. cit.*, p. 244.

(75) *Ibid.*, p. 247-248.

(76) Greif, art. cit., p. 300-301.

(77) Lifton, *op. cit.*, p. 161.

(78) *Ibid.*, p. 176.

(79) *Ibid.*, p. 177.

(80) Strzelecki, "The Plunder of Victims and Their Corpses", *in* Gutman & Berenbaum (Eds.), *op. cit.*, p. 247.

(81) *Ibid.*, p. 150, 176.

(82) *Ibid.*, p. 149.

(83) Hoess, *op. cit.*, p. 180-181.

(84) D. J. Goldhagen, *Hitler's Willing Executioners: Ordinary Germans and the Holocaust*, Knopf, 1996 [tr. fr., *Les bourreaux volontaires de Hitler. Les Allemands ordinaires et l'Holocauste*, Seuil, 1997].

(85) Hilberg, *op. cit.*, tr. fr., III, p. 1868-1870.

(86) Browning, *op. cit.*, p. 64-66, 73-74, 130, 170-172; Goldhagen, *op. cit.*, tr. fr., p. 508-509.

(87) *Outlook*, Santa Monica, *36*, no 3, 1st April, 1998; N. Finkelstein & R. B. Birn, *A Nation on Trial: The Goldhagen Thesis and Historical Truth*, Henry Holt and Company, 1998 も参照。

(88) 当日の様子および非難の背景については Rosenbaum, *op. cit.*, p. 337-368 が詳しい。

(89) Kershaw, *op. cit.* [tr. fr., *Qu'est-ce que le nazisme? Problèmes et perspectives d'interprétation*, Gallimard, 1997, p. IX-XX]; L. S. Newman, "What is a 'Social-Psychological' Account of Perpetrator Behavior? The Person versus Situation in Goldhagen's Hitler's Willing Executioners", *in* L. S. Newman & R. Erber (Eds.), *Understanding Genocide: The Social Psychology of the Holocaust*, Oxford University Press, 2002, p. 43-67.

(90) E. Husson, *Une culpabilité ordinaire? Hitler, les Allemands et la Shoah*, François-Xavier de Guibert, 1997, p. 53.

(91) Rosenbaum, *op. cit.*, p. 365-366.

(92) *Ibid.*, p. 362.

(93) *Ibid.*, p. 349.

(94) *Ibid.*, p. 366.

(95) H. A. Turner, *Hitler's Thirty Days to Power: January 1933*. Addison-Wesley, 1996 (Rosenbaum, *op. cit.*, p. 367 より引用).

(96) Rosenbaum, *op. cit.*, p. 260.

(97) Bettelheim, *op. cit.*, p. 323-324. アーレントの分析にはミルグラムも言及し、同様の意見を述べている。Milgram, *Obedience to Authority*, op. cit., p. 7.

(98) H. Safrian, *Die Eichmann Männer*, Europaverlag, 1993 (Browning, "Introduction", *in* Newman & Erber [Eds.], *op. cit.*, p. 3-7から引用).

(99) 『ナチスの医者たち』を著したロバート・リフトンは言う(Lifton, *op. cit.*, p. 4-5)。

私が面接したナチスの医者のほとんどは平凡な人間だったと、この生き残った被害者に話し続けた。ナチスの医者たちはとりわけ優秀でもなければ愚かでもない。先天的な悪人でもなければ、特に倫理的に敏感なのでもない。彼らはしばしば信じられるようなサディストでも狂信者でもないし、殺人の欲望に駆られているのでもない。「しかし彼らが悪魔でないなら、その事実自体が悪魔の世界のようだ」と、この生き残った友人は答えた。「ではどうして彼らは殺人者になったのだろう」という問いも彼の脳裏にあっただろう。[……]

彼が苦闘した問い——それはまた私自身がこの研究において闘った問いでもあるが——大量虐殺への荷担には、このような邪悪な計画の中に想像しがちな悪魔の異常な感情を必要としないという、受け入れがたい心理学上の真理だった。言い換えるならば、普通の人間が悪魔のような行為をするという事実だ。

第2章　死刑と責任転嫁

犠牲者が苦しむ具体的姿に接しない者は心理的軋轢を逃れ、残虐な命令を平気で発しやすい。ところでこの傾向はホロコーストのような犯罪行為に限らず、裁判や死刑のように必要が承認された社会制度にも共通する。死刑を執行する者の心理負担を軽減するメカニズムがうまく働かないと制度は機能しない。

死刑制度是非の検討は本書の目的でない。死刑維持が社会の総意に従うなら、それを可能にする具体的措置を設ける必要がある。ヒトラーたち指導者の決定があっても、実際に手を汚す役人や警察官がいなければユダヤ人は一人も死ななかった。同様に裁判所が死刑判決を下しても、実際に死刑を執行する者がいなければ受刑者は死なない。

前章の問題意識を引き継ぎ、この章では分業体制に組み込まれる人間の姿を別な観点から検討し、主体性から導かれる責任という常識に疑問を投げかける。

八畳ぐらいの刑壇場の中央に約一・二メートル四方の赤い線で囲った踏板があり、死刑囚が立つ位置を決める小さな正方形の目印が真中にある。その上には太さ二センチ長さ七・五メートルほどのロープが滑車を通して垂れ下がる。踏板脇で待ちかまえる執行官の一人が、目隠しと後ろ手錠をされた死刑囚の頸にこのロープをかけ、喉にしっかりと締める。もう一人の執行官が死刑囚の両膝を素早く緊縛する。この作業を確認すると保安課長が合図を送る。すると即座に、他の部屋に待機する係官が踏板操作のスイッチを押す。一九六〇年代以降このスイッチは電動式になり、三つから五つのスイッチを相当数の係官が一斉に押す仕組みになった。実際に機能するのはそのうち一つだけだが、複数のダミーを加えるおかげで、スイッチを押す担当官の心理負担を軽減できる。

死刑執行を確認する立会人たちは、痙攣しながら死んでゆく死刑囚の最期を見届けなければならない。落下した死刑囚は咽頭軟骨・舌骨の骨折だけでなく、場合によっては頸部脊椎骨折を起こす。周囲の筋肉が広範囲にわたって断裂し肉がそがれるのを防ぐため、刑務官二人が下の部屋で待ちかまえて死刑囚の身体の揺れを止める。落とされてから一分から一分半ぐらいは烈しい痙攣が呻き声と共に続く。凄まじい形相に加えて頸は胴体から半ば引きちぎれて異様に長く見える。重圧のために眼球は突出し、口・鼻・耳から出血する。この後、死刑囚の脈拍を医師が測り、平均およそ一五分後に心臓停止を確認して死刑が完了する。[1]

残酷な場面の正視は大変な心理負担なので、現在は立会人席と刑壇場とを強化ガラスで完全に遮断して、立会人の負担軽減を図る。執行時になされる読経の声も加わって刑壇場の音は立会人席にまったく聞こえず、まるでパントマイムを見るように現実感に乏しいという。[2]細長い窓を通して、苦しむ受刑者の胸元あたりだけが立会人に見える刑場もある。[3]残虐感や関係者の罪責感を少しでも減らす様々な工夫のおかげで死刑制度が維持される。

官僚制の分業体制なしに死刑は行えない。検察庁の上申に基づき法務省内で検討され、関係部局での回議の後、官房長・次官・副大臣を順に経て最終的に法務大臣による決裁を仰ぐ。死刑執行命令起案書には三〇人以上の認印が押されるが、その誰一人として処刑現場に立ち入らない。命令書に最後の判を押す法務大臣も人の命を奪う実感が希薄にならざるをえない。刑務官として死刑囚と日常的に接し、実際に死刑執行を担当した坂本敏夫は言う。

霞ヶ関の合同庁舎六号館、近代的な高層ビルにある大臣室の窓からは皇居、丸の内、日比谷一帯を見渡せる。この景色を見ながら果たして暗い陰湿な刑場を想像することができるだろうか。

暗い地下室
凍えるような冷たい動かない空気
人目をはばかり、秘密のうちに運び込まれる白木の棺（ひつぎ）
異状な白さが目立つ太いナイロンのロープ
［……］
泣き叫ぶ死刑囚の声
死の台に移動する衣擦（きぬず）れ
絶叫と轟音（ごうおん）
飛び散る体液
宙にぶら下がる断末魔の肉体
死亡が確認されてからストレッチャーの上に寝かされる遺体
検事の検視
遺体の清浄
納棺
献花

遺体安置場への搬出
棺前教誨（所長以下幹部、舎房担当など関係者を集めて霊をとむらう塀の中の葬儀）

大臣にこれらのうちのどれか一つでも頭に描いてもらえたとすれば、執行現場にいる者も少しは浮かばれるのだが……。(4)

実際に処刑に立ち会わない大臣にとっても執行許可は決して簡単な決断ではない。多くの法務大臣にとって執行命令書の署名は忌むべき義務であり、唐沢俊樹（一九五七年七月一〇日から一九五八年六月一二日まで在任）は「大臣の辞令をもらって真っ先に頭に浮かんだのが、執行命令書にハンコを押す仕事だった。とたんにユーウツになった。それで毎日、いつ「押せ」といってくるかビクビクしていたもんだ」と回顧する。あるいは赤間文三（一九六七年一一月二五日から一九六八年一一月二九日まで在任）のように、催促されるごとに「勘弁してくれ。そんなことをしたら今度はオレにお迎えが来る」と終止逃げ回った法務大臣や、命令書が提出されると「腹痛」でその場凌ぎをし、結局署名せずに退任に至った大臣もいる。(5)

自らは執行に携わらなくとも、死刑執行命令書が届くと、拘置所長は命令を部下に伝達しなければならない。それが辛くて、その夜から睡眠薬の助けを借りずには寝られなくなるという。[6]

だが、実際に現場で執行に携わる刑務官らの苦悩は比べものにならない。死刑制度を維持する限り、執行担当者の精神的苦痛に留意する必要がある。そうでなければ制度は機能しない。

惨い犯罪を犯したが、その後の反省を経て立派な人格に成長し、死刑執行時にはまったくの別人になる受刑者も少なくない。毎日付き合ってきた者を自らの手で殺す苦しみは並大抵でない。坂本敏夫・元刑務官の言葉を引こう。

Yの場合は拘置期間が約二〇年。裁判初期の段階に弁護士から差し入れられた一冊の聖書と出会い、生まれ変わろうと努力し、やがて一般のクリスチャンだけでなく、神父やシスターも驚くほどの人間になった男である。長い間起居をともにしている刑務官は、Yに対して家族的なきわめて親密な感情を持ったとしても不思議ではない。［……］親しい人間に縄を掛けて命を奪うことの悲しさ、惨めさは、社会で「死刑囚がかわいそう！」といっている、いわば手を汚さずきれいなところだけしか知らない人たちにはとうてい理解できないものである。

［……］

死刑の執行に関わった職員にとって、Yの最期の姿がせめてもの救いだった。

もし「殺さないでくれ！」と叫び、暴れられていたら、執行職員はさらに深い心の傷を負っていただろう。[7]

実際、おとなしく死を受け入れる受刑者の方が稀で、たいていは泣き叫んだり、全身の力を振り絞って抵抗するという。強盗殺人事件で無期懲役の判決を受けた合田士郎（仮名）は、収容された宮城刑務所で死刑囚監房掃夫として多数の死刑確定囚の世話や、死刑執行後の遺体を始末した。彼は処刑直前の凄まじい様子を記す。

悟り切った死刑囚ばかりではない。最後の最後まで無実を叫ぶもの、死ぬのはいやだ、助けてくれ！　と泣き叫ぶもの、あるいは恐怖のあまり泣きわめき、舎房の鉄格子にすがり付き、房内の机や椅子を壊して凶器にし、暴れ回る者もいる。まさに死にもの狂いである。看守などでは手が付けられない。

ついには特警（特別警備隊）が出動し、滅多打ちにしてガス銃をぶっぱなし、意識朦朧の仮死状態のまま連行し、強引に首輪をかけて処刑したこともある。

［……］特警の靴音が、とある監房の前で止まり扉を開けようものなら、そこにはほとんどの場合、腰を抜かして立てなくなり、瞳はうつろでよだれさえ垂らし、時には小便をもらしたり脱糞までしている死刑囚を見る。それを、特警が後手錠をかけ、両脇から

つりあげ、引きずるようにして、三途の川のトンネルをくぐり、雑木林の中の処刑場へと連行していく。連行されて行った後には、垂れ流された糞尿が、点々と続いていることもある。[8]

裁判官が判決し、役人による様々な確認作業を経て最終的に法務大臣が死刑執行命令を下す。拘置所の刑務官はその命令を執行するにすぎない。しかし単なる書類の整備と、生身の人間を実際に絞殺するのとでは意味が異なる。ホロコーストにおいてユダヤ人虐殺の罪悪感を薄めるために導入された分業体制と同じように、裁判・死刑制度においても法務省の役人・刑務官・拘置所所長など多くの関係者が介在し、死刑の心理負担が執行官だけに集中しない体制ができている。しかしそれでもストレスが原因で二年間の任期を満了できずに配置換えされる刑務官が少なくない。[9]

精神がすさみ、荒れ狂う死刑囚Kに毎日熱心に語りかけ、二年余り掛けてやっと彼の心を落ち着かせた看守部長がいた。Kが拘置所の規則をよく守り被害者の冥福を祈るようになった頃に、この看守部長は配置換えになる。だが、三年後再び呼び戻され、Kの死刑執行命令を受ける。矯正するために心血を注いだKを自ら殺さなければならない。しかも独房から刑壇場への連行と、頸にロープを掛けられた受刑者の足を縛る役割をあてがわれた看守部長の葛藤は凄まじかった。その直後から彼の様子がおかしくなる。まず内臓に変調が現れ、手術を受けるが、その後、精神の病に陥り、意味不明の言葉を発するようになる。結局、入院療養中に免職処分になったという[10]。

死刑執行後、担当者はすぐに風呂に入る。そして清めの酒を飲み干し、勤務が終わる。だが、まっすぐ帰宅する気など起きない。特殊勤務手当が支給されるが、自宅に持ち帰らず、街に出てその金でまた酒を飲む。食事も喉を通らない。死刑執行については家族や同僚にも話せないので、孤独に気持ちを整理するしかない[11]。

彼らの苦悩は死刑執行のおぞましさだけによるのではない。毎日顔を合わせ、時には友人関係を築くまでになった人間を殺す罪悪感が辛い。坂本敏夫・元刑務官は言う。

刑務官に課せられる仕事は、いつ執行命令が来ても執行できるようにしておくことです。要するに自殺させないこと、病気にさせないこと、狂わせないこと。だから毎日死刑囚たちと顔を突き合わせて、……寝顔だって見ますから。当たり前だけど、執行の指令をする幹部たちとは意識が違います。ほとんどの死刑囚は最初は気持ちが荒んでいますから、時には慰めたり、叱りもするし、騙したり騙されたり、そんなことの繰り返しで、刑務官と死刑囚との人間関係が醸成されていくわけです。親族や家族に近い感情が芽生えます[12]。

ある刑務官は妻の懐妊を知った時、喜びよりも不安が先立った。

「手足の指もそれぞれ五本ずつ、目も鼻も口も、不自由なくついていると知って、申しわけなく思いましたよ」「……」「どんな子供が生まれても、自分の因果だからと自分では受け入れる覚悟でいました。ですが、子供自身は、私を親に選ぶわけではないので、もしふつうでなかったらすまない、なんといいわけしたらいいかと、それは悩んだですよ」

五体は満足というものの、しばらくはまだまだ不安がつづいた。目が見えるだろうか。耳は聴こえるのだろうか。口はきけるようになるのか。足はちゃんと立って歩けるのか。

わが身にふりかかってくる災難なら天罰と思って、甘んじる覚悟でいた。しかし、わが身を通りこえて災厄が子供の上に降ってわいたら、なんといって詫びたらよいのか。(13)

苦しむのは刑務官本人にとどまらない。夫あるいは父の職業を恥じ、忌み嫌う妻や子供も少なくない。「父の仕事がいやで、情けなくて、悲しくて、死にたいと思ったことも何度もあったんですよ」。雨靴・裁縫箱・クレパスなど欲しいものをねだると、「もう少し待ってろ」と父は言って、しばらくすると必ず買って来てくれた。だが、ある日、学校の同級生の口から父の職業を知る。自分が宝にしているものを買った金が実は死刑執行の特別手当だと判った時、それまでとても大切にしていた裁縫箱やアルバムなどが娘には忌まわしく思え、雨に濡れた庭にすべて捨ててしまう。そして「もう学校にも行きたくない。こんな家になんかいたくない。死にたい」と泣きじゃくる。娘が捨てた父のプレゼントの泥を無言でぬぐっていた母はポツリと呟く。「そんなこと、いうもんじゃないよ。父ちゃんがかわいそうだから」[14]。

一九五六年、羽仁五郎・市川房枝ら参議院議員の有志四六人が死刑廃止法案を国会に提出した。そのきっかけは、参議院法務委員になった羽仁が各刑務所や拘置所を視察した際、死刑執行の苦悩を切々と打ち明け、死刑制度廃止を嘆願する刑務官たちに強い衝撃を受けたからだった[15]。刑場を実際に視察した保坂展人衆議院議員（当時）は述べる。

［……］死刑囚に目隠しをする刑務官、落下床まで連れて行く刑務官、ロープをかける刑務官、ボタンを押す刑務官、全部別です。それぞれの刑務官には殺す意思はない。でも、みんなで殺していた。その場に立ち会う検察官も教誨師も医者も、見事に役割を分担している。システマチックな殺人です。死刑を判決した裁判官も、死刑を命令した法務大臣も、死刑が必要だというなら、最期まで見届けろといいたい。見届けることなく死刑を命じている欺瞞性を感じました。

でも、汚れ仕事をしているのは刑務官ら。刑場の説明をする拘置所の人間に、処刑に携わるのを断る刑務官はいないのかと聞いたら、「断るならここにいられない」という。組織からの命令に反するには辞職するしかない。思想信条の自由さえ侵している職場ではないかと思いました。

［……］当時の国会議事録を読むと、羽仁さんらに懸命に陳情し、死刑廃止をもっとも強く訴えていたのは、現職の拘置所の所長や刑務官らでした。拘置所や刑務所は日の当たらない職場です。でも彼らは、仕事に誇りを持っている。重大犯罪を犯した人でも、彼らの働きかけで立ち直り、〝卒業〟していく。でも、死刑囚はそうではない。死刑執行という役目を負わされている彼らは、最大の加害者であり、最大の被害者ともいえる。何とむごい話かと思います。[16]

第1章で確認したように殺人を命令するだけの者には、実際に現場で執行に携わる人間の苦悩が見えない。元裁判官の渡部保夫は自らの反省を込めて、こう述懐する。

裁判官時代には死刑制度そのものについてそれほど真剣に考えていなかった、というのが偽らざる告白です。［……］最高裁の判例が死刑制度を肯定しているわけですが、そうすると、下級審の裁判官はついこれに寄りかかってしまい、死刑制度の本質や限界などについて深く考えないでしまうのです……。［……］法律家というのは、自分ではなかなか意識しないんですが、そういう浅薄さ［自分で考えずに、「法律と判例に照らして」とか「量刑の一般的基準に照らして」などと、決まり文句によりかかって死刑を宣告すること］に陥りやすいものです。しかし、刑務官はそうじゃない、自分の手で死刑囚の首に縄をかけるんですから。法律や判例の言葉なんかで自分をごまかせません。［……］この人たち［死刑制度は廃止するべきだと主張する網走と札幌の刑務所長］は上からの命令により職務として死刑を執行する、しかし、人間として良心の問題として死刑制度の根源、つまり刑罰としてでもそもそも人の生命を奪うことが許されるかという問題を考えておられたわけです。教科書程度しか読まず判例を漫然と肯定し、それ以上深く考えずにきた自分が恥かしく思われました。[17]

死刑執行人が家族を巻き込んで苦悩する姿は日本の刑務官だけのものでない。フランスでは一七世紀末から一九世紀中庸までサンソン家が七代にわたってパリの死刑執行を担当した。受刑者の更生と監視を主な任務とする刑務官と違い、サンソンは死刑執行のプロだ。その彼らにとっても死刑執行はおぞましい。いつもうまく行くとは限らない。ギロチンの発明以前は断首に剣を用いたが、剣を振り下ろす瞬間に少しでも首が動くと、きれいに切れず、受刑者は即死しない。しかし、よほど度胸のある受刑者でなければ、平然と死を待つことなどできない。執行人の方も強い意志で立ち向かわなければ剣先を誤る。結果として処刑はしばしば失敗し、受刑者が死に絶えるまで何度も剣を振るう地獄絵が描かれた。

差別のためにサンソン家の人々は他の人々と交流を断って一生を過ごさねばならなかった。子供は学校に受け入れてもらえない。そのため家庭教師を雇わなければならない。手に職を付けようとしても親方は誰も引き受け入れてくれない。したがってサンソン家の子供は父の仕事を引き継ぐしか生きる道がない。教会に行っても、他の人々が穢れないように、死刑執行人の家族には特別の椅子が別に用意される。住居を借りようとしても誰も貸してくれない。罪人を見せしめにするための施設内にある住居で家族全員が隠れるように生活する。病院にも行けない。子供に友達ができないので、会話の相手は家族や親戚だけだ。愛する子供には、他の子供と同じように無邪気な時間を少しでも長く与えたい。呪われた家系の秘密を子供に隠しながら両親は苦悶する。だが、いつかは子供にその運命を伝え、徐々に処刑の雰囲気に慣れさせなければならない[18]。

サンソン家最後の死刑執行人アンリ＝クレマン・サンソンは一七歳の時、初めて死刑に立ち会った。老いた父シャルル＝アンリ・サンソンの後を継ぐ決心をした後も長い間煩悶し、陰鬱な日々を過ごした。一八六二年に彼自身が著した『死刑執行人七代記』を読むと、殺人の残酷さに彼がいかに苦しんだかがわかる[19]。死刑制度廃止を望んでやまなかった彼は威厳に満ちた言葉で回想録を結ぶ。

死刑制度はすでに役目を終えた。死刑廃止によって、担当吏はその耐え難い義務から解放される。［……］おぞましい死刑の重荷を執行人だけに負わせるのは不条理である。刑を宣告し、陪審団に指示した検察官以上に、この官吏［死刑執行人］は罪深いのか。命を救うことのできる判決「ノン」と、死を決定づける判決「ウィ」のどちらかを選ぶよう促され、死の音節たる後者を決断した陪審団以上に、この官吏は罪深いのか。死刑を宣告し、陪審団の決定に法的効力を与えた裁判所判事たち以上に、この官吏は罪深いのか。控訴を棄却し、罪人に残った最後の望みを取り上げた破毀院以上に、この官吏は罪深いのか。

最後におこがましくも言おう。ペン先にしたたる一滴のインクによって不幸な罪人の命をまだ救えるのに、王位に属する最も美しい特権を行使できないと判断し、特赦の申請を拒絶した国王以上に、この官吏は罪深いのか。

［……］間近に死期の迫った死刑制度が我々の法典から姿を消す。聖なる改革が私の墓石に輝くよう祈る。この悲しい告白録を書き、百人以上を断頭した私を自ら責めたことについては少しも後悔していない。罪の赦しを請うつもりもないし、それが可能だとも思っていない。[20]

死刑執行する刑務官の精神衛生に様々な配慮がなされる。執行命令を受け取るのは執行前日、それも帰宅直前だ。告知を遅らせる理由は二つある。執行計画が漏れて不必要な動揺を死刑囚に与え、結果として執行に支障が生ずる危険を避けるため、そして前もって命令を指示すると執行担当者自身が動揺したり、病気を理由に休む可能性があるからだ[21]。ちなみに前章で言及したドイツ警察予備隊も、「明日は重要な任務があるので朝早く起床せよ」と指示されるだけで、ユダヤ人殺戮命令は直前まで伏せられた[22]。部下に考える猶予を与えず、条件反射のように命令に従わせるためだ。

死刑執行の抽象化

アメリカ合衆国では建国以来長い間、絞首刑が採用されてきた[23]。今日では残酷なやり方に映るが、それでも石打・火炙り・斬首などヨーロッパ中世の処刑方法に比べれば、踏み台が外れて落下するとまもなく死が訪れる絞首刑の採用は死刑囚の苦痛を和らげる「人道的」配慮だった。銃殺刑を用いる州もある。血まみれになるので見た目は残虐だが、この方法も絞首刑同様に比較的早い死をもたらし、苦痛が少ないと認められてきた。

しかし実際には絞首刑台のロープが短すぎて即死せず、苦しみながら死んだり、受刑者が重すぎて落下する途中で頸がちぎれる事故も生じた。加速度が強すぎると頸が損傷し、眼・耳・口・鼻から血が溢れ出る。銃殺刑も後述するように、狙撃手が急所をはずし、受刑者が即死しない場合がある。

苦痛が脳に伝わる速度よりも電流の進行の方が速いと信じられ、「人道的」見地から電気イス刑が一九世紀末に導入された。一八八八年から一九一三年の間に一五州が電気イスを採用し、一九五〇年までにはさらに一一州とコロンビア特別区がリストに加わった。ところが受刑者が簡単に絶命しなかったり、身体が炎上し肉の焼ける臭いが立会人の鼻を突くなど惨い結果もしばしばだった。毒ガスによる処刑は一九二一年にネヴァダ州で初めて導入され、一九五五年までに他の一〇州が採用した。一八七〇年代にはすでに捨て犬の屠殺に毒ガスが使用されていたので、死刑への応用に思い至るのは自然だった。電気イス導入当初しばしば失敗したため、絞首刑に代わる、より確実で受刑者が楽に死ぬ方法として毒ガスが注目された。しかしその後、電気イス刑の問題が徐々に改善され、毒ガス室を採用する州は多くなかった。最初の計画によると監獄の部屋に導管を通して、死刑囚が眠った後で予告なしに青酸ガスを送り、そのまま安らかに死に至らせるはずだった。しかしこの方法は技術的に無理だった。そこで毒ガス室を別に作り、囚人を移動して殺す方法が採用された。だが、実際にやってみると青酸ガスを吸っても死刑囚がすぐに死ぬとは限らず、烈しい苦悶が受刑者を襲った。

そこでより最近になって導入されたのが注射刑だ。ベッドに固定した受刑者を先ず麻酔剤で昏睡させた上、筋弛緩剤によって呼吸を止め、最後に心臓停止剤を注入する。受刑者はほとんど苦痛を覚えずに死に至るとされ、現在では最も一般的な死刑方法になった。

一九八一年九月の死刑制度廃止までフランスで使用されたギロチンも死刑囚を即死させ、可能な限り苦痛を減らす目的でフランス革命期に導入された。それまで貴族は断首、平民は絞首刑と区別されていたが、断首の場合、死刑執行人が未熟だと何度も切り付けて受刑者に多大な苦痛を与えた。そこで受刑者を無駄に苦しめないで処刑する方法を内科医出身の国会議員ジョゼフ・ギヨタンが議会に提案した。

だが、死刑道具が変遷した理由は受刑者の苦痛軽減だけではない。より重要なのは死刑を執行する側の心理負担を減らす必要だった。石打・火炙り・断首は執行者に大きな負担がかかる。モルモン教徒の多いユタ州では宗教背景から贖罪に罪人の流血が必要とされ、銃殺刑が今日でも採用されている。三九人の死刑囚が息絶えるまでの時間を調べた報告書によると一五秒から二七分かかっている。ほぼ即死の時もあるのに、三〇分近くも苦痛を堪え忍ぶ場合があるのは何故か。銃殺にあたって死刑囚をイスに縛り付け、心臓の位置につけられた目印を狙撃手が狙う。しかし緊張で感情が高ぶり、狙撃の専門家でもしばしば急所を外してしまうからだ。

戦争中、敵兵士の腹や胸に正面から銃剣を突き刺した兵士は稀で、逃げる敵の後ろから突き刺す場合がほとんどだった。相手の顔を見ながら殺すのは負担が大きい。絞首・銃殺・電気イス・毒ガスで処刑する際、受刑者に目隠しをして死刑執行者の顔が見えないようにする。延命を懇願する者や怨み死んでいく者の眼を見つめながら殺すのは辛いからだ[24]。

目前にいる人間の心臓に照準を定めての狙撃は大きな苦痛を執行者に強いる。ところが絞首刑は踏板を外すロープを引いたりボタンを押すだけだし、電気イスや毒ガスによる処刑ではスイッチを入れるだけなので執行者の心理負担は比較的少ない。同様にギロチンも断頭刃を落すスイッチを操作するだけだ。受刑者の身体に触れる必要もない。日本の絞首刑では、刑壇場とは別の場所に設置されたボタンを押すので、殺される人間の姿を担当者は見ずにすむ。受刑者が踏み台に乗るだけで自動的に執行する絞首刑装置がコロラド州とコネチカット州で一九世紀末に開発され、実際に使用されたこともある[25]。

死刑囚と執行者双方の苦痛を減らす傾向に注射刑採用でさらに加速度がかかった。米国では現在ほとんどの州がこの方法を用いる。一九九九年に処刑された九八人のうち、電気イスで執行された三人と毒ガスで殺された一人を除くすべてが注射刑だった。この移行は死刑の意味に質的変化をもたらした。受刑者は眠るように死んでいく。ナチスは精神病者や精神薄弱児の毒ガスによる殺害を「安楽死」と呼んだ。「アーリア人種」を純化・保護するために近代医学を動員し、できるだけ「人道的」にユダヤ問題を解決しようとしたナチスと同じ方向にアメリカ社会は進んでいるとロバート・リフトンは危惧する[26]。医学の衣を死刑に着せ、それまで死刑執行人が耐えてきた心理負担を減らし、より能率的に処刑する。病院で施される普通の手術と同じように麻酔をかけて死刑囚を「処置」するだけだ。毒ガス室・電気イス・ギロチンの考案や改良に医者が協力してきたが、命を救うはずの医学が死刑執行を主宰するグロテスクな構図が注射刑採用によって完成する。

死刑の残虐性を可能な限り除去し、日常性に組み込む注射刑。それでも受刑者の死体は残る。しかし将来はそれも超えられるかもしれない。フロリダ州で電気イス刑の代替方法を検討する委員の一人は死刑執行から死の概念自体を完全に払拭する方法がないかと模索し、受刑者に麻酔をかけた上で臓器を摘出し利用する可能性に言及した。そうすれば死体さえも残されず、社会秩序を破壊する異端者の存在は分解・浄化・再利用され、最終的に社会に還元される(27)。

死刑を支える分業体制

死刑執行までには多くの手続きが踏まれる。警察が捜査・逮捕した後、検察が起訴し、裁判所が死刑判決を下す。その後も数多くの書類が役所で作成され、最終的に法務大臣が死刑執行命令書に署名捺印する。執行の具体的段階になると拘置所の職制を通して命令が伝達され、担当に命じられた数名が絞首刑を実行する。

処刑自体に関しても分業の精神が貫徹される。絞首刑で踏板を外すために係官が一斉に押す複数のスイッチのうち実際に機能するのは一つだけだ。銃殺の際、狙撃手の少なくとも一人の銃には空薬莢が詰められる。誰の弾が実際に受刑者を死に至らしめるのか、どの狙撃手にもわからない。電気イスや毒ガス室の作動スイッチも同様だ。自分の押すボタンがダミーなのか本当に機能するのか誰にもわからない[28]。注射刑の場合も、処方される薬剤の調合と、それを点滴器に充填する役は別の人間が担当する。執行室に隣接する部屋には二つの制御盤が備え付けられ、他の担当者が準備ボタンを押す。受刑者の静脈に薬剤を送るためのボタンを押す係には少なくとも二人があてられる。その上どちらのボタンが機能するかをコンピュータが無作為に決定する。作動ボタンの記録はすぐに破棄され、最終執行者が誰なのか永久にわからなくするシステムだ。コンピュータが殺人を実行すると言うべきかもしれない。受刑者を死に至らしめる罪悪感はこうして組織全体に限りなく転嫁・希釈される[29]。アメリカ合衆国における死刑の歴史を詳細に分析したスチュアート・バナーは言う。

死刑執行はいくつかの小さな任務に分割され、別の人間に各任務が与えられる。執行に参加する人々の抱く罪悪感がこうして極力弱められる。受刑者が死に至る長い連鎖に置かれる各刑務官は自らを単なる部品として認識できる。人間同胞を殺す究極的責任は常に他人に転嫁される。テキサス州の刑務所長ジム・ウィレットは部下に向かって「君たちのする仕事はプロセス全体のほんの一部にすぎない」と訓示して安心させた。「こう考えるおかげで、人間を殺す心の重荷を全部一人で背負わずにすむ」とウィレットは説明した[30]。

多くの人間が参加する分業体制の下で各担当員はほんの小さな役割しか与えられない。匿名性によって保護されながら、全体のプロセスを見渡せず、したがって最終的に生ずる結果と自分の行為との関連が遮蔽される。具体的な生身の死が抽象化され馴致される。このような官僚制的分業がなければ死刑制度の維持はとうてい不可能だ。精神科医の野田正彰が言う。

［……］絞首刑のボタンを押す人が三人から五人になったんです。三人では誰のボタンが引き金になって死んだかしんどいから、もう少し数を増やそうということになって五人でボタンを押すようにしたといいます。やるせない怒りが起こりました。国家が正しいことをやっていると確信的に思うんだったら一人でやれ、と思います。それを、誰か分からないようにして三人でやっていて、それでもダメだから五人にする。それほどインチキなことをやっているわけです。

［……］悪いことをした人は当然死ぬべきだと言う学生諸君には、「自分がやればいい

ではないか」と、私はいつも言っております。「自分で首を絞めたらいいだろう、絞められるか？」という問い方をします。ところが、自分でやれないことは国家がやる、人格性をなくした組織体が行う、となると当然、その死は抽象化され残虐であるということを忘れることができる。そういう文化を、近代の中で私たちは徹底して身につけているわけです。[31]

アメリカ合衆国のタカ派検事は、死刑判決を躊躇する「弱気」な裁判官を批判し、自分自身で死刑執行に立ち会おうとした。だが、執行場面を実際に見たらもう二度と死刑を求刑できなくなるからやめた方がいいと殺人課の刑事に諭され諦めたという。[32] フロリダ州で電気イス処刑に立ち会ったジャーナリストは、オレンジ色の炎に包まれた死刑囚の姿、人肉が焼ける臭いをまざまざと報道した。その記事は市民の強い反応を呼び起こし、まもなく電気イスが廃止され、注射刑に取って代わられた。[33] 死刑という言葉が喚起する抽象的イメージが具体的現実の姿を取って目前に現れる時、ひとは初めてその意味を把握する。逆に言うならば死刑制度維持のためには、惨い現実を関係者および国民全員に隠蔽し続ける必要がある。

ナチス絶滅収容所でユダヤ人の死体を焼却炉で燃やしたり、毒ガス室の清掃を担当したのはユダヤ囚人で構成された特務部隊（Sonderkommando）だった。日本の死刑でも同様に、処刑された死体を扱うのは服役中の受刑者で編成される処理班だ。立会人退出後、刑務官指導の下、頸に食い込んだロープを外し、吹き出た血液や失禁した大小便を清掃する。飛び出した舌は口の中に納める。耳がちぎれたり眼球がこぼれ落ちる場合もあるので、それらの処置もしなければならない。衣類を着せ替えた後、頸に残ったロープの跡を包帯で隠す作業を終えてやっと遺体を納棺する。無惨な姿に変わり果てた殺害死体の処置は囚人にあてがい、死刑執行官の心理負担軽減を図る。[34] ホロコーストの分業体制に酷似する。
「私が決めた事じゃない。私は命令を実行しただけだ」と死刑執行のボタンを押した人間はできれば言いたいだろう。「私は書類に不備がないかどうかを確認しただけだ」と官僚の一人が口を拭う。「警察の捜査結果にしたがって起訴しただけだ」と答える検察官、「原告と被告の双方が提出した証拠を判断し、法の定める通りに、また過去の判例を考慮して死刑判決を下しただけ」の裁判官、「判決書類を吟味して執行命令書に署名しただけ」の法務大臣。そして「国民の大半は死刑制度の維持を望んでいる」と死刑を正当化する法務省と首相。結局、執行に至る決定的判断をした責任者はどこにもいない。無責任体制のおかげで死刑制度が可能になる。

アメリカ合衆国の陪審員は死刑判決を正当化するためにしばしば神の権威に訴える。この悪人の処刑は神が決定するのであり、我々人間が決めるのではない。犯罪者を赦す権利は陪審員にない。[35] 犯罪者を赦せるのは殺された被害者だけだ。しかし被害者はもういない以上、その代わりに抽象的実体としての国家が死刑を命ずるのだ。死刑判決を言い渡すのは国家という〈全体〉であり、検察官でも裁判官でも法務大臣でもない。神や国家と呼ばれる〈外部〉に責任の源が投影される。

二〇〇七年初秋、鳩山邦夫法務大臣の発言が物議を醸し出した。死刑執行命令書への法務大臣署名を廃止し、乱数表を利用して執行を自動化する提案だ。しかしトランプのババ抜きのように、責任転嫁の仕組みは最後にツケが必ず誰かに回ってくる。乱数を発生させるためにコンピュータを操作するのは誰か。法務大臣自身がスイッチを入れるなら死刑執行決定の構図に本質的変化はない。他の官僚に乱数表を扱わせても執行命令の担当者が代わるだけだ。偶然と〈外部〉は違う。死刑執行の最終責任を引き受ける〈外部〉は主体として表象されなければ機能しない。

ウィリアム・スタイロンの小説『ソフィーの選択』に劇的な場面が出てくる。(36) アウシュヴィッツでのこと、強制収容所前で「選別」を待つソフィーは男女二人の子供を連れている。そこを通りかかったナチの軍医は彼女に恐ろしい提案をする。「子供のどちらか一人だけなら助けてやる。どちらかを選べ」。初めはこの理不尽な選択を彼女は拒否する。だが、「もういい。二人とも向こうに送れ」と部下に告げる軍医の声を聞いて、ついにソフィーは発作的に「娘を連れて行きなさい」と叫んでしまう。こうして息子の命を救うために娘が犠牲になる。

ソフィーはどうすべきだったのか。この状況で彼女に与えられたのは二つの可能性しかない。一つはどちらかの子供を犠牲にして、残る子供の命を救う道。もう一つは選択自体を拒否して子供が二人ともガス室で殺される道だ。ソフィーは選択し、一人を救った。しかしそれにより彼女は一生、凄まじい良心の呵責に苛まれる。娘の死の責任を自ら背負ってしまうのだ。ここでソフィーが乱数表やサイコロを持ち出して、どちらの子供を犠牲にするか決定しても何の救いにもならない。

前近代において神や大自然が意味していた〈外部〉と、偶然は似て非なる存在である。人間が意図的に操作できない点は同じだ。だが、責任を最終的に引き受ける〈外部〉は根拠あるいは主体として我々の前に現れなければならない[37]。意志の欠如という消極的な事態ではない。〈外部〉は本書の通奏低音をなすが、最後の第6章でその構造分析を試みる。

この章の目的は死刑が妥当かどうかの検討ではない。死刑を社会が認める以上、ここに素描した惨い現実は否応なしに生ずる。殺人を担当する関係者に対して何らかの心理的措置が取られなければ制度が機能しない。ナチス・ドイツによる虐殺と死刑執行は殺害の意図・意義が異なる。しかし技術面からだけ考えれば両者は多くの共通点を持つ。

死刑執行の場面を国民成人すべてに見せたらどうなるだろう。大半の人々にとっては耐えられない経験であり、死刑廃止論が今以上に強く巻き起こるにちがいない。死刑を承認するからには惨い現実に自分自身が直面する義務があるとか、見る勇気がないなら死刑を廃止せよと主張するのではない。「死刑は必要だ」と理性が言い続ける傍らで、「もう耐えられない。とにかくやめてくれ」と感情が拒否をする。その時、我々はどうするか。理性の覚めた命令に従えるだろうか。『死刑』を著した森達也はこう結ぶ。

二〇〇六年十二月二十五日に処刑された七十五歳の藤波芳夫は、高齢と長年の独房暮らしで脚が弱り、車椅子の生活だった。あなたに想像してほしい。ひとりでは歩けない老人を絞首台まで連行し、車椅子から降ろしてロープに吊るすその光景を。

車椅子だからかわいそうだとか、老人なのに死刑の意味があるのかとか、そのレベルの情緒に与するつもりはない。車椅子だろうが老人だろうが、死刑が必要ならばするべきだ。僕は死刑が必要な理由がどうしてもわからないけれど、でもあなたがどうしても必要なのだと思うのなら、それはそれで否定はしない。それはきっとあなたの理念であり思想なのだから。

でもせめて、車椅子の藤波を吊るすその情景を、想像することくらいはしてほしい。だってそれは現実に起きたことであり、僕たちが承認したこの国のシステム下で行われたことなのだから。(38)

重罪犯を死刑に処す抽象的決断と、生身の人間が血を流し、糞尿を垂らしながら殺される具体的現実との間に横たわる溝が問題なのだ。死刑を維持するためには、執行官を始めとする関係者の罪悪感を薄める分業体制が不可欠だ。しかしそれは逆に見れば、心理負担を減らす手段さえ採り入れれば誰でもナチスの犯罪に加担する危険性を同時に意味するのではないか。

註

(1) 村野薫『死刑はこうして執行される』(講談社文庫、二〇〇六年)、二五二—二六一頁。
(2) 同二六一頁。
(3) 合田士郎『そして、死刑は執行された』(恒友出版、一九八七年)、九頁。
(4) 坂本敏夫『元刑務官が明かす死刑のすべて』(文春文庫、二〇〇六年)、二一〇—二一二頁。
(5) 村野、前掲書二一七頁。
(6) 大塚公子『死刑執行人の苦悩』(角川文庫、一九九三年)、一一三頁。
(7) 坂本、前掲書六三頁。
(8) 合田、前掲書九—一一頁。
(9) 坂本、前掲書三〇頁。
(10) 同二五八—二六二頁。
(11) 大塚、前掲書二〇頁。

(12) 森達也『死刑』(朝日出版社、二〇〇八年)、二一六頁。

(13) 大塚、前掲書七八―七九頁。

(14) 同一七九―一八七頁。

(15) 同一〇四頁。

(16)『別冊宝島1419死刑囚最後の1時間』(宝島社、二〇〇七年五月六日発行)、一〇三頁。

(17) 伊佐千尋・渡部保夫『日本の刑事裁判――冤罪・死刑・陪審』(中公文庫、一九九六年)、二九八―三〇一頁。

(18) B. Lecherbonnier, *Bourreaux de père en fils. Les Sanson 1688-1847*, Albin Michel, 1989, p. 38-39; H.-C. Sanson, *Sept générations d'exécuteurs. Mémoires des bourreaux Sanson*, Future luxe nocturne Éditions, 2003, p. 319-325.

(19) Sanson, *op. cit.*, p. 326-338.

(20) *Ibid.*, p. 357-358.

(21) 村野、前掲書二四九頁および大塚、前掲書一九頁。

(22) C. R. Browning, *Ordinary Men: Reserve Police Battalion 101 and the Final Solution in Poland*, Harper Collins Publishers Inc., 1992, p. 56.

(23) アメリカ合衆国における処刑方法の変遷についてはS. Banner, *The Death Penalty: An American History*, Harvard University Press, 2002, p. 169-207, 295-299; R. J. Lifton & G. Mitchell, *Who Owns Death? Capital Punishment, the American Conscience, and the End of Executions*, HarperCollins Publishers, 2002, p. 42-69。

(24) D. Grossman, *On Killing: The Psychological Cost Of Learning to Kill in War and Society*, Back

Bay Books/Little, Brown and Company, 1996, p. 121-129.

（25） Banner, *op. cit.*, p. 174.

（26） Lifton & Mitchell, *op. cit.*, p. 62-63.

（27） *Ibid.*, p. 68.

（28） *Ibid.*, p. 89.

（29） *Ibid.*, p. 87.

（30） Banner, *op. cit.*, p. 299.

（31） 野田正彰「死刑、それは私たちがどんな社会に生きているのかを考える視角」『「麻原死刑」でＯＫか？』（ユビキタ・スタジオ、二〇〇六年）所収一五〇頁。

（32） Lifton & Mitchell, *op. cit.*, p. 133.

（33） *Ibid.*, p. 176.

（34） 村野、前掲書二六三—二六四頁。

（35） Lifton & Mitchell, *op. cit.*, p. 145.

（36） W. Styron, *Sophie's Choice*, Vintage, 2000 (first edition: 1979), p. 594-595.

（37） J.-P. Dupuy, *Avions-nous oublié le mal?*, Bayard, 2002, p. 108-111.

（38） 森、前掲書三一五頁。

第3章　冤罪の必然性

痴漢冤罪が頻繁に報道され、警察や検察の取調べ、裁判所の判断が問題視される。死刑判決が出た殺人事件を含め、冤罪は今までにもかなり生じている。以下では犯罪捜査の段階で生ずる問題、自白や目撃証言の信憑性、判決につきまとう曖昧さに焦点を当て、なぜ冤罪が生ずるのかを分析しよう。

冤罪が起きる割合は正確にはわからない。アメリカ合衆国では一九七六年から一九九〇年代後半の期間に死刑囚八〇人の無実が晴れ、釈放された。この数は死刑囚全体の一・三%に当たる。冤罪が確定した元死刑囚の数は増え続け、二〇〇二年時点ですでに一〇〇人を超えた(1)。ところでアメリカ合衆国では毎年およそ二〇〇万人が逮捕され、半分の一〇〇万人が有罪になる。有罪判決を受けた人々の一・三%が無実だとすると一万人以上が冤罪犠牲者として拘禁される計算になる。さらに言えば一・三%という数字は死刑囚の冤罪率であり、死刑に値する重罪の場合、裁判所は慎重に検討するだろうから、すべての事件を考えると実際の冤罪率はより高い可能性がある。またこれら冤罪件数のほとんどはＤＮＡテストで無罪が証明されたが、テストができないために無実が証明できず収監され続ける人もいる。以上の事実を考え合わせると、冤罪に苦しむ人々の実数は毎年一万人を遥かに超えるだろう。(2)

冤罪事件を告発する著書を繙くと、日本の取調べや裁判制度が旧態依然であり、被疑者の人権が無視されるとしばしば非難される。確かに日本の制度に固有な問題があるのは否めない。(3)しかし、西洋先進国でも警察による被疑者の人権蹂躙がないわけではない。

すでに言及したようにラウル・ヒルバーグは、ホロコーストを生んだ最大の原因として官僚制的構造を挙げた。多くの人々が分業し、相互のつながりが不明瞭になるにつれ、個別行為の意味が失われ、責任感が薄れる。それはホロコーストだけに限らず、私企業・公共機関・学校・警察など細かい分業の下に仕事が遂行される組織すべてに共通する問題だ。集団行為は当事者の意図を超え、自律運動する。組織のあり方によって冤罪発生率にいくらかの違いはある。しかし分業体制が原理的に誤謬を生みやすい点を見落としてはならない。次章で犯罪や責任の分析を理論的見地から試みるが、その前作業として、冤罪が生ずる経緯を具体的に確認しておこう。

非合法な捜査

冤罪事件最大の問題は無実の者でも虚偽の自白をしてしまうことだ。死刑の可能性がある重罪で、犯していない行為を自白するのは何故なのか。警察による拷問まがいの取調べもその原因の一つだろう。一九六六年の「袴田事件」で逮捕された元プロボクサーは身柄拘束二三日を経て「自白」に至った。担当した清水地裁の一審判決が指摘するように、清水警察署内の代用監獄で毎日平均一二時間、最高では一六時間にもおよぶ厳しい取調べが行われた。取調室の中で警察官複数の面前において、おまる（簡易排便器）で排便させる酷い扱いだった[4]。一九七五年に起きた強盗殺人事件の被疑者は右足が不自由で正座ができず、右足を投げ出して座っても楽でなかった。にもかかわらず正座を強要され、身体全体に痛みが走ったという。連日長時間におよぶ拷問的取調べの間中、罵倒され続け、肘打ちなどの暴力も受けた[5]。一九七九年に大阪府貝塚市で起きた強姦殺人事件。控訴審で無罪判決を勝ち取った被疑者は読売新聞大阪社会部の求めで手記を寄せた。

> A［捜査官］が「お前がやったんやろうが」と大声で怒鳴ったので、私が「本当に何のことですか」と答えると、いきなりAが軍手をはめた右手拳で、私の左側の耳の上部あたりを一発殴って来ました。その後、直ぐにB［捜査官］が私の左足、ひざあたりを

ひざ蹴りして来ました。／殴られた痛さに驚くと同時に、私は何の事か、さっぱり、思いあたりませんし、そのまま、ずっと黙っていると、さらに、AやBは何回も私を殴ったり、髪の毛を引っ張って、むしるような事をしたり、さらには、私の後頭部を壁にぶつけたりしました。／私は寝込みを起こされたために下着のシャツ、薄いトックリセーター、ジャンパーの三枚しか着ていませんでしたので、真冬の夜明け前の冷え込みが、身にこたえ、取り調べの恐ろしさとで身体が震えっ放しでした。

このような拷問的取調べが一時間半ほど続いた後、被疑者の両手首に手錠が強くはめられ、セメント床の上に直接正座させられる。

床はセメントでしたので、正座はとても苦しいものでしたが、その状態でAとBの二人から殴られたり、蹴られたりの暴行を受けました。／Aは手錠を意識的に強くはめたので、手錠が私の手首に食い込み、その痛さにも耐えられないぐらいでした。／二〇―三〇分、正座させられた後、又、立たされて殴られたり、蹴られたりして、その後、又、正座をさせられるという繰り返しでした。／そういう状態が一時間強も続きました。[6]

取調官が暴力を振るうのは日本だけでない。アメリカ合衆国では警察の筋書き通りに自白するまで、手錠をはめられた被疑者を殴ったり、弾の込められた拳銃を目の前にかざして自白を強要する例が報告されている。[7]世界に先駆けて人権宣言を採択し、自由・平等・友愛の理念を掲げるフランスも同様だ。一九九六年に起きたイギリス人少女強姦殺人事件で一人のホームレスが逮捕された。アリバイがあるにもかかわらず容疑者は拘留され、二日後に自白する。ＤＮＡテストの結果、最終的に疑いが晴れるが、何故、彼は嘘の自白をしたのか。

私が病気なのを盾に取り、犯行を白状するならば薬をやると言われた。［……］何時間経ったか自分でも判らなくなるほど長い間、手錠をかけられたまま両足を開いた姿勢で立ちっぱなしにされ、動けなかった。動くたびに殴られた。［……］結局、言われた通りに細かいところまで自白した。というか私自身は何も自白していない。私の自白を実際に作成したのは取調官なのだから。[8]

非合法行為は拷問だけでない。ニューヨーク警察監察区を調べた調査委員会が発表した一九九四年の報告書によると、一九八六年から一九九四年までの期間に麻薬密売人から金品を巻き上げた者、証拠偽造や裁判偽証をした者、あるいは勤務中に犯罪を犯した者の割合が警察官全体の六分の一にも上った。この報告書は大スキャンダルを巻き起こし、被疑者九八人の起訴取り下げを検察は余儀なくされた。明るみに出た犯罪行為は氷山の一角にすぎない。警察の推定によると少なくとも二〇〇〇件の刑事事件で偽証がなされ、ある警官は七五件の裁判で嘘をついたと白状した。結局、無実の罪で拘禁された被疑者に対して総額数百万ドルという莫大な慰謝料をニューヨーク市は支払い、警察官三三人が有罪判決を受けた。偽証罪によって連邦刑務所に七カ月間拘禁された警官は、犯人逮捕の約六〇%において何らかの証拠が捏造されていると言う[9]。

証拠鑑定の偽造もある。ニューヨーク州検察局が一九九七年に出した報告書によると、ニューヨーク州立警察の鑑識班が指紋偽造など、およそ四〇件の刑事事件で証拠を捏造した[10]。強姦殺人数十件の鑑定を引き受けた検査官は、被告の有罪を決定づける証拠鑑定書を提出したが、実は鑑定を行わずに起訴状に適合する鑑定書を作成していた。この検査官は大学在学中の成績もFBIでの研修成績も落第点でありながら、検察に都合のよい鑑定を出してくれるため、最終的に解雇されるまで一〇年以上検察に重宝された[11]。他の法医学者は毎年四〇〇件の司法解剖をこなすと豪語したが、実際には解剖せずに鑑定書を作成していた。解剖所見を読んだ遺族は胆嚢と脾臓の重量記載を発見して驚いた。解剖にふされた男性は死亡する数年前にすでにこれら臓器の切除手術を受けていたからだ。遺体を墓から掘り出したところ、遺体に解剖の痕跡はまったくなかった。脳を解剖されたはずの他の遺体も頭蓋にメスが入った跡は見られなかった[12]。

日本ではこれほど酷い証拠捏造は知られていない。だが、被告人に有利な証拠や事情は原則として自供書に記載されないし、法廷にも提出されない。被疑者のアリバイを証明する文書を検察が隠匿したために、第一審で被告五人が死刑判決を受け、最高裁に至ってやっと無罪が認められた松川事件を始めとして、弁護側が執拗に要求しない限り、検察側の犯罪立証に不利な材料は表に出ない⑬。

悪を憎む心

拷問と見まがう取調べ、証拠隠匿や捏造。警察や検察をいったい誰が取り締まるのかと悪態の一つも吐きたくなる。警察官も普通の人間だ。一般市民に比べてより優れた人間性を備えているわけではない。警察官に限らず、教員・新聞記者・自衛官・判事などが犯罪をなすとマスコミはこぞって叩くが、他の職業の人間に比べて、これらの人々がより優れた人格の持ち主だと考える方がそもそもおかしい。かといって、拷問まがいの取調べが行われるのは、暴力団に行く方がよいような乱暴者ばかりが警察に雇われるからでもない。犯罪を憎み、被害者の無念を晴らそうとする取調官の気持ちを見落とすと問題の核心を見失う。また、あからさまな暴力行為や証拠捏造が常になされるわけではないし、それだけならば対処は難しくない。時には違法な手段をも講じて警察は自白を得ようとするが、そこに取調官の真摯な態度を読み取らないと、冤罪メカニズムの本当の深刻さとは把握できない。

冤罪をなくすだけなら理屈としては簡単だ。警察を解体し、どんな犯罪が起きても放任して誰も逮捕しなければよい。冤罪を防止すると同時に、本当の犯罪者はまちがいなく罰する目標があるから問題解決が難しい。ある程度の改善は可能だが、原理からして一方を減らせば他方が増える。[14]

冤罪で苦しむ人々の数に比べて、罪を犯しても罰せられない者の数の方が遥かに多い。アメリカ合衆国では毎年およそ一〇〇〇万件の犯罪が警察に把握されるが、摘発されない犯罪がそれ以外に同数あると推定されている。これら合計二〇〇〇万件の犯罪で逮捕される数が二〇〇万人、有罪判決を受ける者は半分の一〇〇万人だ。[15] すでにみたように冤罪率を一・三％と仮定すると、有罪判決を受ける一〇〇万人のうち一万三〇〇〇人が冤罪犠牲者の計算になる。重犯者数がわからないので、二〇〇〇万件の犯罪が何人に帰されるかは不明だが、冤罪犠牲者一万三〇〇〇人を遥かに超える数の犯罪者が野放しになるのはまちがいない。[16]

実際に犯罪行為をしたかどうかを知るのは本人しかいない。本人以外に真実がわからないのだから、状況証拠・証言・自白などを総合して犯人を推定するほかない。しかし後に述べるように目撃者の記憶は当てにならないし、捜査員・検察官・裁判官の判断も推測の域を出ない。曖昧なデータを基に判断せざるをえない以上、誤謬は必ず起きる。簡単に白状する犯人などほとんどいない。したがって、ある程度の駆け引きは避けられないし、被疑者を精神的に追い込む必要もある。そうでなければ多くの真犯人を取り逃がしてしまう。だが、このような努力は同時に冤罪の危険性を孕む。本当にやっていないなら犯罪を自白するはずがないという常識は後述するように迷信にすぎない。

被害者の無念を晴らしたい気持ち、こいつが犯人に違いないという確信、自白が犯人自身にとっても救いにつながるという思いが重なって、拷問まがいの自白強要も取調官の気持ちの上で正当化される。取調べの録音に次の光景が出てくる。取調官の心情がよく表れているので長いが引用する（強調原著者）。

取調官B　人からいろいろおそわり、人から聞いてみな完成に近い人間になってくる。完成しつつある人間ができてくる。ね、そいじゃからね、O君［被疑者］のつらい気持はようわかるけど、これを脱さにゃならんのじゃからね。君は今言う気になっとんだから、お話する気持になっとる。美しい気持になっちょる。ね、ほいじゃからなんで、お話してしまおうで、うん？

［……］

取調官A　孤独な人間になってはいけないということはそこなんだ。ええかね、今われわれが言うこともだ、君が今思っとること、そのもの事実を話してくれりゃ僕らとしてもだ、一歩一歩君が完成するでね、人格者になってくるその日を一日も早く祈っとる。ね、早くいつ時期は、いつくるか、ね、それは今くる。未完成な人間が完成する人格者になる。ね、人間対人間のそれは、自分の心の、精神というものを入れ替えなくちゃいけない。今日、この場において入れ替える。そのものというものは、ね、今迄自分が過去において犯したことについては、何もかも話をして、そしてきれいさっぱりした精神になってくることによってだ。ね、君という人間が人格的な人間になってくる。そうだろう、わかるかね。

［……］

B　邪念を捨てようで、邪念をの。素直に真実を話さにゃいけんで。（三〇秒位沈黙、鼻すすり）どうか。

［……］

B　うん、つらいつらいつらいけど話さにゃあで、のう、の、力や元気を出して、の、すがれ、こっちへのう、うん、うん、話をせにゃあねえ、あんた一時も早う楽になるんじゃからのう（鼻すすり）どうか？

A　僕の手でもね、すがりついて話しなさい。話しなさい。そうしたら力が入る

だろう。うん、さっき言った、いよいよ純真無垢な精神にならなくちゃいけない。（三〇秒位沈黙、鼻すすり、ため息）

取調官は被疑者の手を握って「すがりついて話しなさい」と促す。先ほどまで拷問をした手が、今度は自白のためにすがる手になる。その後、寒さを訴える被疑者を取調官が抱きすくめる場面まで出てくる。

B　寒うなったや、ちょっと待て。（二〇秒間、毛布を出すような音）。下、敷いちゃろうか、うう、ええよ。うう、ええよ。抱いとっちゃろう、のう、のう。わしが抱いとっちゃろう。のうや、こうやってきょうは抱いて寝ちゃるで、わしがのう。よし、のう、話してしまおうで。わしがこうやって抱いとっちゃるからのう。どうや、安心して話をせいのう。心を落着けてのう、ずっと。

（四〇秒間、沈黙）

［……］

A　だんだん神の心になって来るわい、のう、だんだんと、のう。(17)

冤罪を生む自白の心理過程を分析した浜田寿美男が述べる。

［……］取調べの場の一切を取りしきる取調官は被疑者を犯人と見なして、自白をとろうとする。被疑者がよほど決定的な反証を提示できないかぎり、被疑者の弁明に取調官が耳を貸すことはない。実際、取調官は否認する被疑者を前に、心の中では、「こいつ、自白すれば大変な刑罰があると思って自白できないでいるんだ」と思う。取調官はあくまで目の前のこの被疑者が犯人だという枠から外れることがない。そこで、やっているのに否認して、自分の犯した罪を反省しないというのは許せないと思う。反省悔悟した被疑者は、取調官の目からみて、真面目で真摯にみえるし、同情を誘い、かわいいとさえ見えるが、否認し自己弁護する被疑者は、図々しく、許しがたく見える。つまり情状酌量の余地がないように見える。だからこそ、取調官はこのまま否認しつづければ、逮捕され、勾留が続き、あげくに起訴されて、重い刑罰になるぞと言う。取調官の気持ちのなかではそれは単なる脅しというより、彼らなりの事実の予測なのである。

また一方で、やっているなら自白して、素直に謝りなさい、そうすればその反省悔悟の情を汲んで悪いようにはしない。場合によっては逮捕しないですむかもしれないし、逮捕していても釈放し、不起訴になるかもしれない、起訴されても情状酌量で執行猶予がつくかもしれないし、刑も軽くなる、そう諭す。これまた取調官の気持ちのなかでは不誠実な利益誘導というより、彼らなりの事実の予測なのである。(18)

司法取引の罠

アメリカ合衆国で冤罪が発生しやすい理由の一つに司法取引制度がある。被告が罪を認めたり、共犯者を告発する見返りとして刑の軽減を検察が認める。犯罪が多い国ではすべての犯罪件数を裁判所で処理するのが難しい。裁判にかかる膨大な時間と費用を司法取引で節約できる。また有罪判決に十分な証拠がない場合でも、ある程度の刑罰を与えられる利点がある。

二〇〇〇年度の重罪統計によると、ニューヨーク州四つの郡で一〇〇%、九つの郡で九八%、州全体の平均値でも九〇%という高い有罪率を示した。その理由は司法取引が頻繁に行われたからだ。重罪の有罪件数のうち九五・七%で司法取引がなされ、裁判に至った数はほんのわずかにすぎない。麻薬犯罪では司法取引が特に頻繁に行われ、有罪の九七・三%が司法取引によった。暴力事件でも八九・九%において司法取引が行われている[19]。

だが、このような制度は冤罪を起こしやすい。死刑宣告の可能性を示唆されると、最悪の事態を避けるために無実の人間でも罪を認めて無期懲役を受け入れる。被害者や目撃者が一致して自分を犯人だと証言した。捜査官も頭から犯人扱いして言い分を聞いてくれない。さらに悪いことにアリバイを証明できない。このような場合、罪状を認めさえすれば死刑にしないと検察官から言われると、絶望の淵にある被疑者は簡単に落とされてしまう[20]。

司法取引を有利に展開するために捜査側は様々な威嚇を行う。否認して有罪判決を受ける場合の脅威をあおるとともに、科学的証拠がすでに挙がっていると諭し、否認を諦める方向に被疑者を誘導する。その際、偽の指紋鑑定や血液鑑定を目の前にちらつかせたり、アリバイが成立しなかったとか、目撃者が全員一致で被疑者を犯人として同定したとか嘘をつく場合もある。アメリカ合衆国では嘘発見器の使用が認められているが、これも司法取引の手段になる。嘘発見器が実は役立たないことが専門家にはよく知られている[21]。しかしこの事実に無知な被疑者は、嘘発見器にかけられ、証言が嘘だと断言されると、裁判で無実を晴らす希望を失い、司法取引に応じてしまう。

汚職など経済犯罪と銃器・薬物犯罪を別にすれば、司法取引制度のない日本でも同様の駆け引きがなされる。冤罪者三〇人に対して東京三弁護士会合同代用監獄調査委員会が実施したアンケートによると[22]、「認めないなら重い罪にしてやると言われた」(二五人)、「認めないと家族などに迷惑が及ぶと言われた」(二三人)など、脅されたという回答者が全体の八割を占める。また、「ここで認めても裁判で否認すればよい」(一三人)、「認めてもたいしたことない」(一六人)と言われたり、捜査官の思い通り自白すれば、「早く出られる」(二四人)、「軽くすむ」(八人)、「情状がよくなる」(四人)、「執行猶予になる」(四人)という誘導もなされている。

世間が厳しい制裁を加える性犯罪では脅迫や誘導が特に有効だ。「会社にも言わないし、家族には何とでも言い訳できるだろう？　五万円ですむことだし……。もし今、自供したら三万円になるよう意見書付けてあげるから、よく考えてね」[23]「明日の検察の取り調べにも行かなくていいから。すぐに釈放するよ。［痴漢をする］気持ちがあったんならね。罰金も、三万円でいいからさ。略式起訴にしておくから、交通違反でもしたと思って、認めちゃえば？（女性に）くっついていたって、それだけ言ってくれればいいんだから。家族にも会社にもわからないように、終わらせるからさ」[24]などと脅しを背景にした誘惑がなされる。実際、否認すると長い勾留に加え、マスコミによる糾弾、家族に対する周辺住民の冷たい目、離婚や家族との別離可能性、解雇という一連の仕打ちを覚悟しなければならない。最終的に無実が証明されても、それまでにこうむった被害は取り返しがつかない。刑事事件で起訴されると九九・九％の確率で有罪判決が出る、つまり無罪になるのは一〇〇〇人のうち一人しかいない日本の実情[25]では、取調官が投げかける誘惑の罠に抗しがたい。

第一審で無罪を勝ち取っても検察に上訴されれば、裁判がその後も長く続く。やっと冤罪が認められた頃にはすでに人生が台無しになっている。このような可能性を捜査官や弁護士から示唆されると、無実の主張を諦めて司法取引を受け入れてしまう。組織に属する検察官は同僚の協力も得られるし、仕事が嫌になれば配置換えも可能だ。しかし被疑者は他の人に代理してもらえない。この現実を前にして否認を貫くのは難しい。

ちなみに冤罪事件を糾弾する一環で、検察官上訴ができない英米を例に挙げ、日本の司法制度を問題にする著者が少なくないが[26]、英米の規定が例外的なのであり、ドイツやフランスでも日本と同様に検察官上訴ができる[27]。

虚偽自白の心理

冤罪を生む原因は捜査側だけにあるのではない。被疑者の心の動きに焦点を移し、検討を続けよう。

痴漢は前科記録が残るにせよ、初犯ならば低額の罰金刑で済む。そのためマスコミや世間から痴漢呼ばわりされる辛さから逃れる方便として罪を認めやすい。その心情は十分理解できる。だが、自白して有罪が確定すると死刑になる事件でも、やってない犯行を自供するのは何故か。

被疑者は外界との接触を遮断され、自らを犯人だと断定して疑わない取調官や検察官とたった一人で対峙する。序章で確認したように、人間は自律性を保つようでも実は幻想にすぎず、状況に応じて刻々と判断や意見を変える[28]。家族どころか弁護士にも満足に会えず、朝から深夜までずっと取調官と唯一人で応対する被疑者は一定方向の情報環境に置かれ、かで、虚偽の自白に堕ちるかどうかが大きく分かれる。拷問は堪え忍んでも、家族が見放したと思い込まされた時、ついに精神の支えを失って自白を始めた例と、逆に父の励ましによって自白を撤回した例を挙げよう。

すでに言及した右足の不自由な容疑者が拷問的取調べの果てに虚偽自白に陥った直接の原因は孤立感だった。法定資料に依拠しながら、自白直前の状況を担当弁護士が書く。

正座にあえぎ、罵倒にさらされ続けるＥ〔被疑者〕に対して、肘打ちが食らわされた。肩から首のあたりをガンガンやられた。……／膝を原点として突き上げてくる激痛と新たに首から発する激痛とがＥの体の中ではげしくぶつかり合った。何がなんだかわからない。頭の中がクラクラしたかと思うと、目の前がピカピカと光ってみたり、もはや、痛みを痛みとも感じられなくなってきた。／そうしたとき、ふと自分の愛する娘のことが頭の中をよぎった。いや、よぎったのではない。滝（取調官）か誰かが言っているのだ。渾身の力を振りしぼって意識をよみがえらせ、かろうじて耳にすることができた。

「Ｅ、もうお前はどんなに頑張っておってもあかん。お前の家内も子供も、お前を親とは思っておらんぞ。おやじとも思っておらんぞ。お前を見捨てたんだ。長女の八重（仮名）はなかなかしっかりした子だ。あの娘が病身のかあちゃんを助けて、別居した兄さんと仲よくやっていくと言ってるぞ」

堰を切ったように、涙が頰をかけ落ちた。

〈それはあんまりだ。あの八重までが、あの八重までが……。とにもかくにも、ここまで頑張り続けることができたのも、家族だけはこの自分を信じてくれていると確信しきっていたからこそであった。それが、それがなんということだ。こともあろうに長女の八重までもが……〉[30]

外界と完全に隔離された状態で大切な人に見捨てられる。自らの良心を守る最後の砦を失うことは、ある意味で拷問以上に恐ろしい。より最近の事件では富山県の強姦事件で実刑判決を受け、服役後に無罪が確定した冤罪犠牲者が、「家族が「お前に違いない、どうにでもしてくれ」と言っている」という嘘の誘導尋問によって見捨てられたような気持ちになったと、やっていない犯罪を認めるに至った状況を説明した。「誰かが頑張れと言い続けてくれたら頑張ることができたかもしれない」「否認しても信じてもらえない」「何を言っても通用しないと思い込まされてしまった」と言う[31]。

だからこそ、逆に家族の力強い支持がある時、いったん認めた犯行自供を覆す可能性も生まれる。一九七一年に生じた土田・日石・ピース缶爆弾事件の被疑者Eは「公判でも認めて反省してればたいした求刑はしない」という検事の言葉に翻弄され、無実の主張を諦めていた。「そんな甘いものではない」と弁護士に言われて動揺もするが、もし一〇年以上の刑にふされても「仮出獄を期待すれば一〇年位で出られるだろう、そうすればまだ三五歳ぐらいだ、三五歳ぐらいならまだ若い、と自分に言い聞かせて、事実を主張するつもりにはなれなかった」「〔……〕事実を言った所で裁判には勝てる訳がない。だいいち今までの例のように何十年もの裁判にはとても耐える自信はなかった。まして何十年も裁判をしてそれで有罪になったらそれでもう人生はおしまいだ。争うにはあまりに相手が強すぎる」と諦めきっていた。その消極的態度を決定的に崩したのが父親から受け取った一通の手紙だった。

公判日前に父親としてどうしても言っておきたいことがある。

一、今度の事件に、お前が本当に加わっているのか。また事件全体が「Mグループ」の犯行なのか。家族一同と、S自動車（Eの勤め先）の社長一家は強い疑いを持っている。警察の取り調べは苛酷を極めたであろうから、心ならずも誘導された通りに自白したのではないか〔……〕。

一、もしその通り「ウソの自白をしていて、今になって自白を覆がえすと、大変なことになる」と思っているのではないか、「刑も軽いらしいから、この際はあきらめて検事や刑事の言う通りにして、早く刑を済ませてこよう」などと思っていたら大間違いである。刑は決して軽くないし、今後もMやHの公判に証人として出廷してウソを言いつづければ、友人のためにお前は裏切りを続けることになる。

一、Mは公判、第一日に犯罪事実を否認した。警察は、このことから、続いてお前も否認するのではないかと大変気にしている。

一、お前は、勇気を出して、本当のことを述べよ。警察が何とお前に言おうと、またその後で、どんなに石崎さんたちに扱われようと一切、気にしてはいけない。

一、父母もおばあちゃんも、またFさん（S自動車の社長）も、お前が事実を言ったとして、そのためにいくら費用がかかろうと、年月がかかろうと、徹底的にお前を守り続ける決意をした。（昨夜の相談で）

一、一時の安易な気持ちを捨てて、真実に立ち向う勇気を持て。過去に父としてこのような強い言葉を言ったことはなかったが、今度だけは一生一度のことだから強く、強く言う。

一、決して、「犯罪をやったのに、やらないと言え」と言っているのではない。そんなことを一時逃れに言ったら後が大変なことになろう。しかし、やっていないのなら、絶対にそのことを法廷で述べなければならぬ。〔……〕

一、〔……〕最後にくりかえして言う。「今後どんな辛いことが予想されようと、真実を言う勇気を持て」と。[32]

嘘の自供を理解する上でもう一つ重要な要因は、自供がもたらす結果に対する現実感の欠如だ。死刑につながる可能性を理屈では理解できても、今ここで受けている現実の苦痛から逃れられるならと虚偽自白の道を選んでしまう。精神的に痛めつけられ、合理的思考力が麻痺した被疑者にとって、将来生じうる事態を具体的に検討する心の余裕はない[33]。真犯人には犯行の具体的体験があり、捕まって自白すれば厳しい刑罰に処される実感がある。だが、無実の人間にとっては取調官から糾弾されたり、マスコミ情報を知っても実際には他人事だ。非現実的な出来事がわけもわからずに進行する感覚しかない。土田・日石・ピース缶爆弾事件の被疑者は回想する。

今からちょうど一〇年前の今ごろ、自分の身に何が起きているのか理解できませんでした。事の重大さにようやく気づいたのは起訴されて裁判が始まってからでした。拘置所から裁判所への鉄格子のついたバスの窓から見える街並や、楽しそうに集う人達の姿を見る時、いつも奇妙な感じにおそわれました。僕の身には信じられないような恐ろしい出来事が起きているのに、世界はまったくそれ以前と変わっていない、それが何とも不思議に思えたものでした[34]。

三〇年以上も監獄に閉じこめられた狭山事件の被疑者は、「犯行を認めれば一〇年で出してやる」という取調官の「約束」を真に受け自供したが、一審で死刑判決が出た後にも現実感が持てなかった。自白撤回後の第二審において、「担当さんに言ったです、死刑といってても大丈夫だねと、そうしたら、大丈夫だからとね、だからみんなが笑ってました」と弁護人に答えている。「あなたは死刑だといわれたときにもまだやっぱり十年ぐらいで出られるんだという気持に変りはなかったんですか」という質問にも「ええ、変りなかったです」と述べた。[35]

いくら現実感を喪失するとはいえ、いつかは現実の刑罰を突きつけられる。その時、自白を撤回したくなるはずだ。だが、検察官の前でも虚偽自白を維持する場合は多いし、起訴後の公判廷でも一定期間自白を維持する例は少なくない。浜田寿美男『自白の研究』によると、冤罪ないし冤罪が疑われる事件で自白のある二二七件のうち自白撤回した数はわずか一五件（七％）にすぎない。[36]

虚偽自白を翻す難しさの原因として、警察官と検察官の混同が挙げられる。警察と検察それぞれの取調べ内容が相互連絡されるだけでなく、時には検察官の取調べに刑事が付き添う場合もある。代用監獄の弊害を避けるため一九八〇年に「留置管理制度」が設けられ、被疑者の取調べや捜査を担当する刑事と、留置業務を担当する者とが役務上分離された。しかし現実には同じ署内の役務分担にすぎず、あまり意味をなさない。

一九八七年に詐欺罪で逮捕された男性は、刑事の暴力的取調べに屈して自白を余儀なくされた。その旨を検察官に訴えれば理解してくれるにちがいないと希望を抱くが、否認を危惧する刑事から脅され、検察官の前でも自白を翻せなかった。担当刑事が検察庁へ護送し、取調室でも同席する状態では恐ろしくて否認できない。また検事も無関心で被疑者の訴えを真面目に聞こうとしない場合が多いという。[37] 警察での拷問まがいの取調べ、検事や裁判官の無関心、どんなに無実を叫んでも無視される辛さを経験するうちに被疑者は精神の安定を失い、何をしても無駄だと諦めの虜になる。[38]

嘘の自供でも、いったん始めると途中で引き返すのは予想以上に難しい。訪問販売員によく知られる技術に、潜在的な客に対して最初はほんの小さなこと、例えばアンケートに答えるなどの簡単な行為をさせながら徐々に最終目的に近づける方法がある。新興宗教の勧誘にも使われる手段だ。初めの行為が当人を縛り、行為の連鎖反応を雪だるま式に起こす。嘘の自白を維持する心理も同様だ。

この方法を利用して禁煙に成功したフランスの実験がある。[39] 喫煙常習者に「タバコと集中力」に関する実験への参加をもちかける。参加するなら一八時間のあいだ禁煙しなければならない。また参加報酬として三〇フラン（約五〇〇〇円）払うと約束する。一三％の学生が参加を了承したが、実際に一八時間の禁煙を守り、翌日に実験室にやってきたのはわずか四％にすぎなかった。そこでこの率をのばすことを試みた。先ほどの場合と違い、今度は報酬を三〇フランの代わりに五〇フランの設定にし、また一八時間の禁煙をこの段階では伏せておく。その場では実験内容を説明せず、一週間後に学生を実験室に呼び出し、そこで初めて実験内容を話す。被験者はすでに実験参加の意志決定をしただけでなく、そのために実験室まで出かけている。そうしておいてから研究者は「言い忘れたが、この実験に参加するためには一八時間のあいだ禁煙する必要がある。それともう一つ、報酬は五〇フランと言ったが、実は予算の都合で三〇フランしか払えない。もちろん実験に参加するかどうかは自由だが、どうするか」と切り出す。最終的に支払う報酬金額は三〇フランだから、実験内容は前の場合と変わらない。ところが後者の条件においては九五％の被験者が実験参加を承諾し、九一％が一八時間の禁煙を守った。口約束の段階で一三％から九五％への増加、実際行動において四％から九一％への変化だ。嘘の自白だけでなく、どんな行為でもいったん行うと、それを正当化するために同様の行為がさらに引き出されやすい。

目撃証言神話

痴漢冤罪が頻繁に起こる。満員電車で背後から痴漢に遭う時、被害者は犯人の顔を見ていないことが多い。すると被害者は犯人を風貌から直感で判断しやすい。自分の嫌いなタイプの男性と眼があうと、その男性を犯人だと無意識に思い込む。陰気そうだったり、不潔感を与える男性が近くにいれば、それだけでその男性を加害者だと信じる。[40]しかし認知心理学や社会心理学の膨大な研究が証明するように、このような直感はまったく当てにならない。[41]

被害者や目撃者が犯人同定に強い確信を持てば持つほど証言に信憑性があると普通は思う。アメリカ合衆国の研究によると陪審員の五六％、学生の七五％、警察官の七六％、裁判官の七五％、被告側弁護士の四〇％が、この常識を正しいと答えている。弁護士の数値だけ他よりも低いのは職業柄、目撃者の証言がしばしば誤りだと知っているからだろう。[42]どちらにせよ証言者が自信を持って主張すればするほど、証言内容が正しいと考える人は多い。

しかし実を言うと、このような確信はほとんど当てにならない。適当な口実の下に被験者を実験室に呼んでおき、盗難などの犯罪行為を「偶然」に目撃させる。その後、他の数人と犯人とを見比べて犯人を同定してもらう。また自分の判断の確信度を答えてもらう。その結果、被害者や目撃者の証言がほとんど当てにならないことが判明した。絶対にまちがいないと本人が確信するか、判断にあまり自信がないかは証言の正確さとほとんど関係がない。言い換えれば、実際に犯人を見ていなくとも、「絶対にこの人間が犯人だ」と確信する場合もあれば、逆に「多分そうだと思うが誤りかもしれない」という曖昧な印象で

も、それが正しいこともある。(43)

米国ミズーリ州で生じた暴行事件の例を引こう。犯人確認の際、被害者女性は最初曖昧な記憶しかなかった。しかし後に裁判所で証言する際には一転し、確信を持って犯人を同定する。

警察署での被疑者確認

うーん、ちょっとわかりません。[……]二人のうちどちらかだと思うのですが、よくわかりません。[……]二人のうちの一人です。[……]でも、やはりわかりません。

（面通しを続けて三〇分経過）うーん、やはりわかりません。二番目の男性ですか。

【取調官】　よろしい

数カ月後、裁判所での証言

【質問】　二番目の男性だったというあなたの証言は確かですか。何となく、そんな感じがしただけではないですか。

【証言者】　いや、まったく疑いありません。確信を持って断言できます。(44)

取調べの時点では三〇分かかっても容疑者の同定に自信がなかったのに、数カ月たって裁判所に証人として出廷した時には一分の疑いもない確信に変わっている。他の証言者が同じ人間を犯人と断定したと聞いたり、裁判所の証言台に立つ前に検察によって何度も証言の練習をさせられると、さらに確信度が高まる。(45)

被害者は犯人が憎い。最初は目撃記憶に自信がなくとも、ニュースで容疑者が紹介されたり、警察から示唆され、これが私を苦しめた憎むべき人間だと思うと、その方向で記憶が再構成される。暴行を受けた女性は、被疑者とそれ以外の数人を並べたラインナップで犯人を同定したときの様子を裁判で尋ねられ、こう証言する。


［被害者］犯人は真中の男でした。

［検事］どうして彼が犯人だと判ったのですか。

［被害者］彼の顔を見てすぐに判ったんです。どうしてかわかりませんが、私は泣き出しました。理由はわかりませんが、私、ヒステリーのように泣き出したんです。

［検事］どうして、そのような状態になったと思いますか。

［被害者］彼にされたことを思い出したからだと思います。

［検事］彼が本当に犯人なのかどうか疑いは持ちませんでしたか。

［被害者］　いいえ。

犯人同定のためのラインナップを担当した警察官も「彼女はまったく疑いを持ってませんでした。私が今までに経験した中で最も劇的な犯人確定の瞬間でした」と裁判で証言した。

ところが、ＤＮＡテストによって無実が判明し、被疑者は釈放された。それだけでない。後ほど判ったことだが、「被疑者はすぐ近くに住む知己であり犯人とは違う。また犯人は被疑者に比べ一五センチぐらい背が低い」という被害者女性自身による証言が警察調書に記入されていた。しかしこの重要証拠は検察によって隠蔽され、裁判所に提出されなかった。この証拠隠蔽も問題だが、より大切なのは被害者の記憶が簡単に歪曲される事実だ。被疑者を知っており、彼が犯人ではないと女性は最初の証言で答えた。ところが、数カ月後に再び被疑者を見た際にはヒステリー状態で泣き出し、彼を犯人と確信したのだ。彼女が心変わりしたのは、犯人と被疑者の血液型が一致すると教えられ、再びラインナップに立ち会った時だった。突然、この男が暴行犯人だと被害女性は「確信」したのだった[46]。

自宅で暴行を受けた女性の次の例もある。顔をよく覚えていたおかげで、すぐに犯人が同定された。ところが、この被疑者には完璧なアリバイがあった。まさに犯行時刻にテレビの生放送でインタヴューを受けていたのだ。実は被害女性はそのインタヴュー番組を見

ている最中に暴行を受けたのだが、気が動転していたため、テレビに映った被疑者を犯人と取り違えたのだった。(47)

こんな実験もある。若い女性が強盗に遭う犯行場面がニューヨークの報道番組で一二秒間にわたって映し出された。ハンドバッグを奪った犯人はカメラの方向に逃走し、男の顔がはっきりと捉えられた。その後、六人の容疑者がラインナップされ、犯人を同定するよう視聴者に求めた。映し出された六人の中に犯人がいればその番号を、もし犯人が含まれていなければ、その旨を答えるよう指示したところ合計二一四五人から回答が寄せられた。「強盗」は二番目の位置にいたのだが、正答者は三〇二人つまり全体の一四・一%にすぎなかった。六人の容疑者に加えて、「犯人は含まれない」という選択肢があるので合計七つの可能性がある。当てずっぽうで答えても一四・三%の正答率だ。つまりはっきりと、しかもテレビの前で落ち着いて犯人の顔を目撃しても犯人同定は偶然で当たる確率を超えない。犯人がいないという回答は二五%、誤って他の人間を犯人と同定した回答総数は五八・七%に上った。(48)この例ではテレビ視聴者という一般市民が調査対象だが、判事と弁護士を被験者として行った同様の実験でも結果は変わらなかった。(49)

誤証言によって逮捕されたり、有罪判決を受ける人の実数はわからない。アメリカ合衆国では年間およそ七万五〇〇〇件の犯罪が目撃証言によって有罪判定される。DNA検査で無実が証明された四〇人のうち三六人つまり九〇%が誤った目撃証言によって有罪にされたという報告もある。[50]

分業と解釈

警察・検察・裁判所の連携作業には多くの人々が関わる。検察に上がる捜査資料は警察によってすでに整合的な形に加工されている。矛盾する部分は切り捨てられ、捜査仮説に合致する状況証拠・自白内容・目撃証言が組み合わされる。こうして一つの推理物語ができあがる。そこに落とし穴はないか、辻褄が合っているかを検察官は再検討するが、捜査段階の第一歩に立ち返って最初からすべての部分をチェックするわけではない。ましてや専門家が行う指紋や弾道の検証あるいはＤＮＡ鑑定の結果が正しいかどうかを検察官自身が再吟味するはずがない。それが分業だ。こうして捜査仮説はさらに信憑性の高い立件資料として整えられる。矛盾が除かれ、有罪判決に必要な要素だけがまとめられた資料を裁判官は読んで、検察が提出する犯罪仮説の信憑性を判断する。法廷でなされる被告や弁護人の主張、被害者や目撃者の証言も考慮されるとはいえ、この段階に至っては、すでにできあがった筋書きとの間に齟齬がないか吟味されるだけだ。

司法制度だけに限らない。本書で展開する議論も含め、研究活動も同様に分業体制で行われる。膨大な数の先行研究を抜きにしては問題設定さえできない。参照する実験結果に誤りはないか、仮説と矛盾するデータがあったのに実験誤差として無視されたのではないか。だが、論理的な形に加工された結果しか論文には現れないから、それらを検証する手だてはほとんど残っていない。不確かさが残る知識の群れをつきあわせながら、自らの作業仮説に応じて情報を取捨選択する。いったん仮説ができあがると、それに一致する情報は自然に受け入れる一方で、整合しない情報は無視しやすい[51]。

トーマス・クーンのパラダイム論で知られるように、研究者が立てる作業仮説は最初からバイアスがかかっている[52]。構造主義が流行すれば誰でも構造主義的解釈を持ち出す。脱構築・ポストモダン・複雑系などというスローガンがもてはやされると同様のタイトルを持つ本や論文が量産される。

さらに言えば序章で確認したように大脳の活動自体がすでに同じ認知構造を持つ。おびただしい数のニューロン間で取り交わされる情報群が組み合わさって最終的に意識内容が現れる。その過程で矛盾は忘却・抑圧・歪曲・捏造を通して処理され、我々の意識はすでに合理的な形に整えられている。警察・検察・裁判所が犯す誤りも発生の構造は同じだ。ただし個人の判断や学術研究の場合は誤謬に気づいた時点で訂正すれば済む。そこが冤罪と違う。

アメリカ合衆国がイラク戦争に突入する際、大量破壊兵器の保有を口実に爆撃を正当化したが結局、その証拠は出てこなかった。ブッシュ政権が意図的に嘘をついたのではないだろう。CIAなどの諜報機関を始め、様々な部署から膨大な量の情報が集められる。それらは互いに矛盾することも多い。その情報の山から事実に合致すると思われるデータを取捨選択して現況が推定される。タカ派とハト派の間のせめぎ合いもあるだろう。上司の顔色をうかがいながら、その意に沿った報告書を作成する官僚もいる。競合する部署に対する嫉妬心や猜疑心もある。出世や組織防衛のための嘘もあるにちがいない。他の案件や過去の状況とのかねあいから各部署の方針が影響を受けることもある。

同じデータを見ても判断者の戦略構想に応じて解釈は異なる。ほんの小さな解釈の違いが次の判断段階で大きな差を生む場合もある。いったん決まった方針を後になって覆すのは非常に難しい。そんなことをすれば責任者の首が飛ぶかもしれない。自分の判断に誤りがあったと後ほど気づいてもすでに遅い。もう後戻りできない。口を噤んで先に進むしかない。こうした判断・解釈が繰り返し行われるうちに実際の状況とかけ離れた政策や軍事戦略ができあがってゆく。当事者の思惑から集団判断が遊離する。第二次世界大戦への日本の無謀な突入も自動運動化した集団行為の結果だ。

朝鮮戦争への介入、真珠湾攻撃に対する防御失敗、キューバ侵攻計画の惨憺たる結果などアメリカ軍事政策・戦略を分析した社会心理学者アーヴィング・ジャニスは集団思考で起きやすい問題を指摘した。集団討議による決定は往々にして危険を過小評価する傾向がある。支配的意見が明確になるにつれて、それに反する情報が無視されやすい。実際には集団の全員が同意するわけでないのに、疑問を抱くのはあたかも自分だけのような錯覚に陥る。そのため表だって反対意見を表明しにくい。ちょうどアンデルセン童話の「裸の王様」と同じだ。あるいは上官や上司による圧力のせいで少数意見が抑圧される[53]。

裁判官という解釈装置

検察官の提出する起訴事実・証拠と、被告や弁護側の主張・証拠とを比較し、どちらが正しいか信憑性が高いかを裁判官が判断する。検察側資料はすでにバイアスがかかっている。裁判官にとっては判断材料が少なく、検討する視点も限定されている。その上、事前にリハーサルさせられた検察側証人の演技を吟味しながら被告の罪状を見極めなければならない。しかし裁判官は法律解釈の専門家ではあっても、事実認定そのものに長けているわけでない。

三、四年毎に転勤を繰り返すため地域住民との交流が持てない上に、裁判官ばかりの公務員住宅に住むため、普通の市民生活を知らない。団体加入や意見表明の自由が制限され、行動や生活の自由も充分でない裁判官はいわば純粋培養の環境で人格形成を余儀なくされる。正義の使命感にかられて真摯に日夜努力する裁判官といえど、若い時から机の前に座って勉強ばかりしてきた優等生だ。商売に失敗し、世間の冷たさを知りつくした人、戦地で生死を彷徨った経験者、過去に過ちを犯して監獄につながれた人などが自らの人生経験を活かして裁判官になるわけではない。第一そのような豊かな経験を持つ人材が司法試験に合格して裁判官になるのは制度的に難しい。『裁判官はなぜ誤るのか』を著した元裁判官の秋山賢三は述べる。

通常、有能なレフェリーたり得るには、ルールに精通していることと、そのスポーツの実技に長けていることが要件とされている。［……］しかし、我が国の裁判官には、弁護人として、被疑者・被告人と金網越しに面会した経験もなく、また、法廷で検察官や裁判官と対峙した経験もない。要するに当事者としての体験がないという点に特色がある。そしてまた、法律解釈についてはともかく、事実認定それ自体については、裁判官が「専門家」というわけではないことは広く承認されている。

［……］我が国の裁判官は［……］供述調書を読んで心証を形成することに慣れているために、自白を録取した供述調書が「理路整然と」「迫真的に」書かれているとして、被告人がした公判の供述よりも供述調書の方を信用してしまい、そのために事実認定を誤ることがある。被告人と実際に面会してみると、検察官や警察官が調書に記載している事項がいかに真実とはかけ離れ、その内容が被告人の知的水準ともかけ離れているか、などがよく分かるものである。［……］供述調書というものは、この現に存在するギャ

ップを見事にカムフラージュする役割を果たすことがある。[54]

日常的思考は次の三つの点で科学や哲学の知見と異なる。第一に専門家と違い、問題を検討するための十分な情報がない。したがって部分的な検討しかできず、様々な角度から考察せずに結論に至ってしまう。第二に我々は社会構造に組み込まれており、所属する社会階層・年齢・性別・出身文化背景・職業などに固有な情報網から知識を得る。したがって偏った情報を基に判断せざるをえない。第三に他者とコミュニケーションを持ち、具体的状況にすぐさま反応しなければならない。したがって十分な考察を経ずに判断や行動が実行される。[55] これは裁判官の判断過程にも当てはまる。

とくに大きな事件でマスコミに騒がれ、事件が解決しないことを世間から責められたりすれば、捜査側はまだ証拠が定まらないところで、疑わしいというレベルの情報をあれこれと集め、さらにそこから被疑者を逮捕して自白を求め、証拠固めのために被疑者と犯行とを結びつける目撃供述を強引に引き出そうとするケースが出てきます。

まして被疑者の容疑を決定づけるかのように見える証拠が一つでも出てくると、全体的な状況を見定めることなく、それだけで確信へ突っ走ってしまうこともあります。たとえば現場から被疑者の指紋が出てきたなどということになれば、もうそれだけで確固とした有罪証拠だと思って、被疑者の言い分やそのほかの状況をすっかり無視してしまうことになりかねません。そこでは被疑者が頑強に否認しても、ほとんど意味をなしません。ところが、じっさいにはそこに冤罪の危険性が忍び込んでいることがあるのです。[56]

裁判官が学生時代から優秀で、難関な司法試験に合格し、合理的思考訓練を積んだ専門家であるのはまちがいない。だが、記録読みと判決書きに追われる日々の中で裁判官は、検察官のフィルターを通して限定・加工された情報を基に、他の多くの案件を抱えながら迅速な判断を迫られる。続々と受理される新件と既済事件とのバランスシートが毎月作成され、各部署の働きぶりが一目瞭然になる。処理速度が遅く、事件を停滞させがちな裁判官は所属部内での評価が下がる。事件処理表の数字を気にしない裁判官はいないと元裁判官秋山は言う。[57]

与えられた職場条件は変えようがないから、裁判官が「処理件数」を引き上げるためには、ひたすら「過重労働」を積み重ねる路線か、あるいは「手抜き」「省力化」路線しかない。

刑事裁判においては、形式的な審理で済ませたり、即決裁判、調書判決（上訴がないときは、書記官に主文、罪となる事実、適用罰条を公判調書の末尾に記載させて判決書の代用とすることができる）を活用したりして、要するにできるだけ手間暇を軽減しようと図ることになる。弁護士がした証人申請についても、できるだけ省略して少なくしか採用せず、短時間に審理が終わるように計らうことになる。[58]

哲学者や数学者が厳密な手続きを通して意識的に導く論証ならば、所与のデータの論理的吟味が十分なされた後で結論が導き出される。しかし一般に人間の思考はそのように進まない。日本の戦争責任や教科書問題などの政治的テーマについて討論する場面を考えよう。相手の主張を最後まで虚心に聞く人はまれだ。相手は左翼なのか右翼なのか、味方なのか敵なのか、論者は信用に値するのか政府の御用学者なのかと範疇化が無意識に行われる。相手が展開する論理は、予め作られた思考枠を通して理解され、賛成の安堵感あるいは反対の怒りや抗弁が心の中で積み重ねられてゆく。新聞や本を読む場合でも同様だ。読者にとって重要な関心事ほどこのような歪曲を通して解釈されやすい。つまり論理的手続きの進行方向と反対に、既存の価値観に沿った結論が最初に決定される。そして選び取られた結論に応じて、検討にふされるべき情報領域が無意識に限定・選択される。客観的な推論がなされ、その結果として論理的帰結が導き出されるのでなく、その逆に、先取りされ、バイアスのかかった結論を正当化するために推論が後から起こる。[59] 秋山は警告する。

我が国の裁判官は、事実認定を行うと同時に量刑行動をも担当する。そのために事実認定の過程に、つい秩序維持的感覚を持ち込んでしまう危険性が常にある。秩序維持的感覚は「必罰思想」に結び付きやすく、それが冷静な分析的・客観的判断を要請される事実認定の世界に微妙に影響するのである。とりわけ、もし有罪ならば極刑が相当するような重大案件の場合、また、被告人に前科・前歴があったり、「社会的危険性」の強い「好ましからざる団体」に所属している場合、秩序維持的感覚に基づく「使命感」から、事実認定を安易に有罪方向へ割り切ることがないとは言えない[60]。

痴漢事件のように物的証拠が存在せず、被害者の訴えと容疑者の主張だけに頼ってそれぞれの信憑性を判断する場合は、自白供述書が与える印象が特に重要だ。捜査時に作成される自白供述書の文章が上手かどうかで内容の信憑性が大きく影響される。そのような作文を読んで裁判官は「調書の記載はきわめて詳細で臨場感に富み、十分信頼できる」などと判定を下す。犯罪行為が実際に生じた妥当性とは別に、供述書記述の質によって有罪になる確率が左右される[61]。

自動運動する秩序維持装置

捜査から立件をへて判決に至るまでに、場の力学に制御されながら多くの人々が相互作用する。ある方向にいったん進みだした捜査方針は、よほど決定的な破綻に出会わない限り、進路変更できない。動いている重い物体を止めるのに大きな力が必要なように、捜査に加わる人々が互いに織りなす慣性力を押しとどめ、方向転換するのは容易でない。

警察からの通常・緊急逮捕状請求合計数一四万六四九〇件（請求後に撤回された六八五件を差し引いた数）のうち、わずか六三件（〇・〇四％）にだけ却下判断がなされ、圧倒的多数は逮捕状が発布されている（平成一四年司法統計年報二　刑事編）。日本では刑事裁判の有罪率が極めて高く、九九・九％の被告が有罪判決を受ける。つまり検察によって被告人にされるとほぼ自動的に有罪になる。逮捕から起訴を経て裁判所での判決までの一連の流れを「有罪行きベルトコンベア」と表現する弁護士もいる[62]。

起訴された者が全員有罪になるならば裁判所は要らない。検察局が有罪判決を出した後に誤りがないかどうかを裁判所が事務処理の一環として再確認する矮小化された機能しか果たさない。アメリカの判事も「いったん目撃者が容疑者を同定すると、その先がほぼ決まってしまう。被告の運命を本当に決めるのは法廷でなく、裁判に先立って行う最初の面通しかもしれない」と言うから、日本の事情と大差ないのだろうか[63]。

有罪率を誇るということは裏を返せば、無罪判決は担当検察官にとって失敗であり、キャリアに汚点を残す。[64] また無罪判決を出す裁判官に対して「無罪病判事」などとマスコミが非難したり、そのような「不名誉」を嫌って裁判官が無罪判決の言い渡しを躊躇する傾向もあるという。[65] いったん起訴されると無罪になりにくい事情について元裁判官の秋山賢三が説明する。

［……］証人となる者は、いったん捜査側、訴追側と共同して被疑者・被告人を訴追する方向で動き始めた以上、「みんなが動いているから後戻りはできませんよ。ここでやめたら、逆に貴方が訴えられてしまいますよ」「国に任せてください」などと説得され、もはや動きが取れなくなっていることが多く、その意味では、訴追者たる検察官の完全なネットワークの下にあると言える。[66]

［……］

また、証人として公判廷で証言する者も、その前日か数日前には、供述調書に書いてあるとおりに証言するように、検察官によって厳重なテストを受けた上で証言させられている現実を忘れてはならない。参考人が、身柄を拘束された上で検察官によって事情聴取され、不本意ながら被告人に不利な虚偽の内容の供述調書を作成された上、「調書のとおりに言わないと偽証罪で懲役十年になるぞ」と脅かされ、そのために、第一、二審公判で証人尋問を受けた際にも、なおかつ、これを撤回できないような場合が実際にある。被告人が公判廷でも虚偽の自白を維持し続ける場合と全く同じである。[67]

元大阪高等検察庁公安部長の三井環も同様の発言をしている。

　裁判官はね、昔から検察依存なんです。これが強くなってきた。検事が勾留請求する、あるいは逮捕状請求するでしょ。これ、いわゆる自動販売機やからね。裁判所は言われるまま。検事が反対したら保釈も認めない。二〇〇四年頃から保釈の却下率が極端に増えていますわ。[……]なぜ検察が保釈を嫌がるかというと無理しているからですわ。だから保釈させずに罪を作る。たとえば中小企業の社長が逮捕されたとき、ずっと拘束されていたら会社は倒産しますよ。だから保釈ほしさに、やってなくても認めてしまう。認めれば保釈されますから。こうして実際は無罪なのに有罪になってしまう。検察のほうも無理なことやっている自覚があるから、保釈させることが不安なんです。[68]

　フランスの冤罪例を挙げよう。二〇〇一年、フランス北部の小さな町に住む夫婦が、自分の子供を含む三歳から一二歳の児童に性的虐待を加えた容疑で逮捕された。その後七〇人以上の容疑者が告発され、児童を餌食にする国際組織の性犯罪事件に発展するかに見えた。結局一八人が起訴され（うち一人は裁判前に獄中で自殺、後に無実が判明）、二〇〇四年に裁判が開始された。一〇人が有罪判決を受け、残りの七人が無罪になったが、有罪判決を受けた被告のうち六人が控訴し、控訴審で無罪を勝ち取った。無実の罪に問われた人々は一年半から三年以上投獄の苦しみをなめた。事件が起きた地名にちなみ「ウトロー事件」と呼ばれるこの冤罪事件はフランス裁判史上最大の汚点として記憶されている。[69]

この事件を生んだ主な原因は、嘘の証言を繰り返す子供と母親、そして彼らの証言を疑わない予審判事の未熟さにあった。しかし問題はそれに留まらない。そもそもこの事件に関わったのは予審判事一人でない。被疑者側からの仮釈放申請などを検討した検察官・判事の数は三年間の捜査期間を通して合計六四人に上り、作成された決定通知書は二六〇通を数えた。予審判事の同僚は言う。

［仮釈放請求に対する］却下判定が一つ、二つ、三つと積み重ねられるのを見れば、正当な理由があるにちがいないと他の判事は考える。同僚全員がすでに決めた判断を覆そうなどと誰が思うだろうか。子供への性的虐待のように感情を逆撫でる事件では特にそうだ。捜査が進行すればするほど他の判事はリスクを負いたくない。書類を読みもしないで決定する同僚もいる。右へ倣えだ。司法装置がいったん始動したら後は自動的に進行してしまうのが実態だ。[70]

大変な失策だったと検察局が気づき、裁判に決着がつく前に担当予審判事を異動する。二〇〇六年に控訴審が終わり、冤罪犠牲者が全員釈放される。そして翌年開かれた国会議員による公聴会に元予審判事も召喚される。だが、「職業上の過ちは認められない」という結論に落ち着き、裁判制度の大幅改革が公聴会前に予想されたにもかかわらず、結局、制度改革は日の目を見なかった。

捜査がかなり進んだ時点で、この事件は本当に起きたのかと末端の警察官が疑い始める。最初は家族による児童強姦という、西洋諸国ではそれほど珍しくもない事件だった。ところが、子供や母親の度重なる嘘は止まるところを知らず、ベルギーに本拠地を持つ国際性犯罪組織の物語へと次第に発展する。強姦だけでなく、四人が殺されたと証言する子供をベルギーに連れて行き、警察は犯行場所を確認する。しかしいくら捜査しても証言内容を裏付ける事実は出てこない[71]。これはおかしいと感じたベルギー警察がフランスの担当警察署にその旨を伝えると、フランスの担当者も同意見だ。捜査は行き詰まる。しかし現場の声に対し聞く耳を持つ予審判事ではない。容疑者の一人は監獄から連れ出される際に警察官の態度が非常に丁寧なのに驚く。

判事の部屋までお連れします。貴方に逮捕状を出したのは判事だという点をご理解下さい。私たちは命令された尋問の任務を果たすだけなんです。貴方の処遇を決めるのは判事ですから[72]。

何故これほど弁解するのかと訝る容疑者に、「いくらなんでも今回の件はお話にならないと実は私思うんです」と警官は答えたという。母親と子供たちが言うことはデタラメなのに予審判事だけが一人で踊る[73]。現場で実際に捜査に携わる警官の意見が組織の中で反映されるとは限らない。それは日本でも同じだ。浜田寿美男は言う。

［……］捜査本部で一定の方針が決定されてしまうと、そこからはなかなか変更がきかない。とりわけ逮捕なんかをしてしまいますと、もう引き下がれない。行きつくところまで行かないと終わらない。そういう状況が警察の内部にはあります。

［……］警察は「組織」です。しかも上下の地位の差が明確に線引きされた組織です。ですから情報収集に歩いている一捜査官が、いくらこいつはやってないと思ったとしても、捜査本部で一定の方針が決まり、動き出してしまうと、その意見は全体の組織としての動きに反映していかない。それが現実なのです[74]。

犯罪捜査・精神鑑定・裁判が自動進行する危険性を強調するために、フランスでの冤罪事件をもう一例挙げよう。[75] 友達のいない寂しさから級友の関心を引こうとして、「お父さんにいたずらされた」と一四歳の少女が嘘をついた。ほんの軽い気持ちで出た一言だったが、級友はそれを他の友達に話し、校長の耳にも入る。校長はすぐさま警察に通報し、少女は親から引き離され、保護観察所に移される。一九九九年五月のことだった。思わぬ展開に恐れをなし、気の小さい少女は捜査官の質問にはっきりと答えられない。そのためらいこそ性的虐待の証拠だと確信した捜査官は強姦事件の犯人として父親の逮捕に踏み切る。

自分の供述書を後ほど読んで少女は驚愕する。取調官がした質問がそのまま少女の発言にされている。言ってないことがたくさん書いてある。難しくて知らない表現もある。質問されても俯いて何も答えない少女に取調官は答えを示唆し、頷いたりする少女の反応を見ながら自分の解釈で調書を作成したのだった。事実とまったく違うと知りながらも、内気な少女は言い出せない。少女は子供の時から日記をつけていたが、父親による虐待を思わせる記載はどこにもない。だが、予審判事の確信は揺るがない。彼女の意志を超えて物語が進行していく事態に対応できず、少女はますます口を閉ざし、泣いてばかりいる。家族から引き離され、母親にも兄弟にも会えない。保護観察の後見人は話を聞いてくれそうにない。そんな状況に置かれた少女の心理不安を見て、強姦によるトラウマだと精神鑑定士が解釈するという悪循環が深まる。[76]

少女の身体検査をした医師は処女膜に傷を見つけ、性的虐待の証拠とする鑑定書を提出する。実は性体験と無関係の傷である事実が後ほど判明するが、これで強姦事件の証拠がほぼ揃った。あとは父親の自供だけだ。「否認すると収監されるから事実を認める方がいい」と予審判事および国選弁護士から示唆され、「強姦はしていないが娘を触ったことはある」と自白する。結局、父親は投獄され裁判に至る。「否認すると刑期が長くなる」と弁護士に言われた父親は裁判でも罪状をすべて認め、懲役一二年の判決を受ける。

法廷で一言も発することのできなかった少女だが、父親の有罪判決という現実を突きつけられて、自分の犯した過ちを修復しようと努力し始める。しかし母親の助けを借りて弁護士を見つけても助けになるどころか、「そんなことをすると貴方自身が偽証罪に問われて刑務所行きになる」と逆に脅されるだけだった。二〇〇二年末の成人に達した頃（フランスでは一八歳）、彼女の話を信じてくれる弁護士をやっと見つける。身体検査を数人の医師に依頼し、性的虐待の跡は見受けられないという鑑定書を提出するが、結局、再審請求は却下される。弁護士が法的手続きを誤ったためだ。少女は父親の被害者なので、刑事訴訟法の規定により、少女の弁護士は彼女の代理人として父親の再審請求ができない。そのため父親の代理人として再審請求を提出した。しかしそのため被害者と加害者両方の代理人になってしまう。父親に別の弁護士をつけて、その弁護士が再審請求書を提出しなければならなかったのだ。

途方に暮れた少女は助けを求める手紙を大統領に送るが、「手紙は法務省に転送した」

という、おざなりの返事しか来ない。法務大臣と大統領宛に再び書簡をしたためても返事はない。たらい回しにあった後、検事に出した手紙に対してやっと返事が届く。しかし却下決定だった。結局、父親は六年二カ月投獄された後、仮釈放処分になった。二〇〇六年に二回目の再審請求を破毀院に申請したが、二〇〇九年に判決見直し申請が棄却された。

これら二件の冤罪事件が発生した社会背景にも触れておこう。これら事件の数年前、ベルギーで「デュトロー事件」が生じ、主犯マルク・デュトローが逮捕されるまでに数人の児童が誘拐・強姦・監禁・殺人の犠牲になった。その捜査の過程で警察・司法・政界の失策が露呈し、一九九六年一〇月二〇日には首都ブリュッセルに市民三五万人が集まり、国家の怠慢・無力を糾弾した。この前例があったため、隣国フランスでは児童の性的虐待に神経質になっていた。例えば当時の首相アラン・ジュペは「子供を保護するために必要なら、人権無視もやむを得ない」と述べるほどだった。[77] このような世論の圧力の下で生じた冤罪であった。[78]

アメリカ合衆国でのこんな冤罪例もある。[79] 一九八〇年代後半のことだ。二人の老婆が強姦され、殺された。容疑者としてロバート・ミラーが逮捕され、死刑判決を受ける。裁判が行われた当時DNAテストの精度が低く、被害者の体内に残された精液は血液型鑑定しかなされなかった。その後、弁護側によるDNA鑑定が行われ、老婆を強姦したのは別人だと判明した。にもかかわらず最終的に冤罪の事実が認められるまで受刑者は九年にわたって牢獄につながれた。何故か。

同じ頃、別の二人の老婆連続強姦事件が近隣で起こり、犯人としてロナルド・ロットが逮捕された。被害者が死ななかった点を除けば、前述の強姦殺人事件と手口が酷似する。実はミラーが逮捕された時、ロットも容疑者に挙がっていた。しかし検察は法廷でこの事実を伏せた。したがってロットという他の男が同じ手口の老婆連続強姦事件を同じ地区で同じ時期に起こしていたこと、ミラーとロットの血液型が同一であること、さらにはロットにはすでに前科があったが逆にミラーはそれまで一度も警察のやっかいになったことがない事実を陪審員は知らなかった。三年後に実施されたDNAテストの結果、強姦犯人がミラーではなくロットである事実が明らかになっても裁判のやり直しは認められなかった。

検察の主張はこうだ。DNAテストの結果によってミラーの殺人疑惑が晴れたわけではない。犯行は二人で行われたにちがいない。DNAテストが証明したのは、強姦したのがミラーでないということだけだ。殺人犯しか知りえない事実をミラーは自供した。したがって彼が犯行現場にいたのは確実だ。

ビデオ録画された自白内容は検察の主張と大きくずれていた。確かに犯人しか知りえない情報も含まれている。しかし同時に矛盾する供述の方がずっと多い事実は無視された。つまり犯行に合致する情報のみを検察は自供から拾ったのだ。例えば宝石・テレビ・ラジオを盗んだと自白したが、実際には何も盗まれていない。被害者が血で染まるまで何度もナイフで刺したと供述した。しかし事実は違う。被害者の一人は彼よりも数歳年上だと言う。ところが当時ミラーは二七歳であり、被害者は八三歳の老婆だ。凶器のナイフは被害者の家の床に捨てた、犯行後に靴を片方履き忘れて被害者の家を出た、被害者の服はすべて破いたとミラーは証言したが、これらも事実とかけ離れている。被害者二人を電気コードで首を絞めたという自白もおかしい。遺体にそんな形跡は認められない。

DNAテストの結果、ミラーの無実が明らかになり、再審請求が出されると検察側は司法取引を持ちかける。死刑を終身刑に減刑する代わりに再審請求を取り下げろと提案したのだった。ミラーは拒絶する。しかし検察の確執はまだ続く。今度は、強姦で四〇年の刑に服すロットに働きかけた。DNAテストの結果が採用されると死刑になる可能性がある、刑をこれ以上重くしたくなければミラーが共犯者だと証言せよという提案だった。

犯罪捜査・起訴・判決は集団行為だ。警察官・検察官・裁判官の遵法意識に訴えかけたり、彼らの不誠実をなじるだけでは冤罪問題の本質を見失う。犯罪捜査から判決に至るまでの一連の過程は一人の個人に任されるのでなく、多くの人々が関わる組織の力学が紡ぎ出す集団行為だ。したがってそこに携わる人々の行為を個々に検討しても冤罪の本当の姿は見えてこない(80)。

工場や交通機関で事故が起きると、操作ミスなど人的原因によるのか、機器や設備の構造的欠陥が事故原因なのかと問われる。しかしこの発想がすでに誤りだ。車の運転でも工場や医療現場でも、鉄道や航空機の運行でも実は人間は頻繁にミスを犯す。しかしそのミスが事故を生む確率が低いだけだ。例えば自動車運転中の注意力散漫は避けられない。だが、注意力が低下した瞬間に他の車と接触する状況になかったり、歩行者がいなかったりするので普通は事故につながらない。そして何の問題も起きなければ、ミスがあったこと自体意識されずにすぎてゆく。

穴が空いた防御板が何枚も重なった状況を想像しよう。穴がすべての板で同じ位置に揃わなければ、どこかでミスが補われ、事故は起きない。しかし状況に応じて穴の位置が移動するので、いつかはすべての防御板で穴の位置が一致し、ある一定の確率で事故が生ずる。(81)

航空機の製作や運行にはシステム的発想が採られ、ミスが少々起きても事故に繋がらない機構が何重にも用意されている。犯罪捜査から判決に至る過程で生じうる過ちを防ぐ工夫の杜撰さとは比べものにならない。しかしそれでも事故は起きる。システム化が難しい医療現場では、手術に使用したガーゼや鉗子を患者の体内に置き忘れたまま縫合したり、手術すべき眼を誤ってもう一方の健康な眼にメスを入れたり、指示と異なる薬品を点滴投与する事故が頻繁に起きる。米国医学研究所が一九九九年に出した報告書によると、医療事故で死亡する患者の数はアメリカ国内だけで毎年四万四〇〇〇人から九万八〇〇〇人に上ると推定される。[82]

個人の意志を超えた次元で集団行為が自己運動を展開する。意図的に為す逸脱行為・事件としてでなく、ある条件を満たせば必ず生ずる事故として冤罪を把握し直す必要がある。冤罪が生ずる原因は、より根源的に罪および責任の本質と関わりを持つ。その点を解明するため、次の第４・５章では理論的見地から責任の分析を試みよう。

註

（1） A. Berlow, "The Wrong Man", *The Atlantic Monthly*, 1999, November, p. 66-91; K. Axtman, "US Milestone: 100th Death-Row Inmate Exonerated", *Christian Science Monitor*, April 12, 2002（以上の二論文はB. Forst, *Errors of Justice: Nature, Sources and Remedies*, Cambridge University Press, 2004, p. 1より引用）。

（2） Forst, *op. cit.*, p. 5; R. Scheck, P. Neufeld & J. Dwyer, *Actual Innocence*, New American Library, 2003, p. 95, 120, 365.

（3） 秋山賢三『裁判官はなぜ誤るのか』（岩波新書、二〇〇二年）、伊佐千尋・渡部保夫『日本の刑事裁判——冤罪・死刑・陪審』（中公文庫、一九九六年）、浜田寿美男『自白の研究［新版］』（北大路書房、二〇〇五年）、同『取調室の心理学』（平凡社新書、二〇〇四年）、渡部保夫『刑事裁判を見る眼』（岩波現代文庫、二〇〇二年）、同「序論　目撃者取り調べのルール」渡部保夫監修／一瀬敬一郎・厳島行雄・

仲真紀子・浜田寿美男編著『目撃証言の研究』（北大路書房、二〇〇一年）所収一―一七頁など。

（4）秋山、前掲書九五頁。第一審を担当した裁判官三人の一人熊本典道は「自白の信用性は低く無罪だ」と結論し、死刑判決に反対したが、多数決で死刑になってしまったと評議の経緯を二〇〇七年三月に公表した。判決が出た翌一九六九年、熊本は裁判官を辞任し、弁護士になった。いったん退職した後、弁護士登録を再び行い、袴田被告の弁護に努めている。本人のインターネット・サイト「裁判官の良心」http://kumamoto.yoka-yoka.jp/ による。

（5）浜田、前掲『自白の研究』三六二頁。

（6）読売新聞大阪社会部『逆転無罪』（講談社、一九九〇年）、七八―八〇頁（浜田、前掲書四一九―四二〇頁から引用）。段落を減らした。

（7）S. Christianson, *Innocent: Inside Wrongful Conviction Cases*, New York University Press, 2004, p. 102-105.

（8）L. Schwartz, *Petit manuel de garde à vue et de mise en examen*, Arléa, 2002, p. 72.

（9）Commission to Investigate Allegations of Police Corruption and the Anti-Corruption Procedures of the Police Department, *Commission Report*, New York City, July 7, 1994 (Christianson, *op. cit.*, p. 126-127 より引用).

（10）Christianson, *op. cit.*, p. 134.

（11）Forst, *op. cit.*, p. 90-91; Scheck, Neufeld & Dwyer, *op. cit.*, p. 138-162.

（12）Forst, *op. cit.*, p. 90-91; Scheck, Neufeld & Dwyer, *op. cit.*, p. 151.

（13）秋山、前掲書六〇―六二頁。

（14）Forst はいくつかの条件を想定して、真犯人が無罪になる確率および冤罪率を試算している（Forst,

op. cit., p. 87-64, 112-133)。

(15) *Ibid.*, p. 5.

(16) 「一人の無実の者を有罪にするより、罪ある者一人を逃す危険を犯すほうがましだ」と述べたのはフランスのヴォルテールだ（Voltaire, *Zadig ou la destinée*, 1748）。同じ時期にイギリスのブラックストーンは「罪のない一人が苦しむぐらいなら、罪人十人を逃がした方がいい」と書いた（W. Blackstone, *Commentaries on the Laws of England*, 1765）。だが、犯罪者一〇〇〇人を見逃しても冤罪者一人を出すよりもましだと言えるだろうか。犯罪者一〇〇万人と冤罪者一人との比較なら、どうだろう。

(17) 青木英五郎「自白過程の研究」『青木英五郎著作集Ⅱ』（田端書店、一九八六年）、二〇四―二〇五頁、二一七頁（浜田、前掲『自白の研究』四〇四―四〇七頁から引用。強調浜田）。

(18) 浜田、前掲書四九〇頁。

(19) Christianson, *op. cit.*, p. 19.

(20) Scheck, Neufeld & Dwyer, *op. cit.*, p. 116.

(21) M. S. Gazzaniga, *The Ethical Brain: The Science of Our Moral Dilemmas*, HarperPerennial, 2005, p. 140.

(22) 東京三弁護士会合同代用監獄調査委員会編『ぬれぎぬ』（青峰社、一九八四年）、一三〇頁（浜田、前掲『自白の研究』四七二頁より引用）。

(23) 鈴木健夫『ぼくは痴漢じゃない！　冤罪事件６４３日の記録』（新潮文庫、二〇〇一年）、三〇―三一頁。

(24) 池上正樹『痴漢「冤罪裁判」　男にバンザイ通勤させる気か！』（小学館文庫、二〇〇〇年）、二二頁。

(25) 一九九八年、九九年度に第一審判決を受けた被告に関するデータ。起訴された時点ですでに被告人の有罪がほぼ確定する。秋山、前掲書一五五頁。

(26) 例えば渡部、前掲『刑事裁判を見る眼』二二五―二三五頁。

(27) フランス刑事訴訟法（Code de procédures pénales）第五一五条。

(28) ひとを暗室に閉じこめ、聴覚・視覚・触覚などの感覚刺激を低下させて長時間放置すると幻覚が現れだし、遂には精神障害に至る場合もある（M. Reuchlin, *Psychologie*, PUF, 1977, p. 410; F. Sironi, *Bourreaux et victimes. Psychologie de la torture*, Odile Jacob, 1999, p. 31-32）。人間は情報の場の力学に恒常的に身を曝す開放された認知システムであり、休止状態にあるビリヤード玉のようなイメージで人間の自律性を理解してはならない。突かれる度に受け取るベクトルにしたがって移動する玉をのせたビリヤード台のような間歇的な情報交換の場を想像する時、我々はすでに暗黙に原子のような孤立した存在として人間を表象している。磁場に置かれた鉄球が四方八方から引っ張られる引力のおかげで同じ場所に留まるように、人間の自律性は、他者との恒常的な情報交換の中で変遷し続ける動的な均衡状態として把握すべきだ。

(29) アッシュとミルグラムの実験を思い出そう。外界から隔離され、拮抗する情報が欠如すると簡単に影響される。

(30) 小出正夫『ドキュメント四日市冤罪事件』（主婦の友社、一九八一年）、一四四―一四五頁（浜田、前掲『自白の研究』三六二―三六三頁から引用）。

(31) 朝日新聞二〇〇七年三月五日朝刊。

(32) 榎下一雄『僕は犯人じゃない』（筑摩書房、一九八三年）、六―八頁（浜田、前掲『自白の研究』六六六―六六七頁から引用。強調浜田）。

(33) 浜田、前掲『自白の研究』四〇八―四三〇頁。

（34） 榎下、前掲二一〇頁（浜田、前掲書四一四頁から引用）。

（35） 青木英五郎「自白維持と部落差別との関連について」『青木英五郎著作集Ⅱ』（田端書店、一九八六年）、四四四頁（浜田、前掲『自白の研究』六五四―六五五頁から引用）。

（36） 浜田、前掲『自白の研究』六二八頁および六九四―六九五頁（第一二章注1）。

（37） 同六三〇―六三一頁。

（38） 取調室に閉じこめられた被疑者の心理状況を浜田寿美男は次のように要約する（同ⅴ―ⅵ頁）。

① 身柄を押さえられて日常生活から遮断され、心理的に安定を失う。

② 代用監獄におかれて、食事・排泄・睡眠の基本的生活まで他者に支配され、自分の自由にならない。

③ 被疑者を犯人として自白を迫る取調官によって、ときに極悪非道な人間として罵倒され、精神的屈辱を受け続ける。

④ 事件に関連のない事項についてもあれこれと取り沙汰され、罪責感を募らせられる。

⑤ 無実であれば、自分はやっていないと弁解したい思いが募り、黙秘する気持ちにはなれないが、その弁解をいくら繰り返しても簡単には聞き入れてもらえず、やがて無力感におしひしがれる。

⑥ こうした辛さも、いついつまで我慢すれば解放されるとわかっていれば耐えることができるが、その時間的展望が見えなければ、それに耐えることはできない。

⑦ 取調官がどれほど理不尽でも敵対しきることは難しく、自分の将来の処遇が相手に握られてしまっていると感じて、迎合的な気分になり、またときおり見せられる取調官の温情にほだされる。

（39） R. V. Joule & J. L. Beauvois, *Petit traité de manipulation à l'usage des honnêtes gens*, Presses Universitaires de Grenoble, 1987, p. 119-142. 同様の研究として R. B. Cialdini, J. T. Caciopo, R. Bassett & J. A.

Miller, "Low-Ball Procedure for Producing Compliance: Commitment then Cost", *Journal of Personality and Social Psychology, 36*, 1978, p. 463-476; C. A. Kiesler, *The Psychology of Commitment: Experiments Linking Behavior to Belief*, Academic Press, 1971も参照。

(40) 小口千恵子「一〇分間のなぞ——事実認定上の問題点」長崎事件弁護団編『なぜ痴漢えん罪は起こるのか』(現代人文社、GENJINブックレット22、二〇〇一年)、二一—二八頁。

(41) 渡部監修、前掲『目撃証言の研究』が詳しい。

(42) A. Bertone, M. Mélen, J. Py & A. Somat, *Témoins sous influences, Recherches de psychologie sociale et cognitive*, Presses Universitaires de Grenoble, 1995, p. 91.

(43) このような方法で研究された論文三一本を検討すると、証言者の確信度が犯人同定の正確さにまったく関係ないと一八本で報告され、残りの一三本も非常に低い相関関係しか見いだせなかった。G. L. Wells & D. M. Murray, *Eyewitness Testimony: Psychological Perspectives*, Cambridge University Press, 1984 (Bertone *et al., op. cit.*, p. 90-95より引用).

(44) D. L. Schacter, *The Seven Sins of Memory*, Houghton Mifflin, 2001, p. 116.

(45) G. L. Wells & A. Bradfield, "Good, You Identified the Suspect: Feedback to Eyewitnesses Distorts Their Reports of the Witnessing Experience", *Journal of Applied Psychology, 83*, 1998, p. 360-376.

(46) この事件にはさらに問題があり、血液型検査をした検査官が嘘の鑑定を行っていた。最終的に罷免されるまでに、この検査官は多くの事件で偽証を続け、実際に検査をしないのに結果を偽造して報告していた。一連の証拠不備が判明したおかげで、この暴行事件の被疑者は釈放され、一八八万ドルの慰謝料を州から受け取った。Scheck, Neufeld & Dwyer, *op. cit.*, p. 149-150.

(47) Schacter, *op. cit.*, p. 92.

（48）渡部保夫『無罪の発見』（勁草書房、一九九二年）、八七頁。

（49）R. Buckhont, “Nearly 2,000 Witnesses Can be Wrong”, *Bulletin of the psychonomic society, 16,* 1980, p. 307-310 (Scheck, Neufeld & Dwyer, *op. cit.*, p. 56 より引用).

（50）Schacter, *op. cit.*, p. 92. 被害者や目撃者に容疑者一人だけ見せて「この人間が犯人か」と尋ねたり、取調官が容疑者を尋問する最中に犯人確認させると誘導尋問になる。目撃者が重病で警察に出頭できない場合などの例外を除いて、犯人同定は数名のラインナップで行わなければならないと米国の判決は戒める（Scheck, Neufeld & Dwyer, *op. cit.*, p. 96）。ところが日本ではほとんどの場合、容疑者一人だけで面通しするらしい（伊佐・渡部、前掲書五八頁。浜田、前掲『取調室の心理学』一二〇頁。渡部、前掲『刑事裁判を見る眼』一三五頁。同「目撃者取り調べのルール」前掲論文一二頁）。

さらに言うならば、容疑者以外に無関係の人々を数人加えてラインナップの形で確認しても、真犯人がいない場合、一番似ている他の人間が犯人として同定される可能性が高い（G. L. Wells, M. Small, S. Penrod, R. S. Malpass, S. M. Fulero & C. A. E. Brimacombe, “Eyewitness Identification procedures: Recommendations for Lineups and Photospreads”, *Law and Human Behavior, 22,* 1998, p. 603-647）。こんな実験がある。カリフォルニア州立大学のキャンパスで教授が学生に殴られた。その場面に居合わせた一四一人の目撃者を数週間後に集めて犯人同定に協力してもらった。容疑者を含む数名がラインナップしている写真を見せ、犯人を選ばせると、およそ四〇％の目撃者は犯人を正しく確定したが、二五％の人々は現場に居合わせただけの他の学生を犯人と勘違いした。見慣れた顔だというだけで犯行と無関係の人間が犯人にされる確率は想像以上に高い（Scheck, Neufeld & Dwyer, *op. cit.*, p. 57-58）。

ラインナップや写真による犯人同定は警察官や検察官でなく、捜査機関に属さない中立な人間が行う必要がある。またその際、犯人同定に携わる者は容疑者が誰かを知っていてはならない。目撃者の証言を無意識に誘導するからだ（Scheck, Neufeld & Dwyer, *op. cit.*, p. 98）。新しい医薬品の認可を得る際には二重盲検（ダブル・ブラインド）試験をする。本当の薬なのかプラシーボなのかを患者が知らなくとも、投与する医師や看護師が知っていれば、無意識に情報を与え、患者の生理的反応に違いが出るからだ。取調官の先入観によって証言が影響される事実も同様のプロセスである。プラシーボ効果は第6章を参照。

（51）仮説に反する情報を無視する心理傾向については J. M. Darley & P. H. Gross, "A Hypothesis-Confirming Bias in Labeling Effects", *Journal of Personality and Social Psychology*, *44*, 1983, p. 20-33; M. Snyder, "When Belief Creates Reality", *in* L. Berkowitz (Ed.), *Advances in Experimental Social Psychology*, Academic Press, 1984, Vol. 18, p. 247-305; M. Snyder & W. B. Swann, "Hypothesis-Testing Processes in Social Interaction", *Journal of Personality and Social Psychology*, *36*, 1978, p. 1202-1212.

（52）T. S. Kuhn, *The Structure of Scientific Revolutions*, The University of Chicago Press, 1962.

（53）I. L. Janis, *Groupthink: Psychological Studies of Policy Decisions and Fiascoes*, Houghton Mifflin, 1982 (second edition). これらのバイアスは個別に詳しく研究されている。個人よりも集団の方が大きなリスクを伴う決断をする傾向は R. Brown, "Further Comment on the Risky Shift", *American Psychologist*, *29*, 1974, p. 468-470; M. A. Wallach, N. Kogan & D. J. Bem, "Diffusion of Responsibility and Level of Risk Taking in Groups", *Journal of Abnormal and Social Psychology*, *68*, 1964, p. 263-274; B. Latané & J. M. Darley, *The Unresponsive Bystander: Why Doesn't He Help?*, Appleton-Century-Crofts, 1970 を参照。個人判断と集団判断の違いをより一般的な見地から分析した研究として S. Moscovici & M. Zavalloni, "The Group as a Polarizer of Attitudes", *Journal of Personality and Social Psychology*, *12*, 1969, p. 125-135; S. Moscovici & W. Doise, *Dissensions et consensus. Une théorie générale des décisions collectives*,

PUF, 1992.

(54) 秋山、前掲書一四—一五頁。

(55) S. Moscovici, *Psychanalyse, son image et son public*, PUF, 1976 (première édition : 1961), p. 246-252.

(56) 浜田、前掲『取調室の心理学』六三頁。

(57) 秋山、前掲書二四—二五頁。

(58) 同二五—二六頁。

(59) Moscovici, *op. cit.*, p. 246-290.

(60) 秋山、前掲書一八九—一九〇頁。

(61) 鈴木、前掲書二〇一頁。

(62) 同一八三—一八六頁。イギリスではクラウンコート（刑事法院。刑事事件の第一審と上訴審を担当）で毎年およそ九万七〇〇〇件の刑事事件が裁判される。大半の被告は立件内容を認め、証拠調べを経ずに有罪になるが、無罪の主張をして審理を受ける年間二万人ほどのうち約六四％に無罪判決が出される

（二〇〇一年度統計）。米国連邦地方裁判所で審理される刑事事件（一九九九年度の数字で約八万三〇〇〇人）のうち一二・八％が無罪になる（渡部、前掲『刑事裁判を見る眼』三三—三四頁）。

(63) Scheck, Neufeld & Dwyer, *op. cit.*, p. 95.

(64) 秋山、前掲書一五七—一五八頁。

(65) 同六七頁。

(66) 同一二七頁。

(67) 同一九一—一九二頁。

(68) 森達也『死刑』（朝日出版社、二〇〇八年）、一六一—一六二頁。

(69) F. Aubenas, *La méprise. L'affaire d'Outreau*, Seuil, 2005, p. 238.
(70) *Ibid.*, p. 217.
(71) P. Trapier & A.-L. Barret, *Innocents. Le calvaire des accusés d'Outreau*, J'ai lu, 2005, p. 265.
(72) *Ibid.*, p. 227-228.
(73) Aubenas, *op. cit.*, p. 213-214.
(74) 浜田、前掲『取調室の心理学』七二―七四頁。
(75) V. Madeira & B. Vital-Durand, *J'ai menti*, Stock, 2006.
(76) 予断が精神鑑定を誤らせる例として次の研究が有名。研究者とその友人の合計一二人が身分を隠して、幻聴が聞こえるので入院したいと各々違う精神病院を訪れた。全員入院を認められ、一人は躁鬱病、残りの一一人は精神分裂病の診断を受けた。彼らは入院するやいなや健常者と同じように行動し、もう幻聴がなくなったから退院したいと願い出た。しかし平均一九日の間、退院は認められなかった。長い者は五二日間の滞在を余儀なくされた。彼らの診断書には「精神分裂症の一時的鎮静状態」（一一人）「躁鬱病の一時的鎮静状態」（一人）と記された。入院中、メモを頻繁に取る研究者たちの姿を不審に思った入院患者が「あなたたちは患者のふりをしたジャーナリストでしょう」と正体を見破ったが、メモを取る行為自体が病的兆候だと病院側は判断し、何を書いているのか確認さえしなかった。D. L. Rosenhan, "On Being Sane in Insane Places", *Science*, *179*, 1973, p. 250-258; D. L. Rossenhan, "The Contextual Nature of Psychiatric Diagnosis", *Journal of Abnormal Psychology*, *84*, 1975, p. 462-474.
(77) *L'Express*, 12/09/1996.
(78) 性犯罪では嘘の告発が珍しくない。一九七八年から一九八七年までを対象にしたアメリカ合衆国のケース・スタディによると、警察に届けられた強姦事件の四一％が嘘の告発だった。これは嘘の告発だった事実を「被害者」自身が捜査段階で認めた事件だけが対象。犯人が見つからなかったり、無罪判決が出たケースは含まれない（E. J. Kanin, "False Rape Allegations", *Archives of Sexual Behavior*, 23, 1994, p. 81-92）。

（79） Scheck, Neufeld & Dwyer, *op. cit.*, p. 101-137.

（80） 冤罪および裁判制度のより詳しい分析は拙著『人が人を裁くということ』（岩波新書、二〇一一年）を参照。

（81） J. Reason, *Managing the Risks of Organizational Accidents*, Ashgate, 1997, p. 11-12.

（82） R. M. Wachter & K. G. Shojania, *Internal Bleeding*, Rugged Land, 2005, p. 20.

第4章　責任という虚構

人間は主体的存在であり、自ら選んだ行為に責任を負わねばならない。この考えが近代世界を貫く。有福孝岳は『行為の哲学』で言う。

［……］ある人がある行為や出来事に対して「責任」をもつと言えるということは一体全体いかなることであろうか。ある行為または出来事に対して「責任を感ずる」ということは、その行為または出来事が、その責任を感ずる「主体」（人間）によって引き起こされたということを意味する。すなわち、そのように責任を感じている人間主体が、何らかの原因となって、結果としての行為——何か不都合な事態——が生ぜしめられたという場合がそれである。ある行為ないし出来事の原因となるということは、その原因を取り除くことができたならば、別の行為ないし出来事が生じたであろうということを

意味する。つまり、責任を感ずる人間、行為（出来事）の原因となりうる人間は、その原因を取り除くこともできたはずである。だから、責任の主体は、その行為を自らの意志の自由で遂行しえたことを意味する。もし、何かの不可抗力や外的要因をもって、ある行為を遂行することを強いられるときには、人は自由意志をもっているとは言えない。あくまである行為に対して「責任」を担いうる主体は、その行為を、自分の自由な意志で自らの意欲をもって、自分自身で、誰からも命令されずに、遂行しえたのでなければならない。どんな行為結果が生じたとしても、その結果はあくまでも自分自身が自分の意志で遂行したと言いうるもののみが、責任をもっていると言えるのである。それゆえ、自由な意志と責任とは表裏一体のものである。したがって、自由な意志、自由な人格のみが責任を担いうるのである。すなわち、己の行為結果をことごとく、自分自身に帰属させることができる（zurechnungsfähig）者のみが、責任を担いうる。責任を担いうる行為主体のみが、道徳的人格をもつことができる。それゆえ、道徳的人格（主体）は、自由と責任とを車の両輪としているのである[1]。

だが、この素朴な人間像はもはや支持できない。これまでの検討により人間行動が外界の影響を強く受ける事実が明らかにされ、自由意志の存在が疑問視された。脳科学や社会心理学における実証研究の成果を認めると、我々が通常抱く自由や責任の概念が危うくなる。解決策の一つは、自由や責任を維持するために実証科学の決定論的アプローチや研究結果の否定だ。実際この解決を採用する哲学者は少なくない[2]。人間の判断や行動が外界の影響を強く受けるとはいえ、完全には規定されないと常識的な妥協策が採られる場合も多い。

精神活動が脳の機能に還元可能かという古典的難題は棚上げにしよう。だが、自由意志が存在し、脳・身体から独立するのなら、身体を拘束したり体罰を与えて人格を矯正する発想自体が意味を失う。したがって心身二元論を採って意志の自由を説いても責任の構造は解明できない。この章では自由と責任を結びつける常識を再検討し、自由・意志・責任の諸概念が認知科学の成果と矛盾しないことを明らかにしたい。

矛盾をどう解くか

序章で言及したリベットの研究に戻ろう。すべての行為が意志によってではなく、脳の無意識信号によって作動すると認めると自由と責任の根拠を失う。そこでリベットは、行動が生ずる直前にその生成プロセスを意志が却下する可能性を主張する。「意志」が意識されてから実際に行動が起きるまでに約二〇〇ミリ秒の余裕がある。したがって発現されようとする行動を意志が途中却下する可能性が残る。最後の五〇ミリ秒の時点に至れば筋肉の動きを止められないが、それ以前ならば脳が出した無意識の指令を停止できるはずだ。つまり行為は無意識のうちに開始されるが、実際に身体が運動を起こす前に意志が生じるので、当該の命令を意志が検閲し、信号の却下あるいは進行許可を判断すると考えればよい[3]。

しかしこの解釈は無理だ。意志発生以前に無意識の信号が発せられる事実を証明しながら、指令却下のメカニズムだけは意志が直接の引き金となり、意志発現以前に無意識過程はないと主張はできない。リベットの研究は、どんな意志も脳内の無意識過程によって生じ、行動と並列して意識に出現する現象だと証明している[4]。意識に上る意志が直接に身体運動を命ずる可能性はない。他の意志と同様に、信号却下命令を下す意志も無意識信号に導かれるから結局、意志と行動の順序をめぐる由々しき問題は解決しない[5]。リベットの実験では手首を持ち上げる単純な運動プロセスを検討したが、言語を発したり文字を書くなど、より複雑な認知現象についても研究され、同様の結果が確認されている[6]。

自由意志の可能性を残そうとするリベットの解釈は奇妙な二元論をなす。行為とともに発生する意志の起源を脳信号に還元する一方で、却下指令が出されるメカニズムとしては、脳に生ずるいかなる準備過程とも独立な意志の存在を他方で要請する。この解決は論理一貫性に欠けるだけでなく、もっと根本的な問題として、脳の機能と独立する意志の存在を認める[7]。すでに述べたように意志が身体と無関係ならば、犯罪者の身体を罰する意味が失われる。

我々が直面する論理矛盾を解くもう一つのやり方として、実証科学の成果を完全に認めて、いっそのこと自由や責任の概念を否定することも可能だ。だが、人間生活にとって不可欠な自由や責任概念の放棄は実践的観点から到底できない。かといって実証科学の研究結果に背を向けるのも生産的でない[8]。どうしたらよいか。ある生物学者が言う。

「[……]いかにして現代の生物学者は、人間の生物学的本性についての見解を無制限に受け入れ、しかもそのうえでカントとともに、自然法則に関係なく現われる自律的な自由意志を、道徳的行為にとって必然的な前提とすることができるのだろうか」。こう問いながらステントは次のように答える。「理性を賦与された存在者として、われわれは自然科学における因果的必然性も、倫理学における道徳的自由もともに放棄することができない。」だが常識は、このような二律背反をほとんど気にしない。それはおそらく、その二律背反があまりにも強大だからであろう。では、常識と違って執拗に厳密な分析を断固として遂行する生物学者はどう考えるだろうか[9]。

二つの事実や理論の間に矛盾が見つかる場合、そのうちの一方を採用して他方を否定する解決に我々は走りやすい。しかしどちらの事実・理論も維持しながら、考え方の出発点を再考して矛盾を止揚する方がより根本的な解決をもたらす。[10] 自由や責任が実証科学の成果と矛盾して見えるのは発想の根本で勘違いするからだ。自由や責任を因果関係の枠組みで理解する発想を覆さなければならない。

因果関係再考

カントは『純粋理性批判』の中で「自然による因果律」と「自由による因果律」を区別した。[11] 前者は科学の基礎をなす因果論的説明である。出来事にはそれを引き起こす原因となる他の出来事が必ずある。しかしその原因たる出来事も他の原因が引き起こす。したがってこの説明形式では因果の連鎖が無限に続く。それは人間の行動も同じだ。人間も生き物つまり自然の生産物だから、無限に続く因果関係から逃れられない。カントは『実践理性批判』で次のように述べる。

> 〔……〕私が行為する瞬間において私は決して自由ではない。〔……〕私に自由にならないものによって、私の行為はいかなる瞬間にも必然的に規定されるからだ。すでに予定された秩序にしたがって次々と無限に続く出来事群の流れを私は追うだけであり、私自身がみずから出来事を開始することはできない。無限に続く出来事群の流れは自然界に

おける連鎖だから、私の原因は決して自由ではない。[12]（強調原著者）

自由でないのに何故、責任が問われるのか。

猟銃殺人が起きたとしよう。事件を解明するにあたって、「銃の材料になった鉄の精錬技術を発明した者が真犯人だ」などと警察は逮捕状を取らない。「本当にひどい事件だ。許し難い。鉄を発明した人間の親の顔がみたい」とも言わない。確かにこの銃の製造、この銃の材料である鉄の精錬、銃や製鉄技術の発明家、発明家を生んだ親などがいなければ、この殺人は起きなかった。したがって因果関係は犯人を超えて無限に後退する。しかし責任を問題にする時、このような因果論的説明が求められるのではない。

製鉄技術の発明家や犯人の親に責任を負わせないのは、因果関係の流れの中で事件からあまりにも遠い要素だからだろうか。では逆に事件に極めて近い要素を考えよう。被害者が死亡する際には心臓や脳の活動が停止する。だが、殺人事件の責任を心臓や脳の停止事実に求めたりはしない。死に至る因果関係の科学的記述としては正しいが、責任を追及する立場からは的はずれな答えでしかない。

因果関係を遡及的に分析するのでなく、事件が生じる時点だけに注目しても、因果律と異なる原理に責任が依拠する事実は明らかだ。どんな事件であろうと、たった一つの要素によって引き起こされるのではなく、複数の要素が絡み合って事件が発生する。例えば消し忘れた煙草が火事の原因だと我々は言うが、そこに酸素がなければ火事は起きない。したがって煙草の火だけでなく、酸素そしてそれ以外の可燃性物質の存在も火事の原因を構成する。だが、酸素供給過剰による石油コンビナート爆発など特殊な場合を除けば、酸素が火事の原因だとは考えないし、まして酸素を犯人として裁判で告発などしない。事件を前にして我々は何故、ある要素を受け入れ、他の要素を状況理解から除外するのか。これはヒュームやミルなどが検討した古典的問題であり[13]、法哲学者のハートとオノレは『法における因果性』で次のように述べた。

出来事の原因を同定する時、我々は複数要素の中から一つだけを取りだす。だが、出来事は必ず複数の要素により引き起こされ、それらすべての要素が同じ重要性を持つ。紙屑が入ったゴミ箱に火のついた煙草を落としたことが火事の原因だと我々は理解するが、実際には他の条件が満たされなければ、このことだけで火事は生じない。つまり空気中に酸素が存在すること、ゴミ箱の中に可燃性物質があることなどの事実がなければ火事は生じない。あるいはレールの湾曲が鉄道事故の原因だと断定する。しかしレールを通過する列車の構造や重量、そして運行速度などの条件が整って初めてこの事件は生じうる。因果関係の一般的考察としては、これら複雑に絡み合った条件要素のどれも、我々が選び取る要素とまったく同じ地位にある。つまり原因を構成する一要素としてど

れもが同じ重要性を持ち、この意味においてすべて「同価値」である。(14)

行為の因果関係で責任を捉えると、刑罰を与える上で不都合が起きる。次の二つの例を考えよう。一人の男がいる。恋人を奪われ嫉妬に狂い、復讐心から相手の男性を銃で撃つ。撃たれた相手は病院に運ばれるが、運悪く新米の医者しかおらず、治療にまごつくうちに被害者は出血多量で死ぬ。あるいは交通渋滞のために救急車が病院にすぐ辿り着けず死亡する。もう一つの筋書きを考えよう。同じように恋人を奪われて嫉妬に狂い復讐する男がいる。先ほどと同じように相手の男性を銃で撃つ。しかし今度は、撃たれた相手を治療する医者が優秀で被害者は一命を取り留める。あるいは交通渋滞に巻き込まれず、運良く救急車がすぐ病院に着いたおかげで被害者は助かった。

さて犯人が捕まり裁判が行われる。判決はどうなるだろう。第一のケースでは殺人罪であり、計画性や残虐性が認められれば、無期懲役か死刑になる可能性もある。対して第二のケースは殺人未遂にすぎず、罰の重さが大きく異なる。

ところで二つのケースは何が違うのか。犯人の行為自体はどちらも変わらない。同じ動機（恋人を奪われ嫉妬に狂い、復讐したい）、同じ意図（殺す）の下に同じ行為（銃の照準を定めて引き金を引く）が行われた。被害者にとっての結果は異なるが、違いの原因は犯人に無関係な外因だ。医者がたまたま優秀だったか経験の乏しい医者だったか、道が混んでいたかいなかったかという、犯人には無関係な原因だけが二つの状況設定で違う。動機も意図も行為も同じなのに、どうして二つのケースで責任および罪が異なるのか。

この思考実験は決して特殊な例でなく、いくらでも同様の状況が考えられる。酒を飲んで運転し、注意力が鈍ったために横断歩道の前で徐行しなかったとしよう。そこに運悪く子供が飛び出してきて轢き殺す。運転手は実刑判決を受けるだけでなく、自らの過失に対する強い悔恨を覚えるにちがいない。しかし子供が飛び出さず、事故が起きなければ、飲酒運転自体は平凡な出来事として記憶にも残らない。

過去の判例データを参考にする目的でコンピュータによる量刑検索システムが開発された。それに関わった裁判官は言う。

ところが、評判は悪かったんです。データ上、同じに見える事件でも、「機微」のところは見えない。私たちが迷うのはまさにそこです。たとえば、被害者が翌日、娘の結婚式を控えていたとか、そういった(情状に絡む)データは入力のしようがない。(15)

母子家庭で苦労を重ねて育てた子供がやっと嫁いだ途端に犯罪に遭遇し命を落とす、念願の大学進学を果たした矢先に殺される。こういう不幸を耳にすると我々は同情を禁じえない。だが、知らない人を通り魔が襲ったのならば、被害者の事情は犯人と無関係だ。行為の因果律から責任を考えるならば、被害者の苦しみの大小が罪の重さに反映されるのはおかしい。トマス・ネーゲルは「道徳における運（moral luck）」という有名な論文でこの問題を検討し、ナチス時代に生まれたドイツ人を例に、当人が制御しえない状況でも、それにより責任が大きく左右される事実を指摘した。

ナチス・ドイツ時代の一般市民には国家の政策に反対し英雄的に行動する可能性もあった。悪しき行動に走ることもできた。しかしほとんどの人々はこの試練において誤りを犯し、非難されたのだった。ところで、この試練は他国の市民には課せられなかった。もしドイツ人と同じ状況におかれたら、これら他国市民もドイツ人と同じように悪行を働いたかもしれない。しかし彼らは実際にはそのような行為をしなかった。それゆえドイツ人と同様の罪には問われない。このように人間は自らの道徳状況を運命に任せざるをえない。考えてみるとこれは不合理だ。だが、我々が普通に抱く道徳感覚はこのような発想に支えられ、それを抜きにしては理解できないだろう。[16]

責任を因果関係の枠組みで理解し、行為の原因が自らにあるから責任を負うと考える限り、責任と運の両概念は相容れない。したがって「ある意味で、この問題には解答が存在しない」とネーゲルは結論する。[17]

以上概括したように、行為生成過程のどの時点に注目しても因果関係では責任現象を捉えられない。責任を特定する上で適切な原因とそうでない原因の区別も客観的観点からはできない。ギャレン・ストローソンが指摘するように、[18]責任概念と因果関係は次の論理矛盾を抱えるため根本的に相容れない。(1)自らの行為に対して道徳的責任を負うのは、行為者自身が当該行為の原因をなす場合である。(2)だが、どんな存在も自らの原因ではありえない。(3)したがってどんな存在も責任を負えない。

決定論をしりぞけ、遺伝形質の発現や社会化の過程に偶然が介入すると考えても事態は何ら変わらない。[19]そのような外因が起こす行動には責任を問えない。行為者の身体・精神的属性に行為の原因を求めても責任を措定できない以上、各人の属性がどのように形成されるかは問題でない。

何故、このような困った結論が導かれるのか。犯罪の原因は何なのかという発想自体に問題が潜んでいる。責任の正体を突き止める上で、この問いの立て方がそもそも的外れだ。殺人事件が生じた時、「どのような物理的過程を経て被害者は死に至ったのか」と我々は問うのではない。「いったい誰が悪いのか、この殺人の責任は誰が負うのか」と怒りをぶちまけ、悲しみに沈むのだ。

ここでカントの第二の因果関係、「自由による因果律」を見よう。人間は世界を理解する際に、先ほどの因果律とは別の考え方も採用する。行為は人間がなすのであり、外因により引き起こされる単なる出来事ではない。行為者は行為の最終原因と見なされ、行為者を超えて因果関係を遡らない。だが、それは何故なのか。すでに見たように人間の行為も自然界の出来事にちがいないから、無限に続く因果関係の網から逃れられるはずがない。カントが区別した二つの因果律の違いに関して中島義道が与える説明を引こう。

> ［……］［行為］T以前のこうしたさまざまな内的外的原因とTとのあいだには自然因果性が成立している。すなわち、普通「なぜXはTをなしたのか」と問うときの答えとして期待されるのは、すべてこうした自然因果性における原因である。XがYを殺したとして、「XはYに怨みをもっていたから」「Xは激情的な性格をもっているから」「Xは酒を飲むと凶暴になり、犯行当時酩酊状態にあったから」など、あるいは「XはYにかけた保険金を狙っていたから」「XはYに自分の秘密を握られその発覚を恐れていたから」など、Xの性格、T以前のXの状態、Yを殺すXの「理由」や「動機」と呼ばれているものはすべて、この意味での自然因果性における原因である。

だが、こうした諸原因を網羅的に挙げてもXに責任を課す理由を発見できないであろう。むしろ、XがYを殺した原因を詳細に探究すればするほど、通常XがTを犯した「気持ちがよくわかる」ようになるのである。だが、Xの責任を追及することは、Tへと至る経過を理解することとはまったく別である。Xに責任を課すとき、われわれは自然因果性とはまったく異なる（カントの用語を使えば）自由による因果性を適用しているのである[20]。

「自由による因果律」とカントが呼ぶ記述形式は何を意味するのか。ここで我々に関心があるのはカント自身の答えではない。「自然による因果律」と異なる「自由による因果律」を定立するならば、どのように理解するべきか。序章で確認したように、外的あるいは内的な条件から独立する自由意志によって行為が引き起こされるのではない。ウィトゲンシュタインの有名な提言を思い起こそう（『哲学探究』§621）。

> 私が腕を上げる時、私の腕は上がる。ここに問題が生まれる。私が腕を上げるという事実から、私の腕が上がるという事実を差し引くと何が残るのだろうか[21]。

意志あるいは主体が残ると答えたくなるが、ウィトゲンシュタインによると、世界を理解する二つの仕方に応じて同じ身体運動が出来事と形容されたり、行為と表現されたりするにすぎない。では我々の記述方式を決める基準は何なのか。行為の源泉として我々が援用する意志なるものは脳内に発生する心理状態ではない。黒田亘は『行為と規範』で意志の社会性を指摘した。「人間のすることの多くが行為でなく、しないことがしばしば行為であるという、一見逆説的な事情」（強調原著者）の理解不足のために行為や意志の意味が誤解されてきたと黒田は言う。

［……］行為と行為でないものの区別の基準を意志の作用という内面的な過程の有無に求める考えが広く行われてきた。［……］しかし明らかな事実として、行為者自身がいわゆる意志の働きを少しも意識しないで行う行為はいくらもある。それにこの考えでは、われわれが他人のすることについて、当人の証言をまたず、もちろんその人の心の中を覗きこむこともせずに、行為と行為ならぬものの区別を迷わずつけているのはなぜなのか、説明することができない。「行為」の定義的基準とされる意志過程なるものは、あらかじめ常識の了解によって行為ならぬ現象から区別されている人間の営みの背後に、ことさら仮定された内的過程であり、たいていは架空の存在なのである。（強調小坂井）［……］要するに、われわれのすること、なすこと、行うことは、物理的、生理的、心理的な現象としてもつ一定不変の特徴のゆえに「行為」と呼ばれるのではない。「行為」の概念は「規範」や「規則」、「責任」や「価値」といった、それぞれ人間理解の枠組みの一角をなす重要概念と密接な関係にある。ある人間的な現象を行為と見なすことは、同時にそれを右のような重要概念のネットワークに入れ、「規則」「価値」「責任」等々の概念の適用対象でもあるものと考えることなのである。[22]（強調原著者）

意志は各個人の内部に属する実体ではない。社会秩序を維持するために援用される虚構の物語である。中島の著書から再び引用する。

> 「超越論的自由」とは［……］ある身体の運動が行為であるかぎり、かならずその行為記述と同一の意志記述を要求するということである。［……］もしXが「歩いている」という記述を**行為として**認めるなら、（当人が意識しようとすまいと）そこに「歩こう」という意志記述を認めねばならないということである。Xが「殺した」ことを認めることは、Xのそのときの心理状態に一切かかわらず**この意味で**Xに「殺す」意志があったことを認めることにほかならない。川で溺れそうな子を見て無我夢中で飛び込み、ずぶ濡れになって子供を抱きかかえつつ「自分が何をしたかわからない」と語る男はその子を「助けた」がゆえにその子を「助ける」意志をもっていたのである。「助けたい！」と内心叫びながら岸辺で腕を拱いていた人々は「助けなかった」がゆえに「助ける」意志をもっていなかったのである。（強調原著者）

［……］こうした行為と同一記述の意志をわれわれが要求するのは、過去の取り返しがつかない行為に対してある人に責任を課すからである。「実践的自由」における「自由による因果性」とは意志と行為とのあいだの因果性ではなくて、じつは意志と責任を負

うべき結果とのあいだの因果性なのである。ある行為の行為者に責任を負わせることをもって、事後的にその行為の原因としての（過去の）意志を構成するのだ。[23]（強調小坂井）

意志に関する誤解を解くためにリベットの実験に再び戻ろう。好きな時に自由に手首を挙げるよう被験者に指示するならば、行為と「意志」とを生み出す信号が脳内で発せられる以前にすでに行為が意識されているはずだ。したがって行為に意志が先行し、結局、意志―信号―動作という流れは揺るがない気がする。

しかしこの反論はまず実証的に斥けられる。手首を挙げる行為を前もって心の中で準備すると、それに対応する別の信号が確かに脳に発生するが、それは行為とは関係ない。準備してもしなくても行為と「意志」を生み出す無意識信号が発生する時点は変わらず、いずれの場合も「意志」は実際に行為の生ずる約二〇〇ミリ秒前に意識化される。[24] 前もって心の準備をしようとすまいと、実際に手首が動くための指令が出るタイミングは変わらない。

当該行為の「意志」と願望一般は区別しなければならない。ある行為をしようと心の中で思うだけでは何も起きない。手を動かそうと欲しても、思うだけでは手は微動だにしない。「憎いあいつを殺したい」と思っている間は単なる願望であり、実際に銃の引き金を引く身体行動を起こす指令は常に無意識に生まれるのである。

本書が検討する意志は行為の原因としてのそれだ。因果律を基に責任を定立する近代的発想で意志が問題になるのは、意志が行為の原因と認められる限りでのことであり、行為と直接関係ない心理状態ならば、意志について議論する意味がそもそも失われる。ところで意志が原因をなすならば、それに対応する行為は必ず生じなければならない。定義からして原因と結果の間には必然的関係があり、銃の引き金を引く意志があっても実際には発砲する場合もあるしそうでない場合もあると言うならば、そのような意志は行為の原因と認められない。「明日から絶対にタバコをやめる」という強い意志があっても、実際に明日になると「昨日はそう思ったけど、やはり急にやめるのは大変だから量を半分に減らすことから始めよう」と考えが変わるならば、前日の禁煙意志は願望にすぎず、原因たりえない。

では意志と単なる願望とを分ける基準はどこにあるのか。それはまさしく行為が実際に起きた事実以外にありえない。つまり黒田や中島が言うように、ある身体運動を出来事でなく行為と認めること自体が、そこに意志の存在を事後的に構成するのだ。言い換えるならば責任が問われる時、時間軸上に置かれた意志なる心理状態とその結果という出来事の関係が問題になるのではない。

瀧川裕英は人格形成責任論を批判し、時間軸上の因果論では責任を捉えられないと主張する。人格形成責任論とは、遺伝形質を基に形成される属性や社会環境の影響によって行為が決定されても、犯罪行為が行われる以前に人格が形成される過程において当人の責任を問えるという立場であり、責任の最終的な帰属対象としての行為者を定立する。しかし瀧川は言う。

［……］人格形成責任論は様々な批判を浴びているが、最大の問題点は人格形成責任論が「時間的な」理論であるという点にある。すなわち、人格形成責任論は、ある行為に対して責任を問うことは、たとえ当該行為が決定されていたとしても、行為を決定した人格を形成した責任があるならば可能であると主張するが、その主張が妥当であるためには、当該行為以前の人格形成過程自体が自由であり、その人格形成過程に対して行為者が責任があると主張できることが必要である。しかし、行為者がその人格形成過程自体に責任があると主張するためには、その人格形成過程自体がさらにそれ以前の人格形成過程の所産であると主張できることが必要である。そのため、人格形成責任論は無限背進に陥ることになり、結局生後間もない乳児が最も自由であり、その自由によってその後の全ての行為の責任が基礎づけされるという奇妙な結論に陥ってしまう。人格形成責任論がこのような問題を抱えてしまうのは、人格形成責任論が時間的な理論であり、時間的な遡行を理論的に内在させているからである。(25)

社会秩序という意味構造の中に行為を位置づけ、辻褄合わせする、これが責任と呼ばれる社会慣習の内容だ。因果律の観点からすれば、犯人の行為が同じなのに結果に応じて罪や罰が変わるのは明らかな論理誤謬だが、同じ行為でも事件の結果が異なると責任や罰が変化する理由がここにある。

序章で意志と行為の間の齟齬を指摘し、意志が行為を生むという常識的図式に疑問を投げかけた。さらに以上の検討により意志の存在形態が明らかにされた。精神活動はデカルトにとって意識、フロイトにとっては無意識、認知心理学にとっては脳の機構を意味する。したがっていずれのアプローチも精神を個人の内部に位置づける点は共通する。[26] しかし意志は個人の心理状態でもなければ、脳あるいは身体のどこかに位置づけられる実体でもない。意志とは、ある身体運動を出来事ではなく行為だとする判断そのものだ。人間存在のあり方を理解する形式が意志と呼ばれるのだ。人間は自由な存在だという社会規範がそこに表明されている。以前に流行った表現を借りるならば、意志はモノでなく、コトとして理解しなければならない。[27]

決定論と自由そして責任の関係は哲学者が詳細に検討してきた[28]。本書の主張を明確にするために議論を整理しておくと、自由と決定論は根本的に両立しないという立場と、両者は必ずしも矛盾しないという立場に大別される。前者の非両立論はさらに二つに分かれ、決定論をしりぞけて自由や責任を保持する立場[29]と、世界は決定論的因果律によって縛られるから自由は存在せず、したがって責任も根拠づけられないという立場[30]がある。他方、両立論も「階層説[31]」など様々な解決が模索されている。しかし本書はこれらと異なる角度から、実証科学の決定論的アプローチと自由・責任の概念がそもそも矛盾しないことを示したい。

まず自由に関する誤解を解こう。決定論的因果律に縛られない行為とは何か。定義からして、そのような行為は原因なしに生ずる行為だ。原因があれば、結果との間に因果関係を想定しないわけにいかない。では原因なしに生ずる行為とは何か。それは偶然発生する行為、理由なく起きる行為に他ならない。例えば勝手に手足が動き出す。不意に殺意を催し、近くにいる人の首を絞める。だが、このような状況は我々が抱く自由の感覚とかけ離れており、自由どころか逆に身体や精神の自由が利かない状態を意味する。それにもし私の行為が非決定論的に生ずるならば、それは私の行為と呼ぶことさえできない。単なる出来事であり、行為と性質を異にする自然現象だ。

自由な判断や行為と呼ばれるものは、人格の奥底から出てきたと感知される判断や行為だ。つまり各個人の属性によって強く規定されている。ところで人格や個性と呼ばれる各人の属性は遺伝や家庭教育などにより形成される。したがって決定論と自由は矛盾するどころか、自由と感じられる判断や行為ほど実は決定論的現象である。黒田亘『行為と規範』は言う。

> ［……］「自由な行為」とは、多年の経験を通じて形成された人格的主体の個性を明瞭に表現する行為、自我の表面に属するのではなくその深層から発する行為である。従来の自由論が説いてきたのとは逆に、その行為者の、その状況における行為であるかぎり反対の行為の可能性を考える余地のないような行為、それ以外ではありえないほどに人格的に決定された行為、それこそが「自由」のあかしとなる行為ではないか。[32]（強調原著者）

量子力学的確率論に依拠して自由を非決定論的に解釈する試みがある。[33]素粒子の軌道は確率的にしか予測できない。同様に人間の行為も、多くの人々を観察すれば、社会・心理条件と犯罪率の関係を推測できるかもしれない。しかし、どんなに詳しいデータを集めても、ある特定の個人が犯罪に及ぶかどうかはわからない。だから人間行動は決定論に従わず、責任を負う必要がある。こういう主張である。

だが、この類推は的外れだ。素粒子は自分の軌道を主体的に変更できない。したがって、人間は自らの行為を制御できるかという肝心な点の考察に、この類推は役立たない。このように、行為の生成プロセスに偶然の介入を認めても何の助けにもならない。決定論的因果律を逃れる自由意志という着想がそもそも自己矛盾するからだ。生物学者のハンス・モールは次のように批判する。

［……］「自由な」決断は、物理的には非因果的な、したがって偶然的な微視的プロセスによって支配され、この微視的プロセスが生物の巨視的領域でも増幅するとされる。しかしながら、「自由」や「責任原理」や倫理学のためにそこから得られるものはなにもない。むしろすべてが失われてしまう。［……］われわれを因果性から救ってくれるが、それによってわれわれは偶然的な非因果性に委ねられてしまう。(34)

自由意志が存在するとしよう。するとたちまち、それはどこから由来するのかと疑問が湧く。⑴自由意志は他の原因から生ずる、⑵自由意志は原因を持たず、偶然生ずる、⑶自由意志は他に原因を持たず、自らを原因として生ずるという三つの解釈が可能だが、どれをとってもアポリアに陥る。

まず自由意志は外因が生むかそうでないかのどちらかだ。外因から生ずるならば、つまり過去に沈殿した記憶と新たな外部刺激とを材料に脳が出す演算結果から意志が生ずるならば、自由意志ではありえない（選択肢1の否定）。次に自由意志が外因によって生じない場合はさらに二通りの可能性に分かれる。すなわち自由意志は偶然生ずるか、それ自身を原因とするかだ。自由意志が偶然生ずるなら、やはりこれは自由意志ではありえない。理由なく不意に覚える殺意や制御できない身体運動を自由意志の産物とは呼ばない。またそのような意志は私と無関係だから、私の意志ではない（選択肢2の否定）。偶然でもなく、外因によるのでもない自由意志はそれ自身を原因として生ずるしかない。だが、そのような存在は神以外にない。ところで神によって私の意志が生ずるなら、それは私の自由意志でない。それどころか自由意志が自らを原因として生ずるなら、神が私の自由意志を生むのではなく、私の自由意志がすなわち神という結論が導かれる。つまり私は神になってしまう（選択肢3の否定）。

誤解がないように敷衍しておこう。第5章および第6章で詳説するように、各要素の相互作用が生む集合体は自律運動を始める。遺伝形質に家庭・学校教育などが作用して生成される人格は初期の所与から遊離する。人間の認知構造は自己組織化システムをなし、行動の原因は遺伝形質や社会環境に還元できない。だが、この意味での自律性は生物すべてに共通する性質であり、判断能力に欠ける精神疾患者も同様だ。遺伝および環境の所与へ行動を還元できない事実自体からは、犬や猫が持つ自律性以上の意味での自由意志は導けない。犬や猫に責任を問わないように、自律性に依拠して、我々が了解する近代的意味での責任は定立できない。

世界は決定論的に理解すべきだと主張するのではない。自由意志が原因で行為が生ずるから責任を負うという枠組みで考えるから、行為は決定論的に生ずるのかという問いが出てくる。責任はそのような発想と次元を異にする。自然因果律で意志の源を求める限り、どんな答えを用意しても意志や行為の自由は導けない。問いの立て方自体が誤っているからだ(35)。

自由と決定論が矛盾すると考える背景には、規則あるいは法という表現が持つ二つの意味の混同がある。法律や道徳という規則は我々の欲望を制限する。人間が抱く欲望の間に対立が生じず、誰もが気の赴くままに行動してよければ、そもそも規則は必要ない。そして規則があれば服従する者も破る者もいる。嫌々ながら規則に服する者もいる。つまり規則は強制力として機能する。ところが自然科学において規則や法則に言及する場合は違う事態を意味する。例えば万有引力の法則は一定の軌道にそって物体が運動すべきだという命令ではなく、物体が実際にどのような運動をするかの端的な記述だ。地球が本当は他の軌道を通りたいのに、ケプラーの法則があるため仕方なしに規則が定めた通りに公転するわけではない。ここでの規則や法則は強制を意味しない。自然科学における法則の否定は単にその法則が存在しない、つまりその法則が記述する因果関係の誤りを含意する。対して日常生活で我々が理解する自由は社会的強制力の欠如あるいは反抗可能性を意味し、行動が因果律に縛られるかどうかとは別の次元に属する事態である。[36]

社会化や遺伝という外因が形成する属性や人格から独立し、決定論的条件に拘束されない意志概念は責任や刑罰の論理になじまない。定義からして自由意志は身体から遊離した存在にならざるをえず、したがって処罰の苦痛を通じて犯人の属性をいくら変更しても今後の犯罪抑止は望めないはずだ。また身体から独立した存在が悪いなら、なぜ犯罪者の身体を苦しめる必要があるのか。身体的属性に拘束されない自由意志により行動が生ずるならば、犯人を罰する意味が消えてしまう。

結局、自由とは因果律に縛られない状態ではなく、自分の望む通りに行動できる感覚であり、強制力を感じないという意味に他ならない。強制されていると主観的に感じるか否かが自由と不自由とを分つ基準であり、他の要因によって行為が決定されるかどうかという客観的事実は、自由かどうかの判断とは別の問題だ。[37] 我々は常に外界から影響を受けながら判断し行動する。しかし条件の違いによって、自分で決めたと感じる場合もあれば、強制されたと感じる場合もある。主観的感覚が自由という言葉の内容なのである。

責任の正体に迫るためには、自由に関する我々の常識をまず改めなければならない。近代的道徳観や刑法理念においては、自由意志の下になされた行為だから責任を負うと考えられているが、この出発点にすでに誤りがある。実は自由と責任の関係は論理が逆立ちしている。自由だから責任が発生するのではない。逆に我々は責任者を見つけなければならないから、つまり事件のけじめをつける必要があるから行為者を自由だと社会が宣言するのである。自由は責任のための必要条件ではなく逆に、因果論で責任概念を定立する結果、論理的に要請される社会的虚構に他ならない。過去の意味に注目する視点から中島義道が指摘する。

［……］どうもこの［まさにそのときにこの同じ私がAを選ばないこともできたはずだという］思いこみは、われわれ人間が過去に何らかの決着をつけたいという欲求、過去を「精算する」態度とでも言えましょうか、その要求から生まれたもののように思われます。つまり、われわれが過去の自他の行為に対して何らかの責任を追及するというところに「自由」や「意志」の根っこがあるわけで、もしわれわれがある日、責任をまったく追及しないような存在物に変質してしまえば、「自由」や「意志」は不可解な概念となるかもしれません。(38)

ちなみに「原因」のギリシア語はαιτια（aitia, アイティア）だが、これはもともと「罪」を意味していた。我々が今日考えるように因果律を基に責任概念が派生したのではなく、事実はその逆で、責任や罰の方がより基礎的な観念だった。(39)客観的因果律など知らないうちから人間は責任や罰とともに生きてきた。「人間世界から独立した自然界」という認識が生まれて科学が発達し、それにともなって自然界を律する因果律という見方が、責任を問うという、より根本的な問題意識から徐々に切り離されていった[40]。

行為が決定論的に生ずるかどうかは責任と本来関係ない。ギリシア時代においてもキリスト教世界でも責任は決定論問題と結びつかなかった。近代に入って初めて起きた議論だ。アリストテレスは『ニコマコス倫理学[41]』において随意（ヘクーシオン）行為と不随意（アクーシオン）行為とを区別し、責任＝非難が生ずるのは前者の場合だけだとした。だが、それは非難・罰・責任という社会慣習において随意行為と不随意行為とが区別される基準の総括であり、自由意志が存在するかどうか、人間行為が決定されているかどうかの議論ではない。行為がすべて強制の下に生じたり、不随意的だと考えるならば、社会生活において非難や罰の意味が失われるとアリストテレスは言うが、それは社会規範の記述にすぎない。

完全な知識を伴ってなされる行為はありえないとアリストテレスは認める。しかしだからといって、すべての行為を不随意的と規定するわけにはいかない。それでは社会秩序が崩壊してしまう。では随意行為と不随意行為との間にどこで線を引くか。両者を区別する基準は行為の客観的性質を分析してもわからない。その代わりにアリストテレスは、随意行為と不随意行為とを我々が日常生活で実際に区別する社会規範に求める。

このようなアリストテレスの分析に対して決定論の脅威や自由意志の問題を十分議論していないと今日の哲学者の一部は批判するが、それはアリストテレス哲学への誤解に基づく。社会から自律する単位として個人を捉える発想はギリシア時代になく、彼の言及する随意性は自由意志と同一視できない[42]。

道徳責任の根拠を社会規範に求めるアリストテレスの考えはキリスト教世界では受け入れられない。原罪で堕落した人間が織りなす世俗制度と別に、真の責任は神が定める。人間共同体を超越する普遍的原理として道徳責任は表象される。ちなみにカトリックという形容詞は「普遍的」を意味するギリシア語のカトリコス（Καθολικός）に由来する。変動しうる社会規範に惑わされず、罪や罰の規定は絶対的根拠に基づく必要がある。むろんその根拠とは神の意志であり、それに従わない行為は悪である。

ところで神の全能と人間の責任はどう両立するのか。エラスムスはこう説明する。神に背き原罪に堕ちて以来、神と異なる意志を人間は持つようになる。全能の神は人間がどんな行動に出るかを完全に予測する。しかし固有の意志を抱く以上、行動の責任は各人が負わねばならない[43]。このような世界観において自由意志が外因によって決定されるかどうかは問題にならない。邪悪な意志を持つ人間はそれ自体が悪である。それはカルヴァンの予定説によく現れている。個人の内部に原因がなくとも、その存在の性質そのものが善あるいは悪と規定されるのである。

社会共同体の規範に道徳の根拠を見いだすアリストテレス哲学においても、人間を超越する神という絶対者に根拠を投影するキリスト教哲学においても、個人の自由意志が外因に規定されるかどうかという問題は切実にならなかった。前者にとって人間の意志や行動が外部の影響を受けるのは当然だし、後者にとっても各人の属性・人格が神の摂理に適合するかどうかが判断基準をなし、個人の内的要素がどう形成されるかは問題にならない。

社会規範に道徳の根拠を求めるアリストテレスに対して近代思想は袂を分かち、キリスト教哲学と同じように、各文化・時代に固有の偶有的条件に左右されない普遍的根拠によって道徳を基礎づけようと試みる。だが、神という超越的権威にもはや依拠できない近代人はここで袋小路に迷い込む。社会あるいは神という〈外部〉に世界秩序の根拠を投影しなければ根拠は個人に内在化されざるをえない。そのため前近代には大きな問題にならなかった、個人の属性がどのように形成されるかという点が責任の考察にとって切実になる。殺人を犯す者がいる。なぜ彼は罰せられるのか。社会が罰を要請するからだとアリストテレスは答える。神がそれを欲するからだとキリスト者は言う。しかし近代個人主義に生きる我々はそのような答えでは満足できない。責任の根拠が個人に内在化される世界において私の行為の責任を負うためには、私自身が行為の原因でなければならない。だから決定論と自由意志の問題をめぐって近代以降、哲学者は膨大な議論を費やしてきたのだ。

人間共同体の〈外部〉については第6章で詳しく考察するが、ここでは次のことだけ確認しておこう。時代および文化によって人間観や世界観は異なり、それに応じてけじめのつけかたが変わる。しかし大切なのはけじめ自体だという根本を踏まえないと責任現象は解明されない。

刑罰の根拠

刑罰の本質は何だろう。[44] カント・フォイエルバッハ・ヘーゲルを代表とする古典学派と、ロンブローゾ・フェッリ・リストなど近代学派との間の刑法理論史における対立が知られている。前者は非決定論の立場から犯罪行為を自由意志の所産と考えたのに対し、後者は自由意志を否定または軽視して決定論的発想の下に、犯罪行為を各人の先天的素質・社会環境の産物として理解した。

古典学派は刑罰の根拠を応報に求め、「眼には眼を、歯には歯を」の同害報復原理が正義の基礎をなすと考えた。この立場はカントによって徹底される。「たとえ市民社会が、そのすべての構成員の合意によって解散することがあるにしても……最後の死刑囚は、その前に処罰されていなければならない。そうすることが、彼の行為に値するものを彼に与えることになるからである」という『道徳形而上学』の言葉に集約されるように、[45] 応報それ自体が正義であり、刑罰により犯人の罪を清算する説だ。この理念に近代学派は異を唱え、中世の野蛮な因習の名残りと決別すべきだと批判した。そして刑罰の目的を、犯罪者が将来再び犯罪を繰り返さないための予防措置と捉え、刑罰を正当化する根拠を犯罪行為からの社会防衛に求めた。言い換えるならば古典派は、犯罪への応報として刑罰を科すこと自体に意義を見いだすのに対し近代派は、社会秩序維持の手段としてのみ刑罰の存在意義を認める。

だが、どちらの立場もそれぞれ論理的困難を抱える。殺人事件が発生した時に犯人が罰せられるのは何故か。悪いことをすれば、報いを受けるのが当然だと応報刑論は言う。しかし殴られたら殴り返すことで、あるいは殺された被害者に代わって国家が犯人を処刑することで正義が実現されると何故言えるのか。人間の自然な本能として復讐を是認するだけなら、原始社会の復讐と変わらない。応報を正当化する根拠はどこにあるのか。犯罪者に神が罰を与えるという説明もかつてあった。しかし神を殺した近代にとって、このような正当化はもはや説得力を持たない。

ギリシア思想は幾何学的性質や世界の調和を実体的存在として人間世界の〈外部〉に仮想した。正方形の縦と横の長さが等しいように、正義への造反に数理的必然をもって同量の応報が加えられるべきだとピタゴラスは主張した。犯罪により汚された精神を刑罰により純化し、世界の調和が回復されるとプラトンは考えた。

ヘーゲル弁証法においても人間自身から超越する存在として世界秩序が表象され、この

〈外部〉の本質によって応報が正当化される。犯罪は「正なる法に対する侵害」と把握され、普遍的意思を否定する特殊意思（普遍的ではなく、ある目的追求に固有な意思）に対抗して、さらにそれを否定する必要があるとした。つまり法の否定に対する再否定として刑罰が位置づけされ、普遍性が賦与された世界秩序を回復する必要を根拠に刑罰が正当化される。

プラトンやヘーゲルのような実在論あるいは全体論的な発想を採らないカントの場合、道徳が発する命令は他の目的を成就するための手段ではなく、それ自身を目的として守るべき定言命法だとされる。しかしこれでは道徳根拠の説明にならないとモーリッツ・シュリックが批判する。

善行とは［……］我々がなすべき行為のことだ。戒律・要請・命令に言及するからには、それを発する者がいる。発令者が誰なのかを示し、命令系統を明示して道徳律を性格づける必要がある。

ここですでに意見が分かれる。神学倫理学において発令者は神だ。神が望むから善は正しいという最も浅い解釈がまずあるが、この考えでは論理の道筋自体（神が決めた戒律）がすでに善の本質を表す。次に善は正しいから神がそれを望むというより深い解釈もできる。この場合は論理の道筋とは独立に、何らかの実在的内容によって善の本質が前もって規定される必要がある。それゆえに社会を発令者として同定したり（功利主義）、行為者を発令者の位置に据えたり（幸福主義）、さらには発令者はどこにも存在しない（定言命法）といった諸説が倫理哲学で展開される。カント理論が行き着いたのは「絶対的義務」すなわち発令者の存在しない命令というこの三つ目の解決策だった。[46]

［……］倫理秩序を根拠づける「他者」が誰であろうとも、倫理秩序が「他者」の願望や力に依存したり、この「他者」の不在によって消滅したり、あるいは「他者」の意思によって変化するようでは倫理秩序が安定しない。だからカントはこの不安定を除くために、神であっても道徳律の責任者にしたくなかった。そこで彼に残された可能性は虚無に救いを求める道だけだった。つまり義務は絶対にどんな「他者」にも由来しない、それは絶対的義務であり、倫理的戒律はどのような条件からも独立する定言命法だと彼は主張したのだ。[47]（強調原著者）

プラトン的実在論やヘーゲル全体論は人間を超越する〈外部〉によって刑罰を正当化する。しかしカントのごとく、虚構の物語を否認し、道徳を定言命法として措定しても、その根拠あるいは源泉は明らかにならない。それどころかカント自身の意図に反して、道徳の無根拠性がかえって如実になった。

では刑罰の根拠を応報原理に求めるのでなく、犯罪抑止を目的にすれば刑罰制度を正当化できるだろうか。だが、この発想にも論理的欠陥がある。過去の行為への復讐として刑罰を考える古典学派と異なり、刑罰の根拠を犯罪予防に求める近代学派は、将来犯す罪に照準を定める。未来の行為を予測するために過去の犯罪経験を参考にはしても、論理上、刑罰が関心を持つのは実際に犯した行為でなく、将来起こりうる行為だ。

フランツ・フォン・リストは偶発犯、改善可能な常習犯、改善不可能な常習犯の三種類に犯罪者を分類し、それぞれのタイプに応じた措置を講ずるべきだと説いた。偶発犯の場合は同じ犯罪を繰り返す危険性がないから特別な改善措置は必要ない。性格改善できる常習犯なら威嚇や苦痛を与えたり、矯正施設に一定期間収容して社会規範を学習させる。しかし改善不可能な常習犯の場合は罰を科しても社会復帰を期待できない。社会から永久に隔離するか処刑するほかない。

このような刑法理念は、今日我々が抱く刑罰や責任の感覚と大きくずれている。重罪を犯し将来の再犯が明らかな常習犯であっても、威嚇や苦痛を通して犯罪予防が望めないならば、罰を科す意味を失う。社会防衛の名目で隔離や処刑は正当化されても、行動習慣が変化しないなら刑罰は無意味になる。この論理からすると、改善余地のない常習犯を苦しめることは野蛮なだけでなく、社会コストの観点から無駄だ。凶悪犯罪者であっても再犯可能性がなければ刑罰を科す根拠が消える。刑務所に収容して自由を制限する必要もなければ、肉体および精神的な苦痛を与える正当性も失われる。(48)

以上のように応報復讐論も犯罪抑止論もそれぞれ内部矛盾を免れない。そこで両者の欠点を削り、妥当な部分だけを統合する動きが現れ、現在の刑法には応報主義と予防目的主義とが妥協的に共存する。[49] しかしこのような解決は、規範的考察として有効性を持っても、責任や刑罰の根拠に関する我々の問いには答えない。

正しさの源泉

「倫理学が「善とは何か」という問いに規範の指摘で答えるならば、「善」が**事実上**何を意味しているかを示すだけであり、善が**必然的**に何を意味するのか、何を意味す**べき**なのかという問いには絶対に答えられない」とシュリックは主張した（強調原著者）[50]。価値観は正しいから社会に受け入れられるのではない。逆に共同体に生きる人々の相互作用が生成する価値観だから、それが正しいと感知される。エミール・デュルケムは言う。

> 殺すなかれという命令を破る時、私の行為をいくら分析しても、それ自体の中に非難や罰を生む要因は見つけられない。行為とその結果［非難や罰］は無関係だ。殺人という観念から**分析的**に［analytiquement 論理的あるいは内的関係として］非難や辱めを取り出すことは不可能だ。行為とその結果とを結びつける関係は**総合的**［synthétique

経験的あるいは外的〕関係である。〔……〕行為から分析的に〔演繹的に〕罰が結果するのではないから、私が罰を受けたり非難されたりするのはおそらく、あれこれの行為をなしたからではない。私の行為の本質的性格ゆえに処罰が発生するのではない。行為がどんなものであるかによって処罰が生ずるのではない。その行為を禁ずる規則に反したという事実が処罰を生むのだ。〔……〕処罰は行為の内容から結果するのでなく、既存の規則を遵守しないことの帰結だ。つまり過去に定められた規則がすでに存在し、当該行為がこの規則への反逆であるゆえに、行為から処罰が引き起こされるのである。〔……〕禁止行為をしないよう我々が余儀なくされるのは、単に規則が我々に当該行為を禁ずるからにすぎない。[51]（強調原著者）

犯罪は行為の内在的性質――殺人はAという理由で悪である――によって規定されない。社会規範は集団の相互作用が生み出す産物であり、そこには超越的根拠も内在的理由もない。それは美の基準と同じだ。女性は美しいから美人と形容されるのではない。顔をどれだけ眺めても美貌の理由はわからない。美しさは当人に内在する性質ではない。美の根拠は外部すなわち社会規範に求められる。美しいから美人と呼ばれるのではなく逆に、美しいと社会的に感知される人が美人という称号を与えられる。同様に善悪の基準も、悪い行為だから我々が非難するのではない。我々が非難する行為が悪と呼ばれるのである。

哲学者に判断できない難題でも、我々素人は簡単に答えが見つかる。根拠が存在しないからだ。次の二例を比較しよう。政治哲学の有名な思考実験だ。電車が来たのに気づかず工事を続ける人がいる。電車はブレーキが故障し、このままだと工事に従事する五人が死ぬ。危険に気づいた駅員は転轍機を操作して電車の進行方向を変えようとするが、そちらの線路にも工事関係者が一人いて死ぬのは確実だ。駅員はどうすべきか。五人を救うために一人を犠牲にすべきか。あるいはそのまま放置して五人が死ぬにまかせるべきか。

今度は五人の患者が死の瀬戸際に瀕している。移植手術以外に彼らを助ける手段がない。患者の二人は肺が必要であり、他の二人は腎臓がいる。そして残りの患者は心臓移植をしないと死ぬ。全員珍しい血液型でドナーが見つからない。その時、偶然来院した健康な男性の血液検査の結果が知らされる。五人の患者との適合度が高い。健康な男性を一人殺して臓器を摘出すれば五人の患者を救える。医師はどうすべきか。一人を殺して五人を救うために転轍機を操作する事例とどこが違うのか。哲学者はいろいろな提案をする。だが、彼ら専門家の間でさえ合意は得られていない[52]。

それにもし哲学者が真理を見つけたとしても、我々に受け入れられる保証はどこにもない。第2章で言及した『ソフィーの選択』の場面をもう一度思い出そう。娘の死を選択したソフィーを誰が責められるだろうか。子供が二人とも殺されるなら一人でも救う方が合理的だ。娘を魔の手に差し出そうが息子を犠牲にしようが、刑事責任もなければ道義的責任もない。だが、選択した当人にそんな発想はできない。ソフィーの立場なら我々の誰もが罪の意識に苛まれるだろう。何故なのか。

ナチス・ドイツが降伏した際、対独協力者として一万人以上のフランス人が裁判を経ずに処刑された。無実の罪に問われた人がいる可能性を知りつつもレジスタンスの指導者は処刑を許した。そうしなければ復讐や内戦が各地で起き、もっと多くの犠牲者が出る恐れがあったからだ。どうせ殺されるならその人数が少ない方が多いよりもましというソフィーの例と異なり、ここでは多くの犠牲者を出さないために、無関係な少数の人を殺すことを意味する。これらの問題に合理的解答が見つかるだろうか(53)。

特殊な例ばかり引くのではない。妊娠中絶・脳死・臓器移植・クローン・安楽死・死刑制度など、どれをとっても合理的根拠は存在しない。議論は尽くさねばならない。そして何らかのコンセンサスに至るだろう。だが、どんな正当化をしようと恣意性を免れない。この答えが最も正しいと今ここに生きる我々の眼に映るという以上の確実性は人間に与えられていない。判断基準は否応なしに歴史・社会条件に拘束される。正しいからコンセンサスに至るのではない。コンセンサスが生まれるから、それを正しいと形容するだけだ。その背景には論理以前の世界観が横たわっている。

社会には規範から逸脱する者が必ず出る。多様な価値観の間で対立が生まれ、異質な意見がぶつかり合う中から新しい価値観が導かれる。同じ規範を全員が守るならば社会は変化せず、停滞する社会は歴史を持ちえない[54]。

社会規範からの逸脱が怒りや悲しみを引き起こす、これが犯罪と呼ばれる現象の正体だ。定義からして犯罪のない社会はありえない。どんなに市民が努力をしても、どのような政策や法体系を採用しても、どれだけ警察力を強化しても犯罪はなくならない。犯罪は多様性の同意語だからだ。

社会により逸脱許容度は異なる。しかし逸脱は必ず生ずるし、逸脱に対する抑止力も同時に機能する。中央権力が強く作用し、均一度が高い社会であればあるほど、ほんの小さな差異にも強い拘束力が働く。したがって多様性が客観的に減少し、逸脱行為が希になっても、社会に生きる人々には、その小さな逸脱が社会秩序への重大な反逆と映る。デュルケムは言う。

> **正常**な社会学現象として犯罪を把握するとはどういう意味か。犯罪は遺憾だが、人間の性質が度し難く邪悪なために不可避的に生ずる現象だと主張するだけに止まらない。それは犯罪が社会の**健全**さを保証するバロメータであり、健全な社会に欠かせない要素だという断言でもある。(強調小坂井)
>
> [……] 集団規範から逸脱する個人のいない社会はありえない。そこで生ずる多様な行為の中には犯罪行為も当然含まれる。なぜなら行為に犯罪性が看取されるのは、その内

在的性質によるのではなく、共同意識が各行為を意味づけするからだ。だから共同意識がより強ければ、すなわち逸脱を弱めるための十分な力が共同意識にあればあるほど、同時に共同意識はより敏感に、より気むずかしくなる。他の社会であればずっと大きな逸脱に対してしか現れない激しい勢いで、ほんの小さな逸脱にさえも反発する。小さな逸脱にも同じ深刻さを感じ取り、犯罪の烙印を押す。

したがって犯罪は避けようがない。犯罪は社会生活すべての本質的条件に連なる。だが、まさにそのことが犯罪の有益性を表す。なぜならば犯罪と密接な関係を持つこれらの条件こそ、道徳と正義が正常に変遷するために欠かせないからだ。

［……］道徳意識が発達するためには個性が必要だ。自らが生きる時代の価値観を超えようと夢見る理想主義者の創造的個性が出現するためには、その時代にとって価値のない犯罪者の個性も発現可能でなければならない。前者は後者なしにありえない。(55)

どうして犯罪が生ずるのかと嘆く時、悪い結果は悪い原因が引き起こすという暗黙の了解がある。社会の機能がどこか狂っているから犯罪が生ずると考えやすい。だが、この常識は発想の出発点からまちがっている。犯罪のない社会は論理的にありえない。(56) 悪の存在しない社会とは、すべての人々が同じ価値観に染まって同じ行動をとる全体主義社会だ。つまり犯罪のない社会とは理想郷どころか、ジョージ・オーウェル『一九八四年』が描くような人間の精神が完全に管理される世界に他ならない。

註

(1) 有福孝岳『行為の哲学』(情況出版、一九九七年)、三二一—三三三頁。

(2) 自由意志と責任の関係をめぐる哲学者の立場については、M. Neuberg, *La responsabilité. Questions philosophiques*, PUF, 1997; G. Watson (Ed.), *Free Will*, Oxford University Press, 2003; 瀧川裕英『責任の意味と制度——負担から応答へ』(勁草書房、二〇〇三年)。

(3) B. Libet, *Mind Time: The Temporal Factor in Consciousness*, Harvard University Press, p. 137-156.

(4) *Ibid.*, p. 149, 200.

(5) P. Merikle & J. Cheesman, "Conscious and Unconscious Processes: Same or Different?", *Behavioral and Brain Sciences*, 8, 1985, p. 547-548; R. J. Nelson, "Libet's Dualism", *ibid.*, p. 550; M. L. Rugg, "Are the Origins of Any Mental Process Available to Introspection?", *ibid.*, p. 552-553; C. C. Wood, "Pardon, Your Dualism is Showing", *ibid.*, p. 557-558.

(6) Libet, *op. cit.*, p. 148.

(7) Wood, art. cit. リベットの立場については B. Libet, "Theory and Evidence Relating Cerebral Processes to Conscious Will", *Behavioral and Brain Sciences*, 8, 1985, p. 558-566; B. Libet, "Do We Have Free Will?", *Journal of Consciousness Studies*, 6, 1999, p. 47-57; Libet, *op. cit.*, p. 145-148.

(8) 個々の実験について方法論や解釈を議論してもあまり意味がない。実証科学の成果を否定して自由や責任を救うつもりならば、社会学・心理学・認知科学・脳科学などすべてを否定する覚悟がいる。それに後述するように実証科学のアプローチの正否は自由や責任と実は関係ない。

（9） ハンス・モール「人間の自由と生物学的本性」、P・コスロフスキ／Ph・クロイツァー／R・レーヴ編『進化と自由』（山脇直司・朝広謙次郎訳、産業図書、一九九一年）所収四七頁。

（10） 拙著『答えのない世界を生きる』（祥伝社、二〇一七年）、第一、二章で議論した。

（11） イマヌエル・カント『純粋理性批判』中巻（篠田英雄訳、岩波文庫、一九六一年）、一二五—一三三頁および二〇六—二二九頁。

（12） I. Kant, *Critique de la raison pratique*, GF-Flammarion, 2003, p. 209.

（13） D. Hume, *A Treatise of Human Nature*, edited with an introduction by E. C. Mossner, Penguin Classics, 1969 (first edition: 1739); J. S. Mill, *A System of Logic, Ratiocinative and Inductive*, Longman, 1970 (first edition: 1843).

（14） H. L. A. Hart & A. M. Honoré, *Causation in the Law*, Oxford University, 1985 (first edition: 1959), p. 17.

（15） 読売新聞社会部『ドキュメント　裁判官——人が人をどう裁くのか』（中公新書、二〇〇二年）、一一—一二頁。

（16） T. Nagel, "Moral Luck", in *Mortal Questions*, Cambridge University Press, 2003 (first edition: 1979), p. 34.

（17） *Ibid.*, p. 37. そこから主観＝内部からの世界記述と客観＝外部からの観察との間に横たわる質的違いをテーマにネーゲル独自の問題意識が展開される（T. Nagel, *The View from Nowhere*, Oxford University Press, 1986）。

(18) G. Strawson, "The Impossibility of Moral Responsibility", *in* Watson (Ed.), *op. cit.*, p. 212-228.

(19) モール、前掲論文四五―七二頁。

(20) 中島義道『時間と自由――カント解釈の冒険』（講談社学術文庫、一九九九年）、一二一頁。第1章で言及したナチスの責任をめぐる議論を思いだそう。

(21) L. Wittgenstein, *Tractatus logico-philosophicus, suivi de Investigations philosophiques*, Gallimard, 1961, p. 294.

(22) 黒田亘『行為と規範』（勁草書房、一九九二年）、九―一一頁。

(23) 中島、前掲書一六一―一六二頁。

(24) Libet, *op. cit.*, p. 131-132. さらに言うならば、行為と「意志」を生み出す無意識信号自体、より早期に発生する他の無意識信号によって生じている可能性もある。*Ibid.*, p. 130-131.

(25) 瀧川、前掲書一〇五―一〇六頁。

(26) 精神がどこにあるかという問題に関してはV. Descombes, *La denrée mentale*, Minuit, 1995; ――, *Les institutions du sens*, Minuit, 1996. 主観と客観の溝についてはNagel, *The View from Nowhere, op. cit.*

(27) 木村敏『あいだ』（弘文堂、一九八八年、ちくま学芸文庫、二〇〇五年）、同『生命のかたち／かたちの生命』（青土社、一九九五年）、小林敏明『〈ことなり〉の現象学――役割行為のオントプラクソロギー』（弘文堂、一九八七年）、同『アレーテイアの陥穽』（ユニテ、一九八九年）、廣松渉『もの・こと・ことば』（勁草書房、一九七九年、ちくま学芸文庫、二〇〇七年）、同『身心問題』（青土社、一九八九年）、渡辺慧『知るということ』（東京大学出版会、一九八六年、ちくま学芸文庫、二〇一一年）など。

(28) Watson, *op. cit.*; 瀧川、前掲書、成田和信『責任と自由』（勁草書房、二〇〇四年）などを参照。

(29) 例えば R. M. Chisholm, “Human Freedom and the Self”, *in* Watson (Ed.), *op. cit.*, p. 26-37.

(30) Strawson, art. cit.

(31) H. G. Frankfurt, “Alternate Possibilities and Moral Responsibility”, *in* Watson (Ed.), *op. cit.*, p. 167-176. 階層説は行為者の欲求を階層構造として捉え、例えばタバコを吸いたいという一階の欲求に対して、禁煙すべきだという二階の欲求を本当の意志と位置づける。この立場の解説と問題点については瀧川、前掲書九四―一一二頁を参照。

(32) 黒田、前掲書八七頁。法哲学者のシュリック（M. Schlick, *Fragen der Ethik*, Springer, 1930 [tr. fr., «Questions d'éthique», in *Questions d'éthique. Volonté et motif*, PUF, 2000, p. 125-137]）やケルゼン（H. Kelsen, *What is Justice? Justice, Law and Politics in the Mirror of Science. Collected Essays*, The Lawbook Exchange, 2001 [first edition: 1957], p. 334）も同様の指摘をしている。

(33) 来栖三郎「フィクションとしての自由意志」『法とフィクション』（東京大学出版会、一九九九年）所収二八三―三二五頁。小林道憲『複雑系の哲学』（麗澤大学出版会、二〇〇七年）、一七三―二〇一頁。

(34) モール、前掲論文四九―五〇頁。

(35) 行為の出発点として「私」あるいはそれに準ずる存在を求める発想自体に問題がある。「私」はどこから生まれるのかと疑問がすぐさま出るからだ。心身二元論を採って外因や脳活動から独立する霊魂の存在を認めても、その霊魂はどう生成されるのかと問うやいなや因果関係の無限遡及に陥る。

(36) Schlick, *op. cit.*, tr. fr., p. 125-137.

(37) P. Fauconnet, *La responsabilité. Étude de sociologie*, Alcan, 1928 (première édition : 1920), p. 191. すでに参照した黒田や Schlick, *op. cit.* も同様の立場を支持する。より時代を遡ればホッブズも「強制からの自由」と「必然性からの自由」を区別し、人間について語りうるのは強制からの自由であり、必然性からは自由になれないとした。T. Hobbes, "Of Liberty and Necessity" & "The Questions concerning Liberty, Necessity and Chance", *in* V. Chappell (Ed.), *Hobbes and Bramhall on Liberty and Necessity*, Cambridge University Press, 1999.

(38) 中島義道『哲学の教科書』（講談社学術文庫、二〇〇一年）一八〇頁。

(39) Kelsen, *op. cit.*, p. 330.

(40) 因果関係の枠組みで責任は理解できないと本書は主張する。しかし実はこの言い方は正確でない。そもそも因果律は自然界に客観的に存在する関係なのか。AがBの原因だと言う時、Aが生ずれば必ずBが生じ、Bが生ずる場合は必ずAが生じており、また時間的にAがBに先行するという三点を常識的には含意する。だが、この素朴な因果概念はすぐに難問にぶつかる。例えばラッセル・テイラーのパラドクスと呼ばれる議論がある。原因が結果に先行するなら両者は同時に生起しない。したがって原因と結果の間に時間間隙があるから、外因の干渉によって結果の生起が妨害されうる。つまり原因が生じても結果が必ず生ずるとは限らない。ならばそれは結果とは呼べない。さらに言うと原因が結果に先行するならば、結果の生起する時点ですでに原因が消えているから、先行する原因は真の意味での原因たりえない。では原因が結果に先行すると考えるためにこのパラドクスが生ずるのだから、原因と結果は同時に生ずるのか。しかし両者が同時に生起するなら、どんな結果についてもその原因が同時に存在するから時間は消滅し、あらゆる事物が同時に存在するという背理が帰結する。

因果の規則説を提唱したヒュームは、因果関係を自然界の客観的あり方としてでなく、人間の習慣や社会制度が作り出す表象だと考えた。因果関係は当該事象に内在しない。因果的効力は事象内部に実在せず、複数の事象を結びつける外部観察者によって感知される。この説が正しければ、責任の帰属過程と因果関係とを区別する意味が薄れる。丑三つ時に神社の境内で藁人形に五寸釘を打ち付ければ憎い人間を呪い殺せると信じる文化においては、これがまさしく因果関係の客観的記述である。つまり責任は社会的虚構だという本書の主張を超えて、そもそも因果律の社会性が問われなければならない。因果律そして時間は物質界に内在する性質なのか、ヒトという生物に固有な認知枠の持つ性質なのか、あるいは社会的・歴史的に構成される物語なのか。因果関係の考察は一ノ瀬正樹『原因と結果の迷宮』（勁草書房、二〇〇一年）、大森荘蔵『時間と自我』（青土社、一九九二年）、同『時間と存在』（青土社、一九九四年）、同『時は流れず』（青土社、一九九六年）、中島『時間と自由』前掲書。Hume, *A Treatise of Human Nature*, *op. cit.*, 1969, p. 121-131, 181-225; B. Saint-Sernin, «La causalité», *in* D. Andler, A. Fagot-Largeault & B. Saint-Sernin (Eds.), *Philosophie des sciences*, Vol. 2, Gallimard, 2002, p. 825-938.

（41）アリストテレス『ニコマコス倫理学』（高田三郎訳、岩波文庫、一九七一年）、特に第三巻第一章。

（42）M. Smiley, *Moral Responsibility and the Boundaries of Community: Power and Accountability from a Pragmatic Point of View*, The University of Chicago Press, 1992, p. 33-57.

（43）*Ibid.*, p. 72-101.

（44）刑法理論は香川達夫『刑法講義〔総論〕』（成文堂、一九九五年、第三版）、四六七—四八五頁、そして福田平・大塚仁編『現代青林講義　刑法総論〔改訂版〕』（青林書院、一九九七年）、九—二二頁および二四五—二五一頁を参照。

（45）香川、前掲書四七〇—四七一頁。

（46）Schlick, *op. cit.*, tr. fr., p. 20-21.

（47）*Ibid.*, p. 100.

（48）Fauconnet, *op. cit.*, p. 179-186.

（49）香川、前掲書四八一—四八二頁。

（50） Schlick, *op. cit.*, tr. fr., p. 26-27.

（51） E. Durkheim, *Sociologie et philosophie*, PUF, 1996 (première édition : 1924), p. 60-62.「分析的」と「総合的」という哲学用語はわかりにくい。カントは次のように区別する。「すべての判断について主語と述語の関係は二種類考えられる。［……］概念Aに（隠れた形で）すでに含まれるものとして述語Bが主語Aに所属するか、あるいはBはAと結びついているが、Aという概念のまったく外にあるかだ。前者の場合を分析的［analytique］判断と呼び、後者を総合的［synthétique］判断と呼ぶ」(I. Kant, *Critique de la raison pure*, Gallimard, 1980, p. 71)。「物体は広がりをもつ」という判断をとると、「広がりをもつ」という述語は「物体」という主語概念の定義にすでに含まれる。それに対して「太陽は東から昇る」という判断の場合、「東から昇る」は「太陽」という概念自体に含まれない。

（52） P. Foot, “Killing and Letting Die”, *in* J. Garfield (Ed.), *Abortion: Moral and Legal Perspectives*, University of Massachusetts Press, 1985, p. 177-185; J. Rachels, “Killing and Starving to Death”, *Philosophy*, *54*, 1979, p. 159-171; J. J. Thomson, “The Trolley Problem”, *Yale Law Journal*, *94*, 1985, p. 1395-1415.

（53） J.-P. Dupuy, «Rationalité», *in* M. Canto-Sperber(Ed.), *Dictionnaire d'éthique et de philosophie morale*, PUF, 2001, p. 1332-1338.

（54） 異質性と社会変動の関係については少数派影響理論を参照。S. Moscovici, *Social Influence and Social Change*, Academic Press, 1976 および拙著『社会心理学講義』（筑摩選書、二〇一三年）、第三部。

（55） E. Durkheim, *Les règles de la méthode sociologique*, PUF, 1981 (première édition : 1937), p. 66-70.

（56） 共同体の新陳代謝で必然的に生ずる廃棄物、これが犯罪だ。社会が成立し、維持される上で規範ができると同時に、そこから逸脱つまり多様性が生まれる。そして肯定的評価を受ける逸脱要素は創造的価値として受け入れる一方で、否定的烙印を押された要素は悪として排除する。生物が食物摂取後に栄養分だけ体内にとどめ、無駄な要素を排泄し、新陳代謝過程で生成される有毒物を体外放出する仕組みに似ている。

性犯罪を例に取ろう。強姦被害者はなぜ苦しむのか。心に受けた傷は長期にわたって、あるいは一生かかっても癒えない。それは性という、人間にとって特別な意味を持つ世界での造反行為だからだ。問題は肉体上の被害でない。確かに、妊娠し堕胎を余儀なくされ、二度と子を産めなくなったり、性病を移されるなど、身体に傷跡が残る場合もある。それでも出刃包丁で腹を刺されたり、鉄パイプで頭を殴られれば、それ以上に酷い障害が生ずる。問題は心だ。

人間の性が完全に解放された世界を想像しよう。猿のボノボは挨拶として性行動をする。人間がそんな存在になったら、性犯罪は消失するか、今よりもずっと数が減るにちがいない。誰とでも性関係を持つ世界では強制の必要がない。他者を支配する手段や、相手に認められるシンボルとしても、性行動は用をなさなくなる。被害者の側も同様だ。性関係を強要されても、そこに特別な意味はない。喧嘩で殴られるのと同様に単なる暴力・傷害である。握手したり、一緒に食事したりする以上の意味が性から失われる社会では、強姦被害者が受ける精神的苦悩は同時に消える。

事件の後遺症として、その後、性関係を持てなくなる人がいる。しかしそれも、性が特別な意味を持つ限りでのことであり、性が完全解放された世界では、精神的後遺症が生じなくなるか、少なくとも今よりもずっと軽減される。つまり、社会が機能不全に陥るから性犯罪が生ずるのではない。性犯罪は、性タブーを持つ社会に必然的に起こる正常な現象である。

性犯罪の責任を被害者に転嫁するのではない。性タブーをなくせと無理を言うのでもない。常識の論理構造に光を当てるのが、この思考実験の目的だ。性道徳や禁忌は必要で正しい社会規範・制度として理解されている。だが、そこから性犯罪が必然的に生じ、被害者が苦しむ。

性の完全解放など、現実にはできない。第一、意識的に消去できるぐらいなら、最初からタブーでない。人間が人間である限り、性道徳が必ず生まれ、維持される。したがって性犯罪は人間社会の原罪だ。その意味で我々全員が、そして被害者自身でさえもが悪の共犯者なのである。社会の機能不全が原因で悪が生ずるのではない。その逆だ。悪は、正常な社会構造・機能によって必然的に生み出される。だから、時代が変わっても、どんなに努力しても、悪はなくならない。

第5章　責任の正体

近代個人主義が普及し、個人と集団を同一視する形での集団責任は否定される傾向にある。しかし組織犯罪・事故はどう考えるべきか。『ヨーロッパ・ユダヤ人の絶滅』においてラウル・ヒルバーグは、ホロコーストを生んだ最大の原因として官僚制的構造を挙げた。多くの人々が分業し相互のつながりが不明瞭になるにつれ、行為の意味が失われ、そこに属す人々の責任感が薄れる。それはホロコーストに限らず、分業の下に仕事が遂行される組織すべてに共通する問題だ。

では集団行為における各人の責任をどう定めるのか。組織・集団自体の責任と構成員の個人責任は同じなのか。第二次大戦中に日本兵がした行為に対して、当時生まれていなかった日本人が負う責任とは何を意味するのか。集団同一性と構成員の間にはどのような関係があるのか。集団の行動は構成員の制御下にあるのか。もし制御できなければ、集団犯罪の責任をどうして構成員が負うのか。

因果律とは別の原理によって責任が問われる事実を敷衍するために、以下ではまず集団責任の論理構造を分析する。その上で、責任現象の歴史変遷を視野に収めながら前章の問題意識を引き継ぎ、責任の正体に迫る。

集団責任の認知構造

他者や周囲の情報環境から強い影響を受けて人間は判断・行為する。集団行動の責任を構成員全体あるいは一部に問う慣習は、どのような根拠に基づくのか。集団行動は構成員の意識・行為に還元できないと多くの論者が主張してきた。デュルケムの立場はよく知られている。

集団意識の状態は各個人の意識状態とは性質を異にする。それは違う種類の表象だ。集団精神は各個人精神の総合ではない。集団精神は固有の法則に従う。(1)

デュルケムと認識論的立場を異にする経済学者フリードリヒ・ハイエクも、集団現象が構成員から遊離し、自律運動をするからこそ、社会秩序が成立すると言う。個人が集まって集団ができる。しかし集団の行動は当事者の意志や制御を超える[2]。ちょうど核分裂が連鎖的に起こり莫大なエネルギーが生み出されるように、人々の相互作用から生じるベクトルは各人の意志の総和を越えて、誰も予想しなかった大きさの振幅を見せる場合がある。ソ連崩壊やベルリンの壁の消滅を誰が予測しただろう。その瞬間まで当事者でさえ想像しない出来事が次々に起こり、制御できない大きな外力に巻き込まれる感覚とともに我々は歴史の変貌を目の当たりにしたのだった。

集団暴動が起きる。器物を破損し犠牲者が出れば、実際に暴力を振るった者たちは責任を問われ、処罰される。だが、集団行動が当事者の制御力を超えて自律運動するならば、その結果を彼らに帰属できないはずだ。

集団犯罪を社会が糾弾する一方で、しばしば犯罪者当人は責任を自覚しない。何故か。次のように考えてみよう。集団に属する人間は互いに緩やかな関係で結ばれている場合もあれば、堅固な関係に縛られ自由が利かない場合もある。ところで集団の構造に応じて次の法則が見いだされる。ある任意の構成員の行動に関する情報が得られるとしよう。ハインツ・フォン・フェルスターが教えるように[3]、集団を構成する個人間の関係が堅固であればあるほど、集団行動が自らに制御できない状況として構成員自身に感じられる。構成員どうしが堅く結びつけられれば、自分の思う行動が取れないからだ。世間のしきたりや集団の掟が強固であればあるほど各人の選択余地は少なくなる。

では集団内の人々の眼に集団行動がどう映るかでなく、今度は集団を外から観察する者の視点を考えよう。集団で行われる性犯罪やリンチは互いが模倣・影響しあって行動が激化しやすい。このような集団は構成要素が堅固に結ばれているので行動を予測しやすい。人々の自由度が小さければ小さいほど、集団全体に関する情報と各自に関する情報とが重複するので集団行動の数理モデル化が容易になる。逆に集団内の自由度が高ければ、一人の行動がわかっても全体の動きは予想できない。集団の外にいる人間の視点つまり集団犯罪を糾弾する社会にとって、集団を構成する人間の相互作用が強ければ強いほど、一枚岩の意志により集団が動かされるかのごとく映る。

したがって集団内の人間自身による理解と、集団外から見る分析は必然的に異なってしまう。人々の相互作用が強く、集団が有機システムとして構成されればされるほど、外部の人間にとっては集団行動が予測しやすくなる一方で、当事者はますます集団行動を制御できなくなる。人々が取る行動の集積にすぎないにもかかわらず、集団行動は当事者から遊離する。自律運動する集団が逆にその構成員を操る現象がこうして生まれる。

集団内に生ずる感覚も集団外に現れる感覚も客観的な情報根拠に支えられている。したがってどちらかだけが正しい認識で他方が錯覚なのではない。集団犯罪の実行者が抱く感覚と、非難する社会の認識は構造的に異なる。何故あのようなことをしてしまったのか自分自身でもわからないと嘆く犯罪者の感覚と、糾弾する側の理解は必然的に齟齬を生む。

集団的道徳責任

では集団と構成員とを区別し、各自の責任とは別に集団自体の責任を考えるべきか。法人と呼ばれる擬制は法制上の位置づけを与えられている。しかしそれは、不都合な事態が生じた時にどのような処遇を施すかという法律すなわち社会契約上の取り決めにすぎない。国家の政治責任も、国家の連続性という人為的協約を基に定められるのであり、時代・文化を超越する価値を体現するわけではない。このような法的責任や政治責任と異なり、汝殺すべからずという道徳的戒律は単なる人為的契約を超える普遍的価値として一般に理解される。個々の人間ではなく集団自体が道徳責任の対象になりうるだろうか。行為の道徳主体になりうるだろうか。

倫理学者は近代的人間像に基づき、行為の責任根拠を自由意志に求める傾向が強い。そのため彼らの多くは道徳的意味での責任を集団が負う可能性を否定する。だが、個人責任に限定すると被害者救済が充分になされない。そこで個人責任に還元できない概念として集団自体の責任を積極的に定立する論者もいる。ピーター・フレンチはその一人であり、企業を集合的人格と認め、企業がなす行為の道徳責任を問えると主張する。個人責任を問題にする場合に当該個人の意志に行為を帰属させるように、企業にも集合意志を認め、行為の責任を問うべきだ。この集合意志は企業の役員会や内規など内部決定機関により生み出されるから、各構成員の意志に還元できない。したがって彼らの個人責任とは別に企業自体の集合責任を定立する必要がある[4]。政府という政策決定機関を持つ国家にもこの考えは援用される。

マーガレット・ギルバートは企業だけでなく、すべての集団行為に対して個人責任とは別に集合責任を考え、複数の個人が一つの行為を一緒に行う際の集合的主体を認める。

ある心理記述Xと複数の人間P_1、P_2に対して、一つのまとまった集団［body］としてP_1、P_2が一緒にXを行うべく意志決定する［jointly committed］ならば、その限りにおいて、P_1、P_2は真の意味で「我々はXをする」と言える[5]。

ところで複数の人間が構成する単一の集合意志により集団行為が引き起こされると考えるギルバートも、意志が行為を生むという近代的主体像を踏襲している。責任を因果関係で理解する枠組自体は変わらない。決定機関を擁する企業はその集合意志ゆえに、企業のなす行為に対して構成員の個人責任とは別種の集団責任が発生すると主張するフレンチもそれは同様だ。

グレゴリー・メレマは違う立場から集団責任概念を支持する[6]。次の場面を想像しよう。

貧困に喘ぐ人がいる。この人の住む小屋の前を通って私は毎朝出勤するが、見て見ぬふりをして援助の手をさしのべない。ある日、餓死している貧者を発見する。毎朝の無視を個別に考えれば、一度の無視だけで貧者の死がもたらされたわけではない。したがってどの日の無視が問題だったのかは特定できない。しかし無視の連続が重なって餓死が生じたならば、危険な状態の人を援助しなかった事実に対する道徳責任が私に発生する。

ある事態・出来事が時間軸上で繰り返し生ずる時、それらをひとまとめにして捉え、この事態・出来事群に対して道徳責任を問う論理だ。そこで今度は時間軸でなく空間軸に視点を移そう。先ほどの場面では一人の親切心欠如の継続が悲劇をもたらしたが、次は病人の前を数人の通行人が無視して通り過ぎ、数分後に病人が死に至るとしよう。どの通行人が悪いとは同定できない。したがって各人を個別に捉えるならば誰も非難できない。だが、通行人たちの行為をひとまとめにして捉え、この行為群に対して道徳責任を問うことはできる。以上のようにメレマは個人行為群の通時的同一化と共時的同一化の類似性を基に集団責任の定立を試みる。

この発想は興味深い。だが、因果律で責任を把握するのはメレマも同様であり、そこから根本的な誤謬に陥る。集団自体が負う道徳責任の定立にそもそも意義があるだろうか。構成員とは別に集団が責任を負うならば、集団責任は構成員に移転しえない。構成員全体と集団自体とが別の存在として捉えられるからだ。集団が構成員に還元されるなら、集団自体の責任など措定する必要はなく、集団の中で各構成員がとる個別行為の責任だけを問えばよい。逆に集団自体と構成員全体との間に断絶を認め、構成員の個人責任とは別に集団自体の責任を定立するなら、その論理からして集団自体の責任を構成員は負えない。

現在生きる各日本人とは別の実体として「日本」や「日本人」を考えてみよう。「日本」が犯す罪に対して「日本」が責任を負う。しかし「日本」は各日本人と別の実体なのだから、「日本」が非難されても実際の日本人には痛くも痒くもない。「ああ、本当に「日本」は悪い」と他人事として認めればすむ。「日本」が行った過去の戦争犯罪を中国や韓国などアジア諸国から糾弾されても感情的に反発せずに「その通り。本当に「日本」は悪い国家だ。私には無関係だが」と反応するはずだ。

実際にこのような態度を取る日本人は少ないだろう。この言明を正当だと認める人は戦争被害国にもいない。つまり集団と構成員との間で責任移転が不可能ならば、集団自体の道徳責任を定立しても意味がない。個人主義的解釈を採る他の論者と同様にメレマも集団の責任を最終的に各構成員に還元し、個人責任として理解する。そうであれば、道徳的意味での集団責任は無駄な概念になる。

国家という擬制の連続性を基に想定される政治・行政責任は別だ。この場合に集団が負う責任が構成員に移転される論理は単なる協約の履行にすぎない。保険や年金のような制度と同じだ。したがって過去の国家行為から発生する経済的負担が、当時生まれていなかった現在の国民に課せられても論理上何ら困難はない。

ナチス占領下においてユダヤ人強制輸送に協力した咎で告発され、フランス国家とフランス国有鉄道の行政責任が二〇〇六年夏に認められた。第二次世界大戦中にフランス国有鉄道は数万人のユダヤ人を家畜列車に詰め込んで輸送した。それに対し被害者と遺族二〇〇家族は国有鉄道と国家を相手取り、行政訴訟を起こした。ナチス政権による強制下で生じた事件であり、国有鉄道には責任がないと弁護側は主張したが裁判所は認めなかった。国有鉄道はユダヤ人輸送を一度も拒否しなかった。三等車料金を各「乗客」に請求しながら家畜列車を用いた。ナチス政権が崩壊した後も輸送料金の支払い請求を継続した。これらの事実に基づき、ユダヤ人輸送はナチス強制の結果でなく、国有鉄道が利益を得る目的で行った自発行為だと裁判所は判断した(7)。

この判決が命じた賠償額によって国家や国有鉄道が破産するわけではない。だが、例えばイスラエルに対するドイツの戦後賠償のように国家の負債が膨大な額に達する場合もある。賠償を命じられたのが国営企業でなく私企業だったら、賠償金額の重みに耐えられず破産する可能性もある。その場合、現在の社員には何ら落ち度がなくとも、過去の社員のした行為のために大きな痛手を負う。しかしこれも国際法か国内法かを問わず、人為的に結ばれる社会協約の結果だから、個人と集団のあいだに論理矛盾はない。だが、集団の道徳責任は同じ議論で解決しない。

同一化と道徳的汚染

ところでこのような判決が日本で下ったら、罰せられた企業の社員はどのような反応を見せるだろう。どの社員にとっても入社前の事件だから道徳責任は発生しないはずだ。それでも経営者の謝罪以外に、社員各自も何らかの責任を感じるだろう。何故か。

日本が隣国を侵略すれば、首相を始めとする政府や軍事関係者だけの責任でなく、政府を選んだ国民全体（選挙権を有する成人）の責任だと理解される。しかし行為の因果律に基づくこの発想では、過去になされた国家犯罪の責任は説明できない。戦後生まれの日本人が大日本帝国の戦争責任を負うと言う時、どんな論理によるのか。子供の行為の責任を親が負うのと同様に、次世代を教育する義務が現在生きる人々に課せられると考えることはできる。しかし反対に、過去の世代の行為に関して、それを阻止できない、当時まだ生まれていなかったあるいは幼少だった人々の責任が問われるのは何故か。

問題の論理構造をはっきりさせるために、時間軸ではなく空間軸にいったん視点を移そう。当該の犯罪者（個人または集団）が日本人（あるいは中国人・ユダヤ人・黒人）だという理由で、他の日本人（中国人・ユダヤ人・黒人）に責任があるとは主張できない。部分集合Aの行為から発生する責任を他の部分集合Bに負わせることは、行為の因果関係から責任を判断する発想においては認められない。

人種・民族差別ではこのような論理のすり替えがよく見られるが、複数の部分集合間で責任が移転されるのは範疇化による錯覚が原因だ。部分集合（個人または複数）の個別行為が一般化され、日本人（中国人・ユダヤ人・黒人）という範疇自体の属性として認識される。そしてその後、各範疇に属す他の部分集合、すなわち当該の加害者とは別の人々に拡大解釈される。行為の因果関係で責任を捉える限り、このような同一化は誤りであり、部分集合間の責任移転は認められない。

同様に世代間の責任移転・拡大の原因も心理的同一化だ。ある時点での共同体・国家、次の時点の共同体・国家、そしてさらに次の時点の共同体・国家……という世代群を一つの集合に括り、「日本」という固有名詞の下に同定することで世代間の責任が移転される。ある時点において共同体を構成する複数の部分集合間での責任移転を可能にする範疇化と同じ論理構造がここに見いだせる。(8)

大庭健は個人の同一性と集団同一性との間に同じ存立機制を見て、道徳責任を担う集団主体を立てる。

個人は、みずからの意思によって行為して、権利を行使し義務を果たす。個人の体を形作っている細胞は、時間とともに入れ替わってしまうし、考えも好みも時間とともに変わってしまう。にもかかわらず、個人は、意思決定・行為の主体としての同一性を保つ。かつての私と、いまの私は、あくまで同一人物である。かつて私の体を構成していた細胞の大半が、老廃物となってすでに四散したからといって、かつて約束をした私と、いまの私が別人物だ、ということにはならない。かつてと考え方が正反対になったからといって、かつての私と、いまの私が別人物だということになりはしない。

この点にかんしては、制度化された集団もまた、同じである。集団のメンバーは入れ替わるし、集団の基本方針も変わる。しかし、制度化された集団は、同じ集団としての同一性を保ちながら、集団としての義務を負い、権利を行使する。制度化された集団は、集団としての集合的な意思決定にもとづいて、集団として行為する。そして集団の行為は、外部の諸集団、諸個人に多大の影響を及ぼす。そうだとしたら、制度化された集団もまた、レベルは違うにせよ、個人と同様、責任の主体という性格をもつ[……]。[9]（強調原著者）

そうだろうか。この議論には二つの困難がある。一つは個人責任と別に集団自体の道徳責任を措定する意義がないというすでに指摘した点だが、もう一つは集団的主体概念の定立をめぐる問題である。[10]大庭は個人同様の主体性を集団にも認める。だが、それは主体概念を空洞化し意味を失わせるだけだ。確かに個人と集団との間に生成構造の相似を見るのは可能だし、個人と同様に集団に自律性を付与することも正しい。しかし前章で議論したように、近代的了解の下で道徳責任が問いただされる限り、個人と同様に集団も自律システムをなす事実を説くだけでは道徳主体は導けない。この意味での自律性は生物すべてに共通する性質だからだ。犬や猫に責任を問わないように、自律性に依拠して道徳責任を定立することはできない。そうであれば集団に主体性を付与する意味もない。そもそも主体は責任を問う社会的文脈におかれて初めて意義を持つ概念であり、自律性とは峻別しなければならない。

生命に関してなされた考察において木村敏は集団の主体性に言及した。前著で指摘したように、これも同種の誤りを犯している。

サンゴやシャム双生児の場合には全体が物理的にもつながっているけれども、渡り鳥の場合には目に見える物理的な結合部分は存在しない。しかし、可視的で空間的な物質的結合がなければ単一の生命体を形成しないと考える根拠は、いったいどこにあるのか。[……] 地球上のあちこちに、ときどきバッタの異常なまでの巨大集団が発生することがある。そのような集団を形成するバッタは、同一種でも普段とは完全に違った身体的特徴をおびている。一匹々々で生活しているバッタ（孤独相）と大群をなしているバッタ（群集相）とで身体構造が変わるのは恐らくホルモンのせいらしいが、一体なにがホルモンを分泌させて生体の物質的構造を変えるのか。群生しているといっても、可視的な結合ができるわけではない。一匹々のバッタは空間的に分離している。それでもやはりその集団は、各個体の物質的構造を変化させるまでに強力な主体性によって支配された単一の生命体だと言ってはいけないだろうか。[11]（強調小坂井）

だが、「渡り鳥の群れの場合、全体をひとつの主体と見るか個々の鳥をそれぞれに主体と見るかの視点の移動ということが問題になるだろう。〔……〕群れの全体のまとまりに注目しているあいだは、われわれは群れの全体と相互主体的な関係に立ち、群れの全体がひとまとまりの生きもののように見えてくる。そのうちの一羽の鳥に目を向ければ、われわれは今度はその一羽の鳥と相互主体的に関わることになり、その鳥が個別的な生きものとして見えてくる」と木村自身が述べるように[12]、それは認識論的次元の話であり、集団を自律的な生命あるいは主体と捉えるのは飛躍だ。生物は皆、生態系で機能的に連続している。だからといって、相互作用の故に集団を一個の生命体・主体だと理解するのは不適当かつ無意味である。

　生物は過去と物質的に連続しているが、そのことをもって、ただ一つの生命や主体が存在すると考えるのも誤りだ。そのような発想をすると次の不条理にいきつく。父親の精子が母親の卵子と結びついて発生した胎児の成長を通して人間は再生産される。私を構成した最初の細胞は両親の物質からできた。すなわち私は両親の肉体の一部だ。今日私が生きているのは当然ながら、両親だけでなく、彼らの両親、そしてそのまた両親というように、現在の私に到達する血統に属する先祖の誰もが、子供を残す前に死亡しなかったからに他ならない。そのうち一人でも生殖年齢に達する前に死亡していたら、この私はありえない。その意味では我々の誰もが必然的に「万世一系」である。

私は一つの受精卵が細胞分裂して生成した存在だから、現在の私を構成する細胞はどれも初めの受精卵との物質的連続性をもつ。そして私が発生してきた受精卵は両親の肉体の一部である。このアルゴリズムを繰り返す時、アダムとイヴという一組の男女に行き着くのか、複数の人間集団に行き着くのかは別にしても、どちらにせよ最初の人類に行き着くだろう。したがって我々人類はすべて同じ起源に物質的に連なっている。だが、ここでもアルゴリズムは終了しない。人類は他の生物から進化した。突然変異という質的変化はあっても、物質的連続性が絶たれたわけではなく、先のアルゴリズムは人類を越えて貫通される。したがって、より原始的な動物を経て、細菌も越え、最終的に「原形質」にまで私は物質的に連続している。過去・現在・未来のすべての人類だけでなく、すべての生きとし生けるものが物質的連続性で結ばれている。

さらには生命がデオキシリボ核酸（ＤＮＡ）という物質に還元される以上、究極のところ私と世界を物質的に隔離する境界は生物界でさえもない。単なる無生命物質とも私は結ばれている。それに生殖以外による物質連続性を考えることもできる。私という細胞群が死んで大地に帰り、それが植物・動物など生態系の循環を経て他の人間の構成物質の一部になる。私は世界と切れ目なくつながっている、私が世界であり、世界が私であるという奇妙でかつ不毛な結論に行き着く。

擬制としての法人や国家に政治責任および法的責任を付帯するのは可能だが、近代的意味での道徳責任主体に集団はなりえない。日本の戦争責任を認めよと主張する側も否認する側も同じ論理的誤りを犯している。そもそも当時生まれていなかった人々が過去の犯罪になぜ罪の意識を持つのか。因果関係で責任を理解するならば、ナチス・ドイツのホロコーストの責任が日本人にないのと同様、過去に日本軍や日本国家がなした行為に道徳責任を負う義務も、引き受ける権利も戦後生まれの日本人にはない。ユダヤ人に対するドイツ人の犯罪や、アルメニア人に対するトルコ人の犯罪、アメリカ先住民に対するイギリス人の犯罪などを我々が認めるのと同じ「気軽さ」で日本の戦争犯罪を認められるはずだ。それを嫌がって南京虐殺はなかったとか、日本だけが悪いのではなく朝鮮や中国も悪かったとか、当時の世界情勢から考えて日本の植民地主義を非難できないとか言い募るのは、自分を「日本」に同一化するからだ。日本の犯罪を認めよと主張する側も「日本」に同一化している事態は変わらない。ひいきの野球チームが優勝すると、自分が勝ったわけでもないのに大喜びするのと同じ種類の論理的誤りを両者とも犯している。

二〇〇五年四月に起きたJR福知山線の脱線事故で多くの乗客が死亡した時、まるで自分が日本人の代表であるかのように、「謝れば済むと思っているのか」と鉄道会社の職員を糾弾する記者の姿がテレビに映った。イラクの人質救出にかかった費用を自己負担せよ、我々の税金を無駄遣いするなと主張する人々は「日本」への同一化を通して批判している。いくら経費が国にかかったかは不明だが、一億円なら国民一人当たり一円、一〇〇億円でも自らが負担するのは一〇〇円にすぎない。だが、自分が同一化する「日本」は莫大な経費を払った。だから「日本」の名において憤る。

我々が抱く責任感覚は心理的同一化に依存する。実存主義を表明するラリー・メイは、自らの属する集団が生み出す出来事に構成員は責任を負うと言う。カール・ヤスパースが提示した「形而上学的罪」という概念から彼は出発する。刑法的罪・政治的罪・道徳的罪のどれとも異なる性質の概念としてヤスパースは形而上学的罪を区別し、次のように規定した。

人間は人間であるという、そのこと自体により相互間の連帯が存し、世界に生ずる全ての不正義、全ての悪、特に目の前で起き、知らずにはいられなかった犯罪に対して共同責任を負う。これらの罪を阻止するために可能なことを私が行わないならば、私は共犯者である。他者の殺戮を阻止するために自らの命を賭さないならば、あるいは口を閉ざして傍観するならば、ある意味において私は罪を負うと感ずる。この感覚は法律・政治・道徳的罪いずれとも異なる。このような出来事の後に私が生き続けることは、決して消えることのない罪として私にのしかかる。(13)この概念規定を受けて、自らが属す集団が犯罪行為をなす場合に、その集団から離脱しなければ自らも道徳的責任を負うとメイは主張する。

他の同胞(あるいは現実的にはより小さな集団)がなす有害な行為から距離を取るために何もしないという点が形而上学的罪に関して重要だ。形而上学的罪は、何をするかという狭い概念に基づくのでなく、自らがどんな人間であるかを選択するというより広い概念に規定される。(14)

実存主義倫理を支える原理によれば、自らが何者であるかの選択に対して、つまり自らの行動だけでなく、態度・属性・性格の選択に対してもひとは常に道徳責任を負う。(15)しかし自らは何もしなくとも、害を及ぼす集団に属す事実だけから、すべての構成員に責任が発生すると考える哲学者はメイ自身も認めるように少ない。(16)道徳的罪と形而上学的罪とを区別したヤスパースの意図にもこの見解は反する。[17]「形而上学的罪は、何をするかという狭い概念に基づくのでなく、自らがどんな人間であるかを選択するというより広い概念に規定される」とメイは述べるが、自分の属性や性格は選択できない。

集団責任と心理的同一化の密接な関係が図らずもここに読み取れる。同一性は何らかの固定した状態や内容ではなく、不断の同一化を通して人間が作り出す虚構の物語だ。自らは行為に加担しなくとも、悪をなす集団に同一化して我が身の存在を恥じる。犯罪に関わりを持つことで自分が穢れた感じがする。これが集団的道徳責任の正体だ。

アンソニー・アピアにならって、凶器の販売をめぐる次の二つの例を考えよう。[18]二軒の刃物店がある。片方の店の従業員Xは、裏切った仲間を殺そうとする非行少年グループの会話を偶然耳にする。どうしようかと迷う間もなく、連中の一人が店に近づいてくる。刃渡り二〇センチのナイフを買いたいと言う少年にどう対応すべきか。販売を拒めば、もう一軒の店に買いに行くのが目に見えている。警察に連絡しても間に合わない。もう一軒の店主は有名な金の亡者で、自分の売った刃物がどう使われようが気にする人間ではない。売るべきか拒むべきか。どちらにせよ裏切り者が処刑されるのはまちがいない。したがって売ろうが拒もうが、悲劇の結末には変わりない。またこのナイフは人気商品だから、今売らなくても明日にはどうせ売れる。したがってこのナイフを非行少年に売って利益を得る意味はない。刃物を売るべきでないという意見が大半だろう。だが、その根拠は何なのか。自分が売った刃物が処刑に使用されるからか。犠牲者が殺される状況は変わらなくとも犯罪に荷担すべきでないと考える根拠はどこにあるのか。

問題をわかりやすくするために、もう一つ別の筋書きを考えよう。今度は二つの店でなく一軒の刃物店が舞台だ。店主に命じられて倉庫に商品を取りに行った店員Yは先ほどと同じように不良少年の企みを偶然耳にする。倉庫に取りに行った商品箱には刃渡り二〇センチのナイフが詰まっている。商品箱を店に持って行けば店主はそこからナイフを取り出して売るだろう。商品を補充しなければ、店にすでに展示してある同じタイプのナイフを売るだろう。さて倉庫の店員はどうすべきか。この場合も裏切り者を待ち受ける運命には変わりない。どのナイフを売ろうが店に同じ利益がもたらされる。自分が運んだ箱の中にあるナイフが殺人に使用されるか、店主が昨夜自分で運んだ箱の中から武器が選ばれるかだけの違いだ。

店員の責任という外からの判断を離れ、自分が彼の立場にいると想像すると問題の所在が理解しやすい。第二の状況のYが負うべき責任は、第一の状況のXの場合に比べて軽い感じがする。何故だろう。二つの状況に我々が受ける感覚の差は、犯罪行為との心理的結びつきの強さに関わる。結果は同じでも、その行為との関連性が高くなるほど、我々は行為に自らを同一化させやすい。そのため犯罪行為によって穢される感覚が生まれる。Xは実際にナイフを非行少年に手渡すが、Yの場合はそうでない。犯罪との関係がより薄まっている。第一の状況においてナイフ販売で得る利益は十分な説明にならない。すぐに売れるのだから、利益だけのためなら今売る必要はない。利益享受は単なる経済的観点からでなく、それによって犯罪行為と当人がより密接に結びつけられる心理的同一化の角度から理解するべきだ。

一九四八年に起きた強盗殺人事件の免田栄被疑者は一九八三年にやっと冤罪が認められ釈放された。逮捕された時、彼には二歳の娘がいたが、すぐに死亡した。免田は言う。「わたしが捕まって［……］家族ぜんぶで、寒いところに放り出したらしい」「穢れです。穢れたものは残さないという感覚です[19]」。

責任が因果関係とは別の原理に依る事実が次第に明らかになってきた。以下では責任現象の根源的な社会・歴史性を確認し、その正体に迫ろう。

責任概念の歴史変遷

犯罪処罰の仕方は地域・文化によって大きく異なる。近代以前には人間だけでなく、死体・動植物、石などの無生物も裁かれ罰せられた[20]。かなり最近まで心神喪失者や精神疾患者、そして年端のゆかぬ子供が重罪に処された。何もしない人々が集団責任を科せられた。死体が刑罰の対象になったのは自殺と重罪を犯した場合である。古代ギリシアを始め多くの社会で自殺が罪とされ、自殺者の死体は葬式や埋葬が禁じられ、領土から追放された。すでに死んでいるにもかかわらず絞首・火炙り・斬首の刑にふされたり、拷問された。フランス革命をわずか一〇〇年ほど遡る一六七〇年に公布されたフランス王国勅令は、宗教異端者や王殺し犯の死骸に対して、顔が地面で擦れるようにしながら市中を引き回した後に絞首刑を施すよう規定した。

動物裁判はよく知られている。ギリシア・ローマから近世キリスト教世界に至るまで、動物が人間に危害を与えた際、「犯罪者」として動物が裁判にかけられ、その結果たいてい死刑判決が下った。公開の絞首刑が一般的だが、石打・斬首・焚刑になることもある。手足の切断など被害者が受けた傷と同じ損傷を動物に与えてから殺す場合もあった。獣姦罪に問われると、戒律を破った人間だけでなく動物も同様に石打刑などで殺された。プラトンは『法律』において、動物が人間を殺した際の刑罰を規定し、「殺人犯の動物に対して、殺された被害者の近親者は訴訟を起こさねばならない」と記した[21]。

動物裁判は一二世紀から一八世紀まで特にフランスで頻繁に行われ、歴史家が多くの例を報告している。人や家畜を殺傷したり、畑や果樹園を荒らした動物は逮捕されて監獄に放り込まれる。領主の代訟人つまり検察官の証拠調べがすむと被告に対する起訴請求が行われ、受理されれば、被告たる動物の弁護士が任命されて裁判が始まる。裁判では証人の陳述を聞き、検察官が論告求刑し、裁判官が判決を言い渡す。審理のどの過程でも人間と同様に動物が扱われた[22]。動物裁判は民衆リンチではない。裁判および処刑は公的制度として行われ、費用を国王あるいは領主が負担した[23]。

稀だが植物や無生物が処罰されることもあった。例えば木から落ちて死亡すると、死者の親族が集会を開き、問題の木を切り倒した後、小さく挽き割って風に飛ばした。戦闘で殺された被害者の親族は、使用された武器を罰する目的で焼却処分することもあった。

何故、意志を持たない死体・動植物・無生物が裁判にかけられ、処罰されたのか。現在の我々の感覚からすると責任能力を持たない子供や精神疾患者がなぜ処罰対象になったのか。犯罪行為にかかわらない他人にまで集団責任が及んだのは、どのような理由によるのか。

迷信、科学知識の欠如あるいはアニミズム世界観が原因なら、次のような解釈になるだろう。精神医学が未発達な時代には、健常者と精神異常者との境界が定められず、合理的思考力に欠ける精神病者にも責任が問われた。同じ理由で、大人と同じ判断能力が子供にない事実に無知だったため、子供まで責任を負わされ処罰された。死体・動植物・無生物が裁判にかけられ罰せられたのは、人間以外の存在にも魂を見いだすアニミズム世界観が原因である。集団責任についても、個人が未分化な時代には個人行為と集団行為の違いが明確でなく、犯罪行為を行った当人以外の人々、家族全員や部族全体が処罰対象になった。こう考えればよいのか。

だが、この説明は歴史事実に合わない[24]。アニミズム世界観が原因で死体・動物・植物・無生物が裁判にかけられたのならば、アニミズムが支配的な時代ほどこの傾向が強いはずだ。ところが動物裁判が最も頻繁に行われたのは原始社会でなく、キリスト教の影響下に近代化を遂げつつある一四世紀から一七世紀のヨーロッパだった。プラトンら合理精神に満ちたアテネの哲人が動物に意志の存在を認めたとは考えられない。すでに言及した一六七〇年発布のフランス勅令は死体の裁判と処罰を規定したが、懲罰の苦しみを死体が感じられるとルイ一四世時代の法学者が信じたわけでもない。アニミズムによる説明は説得力を持たない。

罪の重さに応じて子供・精神障害者・死体・集団の責任が問われたり、免除されたりしたのは何故なのか。普通の殺人では子供や精神障害者の責任能力を否定する一方で、重大な殺人事件の場合だけ、これらの人々が厳罰に処されたのは何故か。大人や健常者とそうでない人々とを区別する判断力を、重大犯罪が起こった時だけ当時の人々が急に失ったとでも言うのか。一八世紀のヨーロッパ刑法学者は、通常の殺人事件では犯人個人だけを罰したのに、王殺しの場合は殺人犯当人だけでなく、その家族全員を処罰した。王が殺された時だけ、個人と集団が混同されたのか。

死体・動物・子供・精神障害者・集団が責任を負わされた事実は、科学知識の未発達・個人の未分化・アニミズムでは説明できない。この解釈は二つの誤りを犯している。

一つは責任を因果律で理解する姿勢だ。死体や動植物の処罰を説明するためにアニミズムを持ち出したり、精神病者や子供あるいは集団に対する処罰の理由を精神科学の未発達や個人の未分化に求めるのは、意志が行為を引き起こすと考えるからだ。そこに根本的な過ちがある。責任は因果律では捉えられない。

もう一つの問題は普遍的価値が存在し、時代が進むにつれて正しい責任概念に次第に近づくと考える進歩史観だ。人類の知識が蓄積されるとともに誤りが少しずつ訂正されて、より正しい世界観が構築される。野蛮な拷問で人々を苦しめた古代・中世の刑法理念が反省され、より満足な価値観が練り上げられるのだと。

多様な道徳観が散見される理由を各社会・文化の固有性に求めるのはよい。だが、奇妙な処罰慣習が共同体固有の世界観に起因するように、正しいとされる責任概念も現在の我々の世界観を反映するにすぎない。我々近代人の責任概念だけが社会・心理的制約を逃れ、普遍的真理に合致する保証はどこにもない。善悪の基準や処罰体系の根拠は非社会的・超歴史的な要因に探すのでなく、人類社会全体に共通する集団性自体に求めなければならない[25]。

責任の正体

常識的に考えると犯罪発生から刑罰までは、(1)犯罪事件の発生、(2)その原因たる行為者つまり犯人を探し出す、(3)犯人の責任を判断して、(4)罰を与えるという順序にしたがう。すなわち犯人をまず見つけ、責任が確定した後に罰が決定される。したがって責任と罰は二つの別概念をなす。しかしポール・フォーコネは異なる解釈を提示する。そもそも犯罪とは何か。それは共同体に対する侮辱であり反逆である。社会秩序が破られると社会の感情的反応が現れる。したがって民衆の怒りや悲しみを鎮め、社会秩序を回復するために犯罪を破棄しなければならない。しかし犯罪はすでに起きてしまったので、犯罪自体を無に帰すことは不可能だ。そこで犯罪を象徴する対象が選ばれ、このシンボル破棄の儀式を通して共同体の秩序が回復される。責任という社会装置が機能する順序をフォーコネはこう分析した[26]。

犯罪の代替物として適切だと判断され、犯罪に対する罰を引き受ける存在が責任者と認められる[27]。(強調原著者)

犯罪の結果を——感情の上での波及効果を——破棄する必要がある。つまり駆りたてられた激情が尽きて鎮まらなければならない。［……］法に反するものを取り除き、以前の秩序を回復するだけではすまない。犯罪の処罰を通して再び新風を吹き込み、傷ついた感情を癒さねばならない。道徳規則の権威に社会が抱く信頼そして道徳への信奉が慰めを要求する。犯罪から生じた動揺を鎮め、侵された戒律を回復するために社会が見つけた唯一の手段は、犯罪から社会が受けた冒瀆のシンボルに感情を爆発させ、このシンボルを想像の上で破壊することだった。この破壊的激怒が処罰の源泉をなす。処罰が完了するのは、犯罪が取り除かれたと社会が信ずるに至った時であり、その前ではありえない。[28]（強調原著者）

社会秩序への反逆に対する見せしめとして刑罰は執行される。見せしめの刑を通して、社会秩序への造反事実が共同体の人々に告げられるとともに、社会の掟や禁止事項が想起され、社会規範が再確認される。禁忌に触れると恐ろしい処罰が待つと威嚇する機能を見せしめは担う。[29]

事件のシンボルとして何が選ばれるかは時代および文化により異なる。見せしめの対象は必ずしも犯罪行為者とは限らない。見せしめの刑は犯罪事件のシンボルに科せられるのであり、当該社会が共有する世界観にとって犯罪の代替物になりさえすれば十分だ。犯罪行為者が責任者として選定され罰を受ける場合は確かに多いが、それは責任や罰が因果関係に依拠するからでなく、犯罪事件が把握される過程で行為者が一番目立つからにすぎない。

> 本質的なのは行為者が担う役割の重要性だ。犯罪場面が心に浮かぶ。この劇場で主役を演ずる登場人物つまり犯人［auteur］がいる。しかし実は役者［acteur］という言葉の方が状況をより正確に表現するだろう。［……］罰の受動者［patient］として犯人が最も頻繁に選ばれるのは、犯人のイメージが犯罪と特に密接に結びつくからだ。犯罪により生じた動揺が一番最初に波及し、特に強く結合するのが犯人のイメージだからだ。犯罪事件から生まれる不安を前に犯人のイメージだけが喚起されるからだ。[30]（強調原著者）

フォーコネ説において責任と罰は表裏一体の概念をなす。責任があるから罰せられるのではなく、逆に処罰が責任の本質をなす。したがって責任者であるのに罰せられない事態は論理的にありえない。

犯人＝責任者は定義からしてスケープ・ゴートだ。普通はスケープ・ゴートと言うと本当の犯人がいて、代わりに無実の人が罰せられる事態を意味する。だが、フォーコネのテーゼにおいてスケープ・ゴートは犯罪自体の代替物であり、犯罪者の身代りではない。責任者の同定は犯罪の原因究明ではなく、けじめをつける目的で犯罪のシンボルとして破壊するための対象選定だから、スケープ・ゴートとして選ばれたシンボルがまさしく犯人であり責任者に他ならない。スケープ・ゴートの選定が犯人＝責任者の確定を意味するから、スケープ・ゴート以外に真犯人はいない。

行為の因果関係とは別に、社会秩序への反逆を罰する装置として責任が機能するのは、すでに過ぎ去った時代の遺物ではない。二〇〇四年、イラクで人質になった日本人三人に一部の週刊誌や新聞が批判や嫌がらせを展開し、自己責任という表現が流行した。一見するとこの言葉は前近代的な集団責任概念に対立するようだが、それは錯覚だ。日本社会の伝統的な温情・平等主義に代わって個人主義が広がり、個人の責任が強く問われるようになったのではない。個人主義化から自己責任論が派生したのなら、解放された人質の帰国に際し、家族にまで中傷が及んだ事実をどう説明するのか。

自らは悪くないのに、家族や組織の部下がした行為の責任を負うのは日本社会の伝統だ。今でもそれは変わらない。地方の新聞配達員が犯罪に及ぶと本社の代表が謝罪する。教員が飲酒運転や痴漢で検挙されると、校長や学部長・学長が記者会見で頭を垂れる。飲酒運転も性犯罪も私生活の出来事であり、学校組織が管理する問題ではない(31)。犯罪を制御する手段も学校や大学当局にない。それでも謝罪を表明しなければ世間が赦さない。大麻使用や未成年者の喫煙飲酒は当人の健康の問題だ。それなのに、あたかも恥ずべき事をしたように扱われ、マスコミに叩かれる。本来の目的が忘れられ、遊離した規則が一人歩きする。「世間をお騒がせして申し訳ありません」という常套句に象徴されるように、責任現象はフォーコネが分析したとおり、社会秩序を回復するための儀式として機能する。

虎ノ門事件を思い出そう。かつて東京帝国大学で教鞭を執ったドイツ人教授は、在日中に起きた事件の一つとして摂政宮狙撃事件に驚いた。一九二三年一二月二七日、難波大助が摂政・皇太子（後の昭和天皇）の車に向けてステッキ銃を発砲し、現行犯逮捕された暗殺未遂事件だ。翌年一一月一三日に大審院で死刑判決が下り、一五日に死刑執行された。ところでドイツ人教授が驚いたのはテロ行為自体ではなく、事件後の日本人の反応だった。誰も凶行を防止しうる位置になかったにもかかわらず、内閣は総辞職、警視総監から道路警備に携わった警官まで一連の責任者が根こそぎ懲戒免官になった。犯人の父はただちに衆議院議員の職を辞し、門前に竹矢来を張って一歩も戸外に出ず、食事をとらず餓死した。郷里の全村はあげて正月の祝いを廃して喪に入り、犯人の卒業した小学校の校長ならびに彼の学級を担当した訓導も、不逞の徒をかつて教育した責を負って職を辞した[32]。

過ぎ去った時代の話ではない。家族の誰かが凶悪犯罪をなすと、両親・兄弟姉妹・子供にまで世間の糾弾は達し、自殺・離婚・家族離散・退職の憂き目にさらされる。親は我が子の罪を自ら背負い、一生かけて償う覚悟を決める。自分の子を犯罪者に育てる親はいない。ある意味では被害者の遺族以上に辛い試練のはずだ。だが、社会は彼らを村八分にし、抹殺する。[33]

しばしば勘違いされるが、個人主義と自己責任論は対局に位置する。構造不況の中、失業者・ホームレスが増加し、不安定になった社会規範・秩序を回復するためにスケープ・ゴート現象が顕著になった。大学や研究組織に導入された競争原理も従来からの集団管理構造に搦め捕られ、個人間の競争よりも組織どうしが張り合う形に変容した。集団競争の一環として教員への締め付けが強くなる。個人主義化の波ではない。集団の自己保存機能として再編成が進行する。

責任を問うためには行為・出来事の原因を個人に帰属させる必要がある。中世の魔女裁判やインカ・アステカの人身御供の習慣を考えればわかるように、個人主義が未発達な世界でも個人の犠牲を通して社会秩序の維持・回復が図られた。自己責任論は前近代的スケープ・ゴート現象だ。

フォーコネ説はスケープ・ゴートを罰せよという規範的主張ではない。過去から現在そして未来までずっと責任はこのように機能する。フォーコネは問う。「奇妙な責任形態は社会的原因によって生まれると認めながら、どうして真の責任だけはそうでないと言えるのか[34]」。「真の責任」とは何か。前章でデュルケム犯罪論に言及した。彼の弟子フォーコネも同様に善悪の基準を社会規範に求める。悪い行為だから我々は非難するのではない。逆に社会的に非難される行為を我々は悪と呼ぶのだ。

スケープ・ゴート責任論は人権を無視する過去の遺物だという反論は誤解だ。「犯罪の代わりになりうるシンボルを社会は誠実に［de bonne foi］生み出す」（強調小坂井）[35]とフォーコネは言う。責任が問われる時、逮捕者が身代わりだとは知られない。身代わりの事実が露呈すれば、他のシンボルを社会は再び求め、真の責任者だと信じられる存在が罰せられる。社会秩序は恣意性が隠蔽されるおかげで成立する。社会現象の客観的分析としてフォーコネ説を誤りだと反論することは可能だ。だが、正義にもとると非難するのは的外れである。

精神鑑定の役割

犯罪が起きると裁判所やマスコミが精神科医に鑑定や解説を依頼する。だが、この習慣を社会心理学者は批判する。ミルグラム実験の服従率を予想させた時、一〇〇〇人に一人という低い数値を精神科医は挙げた。行動を説明する上で精神科医や臨床心理学者は人格などの内因を過大評価するとともに状況要因を軽視しやすい。これを彼らの職業病だと批判する者もいる[36]。

だが、裁判の目的が因果関係の検討になく、責任の辻褄合わせなら、社会心理学者でなく精神科医や臨床心理学者が起用される慣習は理に合う。犯罪原因の客観的究明において彼らの分析が適切だからではない。世間が本当に欲するけじめをつけ、社会秩序を安定させる上で社会的・イデオロギー的機能を彼らが担うからだ。精神科医よりも社会心理学者を起用せよと批判する者は責任の正体がわかっていない。

裁判所が採用する精神鑑定のイデオロギー性を指摘するために日本とフランスの例を挙げよう。オウム真理教の松本智津夫（麻原彰晃）被告に対して「偽痴呆症の無言状態にあり、訴訟能力を失っていない」と診断した西山詮・精神鑑定書が二〇〇六年二月二〇日に東京高裁に提出された。その内容に疑問を持った弁護側は精神科医・加賀乙彦に鑑定を依頼する。二四日、被告に接見した加賀はその印象をこう述べる。

何を話しかけても無反応なので、持ちあげてみたり、けなしてみたり、いろいろ試してみましたが、こちらの言うことが聞こえている様子すらありません。その一方で、ブツブツと何やらずっとつぶやいている。耳を澄ましてもはっきりとは聞こえませんでしたが、意味のある言葉でないのは確かです。〔……〕

接見を許された時間は、わずか三十分。残り十分になったところで、私は相変わらず目をつぶっている松本被告人の顔の真ん前でいきなり、両手を思いっきり打ち鳴らしたのです。パーンという大きな音が八畳ほどのがらんとした接見室いっぱいに響き渡り、メモをとっていた看守と私の隣りの弁護士がビクッと身体を震わせました。接見室の奥にあるドアの向こう側、廊下に立って警備をしていた看守までが、何事かと驚いてガラス窓から覗いたほどです。それでも松本被告人だけはピクリともせず、何事もなかったように平然としている。数分後にもう一度やってみましたが、やはり彼だけが無反応でした。これは間違いなく拘禁反応によって昏迷状態におちいっている。そう診断し、弁護団が高裁に提出する意見書には、さらに「現段階では訴訟能力なし。治療すべきである」と書き添えたのです。

「……」

「……」松本被告人も詐病ではない、と自信を持って断言します。たった三十分の接見でわかるのかと疑う方もいらっしゃるでしょうが、かつて私は東京拘置所の医務部技官でした。拘置所に勤める精神科医の仕事の七割は、刑の執行停止や待遇のいい病舎入りを狙って病気のふりをする囚人の嘘や演技を見抜くことです。なかには、自分の大便を顔や身体に塗りたくって精神病を装う者もいますが、慣れてくれば本物かどうかきっちり見分けられる。詐病か拘禁反応か、それともより深刻な精神病なのかを鑑別、診断するのが、私の専門だったのです。

松本被告人に関しては、会ってすぐ詐病ではないとわかりました。拘禁反応におちいった囚人を、私はこれまで七十六人診てきましたが、そのうち四例が松本被告人とそっくりの症状を呈していた。[37]

加賀は詳しく西山鑑定書を検討した上で、松本被告人を早く断罪したいと結論を急ぐ裁判官や検事に迎合し、その意に沿って書かれた鑑定書としか思えないと述べる。[38]

行為の原因を人格に求める常識を本書は一貫して批判してきた。人格が行動に無関係という意味ではない。だが、人間行動は複雑な原因が重なって生ずるのであり、心理テストや精神鑑定などでは割り出せない。鑑定時点における精神状態の判断と、過去に行ったかもしれない行動の推測や将来起こりうる行動の予測可能性は別問題だ。

第3章で言及したフランスのウトロー冤罪事件を例に、秩序維持に動員される精神鑑定の姿を見よう。裁判の過程で、(1)自らの犯行を自白し、他の被疑者を告発する者、(2)無実を叫び続ける被疑者、(3)被害にあった子供という三つのグループに分けて精神鑑定が行われた。

子供に関しては性的虐待を実際に受けたかどうか、彼らの供述は信頼に値するかが問われた。合計一七名の子供が鑑定され、全員被害を受けたのは事実であり、言い分は信頼できると報告書は結論づけた。中には証言をすでに取り下げた子供が三人いたが、彼らも性的虐待の被害者だと判定した。

他の被疑者を告発する大人に関しては虚言傾向が鑑定され、嘘の自白を取り下げた一人を除いて全員、証言が信頼に足ると結論された。逆に自白を翻した者だけは嘘をつく性向があると判断された。否認を続ける被疑者については、八名が性的攻撃傾向を持つ人格だと判定された。

つまり子供は性的虐待をまちがいなく受け、彼らの供述は信憑性がある、子供の言い分を認める大人は嘘をついていない、そして被疑者は児童に対して性虐待に走りやすいと検察側鑑定書は結論づけた。弁護側は鑑定に異議を申し立て、再鑑定を請求するが、「鑑定人は裁判所が認可した専門家であり、鑑定書の客観性に疑いはない」と予審判事に却下された(39)。

だが、提出された鑑定書を読み比べるとどれもほぼ同じ内容であり、同じ綴りまちがいまで繰り返されている。その点を指摘された鑑定士の一人(ルーアン大学心理学部教授)は、「確かにコピーしながら複数の鑑定書を作成した。しかし家政婦のような低い賃金しか払わなければ、家政婦にも作れる程度の鑑定書になるのは当たり前だ」と答える始末だった。この精神鑑定士は後ほど裁判所の公認鑑定士リストから除名され、世論にも叩かれた(40)。

他の鑑定士は子供保護団体の活動家であり、原告の一つである地方公共団体から財政援助を受けていた事実が判明し、鑑定の客観性・中立性が問題になった。そのため第一審の途中でこの鑑定士は罷免になり、鑑定結果が破毀された。この鑑定士は何の学歴も持たない、たたき上げの独学者だった。ちなみにフランスでは心理カウンセラーの看板を出したり、精神鑑定士として裁判所で認可を受ける上で特別な資格や学歴は必要ない(41)。このような「専門家」を公認鑑定士として裁判所が数年間にわたり認可し、この裁判以前にも多くの鑑定をさせた事実自体驚かされる。法廷の証言台に呼ばれた鑑定士は弁護側および判事の質問に明確な返答ができず、専門用語の羅列でその場を逃げようとしたが、最終的には鑑定のいい加減さを認めざるをえなかった。

ウトロー事件の精神鑑定ではロールシャッハ・テストが用いられたが、心理投影テストの信憑性は以前から疑問視されている。主観に左右され、判定結果が鑑定士によって異なるからだ。例えば一九八四年の日本心理臨床学会シンポジウムで行われた実験では、著名な心理臨床専門家三人に同じロールシャッハ・テストの反応を前もって送り、検討してもらった。シンポジウムの席での鑑定結果は三人それぞれ大きく異なった。それだけでなく、このロールシャッハ・テストを受けた当人は誘拐殺人事件の犯人としてすでに処刑された死刑囚だったが、彼の実際の性格に照らし合わせると、どの鑑定にも信憑性は見られなかった。[42]心理テストの大家アンヌ・アナスタシが断罪する。

インクのシミが明らかにするのは、唯一、それらを解釈する検査者の秘められた世界である。これらの先生方は被験者のことよりも自分自身のことをたぶん多く語っている。[43]

アメリカ合衆国でも受刑者の仮釈放を審査する際などにロールシャッハ・テストが頻繁

に使用されている。だが、被害者の心的外傷後ストレス障害（ＰＴＳＤ）の診断や、容疑者の反社会的傾向の判断に役立たない事実は実証研究で判明している。ロールシャッハ・テスト推進派のロビー活動もあって、心理学の専門知識を持たない弁護士や判事が以前にはこのテストの実効性を疑わなかったが、最近では疑問視する傾向が次第に強くなっている[44]。

犯罪者の成立

すんでのところで犯罪行為を踏み留まる者もいれば、一線を越えて犯罪を実際に犯し、投獄される者もいる。同じ社会環境の下で育っても、ある者は殺人を犯し、他の者はそうしない。何故か。犯罪者とそうでない者とを分け隔てる何かが各人の心の奥にあるのか。しかし実は因果関係が転倒している。行為に走った者にはもともと殺人者の素地があったと我々は事後的に信じ、本人もそう思い込まされるのだ。人間は外界の影響を強く受けながら、そしてたいていは明確な意識なしに行動する。意志が行動を選び取るのではなく、行動に応じた意識が後に形成される[45]。

東京拘置所に勤めた加賀乙彦は、ほんの小さなきっかけで普通の人間が殺人を犯す事情を「悪魔のささやき」と表現する。無期懲役や死刑に値する凶悪犯罪をなした囚人について加賀はこう話す。

［……］この人たちは鬼でも魔物でもない、私と同じ一人の人間なんだと痛感させられたのです。［……］情緒や道徳的感情が欠如していて良心の呵責を感じることなく凶悪犯罪を行える、いわゆる反社会性人格障害などはごく少数にすぎません。また暴力団員のような職業犯罪者のなかには、組織の命令によって平然と悪を行う人たちも存在するけれど、これも日本人全体から見ればそんなに多くはない。ゼロ番囚[46]といえども、そのほとんどは私たち同様、人を殺そうとも、自分に人が殺せるとも夢にも思ってはいなかった。なのに気がつけば、ある日突然、殺人者になっていたのです。［……］人を殺せるなどと思っていなかった人間が、いかにしてその一線を越え、殺人者となるのか。[47]

顔見知りだった弁護士の妻と娘を殺害した男はその時の心理状態を加賀にこう説明する。

奥さんは小柄で、いかにも無力そうな細い首をしていて、その首が私の両手でもってキュッとつかめそうだったんですよ。で、奥さんがうしろを向いたとき首をつかんで絞めたら、あっけなく死んでしまった。なんであんなことしちゃったんでしょう。まるで悪魔にでもささやかれたみたいに、ついふっと手がのびて……

［……］どうせ人を殺したんだから何か盗ろうかと物色しているところに、さっき「行ってきます」と出かけた娘さんが忘れ物を取りに勝手口から帰ってきた。あわてて、これは娘も殺さなきゃと流しにあった包丁で胸を刺していました。(48)

自殺を図ったが助けられて病院に入院した人々に面接した加賀は意外な反応に驚く。

そのとき驚かされたのは、皆さん異口同音に「助かってよかった」と言っていたこと。［……］命をとりとめたとはいえ重傷を負って苦しんでいる人や片足を失ってしまった人たちさえ喜んでいる。テレビドラマなどでは、「どうして死なせてくれなかったの！」などと怒るのが定番だけれど、私の経験ではそういうケースはありませんでした。

自殺の動機として語られた理由は、人によってさまざまです。［……］しかし、皆一様に死ななかったことを喜び、「今はもう死ぬ気はありません」と言うのです。

共通点はもうひとつありました。それは、命を絶とうとした最期の瞬間について、ほとんどの人が多少表現の違いはあるものの、やはり「悪魔がささやいた」というようなことを口にしていたこと。

［……］「別れた彼に電話したら無言で切られて、で、ふっとテーブルに目をやったら果物ナイフがあって、気がついたら自分の胸に突き立ててた。今思うと、あんなことよ

くできたなって自分でもびっくりします。ほんと悪魔の助けでもなきゃ、あんな怖いことできないと思う」

「いえ、私は別に死ぬ気なんてなかったんですよ。発注ミスをした部下と一緒に取引先に謝りに行ってペコペコ頭下げて、会社に戻ったら上司に嫌み言われて、明日提出しなきゃいけない書類があったんで残業して。で、なんだかひどく疲れちゃったもんだから、帰り道にある歩道橋の上でぼんやり車が通るのを眺めていたんです。もう女房は寝てんだろうなぁ。今日も残りものチンして一人で食べんのか。そう言えば最近、うまいもの食ってねえなぁ。いいことなんかなんもないもんなぁ……そんなことを考えてるうちに、なんだか生きててもしょうがないような気がして、次の瞬間には歩道橋の手すりを乗り越えていました。自分の意志で飛びおりたというより、操り人形みたいに誰かに動かされてるような感じでした[49]」

警察の厳しい尋問の下、犯行動機が後から形成される。服役生活において罪を日々反省する中で犯罪時の記憶が一つの物語としてできあがる[50]。釈放されても前科者は再就職に苦労し、伴侶を見つけるのも難しい。そのような生活の困難が再犯へと導く。犯罪者の素質ゆえに犯罪者になるのではない。まるで単なる出来事のように本人の意志をすり抜けて犯罪行為が生ずる。だが、そこに社会は殺意を見いだし、犯人の主体的行為と認定する。自由意志で犯罪を行ったのだと社会秩序維持装置が宣言する。

死刑の真相

死刑執行の残酷な実情が米国で一般に知られるにつれて、死刑を廃止して終身刑に代える動きが出てきた。無期懲役と違い、受刑者が心を入れ替えて模範生活を送っても死ぬまで出所できない。犯罪から社会を保護する観点から言えば、終身刑は死刑の代替制度として十分機能しそうな気がする。それでも死刑制度の存続を望む声は強い。一九八一年に死刑を廃止したフランスでも再開論議が絶えない。何故だろう。

死刑に比べ終身刑は犯罪者に与える恐怖が弱く抑止力に欠けるからだろうか。序章で説いたように、行為が引き起こされるメカニズムを考えると、そもそも死刑に抑止力があるか疑わしい。死刑と犯罪率との関連について一九八八年に発表された国連レポートは「終身刑に比べて死刑が犯罪抑止力に優れる科学的根拠は見いだせない」と結論づけた。死刑を廃止した国で犯罪率が増加した事実もない。カナダでは死刑制度を廃止する一年前の一九七五年に人口一〇万人当たりの殺人件数が三・〇九という未曾有の数字に達していたが、死刑廃止後に殺人率は低下し始め、一九八〇年には二・四一を記録した。その後も殺人事件発生率は減少し、死刑廃止二三年後の一九九九年には一・七六までに下がった。廃止前の一九七五年の数値に比べ四三％の減少に相当する[51]。

死刑制度のない国の重罪率が、死刑存置国に比べて高い証拠もない。そもそも近代以前には車責め・火炙り・八つ裂き、あるいは火で真っ赤に焼けたやっとこで肉をもぎ取るなど惨い拷問を科したり、釜茹・竹鋸引き・串刺しの刑など想像を絶する苦しみを与えて処刑したにもかかわらず[52]、犯罪が絶えなかった。

加賀乙彦が東京拘置所に勤務していた時、殺人犯一四五名に面接して尋ねたところ、誰もが死刑制度の存在を知っていながら、犯行前に死刑を念頭に浮かべた者は一人もいなかった。犯行の最中に死刑のことが頭によぎった四人も、それで犯行を中止することはなかったという[53]。

したがって死刑を望む本当の理由は他にあるはずだ。犯罪によって乱された社会秩序を再び取り戻すために、犯罪行為のシンボルとして受刑者を世界から抹殺する必要があるからだ。勝手に自殺しないよう死刑囚は厳重な監視下に置かれる。しかし死刑制度を維持する理由が危険人物の抹殺ならば、死刑囚が自殺しても困らないはずだ。どちらにせよ殺される身だ。本人が死を選ぶ不都合はどこにあるのか。自殺してくれれば執行官の重荷がなくなり、かえって都合が良いではないか。

米国テキサス州の死刑囚が一九九九年一二月に向精神剤を多量に飲んで自殺を図り、担当部署は大騒ぎになった。受刑者は病院まで飛行機で搬送され、一命を取り留めた。こうしていったん命を助けたまさにその翌日、処刑した。[54] 一九九五年八月、オクラホマ州の受刑者は死刑執行直前に薬を多量に飲んで自殺を試みた。すぐさま胃洗浄が施され、意識を取り戻したため、予定通り注射刑が執行された。[55] 二〇〇二年一一月に二度の心臓手術を受けた後、翌月に処刑されたイリノイ州の受刑者もいる。何故こんな手の込んだことをするのか。上告するどころか、早く死刑にしてくれと嘆願する死刑囚もいる。自殺に等しい行為だが、国家の主導権下に死刑執行される限り問題にならない。だが、受刑者が国家の支配を逃れ、自らの命を自由にすることは許されない。

死刑制度維持の主な論点は累犯防止・応報・犯罪抑止だ。死刑でも自殺でも受刑者は死に至る。したがって累犯防止の目的は達成される。監視の眼を盗んで首を吊るにせよ、薬を大量に飲んで自殺するにせよ、死刑執行よりも肉体的に苦しい死を迎える。死刑囚の苦しみを軽減するために様々な努力が払われてきた。特に注射刑なら苦しみが軽減される。したがって罪人に対する復讐の手段としては自殺の方が適している。死刑の抑止力を信じない人の間にも死刑存続を望む声は強い。何故なのか。

序章で制御錯覚について述べた。制御できない様々な要因が我々の生活を司る。だが、不安定な認知環境に生きるのは難しい。そこで安定した秩序が世界を支えている感覚を生み出す社会装置ができる。お守り・占い・願掛けなど現代の呪術が生まれては消え、また装いを新たに現れる。賭け事をする時に唱える呪文と同じように、死刑は制御幻想を維持する手段にすぎないのか。

註

（1） E. Durkheim, *Les règles de la méthode sociologique* PUF, 1981 (première édition : 1937), p. XVII.

（2） F. A. Hayek, *Law, Legislation and Liberty*, Routledge & Kegan Paul, 1979.

（3） J.-P. Dupuy, *Pour un catastrophisme éclairé. Quand l'impossible est certain*, Seuil, 2002, p. 65-66. 数学的証明は H. Atlan, M. Koppel & J.-P. Dupuy, "Von Foerster's Conjecture: Trivial Machines and Alienation in Systems", *International Journal of General Systems, 13*, 1987, p. 257-264; J.-P.Dupuy, M. Koppel & H. Atlan, «Complexité et aliénation. Formalisation de la conjecture de Von Foerster», *in* J.-P. Dupuy (Ed.), *Introduction aux sciences sociales. Logique des phénomènes collectifs*, Edition Marketing, 1992, p. 255-262.

（4） P. A. French, "The Corporation as a Moral Person", *in* L. May & S. Hoffman (Eds.), *Collective Responsibility: Five Decades of Debate in Theoretical and Applied Ethics*, Rowman & Littlefield Publishers, Inc., 1991, p. 133-149; P. A. French, *Collective and Corporate Responsibility*, Columbia University Press, 1984.

（5） M. Gilbert, *Sociality and Responsiblity*, Rowman & Littlefield Publishers, Inc., 2000, p. 19.

（6） G. F. Mellema, *Collective Responsibility*, Rodopi B. V., 1997, p. 102-103.

（7） *Libération*, 29/06/2006. しかしその後、フランス国鉄は上訴し、「鉄道公社は国家の指揮命令系統下に置かれ、責任は国家のみが負う」という理由で二〇〇七年三月に前判決が破棄された。*Le Monde*, 27/03/2007.

（8）前掲、拙著第5章。

（9）大庭健『「責任」ってなに？』（講談社現代新書、二〇〇五年）、一二九―一三〇頁。

（10）集団同一性をめぐる認識論については前著で「テセウスの舟」の神話をもとに議論した。漁師が木の舟を漕いで生活している。舟は修理の度に部品が替わるから、ある時点ですべての部分が交換され、初めの材料は何もなくなる。それでも同じ舟と言えるのか。舟を構成する質料は変化しても舟の形相は維持されるから本質的には同じ舟である。これがアリストテレスの答えだ。では目前で瞬時に舟全体を破壊し、前の舟と同じ構造になるように新材料で建造しよう。百年かかって徐々に材料を替えても一瞬で替えても材料が新しくなる点は同じだ。しかし心理的印象は異なる。すべての部品が交換されても、それに必要な期間が十分長ければ、同じ舟だという感覚が自然に生まれる。形相の連続性を根拠に同一性の保証はできない。異なる状態群を観察者が不断に同一化するために生ずる表象が同一性感覚を生み出す。時間を超えて継続する本質が対象の自己同一性を担保するのではない。対象の不変を信じる外部観察者が対象の同一性を構成する。同一性は対象の内在的状態ではなく、同一化という運動が生み出す社会・心理現象である。より詳しくは前掲、拙著『増補　民族という虚構』（ちくま学芸文庫、二〇一一年）八一―八八頁を参照。

（11）木村敏『生命のかたち／かたちの生命』（青土社、一九九五年）、四六―四七頁。

（12）同三一―三二頁。

（13）K. Jaspers, *Die Schuldfrage*, 1946 [tr. fr. *La culpabilité allemande*, Minuit, 1990, p. 47].

（14）L. May, "Metaphysical Guilt and Moral Taint", *in* May & Hoffman (Eds.), *op. cit.*, p. 241.

(15) *Ibid.*, p. 243.

(16) *Ibid.*, p. 239.

(17)「何かを成就するために生命を賭ける義務を道徳が課すことはある。しかし努力しても何の助けにもならないと確実にわかっているのに、生命を犠牲にするよう道徳は要求しない。危険に敢然と立ち向かえとは言っても、確実な死を選べと道徳は命じない。[……]だが、他のどこかから生ずる罪悪感がある。他の人間すべてと我々とを結びつける絶対的連帯に背く時、形而上学的な意味で罪に問われる。道徳要求が意味を持たない場合でさえも、この罪悪感は消えることのない呼びかけとして我々の内部に残る。不正義で悪い行為に私が出会う時、この連帯に傷がつく。[……]犯罪が私の目の前で生じ、他者が殺されるのに私は生き残る時、私の内部で一つの声が語りかける。まだ生きている私は罪人だと知っていると」。Jaspers, *op. cit.*, tr. fr., p. 80-81.

(18) A. Appiah, "Racism and Moral Pollution", *in* May & Hoffman (Eds.), *op. cit.*, p. 226-232.

(19) 森達也『死刑』(朝日出版社、二〇〇八年)、一八〇頁。

(20) P. Fauconnet, *La responsabilité. Étude de sociologie*, Alcan, 1928 (première édition : 1920), p. 43-67.

(21) Platon, «Les Lois ou de la législation», *Œuvres complètes, II*, Gallimard, 1950, p. 987.

(22) 池上俊一『動物裁判——西欧中世・正義のコスモス』(講談社現代新書、一九九〇年)、三〇頁。

(23) 同五二—五三頁。

(24) Fauconnet, *op. cit.*, p. 203-210.

(25) *Ibid.*, p. 19-20, 222-223.

(26) *Ibid.*, p. 233-234. 小浜逸郎も同様の指摘をする(『「責任」はだれにあるのか』[PHP新書、二〇〇五年]、一二一頁)。

［……］一人の個人の理性的な意図から行為へという「フィクション」の枠内で責任問題を考えるこれまでの「近代的方式」を少しばかり書き換える必要があるのではないかと思っています。

責任をめぐる正しい洞察からすれば、「意図→行為→損害の事態→責任の発生」という時間的な順序があるのではなくて、「起きてしまった事態→収まらない感情→責任を問う意識→意図から行為へというフィクションの作成」という論理的な（事実の時間的な流れに逆行する）順序になっているのですね。

(27) Fauconnet, *op. cit.*, p. 234.

(28) *Ibid.*, p. 232-233.

(29) *Ibid.*, p. 194.

(30) *Ibid.*, p. 273.

(31) フランスでは私生活上で犯罪を犯しても、それだけが原因で失職するのは珍しい。職務上の過失や違反行為でなければ、飲酒運転・脱税・窃盗・性犯罪など、どんな種類の犯罪かにかかわらず、市民として法の裁きを受け、罰を科せられるにすぎない。殺人や強姦など重大犯罪の場合は拘留期間が長いので、いわば長期欠勤の結果として馘首される可能性は高いが、犯罪自体を理由に職場で罰せられるわけではない。だが、大学内において教員や事務員が学生に性犯罪を犯したり、大学の資産を盗用したり、ホロコーストは存在しなかったなどと授業中に述べると、刑法・民法による処罰とは別に職務上の重大な違反行為として厳しく罰せられる。政治家のような人気商売や彼らの手足となって働く高級官僚の場合は政治的判断から辞職を余儀なくされるが、私企業であるか公務員であるかを問わず、私生活上の行為が職務上の処罰を招く例は少ない。

(32) 丸山真男『日本の思想』（岩波新書、一九六一年）、三一―三二頁。柄谷行人「親の責任を問う日本

の特殊性」『倫理21』（平凡社、二〇〇〇年）、一五一―三五頁も参照。

(33) 二〇〇八年六月の秋葉原無差別殺傷事件で、犯人が成人であるにもかかわらず、我が子の行為に対する社会的責任をジャーナリストから問われ、両親はテレビカメラの前で世間に謝罪した（『毎日新聞』二〇〇八年六月一一日）。両親にとっても寝耳に水の事件だ。因果関係から判断するならば、彼らに何ら責任はない。両親は加害者どころか被害者であり、その意味で彼らの苦悩に対する援助を国や社会は保証するべきだ。しかし現実には「世間を騒がせた」責任を問いつめられる。

(34) Fauconnet, *op. cit.*, p. 20, 222.

(35) *Ibid.*, p. 233.

(36) J.-P. Leyens, *Sommes-nous tous des psychologues?*, Pierre Mardaga, 1983.

(37) 加賀乙彦『悪魔のささやき』（集英社新書、二〇〇六年）、一四七―一四八頁、一五〇頁。

(38) 同一五一―一五二頁。

(39) F. Aubenas, *La méprise. L'affaire d'Outreau*, Seuil, 2005, p. 219-220.

(40) P. Trapier & A.-L. Barret, *Innocents. Le calvaire des accusés d'Outreau*, J'ai lu, 2005, p. 680. 法務省が支払う鑑定料金は一件あたり一七三ユーロであり、法廷で証言する際には三一ユーロが加算される。社会保険料や交通費を差し引くと後にはほとんど残らない。

(41) 自由業者としての営業登録さえすればよい。これは仕事内容の管理が目的ではなく、社会保険料や税金を徴収するための措置にすぎない。医師や弁護士のように必要資格が規定される職業と異なり、心理カウンセラーや精神分析家、通訳などは試験も許可もなく誰でも自由業者として営業できる。ただし「psychologue」という肩書きを使用するためには大学で五年間の心理学教育を受ける必要がある。

(42) 村上宣寛『心理テストはウソでした。』（日経BP社、二〇〇五年）、九四―一一三頁。

(43) 同一一三頁。

(44) J. M. Wood, M. T. Nezworski, S. O. Lilienfeld & H. N. Garb, *What's Wrong with the Rorschach?*, Jossey-Bass, 2003, p. 250-251.

(45) 認知不協和理論を参照。L. Festinger, *Theory of Cognitive Dissonance*, Stanford University Press, 1957; J.-L. Beauvois & R.-V. Joule, *Soumission et idéologies. Psychosociologie de la rationalisation*, PUF, 1981.

(46) 東京拘置所で収容番号末尾がゼロの囚人。何人もの人間を殺害した疑いで死刑か無期懲役になると予想される重罪犯を指す。加賀、前掲書一六頁。

(47) 同一九―二〇頁。

(48) 同二〇―二一頁。

(49) 同三八―四〇頁。

(50) 人間の記憶が当てにならないのは他人の行為に対してだけでない。実際にやっていない犯罪でも自ら犯したと記憶が歪曲される場合もある。一九七〇年代に米国で生じた殺人事件で被害者の息子が虚偽自白に追い込まれ、有罪判決を受けた。殺害された母親を帰宅時に発見し、すぐさま彼は警察に通報した。しかし警察は彼を容疑者として取り調べ、嘘発見器にかけたところ疑わしい点があり、犯人として起訴する。最初は嫌疑を否定するが、自分が殺したのだと最終的には思うようになり、警察の調書に彼は署名する。ところが二年後になって、この容疑者が母親を殺害するのは不可能だという新証拠が現れ、釈放された（G. H. Gudjonsson & J. A. C. MacKeith, "Retracted Confessions: Legal, Psychological and Psychiatric Aspects", *Medical Science Law*, *28*, 1988, p. 187-194 [D. L. Schacter, *The Seven Sins of Memory*, Houghton Mifflin, 2001, p. 120 から引用]）。

一九八八年に起きた有名な事件もある。自分の娘二人に性的暴行を加えた嫌疑でワシントン州の警察官が逮捕された。オカルト的宗教儀式に参加して動物を虐待し、赤ん坊を殺したと自白した。強引な取調べを受けるうちに記憶が捏造され、逮捕されるまで気づかなかったのは犯罪を無意識に抑圧していたためだと自ら信じ込む。自白を裏付ける状況証拠はなく、最終的に自白を翻したにもかかわらず有罪判決が下され、二〇〇三年に釈放されるまで服役した（L. Wright, *Remembering Satan: A Case of Recovered Memory and the Shattering of an American Family*, Knopf, 1994. また E. Loftus & K. Ketcham, *The Myth of Repressed Memory*, St. Martin's Griffin, 1994 も参照）。

（51） R. Hood, *The Death Penalty: A World-Wide Perspective*, Clarendon Press, 1996, p. 187.

（52） M. Foucault, *Surveiller et punir. Naissance de la prison*, Gallimard, 1975; 森川哲郎著・平沢武彦編『身の毛もよだつ　日本残酷死刑史』（日本文芸社、二〇〇六年）。

（53） 伊佐千尋・渡部保夫『日本の刑事裁判――冤罪・死刑・陪審』（中公文庫、一九九六年）、三一二頁。

（54） R. J. Lifton & G. Mitchell, *Who Owns Death? Capital Punishment, the American Conscience, and the End of Executions*, HarperCollins Publishers, 2002, p. 98-99.

（55） *Libération*, 13/08/1995.

第6章　社会秩序と〈外部〉

責任は因果律に基づかない社会的虚構だと主張してきた。しかしそれは責任という社会装置の価値や重要性を貶めるためではない。虚構と現実が相反するという常識がそもそも誤りだ。テレビや映画が残像現象を利用するように認知は様々な錯覚が重なり合って可能になる。記憶・意味・心理現象・社会制度はどれも虚構抜きには成立しない[1]。責任・道徳・社会秩序を支える根拠は存在しない。だが、それにもかかわらず人間を超越する〈外部〉が仮象し、人間世界を根拠づける。この仕組みを以下に検討し、虚構の重要性を説こう。

近代政治哲学の〈外部〉

近代は「個人」という自律的人間像を生み出した。神の世界創造物語に寄りかからずに社会秩序を根拠づけうるのか、そして可能ならば、どのような原理に依拠すべきか。これがマキャヴェリ・ホッブズ・ルソーら近代政治哲学が立ち向かった最大の課題だった[2]。人間を超越する神や自然、民族の運命、歴史の必然などという〈外部〉に社会秩序の根拠を投影せず、共同体内部に留まったままで社会秩序の正当性を論理づけるにはどうすべきか。神の権威を認めなければ、人間の世界を司る道徳や法は人間自身が制定しなければならない。だが、人間自身が生み出した規則にすぎないと知りながら、どうしたら道徳や法の絶対性を信じられるのか。人間が決めた規則でありながら人間自身にも手の届かない存在に変換する術を見つけなければならない。しかしこれはルソー自身が認めるように初めから解決不可能なアポリアだった[3]。

人間の世界はルソーが考えたような合理的契約の産物ではない。責任に限らず様々な社会現象や心理現象は虚構や錯覚であるにもかかわらず現実の力を生むのではない。錯覚に支えられた虚構だからこそ世界は円滑に機能する。笹澤豊は『道徳とその外部　神話の解釈学』にこう書いた。

［……］我々近代人は、神話的思考の回路を失い、神話という共同幻想を完全に捨て去ってしまっているのであろうか。そうではなく、我々は依然として神話の中にどっぷりと浸りながら毎日の生を送っているのではないのか。［……］今日の我々の生を規定している道徳は、姿を変えた新たな神話、あるいは共同幻想の新しい形ではないのか。［……］道徳の内容は合理的な根拠を持つものだ、というこの我々の信念は、いったいどれほどの根拠を持ったものなのか。一定の道徳的主張に関して、その合理的な根拠を示そうとする試みは少なくないが、寡聞にして私はそれに成功した例にはお目にかかったことがない。(4)

宗教的世界観に支配された原始社会や伝統社会において、共同体を司る秩序や掟は人間を超える摂理として理解されていた。ところが近代になり、世界秩序の根拠が社会内部に移動する。近代政治哲学創始者の一人トマス・ホッブズは神に頼らない市民社会の構築を試みた。とはいえ秩序を根拠づける〈外部〉が消えたわけではない。万人の万人による闘争を回避するためにホッブズが考えた手段はリヴァイアサン＝君主という媒介項の導入だった。社会構成員が均等な力を持っていれば、自らの欲望を満足させようと互いに死闘を繰り広げる。したがって人々が平和共存するためには絶大な権力をただ一人の君主に集中し、その意志に市民が絶対服従する状態を作り出す必要がある。

ある人間に対して、汝も同様に自らの権利をすべて放棄し、彼がなす如何なる行為をも汝が受け入れるという条件の下に、我自身を統治する権利を我も彼に与えよう。［……］偉大なリヴァイアサン［……］はこうして生み出される。(5)

社会契約が結ばれるのは各市民の間であり、主権者たるリヴァイアサン＝君主と各市民との間にではない。主権を保持する君主が先ずいて、その主権を確認するために彼と各市民との間に契約が結ばれるのではない。共同体を生み出す際、主権者の位置におかれる人間を除いて、残るすべての個人から権利が完全に剝奪される。すなわち共同体が成立し、市民の生命安全を保障する手段として主権者は共同体の〈外部〉にはじき出される。したがってリヴァイアサン＝君主は伝統社会における神と同じ機能を果たす。〈外部〉に位置する存在が共同体の法を根拠づける従来の論理形式が依然として踏襲されている。

ホッブズの立場をよく理解した上で、鋭い批判の矛先を向けたのがルソーだった。共同体の〈外部〉に主権者をおく絶対主義では市民と主権者とが完全に同一視されず、両者の間に距離が残る。それでは真の意味での国民主権は成就されない。市民から切り離される〈外部〉としての君主＝主権者を媒介せず、共同体内部に社会秩序の根拠をうち立てようとルソーは試みた。神と呼ばれる〈外部〉に社会秩序の根拠を求める道を拒否し、個人の権利から出発したホッブズを高く評価しつつも、彼の理論の不徹底さを批判したルソーは、共同体の〈外部〉に一歩も出ることなく社会秩序を正当化する個人主義的契約論を極限まで突き詰めたのだった[6]。

しかし結局、社会契約を支える根拠として、各市民の私的意志を超越する「一般意志」(volonté générale) という〈外部〉をルソーも導入する[7]。これは単なる市民の総意 (volonté de tous) ではない。多数決で得られる決議内容が多数派の暴力でない保証はない。それでは形こそ違え、結局は強者の論理と変わらない。したがって市民全員が賛意を表明する決議でなければならない。ルソーは言う。

多数決原則はそれ自体が協約の結果であり、そのために少なくとも一度は全員一致の決議がすでになされていなければならない[8]。

しかしそれでも十分でない。怒り狂ってリンチに走る群衆を考えれば判るように、意志の全員一致が正しいとは限らない[9]。つまり全員一致も多数決の一変種にすぎない。したがって一般意志は市民の総意を超越する存在でなければならない。

市民の総意と一般意志の間にはしばしば多くの相違がある。後者は全体の利益にしか関心がない。前者は私的利益の方を向いており、各市民が抱く個別意志の総和にすぎない[10]。

ルソーの〈外部〉は次の論理構造を持つ。自分に本当は必要でないのに、隣人が持っているというだけの理由から同じものを欲しがるのは自尊心（amour-propre）のせいだ。対象の価値や必要が他者を媒介に間接的に決まるなら、人間は自由と主体性を失う。諸悪の根元は模倣から隣人と同じものを欲しがったり、必要以上を望む悪癖にある。そこから嫉妬心が生じ、奪い合いの闘争が生まれる。したがって自由かつ平等な理想社会を建設するためには、他律的な自尊心を社会から消さなければならない。

他者との比較から自尊心が生まれる。ならばそれを克服する最良かつ唯一の方法は他者との関係を断ち切り、独立の個人として各市民が存立することだ。純粋で本物の欲望は自然状態に置かれた人間の心の底から湧いてくる。これが自己愛（amour de soi）であり、そこから生まれる一般意志に則って社会秩序をうち立てれば、自由と平等を重んじる理想社会が建設されるだろう。

そのように隔離された孤独な個人の群を前にルソーは、互いの自由を保ちながら社会を有機的に組織する方法を模索する。せっかく分離した個人を再び直接的関係で結んでは意味がない。水平的関係に代えて、各個人を国家に垂直的に直接かつ個別に結びつければ、各人が自由を保ちながらも他者と健全な関係を保てるはずだ。ルソーは言う。

これらの条項はもちろんすべて、最終的にはたった一つの条項に要約される。すなわち各人のすべての権利を共同体に完全に譲渡することである。［……］自らを全員に捧げる［se donnant à tous］者は誰にも服従しない［ne se donne à personne]。[……] 一般意志という最高原理の下に我々は皆、自らの存在とすべての権利を共用にふす。そして我々は一団となって全体存在の不可分なる部分［partie indivisible du tout］として各人を迎える(11)。

社会契約論は個人主義に支えられ、ルソーは社会唯名論の立場から出発した。しかし後述するように彼の思想は図らずも全体主義へと向かう。孤立した要素として表象された自由な個人群を結合する原理として一般意志を導入する必要から、個人を超越する全体存在を必然的に要請するからだ。「人間の手の届かないところに法を位置づける」と彼は言う(12)。ホッブズと同様にルソーの社会契約論においても、共同体内の闘争を防ぐため、市民から遊離する〈外部〉が導入されている。

貨幣と贈与の媒介項

貨幣が通用する論理的保証はない。貨幣価値は集団虚構に支えられざるをえない[13]。商品や労働力を売って得た貨幣と交換に、自分が欲するものを他者が手放してくれる予測が相互に保たれなければ貨幣は機能しない。喫茶店に行きコーヒーを注文し、「ありがとう。御礼に明日リンゴを持ってくる」と言って店を出るわけにはいかない。喫茶店経営者にとって、見知らぬ客の約束を信じて飲み逃げのリスクを負うよりも、その場でコーヒー代を払ってもらい、その金でリンゴを自分で買う方が良い。それにリンゴよりも行きつけの酒場で一杯飲む方がいいかもしれない。しかしそのような計算が実を結ぶのは、日本銀行券と印刷された紙切れを果物屋や酒場の店主が受け取ってくれると信じるからだ。リンゴや酒を生み出す魔法の力は紙切れをどれだけ眺めても見つからない。貨幣自体は無価値であり、コーヒーを注文する客と喫茶店経営者の間の交換は二人だけでは機能しない。果物屋、酒場の店主あるいは他の商品の提供者という第三者が媒介しなければ貨幣制度は成立しない。

商品を売って貨幣を受け取る者はトランプのババ抜きのように貨幣を次の人に回す。貨幣を受け取った人は代償に何らかの商品をわたす。貨幣というジョーカーを摑まされた人はまたそれを他の人に回し、何か価値のあるモノと交換する。岩井克人『貨幣論』から引く。

［……］商品のばあいは、たとえそれが売り手にとってはまったく無価値であったとしても、買い手にとっては有用なモノとしての価値をもっている。［……］これにたいして、貨幣のばあいは、それをほかの人間にあたえようと思っている買い手にとってだけでなく、それを買い手からうけとろうと思っているそのほかの人間にとっても、モノとしてはまったく無価値である。［……］

結局、一万円の貨幣と一万円の商品との交換という価値の次元における公明正大な等価交換の下には、無価値のモノと価値あるモノとの交換というまさに一方的な不等価交換がモノの次元で存在している。無と有との交換——だが、それにもかかわらず、一番目のほかの人間がこの一万円札を商品と交換にひきうけることになるのは、それをモノとして使うのではなく、それをそっくりそのまま二番目のほかの人間に手わたそうと思っているからなのである。［……］そして、このようなことが可能なのは、もちろん、その二番目の人間自身も、だれかほかの人間がその一枚の紙切れを一万円の価値をもつさらにべつの商品と交換にひきうけてくれることを期待しているからである。(14)

虚構の媒介項を必要とするのは市場経済だけでない。第3章で検討したように死刑制度も、受刑者の命を奪う責任を無限に回避し続け、人間世界の〈外部〉に位置する神や国家に最終責任を転嫁する。

贈与現象も虚構が媒介して初めて可能になる。そもそも贈与行為はある意味で自己矛盾している。贈物を受け取った側は自分も贈物を返さなければならない。さもなければ贈与の連関が途絶える。しかし贈物をする際に、必ず贈物を返してくれると知っているならば、そのような行為は真の意味での贈与とは呼べない。真心からする自発的贈与ならば、相手から等価の返還を期待するのはおかしい。最終的に等価の見返りがあると期待しながら行う贈与は単なる交換にすぎず、それを贈与と呼ぶのは偽善だ。しかし何の見返りもなければ、贈与が社会制度として定着しない。つまり贈与は概念自体に論理矛盾を内包する。

贈物を受け取る側が必ずまた贈物を返す社会制度の解明を試みるマルセル・モースは、ニュージーランドのマオイ族が信じるハウという霊に注目する。ハウが贈与物に取り憑くと、元の持ち主に返還する負い目が贈物を受け取った者に生まれる。この信仰のおかげで本来矛盾するはずの現象が可能になる。[15]

しかしレヴィ＝ストロースはこの解釈を批判する。ハウは、原住民が交換形態を物象化するために生ずる錯覚だ。贈物を与える・受け取る・返すという三つの行為は、交換現象の部分的側面にすぎない。交換は制度全体をシステムとして捉えてはじめて理解できるのであり、部分的な個別現象をいくら総合しても全体のシステムは生まれない。交換制度から出発せずに逆方向から考えるからいけない。個人間に生ずるバラバラの現象を合わせてシステム全体を再構成するから、ハウなどという架空の存在を後から追加する必要が出るのだと。(16)

ハウのおかげで交換が可能になるとモースは説く。それに対して、ハウは交換現象の物象化が生む錯覚だから、交換が成立していなければハウなどという架空の存在はそもそも現れない、つまり論理が転倒しているとレヴィ＝ストロースは反論する。しかしマーク・アンスパックが洞察するように、ハウと交換とが循環的因果関係を結びながら相互に生み出される事実を理解するなら、モースの説明とレヴィ＝ストロースの説明のどちらかを選び、他方を排除する必要はない。共同体構成員の相互作用がハウなる虚構を生み、そのおかげで贈与制度が機能する。そしてまたその交換現象がハウを捏造し続ける。(17)『貨幣の哲学』においてゲオルク・ジンメルは言う。

与え、受け取るという二つのプロセスを単に加えても交換は成立しない。これら二つのプロセスが相互にまた同時に原因かつ結果として機能する瞬間に生み出される第三のプロセスを交換は意味する。(18)

貨幣においてもハウにおいても同様に、交換を営む個人の次元に生ずる心理現象と、交換制度という社会現象との間に循環関係が成立している。交換システムを統一的に把握するためには、「宗教心に比すべき社会心理的信仰[19]」とジンメルが呼んだ第三項による媒介過程を読み取る必要がある。

贈物をするが見返りなど期待しないというメッセージと、贈物をもらったら必ず返礼せよというメッセージが矛盾して見えるのは、メッセージが両方とも贈与当事者から発せられると誤解するからだ。見返りを期待してする贈与は偽善にすぎないし、見返りを期待しない贈与は継続しえないという従来から指摘されるパラドクスはハウという第三項の導入で解消される。贈物には必ずお返しをせよという命令は依然として機能する。だが、このメッセージは贈り主から発せられるのでなく、当事者から遊離したハウの命令として表象される。矛盾する二つのメッセージが共存するのではなく、二つの異なる内容のメッセージが二つの異なる情報源から発せられる。「贈物を受け取ってください」という気前の良いメッセージは贈り主のものであり、「贈主に感謝し、他の贈物で返礼せよ」という命令はハウが発する。ハウが当事者から遊離するおかげで贈与の連鎖が可能になる[20]。レヴィ＝ストロースが指摘するようにハウは原住民の錯視の産物だ。だが、この第三項のおかげで贈与者と被贈与者のあいだに距離が生まれ、虚構の媒介によって共同体の絆が維持される。

ハウなる〈外部〉の位置は、「一一頭目のラクダ」という有名な寓話の論理構造に似ている[21]。自分の死期が近いのを悟り、アラブの老人が三人の息子に遺言をしたためた。長男には財産の半分、次男には四分の一、末っ子には六分の一を与えるという。ところが残された遺産は一一頭のラクダだ。生きたままでは分配できない。遺産相続をめぐって兄弟喧嘩が始まる。そこで村の裁判官にお伺いを立てたところ、「私のラクダを一頭与えるから、それを遺産に加えよ。アラーの思し召しのおかげでラクダはすぐにまた私に返されることだろう」という判決が下った。今や一二頭になった財産の半分すなわち六頭を遺言通り長男が取り、次男は一二頭の四分の一である三頭を受け取り、末っ子は全体の六分の一に相当する二頭をもらう。そして余った一頭のラクダは裁判官に返された。結局分配されずに余ったという意味では、この一二頭目のラクダは最初から無駄な存在だ。だが、そのおかげで分配が可能になり、兄弟の間に平穏が戻ったという意味では不可欠な存在だ。一二頭目のラクダはこの法システム内部に属しながらも同時にそこからはじき出されて〈外部〉を形成している。

部分と全体の弁証法

フリードリヒ・ハイエクは世界の事物を三種類に分類した。第一は生物・山野などの自然物、第二は自動車や船など人工的に製作されるモノ、そして第三は言語・道徳・宗教・市場など、人間によって生産されながらも人間の意図や制御を超え、自律的に機能する産物である。[22] 社会秩序は共同体に生きる人間の相互作用から生成されるが、かといって人間が意図的に構築するわけではない。むろん神のような超越的存在が根拠づけるのでもなければ、ヒトの生物学的所与が規定するのでもない。

部分と全体の関係をめぐる古典的難題は物理学・化学・生物学・認知科学など多くの分野で検討されてきた。社会学や政治哲学においてこの問題は集団が先か個人が先か、社会実在論か社会唯名論か、全体論的アプローチか方法論的個人主義かという形で議論されてきた。[23]

前近代の社会秩序は神の摂理の表現であり、人間が恣意的に制定する存在ではない。大自然と同様に社会秩序は人間から独立するものだった。神の死を迎えた近代では宗教的世界観から個人が解放され、自律性を獲得する。個人の自律性を認めながらも同時に、集団が個人から遊離して運動する事態をどう捉えるか。個人の自律性と集団の自律性とを矛盾と捉えず、両者が同時に成立する可能性はないか。これが集団の実体視を斥けるハイエクが自らに課した問いだった。集団は意識や意志を持つ主体ではない。にもかかわらず人間を超越し自律運動する。何故か。

生命を例に取ろう。生命は物質の単なる組み合わせでなく、生命というモノがある。かつてこう考えられた。しかし分子生物学の発達とともに生命はデオキシリボ核酸という化学物質に還元された。生命は現象あるいは機能を意味し、生命という本質はもはや存在しない。だが、生命は構成物質の所与を超え、自律性を獲得する。このように本質論や生気論の排除は必ずしも要素主義を意味しない。生命が物理・化学的メカニズムに完全に還元されるという命題と、生命は構成要素を超越するという命題は矛盾しない。

社会現象を起こす原因が人間の営為以外にないという言明と、その現象が人間自身にも制御できない事実との間には何の矛盾もない。社会という全体の軌跡は、要素たる人間の意識や行為と齟齬を起こし、あたかも外部の力が作用する感覚が生まれる。

商品・制度・宗教など自己の作りだした社会的諸条件に人間自身が捕らわれ、主体としてのあり方を失う状況として疎外は理解される。だが、人間が本来あるべき姿からはずれた異常事態として否定的側面だけから、この現象を把握するのは誤りだ。ヘーゲル哲学の文脈で使われるEntäusserung（外化）は、集団現象が人間から遊離して別の外的存在として自律運動をする現象のことだ。対してマルクス主義が広めたEntfremdung（疎外）は、人間が生産した諸現象から人間自身が邪魔者として排除される事態に相当する。[24] 食物を摂取する側にとって腐敗と発酵が区別すべき二つの現象であっても化学的には同じプロセスであるように、人間の生産物が彼ら自身から遊離するという意味では疎外と外化は同一の社会現象だ。各人の主観的価値・行為が相互作用を通して客観的価値・行為へと変換される過程である。

人間が作った秩序なのに、それがどの人間に対しても外在的な存在となる。共同体の誰にもそして権力者さえも手の届かない〈外部〉だからこそ、社会制度が安定する。無根拠で偶然の産物にすぎないのに、あたかも根拠に支えられたように機能する。つまり誰にも自由にならない状態ができるおかげで、社会秩序は誰かが勝手に捏造したものではなく普遍的価値を体現するという感覚が生まれる。

人間から遊離し自律運動するシステムとして、集団現象は我々を無意識のうちに拘束する。しかし、それは意識の底に定位されるフロイトやユング的な無意識ではない。人間の意識が集団現象を制御できないのは、各個人精神の奥底に潜む無意識が集団現象を生むからではなく、ちょうどインターネットの討論フォーラムのように、システムを構成する情報がシステム全体に散らばって存在するからだ。集中統轄する場所はどこにもない。ハイエクは言う。

> ［……］われわれがみずからの精神に起きる多くの事柄に気づかないのは、それがあまりにも低いレベルにおいて進行するからではなく、あまりにも高いレベルで進行するためである［……］。このような過程は「意識下」というよりは「超意識的（スーパー・コンシャス）」と呼ぶほうが適切かもしれない。なぜならこれらは姿を現わすことなしに意識過程を支配するからである[25]。

集団現象が遊離するおかげで特定の他者からの支配を免れ、自由の感覚を得る。疎外のおかげで自由が可能になる。人間自ら作り出しておきながら人間自身にも手の届かない規則を作るというルソーの夢見た方程式がここにある。

火事だと誰かが叫び、劇場でパニックが起きる。雪崩のように逃げる人々。助かろうと誰もが必死で逃げ道を探す。だが、人間の雪崩を生み出しているのはまさしく、その逃げ惑う人々自身だ。皆が逃げるからこそ誰も逃げられない。危険はすでに去ったと知ってもパニックは容易に収まらない。逃げる必要がないと悟っても、周りの人々が逃げ続けるから私も逃げ続けなければならない。そうしないと踏みつぶされてしまう。しかし私が逃げれば隣人も逃げ続けざるをえない。結局、皆、逃げ続けるしかない。

誤報にすぎなかったと全員が知ってもパニックは収まらない。危険はないと私も隣人もわかった。だが、その事実を隣人が知っているかどうか私には不確かだ。だから逃げざるをえない。隣人も思いは同じだ。危険が去った事実に私がいまだ気づいてないかもしれない。だから逃げる方が安全だ。逃げる必要がないと全員が思いながら仕方なしに逃げ続ける。根拠がなくとも集団現象はいったん動き出すと当事者の意志を離れて自律運動を始める。責任・道徳・経済市場・宗教・流行・言語など様々な集団現象はこのように機能する。

社会内部の葛藤や揺らぎが相互に正のフィードバックを受けて増幅し、不動点（アトラクタ）が生み出される。パニックの中で逃げまどう人々は、客観的外因が生み出す危険から逃げているつもりでも、実は彼らの行動こそがパニックの原因を作りだしている。社会システムに必ず存在する恣意的で小さな揺らぎが何らかのきっかけで一定方向を持つ運動に増幅される。

〈外部〉の成立過程

共同体からはじき出される第三項が社会システムを稼働させる。前近代を司る宗教であろうと、近代における市場・法体系であろうと、人間により生産された社会制度が生産者から遊離して自律運動する事態に変わりない。

前近代と近代に違いがないと言うのでもなければ、前近代に戻れと主張するのでもない。伝統社会の秩序を根拠づける神なる〈外部〉は、共同体の人々にとっても外部の超越的存在として感知される。対して近代社会を支える〈外部〉は、市場・法体系のように社会内部の制度として位置づけられる。しかし神のように端的に人間世界の外部に秩序の根拠が感知されたり、近代政治哲学の論理構造のように根拠が内部に表象されたりという違いはあっても、共同体が生み出す〈外部〉はいずれの場合も発生的に見れば内発的であり、機能的観点からすれば構成員の外部に位置づけられる。

つまり発生機制に注目すれば、前近代の宗教も近代社会制度も共同体内部に源泉を持ち、生産者自身にも制御できない現象という意味ではどちらも外部に位置する。だが、それが外部からもたらされる超越的存在と表象されるかどうかに違いがある。あるいはこう言ってもよい。社会システムに不可欠な要素だという論理構造の観点からすれば、〈外部〉はシステム内部に属す。ただ、それがはじき出されて初めて共同体が成立する位相幾何学的構図として見れば外部にある。

ジャン゠ピエール・デュピュイの表現を借りれば、伝統社会において宗教は外発性不動点（point fixe exogène）をなし、近代では内発性不動点（point fixe endogène）によって社会秩序が支えられる。[26] ここで言う外発と内発は共同体に生きる人間の主観により区別される。人間が生み出す虚構という意味ではもちろんどちらも内発だ。社会システムの自己言及運動が展開され、定点（アトラクタ）が形成される。ホッブズ政治哲学において、この定点は共同体からはじき出されたリヴァイアサンという〈外部〉であり、ルソー社会契約論では、共同体に内在しながらもそこから遊離する「一般意志」と呼ばれる〈外部〉がこの定点をなす。アダム・スミスの場合は、市民が自由に取り結ぶ関係から生み出される不動点が、「見えざる手」なる〈外部〉として機能する。

共同体が成立し、安定するためには、人間の相互作用から生ずるアトラクタが〈外部〉として沈殿する必要がある。社会秩序を根拠づけ、道徳や責任を支える〈外部〉は虚構の物語として現れる。原因と結果のたゆまない循環関係からアトラクタが遊離・生成され、贈与現象や貨幣制度が稼働する。現実と虚構は不可分だ。

ある定点に人間が引きつけられるように見える。しかし実際にはそのような定点が初めからあるのではない。人々が互いに影響しあいながら生み出すにもかかわらず、到着すべき真理がもともと存在していたかのような錯覚が定点生成後に起きる。真理だから同意するのではない。善き行為だから賞賛し、美しいから愛するのではない。人間の相互作用が真・善・美の出現を演出するのだ。

嫌な人と会う時、我々は無意識に否定的態度をとる。すると相手はそれに敏感に反応し、気分を害する行動に出る。そして、「やはりあの人は嫌いだ」と確認され、自らの態度が正当化される。逆に相手に好意を持てば、相手もそれに反応して礼儀正しい言葉を返す。そして、「最初に思ったとおり優しい、いい人だ」と確認される。最初の先入観が好ましいかそうでないかによって違う行動を相手がとり、嫌な人またはいい人だという「現実」ができあがる。

信念が現実を創出する循環現象はロバート・マートンにより「予言の自己成就」と呼ばれ、多くの研究がなされてきた[27]。女性差別や人種差別を考えよう。女性に仕事はできないという偏見が経営者に広まる社会では女性管理職が増えない。女性の側としても幾重もの障害を乗り越えるのを諦め、結婚に救いを求める。管理職に女性が少ない事実を見て、「やはり女に仕事は無理だ」と経営者が納得する。就職や結婚で差別された外国出身者が苛立ち、暴力に訴える。「だから奴らは雇えない」と経営者はうそぶき、「国際結婚を認めなくてよかった」と親は胸を撫で下ろす。最初に差別した人は先入観の正しさを確認し、それがまた差別の強化を呼ぶ。根拠のない偏見が現実を作り出す。

ギリシア神話にピュグマリオン（Pygmalion）という彫刻家が出てくる。理想の女性ガラテアを彫刻し、人間になるよう願ったところ、女神アプロディテが願いを受け入れて彫像に生命を吹き込んだ。この神話にちなんで社会心理学でも同様の現象が「ピグマリオン効果」と呼ばれ、研究されている[28]。

ネズミを訓練するよう学生に指示し、「このネズミは遺伝的に知能優秀な血統に属す」と半数の学生に言い、「このネズミは遺伝的に知能が劣等な血統に属す」と逆の情報を残り半数の学生に与える。すると最初のグループが世話をしたネズミの方が早く迷路の道順を学習する。しかし実際にはネズミは無作為に選ばれ、血統の優劣は嘘だった。先入観に応じた訓練を被験者がネズミに施すために違う効果が現れる[29]。

生徒の潜在能力に先入観を持つ時、同じく接しているつもりでも、教師は無意識に異なる態度を生徒にとる。その結果、学力差が本当に現れる[30]。授業で褒められた子は先生が好きになり、科目に好奇心を示す。面白いから勉強がはかどる。知らず知らずのうちに成績が上がり、得意科目になる。先生や他の生徒から認められ自信がつき、さらに勉強が進む。スポーツ・芸術・医療でも同じ心理が働く[31]。

偶然の出来事が循環プロセスを開始し、アトラクタを形成する。ほんの小さな揺らぎが未来を大きく左右する。素敵な人に出会う。二人とも何となく相手が気になる。男性は意を決して「また会いたい」と手紙を出す。ところが郵便局の過ちで手紙をどこかに紛失してしまう。いつまで待っても返事を得ない男性は相手の女性に嫌われたと思いこみ、再び出会っても彼女を避けるようになる。初めて会ったその日から男性に恋心を覚えた女性は相手の冷たい素振りにがっかりする。それ以降、自尊心を傷つけられた彼女は男性を憎み、諍いが始まる。こうして一つの恋が失われる。

ゲオルク・ジンメルは無限遡及的理解と循環的推理を区別した。命題の証明には根拠を示す必要がある。しかしその根拠の正しさを証明するために、さらなる根拠が要請される。したがって議論が無限遡及する。これは第4章で言及したカントの自然因果律と同じ構造だ。だが、無限遡及的理解とは別の認識形式があるとジンメルは言う。

ある原理を証明する際に、根拠を見つけ、その根拠を支えるさらなる根拠に到達するやり方を続けよう。周知のように、証明すべき最初の原理が確かだと仮定すれば、次々に証明できる。演繹としては確かに循環論であり空しい。しかし我々の知識を全体として捉える時、この認識形式は浸透している。膨大な量の前提が無限に重なり合い、それらの境界が曖昧なまま知識が蓄積される事実を思えば、命題Aが命題Bによって証明され、命題Bが他の命題C、D、E……によって証明され、最終的に命題Aによってのみ証明される可能性を排除する必要はない。命題C、D、E……という論拠連鎖が出発点に戻って循環する事実が意識に上らないほど充分長ければよいのである。[32]（強調小坂井）

根拠という名の虚構。それは人間世界を根底から規定する論理構造だ。パスカルは言う（Brunschevicg 版、§294）。

法の依拠するところをよく調べようとする者は、法がはなはだ頼りなく、いい加減だと気づくだろう。［……］国家に背き、国家を覆す術は、既成の習慣を起源に遡って調べ、その習慣が何ら権威や正義に支えられていない事実を示して習慣を揺さぶることにある。［……］法が欺きだと民衆に知られてはならない。法はかつて根拠なしに導入されたが、今ではそれが理にかなってみえる。法が正しい永遠な存在であるかのように民衆に思わせ、その起源を隠蔽しなければならない。さもなくば法はじきに終焉してしまうだろう。[33]

法という虚構の成立と同時にその仕組みが隠される。永井均が的確に表現する。[34]「道徳の外部にそれを支える道徳はない」「道徳空間を内側から閉ざす道徳イデオロギーを成立させて、十人全員に取り決めをした最初の動機を忘れさせる」「設立の趣旨を忘れることが設立の趣旨を実現する」「道徳的な人とは道徳の存在理由を知らない人のこと」「道徳の根底には、目をこらせば見えてしまうものを見てはいけないとして遮断する隠蔽工作がある」「なぜ悪いことをしてはいけないのか、なぜ道徳的でなければならないのか、といった問いに「かくかくしかじかのため」といった明快で単純な答えがあってはならないのである。そんなものはすぐにかんたんに論駁されてしまうからだ」。

共同体の〈外部〉に投影されるブラックボックスを援用せずには社会秩序を根拠づけられない。社会秩序は自己の内部に根拠を持ちえず、〈外部〉虚構に支えられなければ成立しない。それだけではない。虚構のおかげで社会秩序が機能する事実そのものが人間の意識に隠されなければ、社会秩序が正当なものとして我々の前に現れない。

どんな現象・出来事にも原因がある。しかし原因は根拠でない。思考実験しよう[35]。箱の中に黒い玉と白い玉が一つずつ入っている。中を見ないで箱から玉を一つ取り出した後、同じ色の玉を一つ加えながら箱に戻す。黒玉を引いたなら、箱の中身は黒玉二つと白玉一つになる。この作業を何度も繰り返す。最初は玉が二つしかないから、黒玉を一つ加えるだけで箱の中の黒玉の割合は五〇％から六六・七％へと大きく変化するが、すでに玉が千個入っている箱に新たに玉を一つ追加しても状況はほとんどかわらない。作業が進むにつれ、以前から箱にあった黒玉と白玉の割合に付け加えられる新情報の相対的重要性はどんどん小さくなる。単純化されているが、人間や社会に蓄積される記憶のモデルだ。

さて実験を行うと黒玉と白玉の割合が一定の値（アトラクタ）に収斂する。まるで世界秩序が最初から定まっており、「真理」に向かって箱の世界が進展を遂げるかに見える。だが、白玉と黒玉一個ずつの状態に戻して実験をやり直すと、黒玉と白玉の割合が今度は先ほどと違う値に収斂する。今回も定点に収斂してシステムは安定する。しかし箱の世界が向かう真理は異なる。どんな値に収斂するかを前もって知ることはできない。歴史が実際に展開されるまでは、どんな世界が現れるかわからない。だが、それでも真理は発露する。我々の世界に現れる真理は一つでも、もし歴史を初期状態に戻して再び繰り広げられるなら、その時には異なる真理が出現する。歴史はやり直しが利かない。そのおかげで我々は真理を手に入れるのだ。

ジンメルの循環的推理、予言の自己実現やピグマリオン効果は、無根拠から根拠が生成されるメカニズムを教える。それ自体としては意味を持たない、社会内の揺らぎや葛藤が積算されて自己言及的システムが生成される。神やプラトン的イデアのような超越的実体あるいは全体存在を斥けながらも、人間の世界に意味が現れる可能性をこの認識論が導く。

それだけではない。安定した構造と絶え間ない変動の共存をどう把握するのかという、構造主義に従来から投げかけられた批判を回避する可能性でもある。貨幣経済や言語など、すでにシステムが成立した後ならば、そこに構造や機能を見いだせるが、システムの発生過程自体を論理的あるいは法則的に捉えることはできない。そこで「命がけの跳躍」という表現が使われる[36]。

人間が地球に誕生した直後に道徳はなかった。しかし現在は道徳がある。したがってその間に次第にできあがったことになる。言語・市場原理・宗教の生成過程も同じだ。歴史的にたまたま、ある特定の道筋を通ったという事後的な意味での歴史検証は可能かもしれない。だが、そこに法則を見つけることは論理的に不可能だ。なぜなら世界の成立は自己言及システムがアトラクタの一つに向かって収斂する運動の連続であり、何ら内在的根拠がないからだ。無根拠から出発しながらシステムが生まれ、根拠が成立する。カントの自然因果律の意味で、一つの出来事には必ず原因がある。しかし初期条件の組み合わせのほんの少しのズレから異質な世界が生まれるゆえに、初期条件を以て現在の社会秩序の根拠とすることはできない。原因と根拠は違う。

情報理論において偶然は冗長のない状態として定義される。情報は一般に繰り返しを含むので何らかのアルゴリズムや法則によって情報量を縮小できるが、それが不可能な状態、最も単純な表現形態がまさにその情報自体である状態を偶然と呼ぶ。何の意味もない数字の羅列を考えよう。数列を表現する最も簡単な方法はまさしくその数列自体の表記だ。もし繰り返しがあれば、例えばkずつ加算するあるいは加速度aをかけるなど規則性に還元され、情報量を縮小できる。だが、ランダムな数列は定義からして繰り返しを含まない。

したがって全体が明示される瞬間まで、どんな姿をしているのか予測できない。

時間が経ち、システムがある状態に至る。現在から過去に時間を遡れば、システムが変遷した道筋は一義的に同定される。したがって現在の状態が最初から決定されていたように見える。しかしその道筋を何らかの法則に還元できないから、到着点に至る道筋の情報量を縮小できない。つまり現在に生じる事象を計算する一番速い方法は、道程が実際に到達点に至るまで待つことに他ならない。決定論と未来予測不可能性との間に矛盾はない。真理・偶然・一回性・超越・意味、結局は同じことを指す。歴史は実際に生ずることでしか、その姿を明らかにしない。社会は人間から遊離して自律運動するからだ[37]。

信頼の構造

信頼の論理構造を検討し、無根拠から秩序が生成する可能性をみよう[38]。

交換制度は契約・市場・贈与という三つの形態に区別できる。契約は権利と義務を定め、公正な交換を保証する。市場は需要と供給のメカニズムに則って欲しいモノと不必要なモノをブラックボックスに投入して交換する。どちらの場合も合理的な等価交換が行われる。だが、贈与は逆に合理的根拠を積極的に崩す姿勢から生まれる[39]。

権利と義務を明確に規定すれば、交換の際に誤解や係争を避けるのに役立つ。ところで規則が明示された関係においては精神的債務が当事者の誰にも生じない。権利を持つ者はその履行を要求でき、相手は権利を満足させる義務がある。義務を果たすだけの相手には感謝する必要もなければ恩を感ずる理由もない。権利が行使される瞬間に決済され、当事者の関係はそこで終了する。つまり契約は人間関係をできるだけ排除しながら、必要な物資・労働力・情報・サービスの交換を可能にする社会装置だ。

同様に貨幣も人間関係をできるだけ排除しながら交換を可能にする。市場と呼ばれるブラックボックスには様々な商品が投げ込まれ、交換される。需要と供給のバランスにしたがって、商品の対価として貨幣を受け取る者はまた貨幣を手放し、欲しい商品を入手する。商品購入の際に正当な価格が支払われる限り、商品手渡しを売り手は拒否できない。対価を与える以上、買い手は当該商品を受け取る権利があり、売り手はそれを手放す義務を負う。したがって売り手に買い手が感謝する理由はない。このような交換では精神的負債が誰にも生じない。交換が成立する瞬間に売り手と買い手の義務が相殺されるからだ。権利・義務を明確に規定する合理的な社会関係、市場経済が織りなす純粋な交換関係とは、人間無関係に他ならない。岩井克人は言う。

ここで、「貨幣」がモノであるということがひじょうに大きな意味をもってくる。貨幣として使われているモノに価値があるということを、すべての人間が信じていれば、貨幣の交換にはいわゆる人と人のあいだの「信用」というのがいらないんです。普通われわれが「信用関係」というのは、人間と人間のあいだの信頼、相手にたいする共感や同情、さらには社会的な公正観や正義感といったものが必然的に介在しています。

［……］

これにたいして、貨幣的な交換の場合、「貨幣」というモノが価値があるのだという「信任」さえあれば、人間がべつの人間と直接的に信用関係を結ぶことがなくても、交換なりコミュニケーションなりが可能になるんです。ですから、ここで人間と人間との関係は直接的なものにはならない。かならずモノを媒介とする間接的な関係になります。いや、間接的な関係であるから、逆に、関係が一般的に可能になるんです。[40]

贈物・商品・サービスなど、モノの交換だけを人間関係網から切り離す発想自体が近代個人主義の産物だ。人間を結びつける絆の社会・心理次元と、交換されるモノの経済次元とが別個に分析される事態がそもそも問題を孕んでいる[41]。相手から受け取ったモノ、あるいは相手にしてもらったことの対価として贈物をするのではない。真の意味での贈物は相手の存在自体に対する感謝を表す。贈与の収支決算は贈物の価値を差し引きしても出てこない。例えば相手が何をどれだけ必要としているか、贈る側にどれだけの余裕があるかにより贈るべきものが決まる。贈与の価値は贈物の使用価値でもなければ交換価値でもない。人間関係から切り離された贈物自体の価値ではなく、交換を通して生ずるメタレベルすなわち心理的次元での剰余価値に注目しなければ贈与は理解できない。相互作用が生ずるごとに信頼と呼ばれる剰余価値が生まれ、人の絆が補強される。贈与の価値は人間関係向上への貢献度で計られる。

O・ヘンリー『賢者の贈物』を想い出そう。[42] 夫ジムにクリスマスの贈物をしようとデラは一年中懸命に倹約するが、たいした額は貯まらなかった。クリスマスは明日に迫る。途方に暮れた彼女は膝まで届く自慢の髪を売ることを思いつき、その代金でプラチナ製の時計バンドを買う。ジムが大切にする金時計にうってつけだ。帰宅した夫は妻の変わり果てた姿を見て驚き、しばし声も出ない。髪を売った経緯を聞いたジムは、古びてすり切れたコートのポケットから贈物を取り出す。包みを破ると中からベッコウの櫛セットが現れる。宝石で飾られ、彼女の長い髪にぴったりの色合いだ。だが、その髪はもうない。「でもいいわ。髪はすぐにまた伸びるから」。デラはそう答え、贈物のバンドを時計に取り付けるよう夫を促す。「デラ、クリスマスのプレゼントは二人ともしばらくお預けにしておこう。実は櫛セットを買うために時計を売ってしまったんだ」。

プレゼントの価値と、それを得るために手放した大切なものの価値とを比較すれば、交換によって二人とも損失をこうむった。大切な時計あってのバンド、美しい髪あっての櫛。しかし贈与行為の収支決算はそのような単純計算ではない。夫の時計をデラが盗んで売りさばき、その代金で自分の櫛を買うとしよう。それを知らないジムは時計のバンドが欲しいために妻の髪を無理矢理切って売ろうと思いつく。髪を失ったデラに櫛はもう役立たない。ジムも時計を失い、プラチナ製のバンドだけが空しく光る。二人が所有する財産の状態としては『賢者の贈物』の設定と変わらない。だが、彼らの心理状態は比べものにならない。一方では愛と信頼が深まり、他方では別れが間近に迫る[43]。

施しを受けると相手に借りができ、借りを返すまで精神的次元において収支不均衡状態が続く。そしてたいてい借りは数量化できない。人間は意味の世界に生きる存在であり、経済市場のように価格という均一な量で贈与行為の価値は計れない。借りの重さは曖昧なまま限定されず、どれだけの恩返しをすべきなのか、互いの感覚に頼る他に術がない。

いかに近代個人主義が幅を利かせても、直接的関係抜きに人間世界は成立しない。確かに、強固な信頼がなければ即時の決済が要求され、返済を保証する契約を結ばねばならない。また勘違いを避けるために細々とした取り決めを最初にしておく必要もある。だが、信頼はこれらの用心をすべて無用にする。互いに信頼すればするほど、交換の収支決済は曖昧でよい。信頼があれば公平な決済が保証されると言うのではない。反対に収支均衡など問題にならない、それどころか収支の不均衡を積極的に受け入れられる状態を信頼と呼ぶのだ。

本来の人間関係における収支勘定は各瞬間に決済されない。長い時間をかけてやっと収支が均衡する場合もあれば、親子のように当事者どうしだけでは収支決済されない場合もある。養育にかかった労力と費用を子から返してもらおうと思う親はまずいない。育ててもらった負債を全部返済しようと子は考えないし、可能だとも思わない。そして借りは次世代に持ち越される。施しを受けた親に借りを直接返す代わりに自らの子に施す。こうして世代間のつながりが生まれる。貸借関係が小さな輪の中で完結しないで決済が先に持ち越されるおかげで、外に開かれた関係群が作り出される。

負債を永久に返し合いながら人間は相互に結びつけられる。負債を返すという否定的表現は正確でないかもしれない。信頼は収支決算ではない。単に相手が必要とするから与える関係、与えること自体が喜びになる関係、それは経済的損失を心理的利益に変換する錬金術だ。

互いに借りを作らないという契約的発想が目指す人間関係とは結局、人間無関係に他ならない。権利・義務を完全に明示化できれば、人間の世界に信頼は要らなくなる。だが、それは同時に人間が人間たることをやめる時だろう。

信頼と同様に赦しも契約的発想となじまない。すべての負債が清算されたならば、加害者を赦す必要はもうない。収支決算がすでにすんでいるからだ。赦すという行為は、被害者が受けた損害が完全に回復されないのにもかかわらず、すべてを白紙に戻し、新しい関係を結び直すことを意味する。南アフリカにおけるアパルトヘイト清算、ユーゴスラヴィア・ルワンダ・東チモールでの民族和解。いまさら何をしても殺された家族は帰ってこない。賠償金をいくらもらっても障害を受けた身体や不幸な日々は戻らない。しかし赦しという象徴的行為を通して人は負債を帳消しにし、加害者との関係を再び可能にする。つまり赦しは被害者が持つ正当な権利の放棄だ。被害者が享受すべき正義の実現断念に他ならない。赦しは契約論理を破る不合理な行為である。赦すは英語でforgive、フランス語ではpardonnerという。どちらの単語も贈与概念を内包する。本来ならば与える必要のないもの、あるいは与えられないものを敢えて「与える[donner]ことを通して[par]」、人は罪を赦す。同じ世界に生きるチャンスをもう一度罪人に「与える[give]ために[for]」、人は赦すのだ。

近代の陥穽

普遍的価値は存在しない。平尾透『倫理学の統一理論』は言う。

[……]そもそも「価値」は人間の存在を前提にしている。人間がいて初めて価値というものがありうる。[……]従って、我々は人間存在そのものや人生そのものについてその価値を云々することはできない。それらは(神を予定しない限り)無目的であり、

> （意義の有無が価値や目的のそれに依存しているとすれば）無意味なのである。人間は単に存在（生存）しているだけである。何の目的もなく何の意味もなく……。我々はただ生きるために生きているのである。[44]（強調原著者）

にもかかわらず社会秩序は普遍性の衣を纏って我々の前に現れる。責任そして一般的に言って道徳は、人間を超える〈外部〉から人間を縛る存在として感知される。正しい社会を合理的・意識的に規定する試みは必ず内部矛盾を含み、人工的に構築する社会契約は秩序を維持できない。ルソーの思想と、その跡を受けて正義論を展開したジョン・ロールズに焦点を当て[45]、社会秩序を合理的に定立する試みの先に待つ陥穽を明らかにしよう。

何故、社会契約は守らなければならないのか。それは互いが自由に約束した規則だからだ。だが、抽象的議論では納得しても、実際に自分に都合が悪くなると約束を守らない人間が出る。ロールズの理論においては、無知のヴェールに覆われて自分の出身・資源・才能がわからない初期条件の下に、最も公正な規範原理を判断するという状況設定がなされる。しかしヴェールが取り払われた時、すべての人間が自分の境遇に甘んじるとは限らない。最初の約束だから守れ、これが正しい秩序だ、いまさら規則を破るのは卑怯だと言われても嫌なものは嫌であり、こんなことになるのならもっと違う社会の方がいいと思うのが人情だ。そして社会規則を破る人間は必ず現れる。

違反者に社会契約論が用意できるのは強制だけだ。ルイ・デュモンが指摘するように、〈外部〉虚構に頼らず合理的に社会秩序を根拠づける試みは不可避的に暴力を呼ぶ。

個人から出発するならば、社会生活は意識と力（あるいは「権力」）の生産物としてしか理解できない。まず個人の単なる集合が集団へと移行するには、「契約」すなわち意識的取引や人為的意図が必要だ。そしてその後は「力」の問題になる。何故なら、この取引に個人が提供できるのは暴力しかないからだ。暴力の反対に位置するのはヒエラルキー、つまり権威であり社会秩序である。［……］結局、意識と合意に重きをおくことは同時に、暴力と権力を前面に押し出すことを意味する。(46)

拙著『民族という虚構』第5章で提示したルソー思想の分析を敷衍し、契約主義が内包する暴力性を確認しよう。ルソーは言う。自由とは何か。私の自由とは私自身が欲する通りに生きられることだ。ところで他者との比較から生まれる欲望すなわち自尊心は本来の欲望ではない。他者との比較を離れて私自身が本当に必要とするところを知るためには〈一般意志〉――この発想はロールズ『正義論』における無知のヴェールに相当する――に問いかけなければならない。自尊心に汚染された私の意志よりも、市民としての一般意志の方が私の欲するところをよく知っている。

そうならば一般意志に基づき定められた社会規則に私の欲望・行為が合致しない時、一般意志に沿うように私の行動を強制することは自由の侵害にならない。それどころか反対に、他者との比較が原因で目が曇っている私の解放、つまり「真の自由」の獲得を意味する。したがって個人的欲望の完遂を強制的に阻止され、私が反感を覚えても、そのような感情は幻想にすぎない。その先にこそ私の本当に望むところがある。ルソー自身の有名な言辞を記そう。

> 実際のところ、人間として各人が抱く個別意志は市民としての一般意志に反するか、これと異なる場合もある。彼に特有な利益は、公共利益と全く違うことを彼に語りかけるかもしれない。[……]したがって社会契約を空虚な言葉の羅列としないためには、何びとにせよ一般意志への服従を拒む者は、一般意志への服従を社会全体から強制されるという暗黙の約束が社会契約に含まれていなければならない。この約束なしには規則に実際の効力が与えられない。このことはまさに各人が**強制的に自由な状態におかれる**ことを意味する。(47)（強調小坂井）

一般意志こそが各人の心の奥底から出て来る本当の意志だという前提により、一般意志に背く市民に服従を強要しても、そのことがまさしく彼ら自身の真の欲望に従うことを意味する以上、市民の自由はまったく侵害されない。

自由でありながら同時に、自分以外の意志に服すということが何故起こりうるのかと問われるかもしれない。法律に反対するにもかかわらず、その法律に服従させられる者がどうして自由だと言えるのかと。

それは問題の立て方が悪いのだと私は答えよう。市民はすべての法律に対して、つまり彼が反対したにもかかわらず通過した法律、そしてまた違反するとき彼自身を罰する法律にさえ同意したのだ。国家のすべての構成員がもつ不変の意志が一般意志であり、この一般意志によってこそ、彼らは市民となり自由になるのだ。[48]（強調小坂井）

ひとは自らの真の欲望を発見し、ついに解放される。人間革命だ。ヒトラーかスターリンの言説と見紛う論理がかくて成立する。

フランスでは高速道路などの建設用地を接収する場合、まず関係地域住民に対して公聴会が開かれる。その際、実際に道路が通る場所は明示しないまま国全体および地域にとって最も良い選択を求められる。正式手続きを踏み、道路建設が公式に決定されたとしよう。自分が立ち退き対象になると思わないので反対しなかったが、こんな結果になるのなら立ち退きは承知しないと後になって主張はできない。用地の公益宣言がなされれば、本人の同意を待たず、その瞬間に土地の所有権は国家に移転される。不動産の補償額は調停や裁判によって決定されるが、土地自体はすでに没収されてしまう。住民の多数が賛成した都市計画であっても、土地を接収される当事者としては納得できない場合もある。しかし公共利益の名において国家は建設に踏み切る正当性を与えられる。強制撤去の後に住む場所が見つからず、老人や貧困者は泣きながら懇願する。だが、「あなた自身がした決定だから今さら文句を言う権利はない」と国家が突っぱねる。民主主義の衣を纏った全体主義。社会契約論の本質的問題がここに表れている。[49]

ルソーの構想がはらむ恐ろしさはホッブズ政治哲学に対比するとはっきりする。共同体内の闘争を防ぐため自らの運命を君主=リヴァイアサンに完全に委ねる以上、個人的自由は当然ながら制限される。だが、ホッブズの思想においてそれは必要悪として捉えられる。個人の自由を無制限に認めると市民の平和共存はかなわない、つまり個人の利益と全体の利益とが二つの相反しうる概念をなす。したがって公共利益に対する一部個人の反乱はありうるし、横暴な中央権力に対する人民の抵抗権を認める論理的余地も残されている。

ところがルソーの立論においては、自尊心から生ずる各人固有の意志、すなわち見せかけの自由の抑圧がまさしく、自己愛から導かれる一般意志に各市民を従わせ、真の自由を獲得する条件をなす。社会契約の規定は即ち市民の欲するところであり、個人の真の利益は全体の利益に等しい。したがって社会契約が正当な手続きに則り批准されれば、国家に対する人民抵抗権はルソーの思想から引き出せない。社会規範を受け入れない逸脱者は八方ふさがりの状況に追い込まれる。[50] すでに引用した章句の「市民となり、自由になる」という箇所にルソーは次の注を加えた。

ジェノヴァでは監獄の前と、ガレー船に繋がれた囚人の鉄鎖の上に、この「自由」という言葉が記されている。この標語の用い方は巧みであり、また正しい。実際、市民の自由を妨げるのはあらゆる種類の悪人たちだけだ。これらの悪人どもがすべてガレー船の苦役に処せられる国では最も完全な自由を享受できるだろう。[51]（強調小坂井）。

一般意志が制定する法律への強制的服従は自由の制限どころか反対に、自由へ向けての解放を意味する。このような真の自由の享受を拒否する者は憎むべき犯罪者、無知蒙昧な者、あるいは精神異常者以外にありえない。したがって監獄・再教育収容所・精神病院といった、彼らに適切な処置を施すべきだ。

ルソー『人間不平等起源論』によると、自然状態の人間は善き性質を備えていた。では何故、その善き人間が集まってできる社会は必然的に悪を生み出すのか。また『社会契約論』によると、自尊心と異なり、自己愛は人間の心の奥底から出てくる真の欲望であり、そこから導かれる一般意志は正しく、普遍性に支えられる。では何故、各自の私的な自尊心や個別意志を抑え、代わりに自己愛と一般意志を基礎に据える正しい市民社会を打ち立てるために、社会契約などという人工的約束が必要になるのか。それは自己愛なる独我論的存在がシステムとして安定しないからだ。[52] そこでシステムを維持するために暴力が必要になる。

人はパンのみにて生きるにあらず

ロールズ『正義論』が想定する公正な世界は市民すべてに生産物を平等に分配するのでもなければ、かつて共産主義が目指したように各自の能力に従って労働し、必要に応じて生産物を受け取る社会でもない。ロールズは次の条件下で貧富の差を正当化する。人間は能力に違いがあり、能力の高い者はその能力を最大限に利用し、社会の底辺に生きる人々の生活向上に役立てる必要がある。累進課税や社会保障制度などにより貧富の差を是正し、下層の人々の生活を改善すべきだ。かといって均等化が進みすぎると能力の高い者の労働意欲をそいだり、彼らの生産性向上に必要な学習期間のための資源が乏しくなり、その能力を活かせない。すると社会全体の生産性が低下し結局、貧困な市民の生活がかえって悪化する。したがって底辺にいる者の生活をよい状態に保つために必要な貧富の差は正当化される。[53]

遺伝や家庭環境から生ずる個人差はどうすべきか。生まれたばかりの赤ん坊を親から取り上げ、国家が平等に管理すれば、家庭環境の違いから生ずる能力差は緩和される。だが、このような過激な政策を支持する理論家は今日まずいない。それに遺伝による能力差はなくしようがない。機会の平等をいくら唱えようとも、最初から不平等な条件を背負い込んで人間は生きざるをえない。ロールズは言う。

富の遺産相続における不平等は知能の遺伝に比べれば、より本質的な不公平だとは言えない。確かに前者は社会管理しやすいだろう。しかし最も大切なのは、これら二種類の不平等が格差原理に可能な限り適合することだ。つまり遺伝・遺産相続から生ずる不平等が、最も恵まれない者の利益向上のために活かされ、自由と機会における公正な平等原則と両立する限り遺産相続は認められる。(54)

遺伝や遺産相続から生ずる個人差をなくす必要はない。競馬では過去の実績が高い馬ほど重い負荷を背負わせてレースの結果を予想し難くするが、そのような仕方では平等化しない。避けられない個人差は所与として受けとめた上で、能力の高い者が社会全体の利益に貢献できるシステムを考えるべきだと『正義論』は説く。上位者は能力の高さゆえに下位者より恵まれた生活を享受する権利を持つのではない。能力差は親から受けた先天的性質に加え、家庭教育および社会環境の影響から生ずる。本人の責任ではない。格差をつけないと社会の総生産力が低下し、下層の人々の生活が悪化するからにすぎない。貧富の差を残すのは社会全体の生産性を高めるための単なる方策だから、底辺に位置しても劣等感を抱く必要はないし、上位者に嫉妬するのもまちがっている。

［……］羨望は集団にとって有害だ。他人を羨望する者は自分との差を縮めようとして結局、他者だけでなく自分自身に対しても害をなす[55]。［……］他者の利益を減らせるとしても、そのために自分自身にも害が跳ね返るならば、他人の不幸を誰も望みはしないだろう[56]。

だが、ロールズの目論見通りに人間は他者との格差を納得できるだろうか。欲望は他者との比較から生ずる[57]。アリストテレスは『弁論術』「羨望」（第二巻第一〇章）において近しい比較対象との差が問題になると指摘した。

妬みを抱くのは自分と同じか同じだと思える者に対してだ。同じ人とは家系・血縁関係・年齢・人柄・世評・財産などで同じような人のことだ。［……］時や場所や年齢、世の評判などで自分に近い者を妬む。［……］競争相手や恋敵、一般に同じものを目指す者と人々は名誉を競う。そのため彼らに必ず嫉妬心を覚える[58]。

自分の状況に対する満足度は比較対象に左右される。第二次世界大戦中、米黒人兵士の不満は南部出身者よりも北部出身者の方が強かった。準拠集団が異なるためだ。人種差別の強い南部では黒人の生活水準が低いため、戦線での生活が必ずしも苦にならない。しかし南部ほどには差別が激しくない北部出身者は残留の黒人と自らとを比較して不満が募る[59]。社会の底辺に生きる者が肯定的アイデンティティを持てるかどうかは社会資源の分配だけで決まらない。封建社会では出生により身分が固定された。しかし下層の人間は上層との比較を免れるため、近代社会に比べて羨望に悩まされにくい。下位集団から上位集団へ移動できないカースト制やアパルトヘイト制度と違い、民主主義社会では階層間の移動が可能だが、それゆえに下位の者は上位に自己同一化する傾向が強くなり、不満を強く感じる[60]。

ユダヤ系ドイツ人は一九世紀中葉以前よりもゲットー消滅後に深刻なアイデンティティ問題を抱えるようになる。ゲットー時代、ユダヤ人と非ユダヤ人の間の隔たりは相互に維持されていた。ところが解放をへて両者の距離が小さくなり、接触の機会が増えるにつれてユダヤ人の葛藤が増す。上位集団（非ユダヤ人）の仲間に「もう少しでなれる」という心理がユダヤ人に生まれるからだ[61]。憧憬する上位集団に実際に入れるかどうかわからない不確かな状況は、伝統社会における絶対的排斥以上に耐えがたい。上位集団に移動する期待が高まるにつれて格差への不満が強まる[62]。差別を公然と制度化する伝統社会に比べて、より平等な近代社会が人間を幸福にするとは限らない。民主主義社会の出現を前にしてトクヴィルは言った。

　彼らは同胞の一部が享受していた邪魔な特権を破壊した。だが、それによりかえって万人の競争が現れる。地位を分け隔てる境界そのものが消失したわけではない。単に境界の形式が変化しただけだ。［……］不平等が社会の常識である間は、最も著しい不平等にも人は気づかない。対して、すべての人々がほとんど平等になった時には、どんな小さな不平等でも人の気持ちを傷つけずにはおかない。だから平等が増大するにしたがい、より完全な平等への願望が一層いやしがたくなり、より大きな不満が募らざるをえない[63]。

羨望が生まれるのは他者との差が正当な基準に則っていないからだとロールズは反論する。他者との差が公平な基準の結果だと知れば、他者の優越を素直に喜べる。したがって大切なのは公正な基準を定め、その正しさが誰にも納得できるよう説明することだ。そうすれば羨望は消え、下層の者も社会秩序を遵守するだろう。

合理的な人間は羨望の虜にならない、少なくとも自他の格差が不正義の結果でないと理解し、格差があまりにも酷くない限り、そうである。[64]

だが、このようなフェアプレー精神はまれだ。比較の対象にならないほど能力が違えば羨望は起きない。生まれるのは尊敬の念だ。歴史に足跡を残した偉大な芸術家やスポーツ選手あるいは天才思想家に自分は到底かなわないと認めても我々の価値は貶められない。そもそも比較の対象にならないから、相手の価値の承認が自らの否定につながらない。しかし能力が拮抗する者を前に自らの劣等性を受け入れるのは辛い。

人間は損得勘定して自らが得る総量を最大にする状況を選ぶ合理的存在ではない。実質的利益を犠牲にしてでも、他者に比べて劣勢にならない状況を求める。例えば自分が八〇〇〇円獲得し、他者が一万円得る状況Aと、自分は五〇〇〇円でも相手も五〇〇〇円しかもらえない状況Bのどちらかを選択できる場合、状況Aよりも状況Bを好む者の方が多い。[65]羨望の裏に劣等感が隠れているからだ。「鶏口となるも牛後となるなかれ」と『史記』も言う。ロールズの提唱する世界秩序は人間心理を考慮しない砂上の楼閣だ。

民主主義社会では不平等を正当化する論理がもはや存在しない、これがトクヴィルの指摘した近代の本質だ。[66]『トクヴィル　平等と不平等の理論家』において宇野重規は述べる。

［……］トクヴィルにとって、真に人民主権によって民主的共和国が維持されるとは、容易には信じがたい事実であった。というのも、トクヴィルによれば、平等化した社会において、〈民主的人間〉はそれ以前の社会を構成してきたさまざまな上下関係やヒエラルキーを否定してしまうからである。「デモクラシー」は、それまでの親子のあり方からはじまって、男女の関係、主従の関係、教師と生徒の関係、そして社会の関係一般を、根本から覆してしまう。誰が誰の上位に立ち、権威を持つかは、もはやまったく自明性を失うのである。いかなる上下関係も自然のものとは認められなくなり、あらためてその根拠を問い直されるのが「デモクラシー」の社会であった。

そのような「デモクラシー」の社会において、およそ秩序というものは成り立ちうるものだろうか。そして、「デモクラシー」の社会は、自らの秩序原理を持ちうるのか。(67)

すべての人間を平等に扱い、物質・文化資源を均等に分配する社会は存在しない。したがって格差を正当化する何らかの機制が必要になる。封建制度やカースト制度など身分制社会では、貧富や身分を区別する源泉が共同体の〈外部〉に投影されるため、不平等があっても社会秩序は安定する。人間の貴卑は生まれで決まる。貧富や身分の差があるのは当然だ。

近代以前の伝統社会と近代社会とを区別するのは平等・不平等の事実ではない。民主主義社会も依然として不平等な社会だ。程度の差でもない。両者の違いは他にある。伝統社会では身分が運命によって定められ、まさに格差の存在が秩序の正しさを傍証する。対して民主主義社会の人間はすべて同じ権利を持ち、正当な理由なくして格差は許されない。伝統社会にとって平等は異常であり、社会の歯車がどこか狂った状態を意味する。ところが逆に民主主義社会は平等でなければならない。しかしその実現が不可能だから、常に理屈をつけて格差を弁明しなければならない。

どんなに考え抜いても人間が判断する以上、格差基準が正しい保証はない。社会の底辺に置かれる者は既存の社会秩序に不満を抱き、変革を求め続ける。近代社会では、完全平等というアトラクタに抗するための正当化を永久に強いられる。〈外部〉に支えられる身分制社会と異なり、人間が主体性を勝ち取った近代民主主義社会は本質的に不安定なシステムだ(68)。近代社会の激しい流動性の一因がここにある。

正義という地獄

問題はそれだけに止まらない。人間世界の〈外部〉を排除し、あくまで内部に留まったままで秩序を根拠づける試みは論理的に不可能なだけでなく、ロールズの善意を裏切る悲惨な結果が待つ[69]。

『正義論』が構想する社会において底辺の人々は自らをどう捉えるだろうか。遺伝・家庭教育・遺産など外因に左右される能力は本人の責任でないから、そのために劣等感を抱く必要はないとロールズは説く。格差は単なる手段であり、人間の価値が判断されるのではない。

［……］最も恵まれない状況の人間が他者に劣ると考える理由はない。一般に同意された公共原理によって、彼らの自尊心は保護される。自他を分ける絶対的または相対的な格差は、その他の政治形態における格差に比べれば甘受しやすいはずだ[70]。

だが、このような理屈や慰めは空疎に響く。ロールズの想定する公正な社会では下層の人間にもはや逃げ道はない。社会秩序が正義に支えられ、階層分布の正しさが証明されている以上、自分が貧困なのは誰のせいでもない、まさしく自らの資質や能力が他の人より劣るからに他ならない。貧富の差は正当であり、差別のせいでもなければ社会制度に欠陥があるのでもない。恨むなら自分の無能を恨むしかない。ある日、正義を成就した国家から通知が届く。

欠陥者の皆さんへ

あなたは劣った素質に生まれつきました。あなたの能力は他の人々に比べて劣ります。でも、それはあなたの責任ではありません。愚鈍な遺伝形質を授けられ、劣悪な家庭環境で育てられただけのことです。だから自分の劣等性を恥ずかしがったり、罪の意識を抱く理由はありません。不幸な事態を補償し、あなた方の人生が少しでも向上するように我々優越者は文化・物質的資源を分け与えます。でも、優越者に感謝する必要はありません。あなたが受け取る生活保護は、欠陥者として生まれた人間の当然の権利です。劣等者の生活ができるだけ改善されるように社会秩序は正義に則って定められています。ご安心下さい[71]。

同期に入社した同僚に比べて自分の地位が低かったり給料が少なかったりしても、それが意地悪い上司の不当な査定のせいならば自尊心は保たれる。序列の基準が正当でないと信ずるからこそ人間は劣等感に苛まれないですむ。ロールズの楽観とは逆に、公正な社会ほど恐ろしいものはない。社会秩序の原理が完全に透明化した社会は理想郷どころか、人間には住めない地獄の世界だ。

伝統社会での身分は各人の能力によって決まるのではない。個人的資質を根拠に王は冠を戴くのではない。極言すれば王は誰でもいい。重要なのは連綿と繋がる血統に属する事実だけであり、現実の王は単なる質料だ。[72] 貴族制は能力主義ではない。才能や努力という各人の個性が問題になること自体が近代の特徴だ。

伝統社会の階層制度では身分が世襲・固定されるが、下層に生きる人間は不幸の原因を外部要素に転嫁する社会装置が用意されている。制度化された差別が厳然と存在するにもかかわらず、下層の者の欲求不満は緩和され、アイデンティティ喪失が避けられる。それが彼らにとって救いになる。秩序の源を〈外部〉に投影する伝統社会では不幸の最終責任が本人にない。それは悲しい運命の定めにすぎない。

近代の超克を説くのでもなければ、宗教へ誘うのでもない。規範的思考で人間の世界を割り切ろうとする浅はかさを批判するだけだ。[73]「神々を生み出す装置」(machine à faire des dieux) というベルクソンの美しい表現がある。社会のことだ。[74] デュルケムは言う。

無私無欲あるいは献身の心が生まれなければ道徳は始まらない。しかし我々が従う主体が我々個人より高い価値を体現しなければ、無私無欲の気持ちは意味をなさない。ところで現実の世界において我々以上に豊かで複雑な道徳的実在性を持つ主体は私には一つしか見つからない。それは集団だ。いや私はまちがっているかもしれない。同じ役割を果たしうる主体がもう一つある。つまり神だ。[……] どちらを選ぶかに私はあまり関心がない。何故なら、社会が象徴的に把握され、変貌したものが神に他ならないから

だ。[75]（強調小坂井）

神の死によって成立した近代でも、社会秩序を根拠づける〈外部〉は生み出され続ける。虚構のない世界に人間は生きられない。

註

（1）拙著『増補 民族という虚構』（ちくま学芸文庫、二〇一一年）、下條信輔『サブリミナル・マインド』（中公新書、一九九六年）、同『〈意識〉とは何だろうか』（講談社現代新書、一九九九年）。

（2）この点に関する検討は P. Manent, *Histoire intellectuelle du libéralisme*, Calmann-Lévy, 1987; L. Scubla, «Est-il possible de mettre la loi au-dessus de l'Homme? Sur la philosophie politique de Jean-Jacques Rousseau», *in* J.-P. Dupuy, *Introduction aux sciences sociales. Logique des phénomènes collectifs*, Édition Marketing, 1992, p. 105-143が優れている。

（3）J.-J. Rousseau, «Considérations sur le gouvernement de Pologne et sur sa réformation projettée en avril 1772», in *Œuvres complètes, III. Du contrat social. Écrits politiques*, Gallimard, 1964, p. 951-1041.

（4）笹澤豊『道徳とその外部　神話の解釈学』（勁草書房、一九九五年）、ii—iii頁。

（5）T. Hobbes, *Leviathan*, edited by Richard Tuck, Cambridge University Press, 1991, ch. 17 [tr. fr., *Léviathan*, Gallimard, 2000, p. 288].

（6） ホッブズとルソーの関係については Manent, *op. cit.*, p. 66-70, 163-165 を参照。

（7） ルソーの思想に関しては『社会契約論』（*Du contrat social*, in *Œuvres complètes, III*, Gallimard, 1964, p. 279-470）、『人間不平等起源論』（*Discours sur l'origine et les fondemens de l'inégalité parmi les hommes*, in *Œuvres complètes, III*, *op. cit.*, p. 109-237）および Manent, *op. cit.*; Scubla, art. cit. を参照。

（8） *Contrat social, op. cit.*, p. 359.

（9） Scubla, art. cit., p. 111-112.

（10） *Contrat social, op. cit.*, p. 371.

（11） *Ibid.*, p. 360-361.

（12） «Considérations sur le gouvernement de Pologne», art. cit., p. 955.

（13） 岩井克人『貨幣論』（筑摩書房、一九九三年、ちくま学芸文庫、一九九八年）、M. R. Anspach, *A charge de revanche*, Seuil, 2002; A. Orléan, «La monnaie comme lien social. Étude de Philosophie de l'argent de Georg Simmel», *Genèses, 8*, 1992, p. 86-107; ——, «La monnaie autoréférentielle: réflexions sur les évolutions monétaires contemporaines», *in* M. Aglietta & A. Orléan (Eds.), *La monnaie souveraine*, Odile Jacob, 1998, p. 359-386; G. Simmel, *Philosophie des Geldes*, Duncker & Humblot, 1977 [tr. fr., *Philosophie de l'argent*, PUF, 1987] など。

（14） 岩井、前掲書ちくま学芸文庫、一九三―一九四頁。

（15） M. Mauss, *Sociologie et anthropologie*, PUF, 1983 (première édition : 1950).

（16） C. Lévi-Strauss, «Introduction à l'œuvre de Marcel Mauss», *in* (M.) Mauss, *op. cit.*, p. XXXVIII, XLIV.

（17） Anspach, *op. cit.*, p. 43-45.

（18）Simmel, *op. cit.*, tr. fr., p. 66.
（19）*Ibid.*, tr. fr., p. 198.
（20）Anspach, *op. cit.*, p. 35-36.
（21）この寓話が示唆するパラドクスについては、G. Teubner (Ed.), *Die Rückgabe des zwölften Kamels. Niklas Luhmann in der Diskussion über Gerechtigkeit*, Lucius & Lucius Verlagsgesellschaft, 2000［G・トイプナー編、土方透監訳『ルーマン　法と正義のパラドクス――12頭目のラクダの返還をめぐって』（ミネルヴァ書房、二〇〇六年）］が詳しく検討している。拙著『神の亡霊　近代の物語』（東京大学出版会、二〇一八年）二三四―二三七頁で、この不思議な計算の秘密を分析した。
（22）F. A. Hayek, *Law, Legislation and Liberty*, Routledge & Kegan Paul, 1979 [tr. fr., *Droit, législation et liberté. Vol. 1, Règles et ordre*, PUF, 1995, P. 41-64]. ハイエクの認識論については Dupuy, *op. cit.* の他に J.-P. Dupuy, *Le sacrifice et l'envie. Le libéralisme aux prises avec la justice sociale*, Calmann-Lévi, 1992.
（23）方法論的個人主義は R. Boudon, «Individualisme et holisme dans les sciences sociales», *in* P. Birnbaum & J. Leca (Eds.), *Sur l'individualisme*, Presses de la Fondation Nationale des Sciences Politiques, 1986, p. 45-59; R. Boudon, *Effets pervers et ordre social*, PUF, 1993 (première édition : 1977)。全体論的アプローチは L. Dumont, *Homo hierarchicus*, Gallimard, 1966; ――, *Homo æqualis. Genèse et épanouissement de l'idéologie économique*, Gallimard. 1977; E. Durkheim, *Les règles de la méthode sociologique*, PUF, 1981 (première édition : 1937)。
（24）廣松渉『物象化論の構図』（岩波書店、一九八三年）および P. Ricœur, «Aliénation», in *Encyclopædia Universalis*, 1990, Vol. 1, p. 819-823. 前掲拙著『増補　民族という虚構』第3章も参照。

(25) F・A・ハイエク「抽象の第一義性」（吉岡佳子訳）、アーサー・ケストラー編著『還元主義を超えて』（工作舎、一九八四年）所収四三七頁。

(26) Dupuy, *Introduction aux sciences socials, op. cit.*, p. 251.

(27) R. K. Merton, *Social Theory and Social Structure*, The Free Press, 1957, ch. 11.

(28) 総括的検討として M. Snyder, "When Belief Creates Reality", *in* L. Berkowitz (Ed.), *Advances in Experimental Social Psychology*, Vol. 18, Academic Press, 1984, p. 247-305。

(29) R. L. Rosenthal & K. L. Frode, "The Effect of Experimenter Bias on the Performance of the Albino Rat", *Behavioral Science*, 8, 1963, p. 183-189.

(30) R. L. Rosenthal & L. Jacobson, *Pygmalion in the Classroom*, Holt, Rinehart & Winston, 1968.

(31) 薬品と見かけが同じように調合された、しかし薬品成分を含まないラクトースの錠剤を服用したり、生理的食塩水を注射したりすると、主観的な錯覚に止まらず、胃酸量・瞳孔開放度・血圧、血液中の脂肪タンパク・白血球・コルチコイド・グルコース・コレステロール量など客観的要因にも変化が現れる。プラシーボ効果は心理現象だから、処方の仕方が効果を大きく左右する。胃潰瘍の患者にプラシーボを与え、「この薬は新しく開発されたばかりで非常に効果が高い」と医師が説明する場合には七割の患者に向上が認められた一方で、何の説明もなしに看護師が事務的に出す場合には患者の三割以下にしか有効でなかった。投与の仕方によっても効果は異なる。プラシーボは経口錠剤・座薬・筋肉注射・静脈注射・点滴など様々な形で処方できるが、ほぼこの順で効果も高まる。特に点滴だと「薬」が注入される間ずっと患者が意識するのでよく効く。

心配事が重なると胃酸過多になり、胃炎を起こしやすい。胃炎になれば痛いし食欲も進まないので、それがまた苛々を増し、さらに胃酸過多がひどくなるという悪循環に陥る。このような時はプラシーボ服用で安心感が生まれると、悪循環を断ち切るきっかけができる。ストレスからペットが皮膚病などに罹った時、プラシーボをペットに与えると、本当の薬だと信じる飼い主がそれで安心する。するとペットのストレスも減り皮膚病が治癒する。子供が夜泣きするとフランスの小児科医は子供にではなく親に睡眠薬を与える。つまり夜泣きのために親が眠れず、ストレスが高まると親は苛々する。親のストレスを敏感に子供が感じ取り夜泣きする。するとまた親は眠れずストレスが強くなるという悪循環に陥る。だからこの悪循環を断ち切ればよい。睡眠薬をもらった親が熟睡してストレスが減れば、子供に対する態度が変化し、子供も安心して寝付きが良くなる。P. Lemoine, *Le mystère du placebo*, Odile Jacob, 1996.

（32） Simmel, *op. cit.*, tr. fr., p. 90.

（33） B. Pascal, *Pensées*, Gallimard. 1977, p. 87-88.

（34） 永井均「なぜ悪いことをしても〈よい〉のか」、大庭健・安彦一恵・永井均編『なぜ悪いことをしてはいけないのか』（ナカニシヤ出版、二〇〇〇年）所収四三―六一頁。引用部分は四九、五〇―五一、五九頁。

（35） J.-P. Dupuy, «Mimésis et morphogénèse», *in* M. Deguy & J.-P. Dupuy (Eds.), *René Girard et le problème du Mal*, Grasset, 1982, p. 275-276.

（36） 例えばマルクス『資本論』第一巻第三章第二節（K. Marx, *Le capital. Critique de l'économie politique*, Éditions Sociales, 1977, p. 90）、柄谷行人『探究Ｉ』（講談社学術文庫、一九九二年）、四九―五〇頁、岩井、前掲『貨幣論』ちくま学芸文庫、一五八―一六一頁。

（37） 自己組織化や複雑系理論については H. Atlan, *Entre le cristal et la fumée. Essai sur l'organisation du vivant*, Seuil, 1979; ――*Tout, non, peut-être. Éducation et vérité*, Seuil, 1991; P. Dumouchel & J.-P.

Dupuy (Eds.), *L'auto-organisation. De la physique au politique*, Seuil, 1983; F. Fogelman Soulié (Ed.), *Les théories de la complexité. Autour de l'œuvre d'Henri Atlan*, Seuil, 1991.

（38）前掲拙著『増補　民族という虚構』第5章を基に考察を発展させた。

（39）J. T. Godbout, *Le don, la dette et l'identité. Homo donator vs homo œconomicus*, La Decouverte/M. A. U. S. S. 2000, p. 7-16.

（40）岩井克人『資本主義を語る』（ちくま学芸文庫、一九九七年）、一四四頁。

（41）経済学と近代個人主義との密接な関係については Dumont, *Homo æqualis, op. cit.*

（42）O. Henry, "The Gift of the Magi", in *41 Stories by O. Henry*, Signet Classics, 2007, p. 65-70.

（43）Anspach, *op. cit.*, p. 105-114 を参考にした。

（44）平尾透『倫理学の統一理論』（ミネルヴァ書房、二〇〇〇年）、二〇五頁。

（45）J. Rawls, *A Theory of Justice*, The Belknap Press of Harvard University Press, 1999.

（46）L. Dumont, *Essais sur l'individualisme*, Seuil, 1983, p. 94-95.

（47）*Du contrat social, op. cit.*, p. 363-364.

（48）*Ibid.*, p. 440.

（49）「一般意志」の導入がルソー自身の意図を超えて全体主義に変身する問題については前掲拙著『増補　民族という虚構』一九九―二一三頁。

（50）Manent, *op. cit.*, p. 66-70, 163-165.

（51）*Du contrat social, op. cit.*, p. 440.

（52）Scubla, art. cit., p. 115. 他者との比較を無視する自己愛の不可能性については後述。

（53）これはベンサムやミルらの功利主義とは違う。『正義論』の冒頭でロールズはこう規定する。「正義に基づいた不可侵性によって各人は保護され、社会全体の幸福の名においてさえも、この正義に背くことはできない。したがって他の大多数がより大きな利益を得るために一部の人が自由を喪失することは正当化できない。少数者に課せられる犠牲は大多数が受ける利益の増加によって埋め合わされるという考えを正義は承認しない」(Rawls. *op. cit.*, p. 3)。

(54) *Ibid.*, p. 245.

(55) *Ibid.*, p. 466.

(56) *Ibid.*, p. 469.

(57) 欲望は主体・対象・他者が織りなす三項構造の中で生まれ維持される。R. Girard, *Mensonge romantique et vérité romanesque*, Grasset, 1961; ——*Des choses cachées depuis la fondation du monde*, Grasset & Fasquelle, 1978. 社会心理学の実証研究としては L. Festinger, "A Theory of Social Comparison Processes", *Human Relations, 7*, 1954, p. 117-140.

(58) Aristote, *Rhétorique*, Librairie Générale Française, 1991, p. 227-229.

(59) Merton. *op. cit.*, ch. 8(前掲『社会理論と社会構造』みすず書房、一九六一年、第八章).

(60) 実験社会心理学の立場からは、S. Guimond & L. Dubé-Simard, "Relative Deprivation Theory and the Quebec Nationalist Movement: The Cognition-Emotion Distinction and the Personal-Group Deprivation Issue", *Journal of Personality and Social Psychology, 44*, 1983, p. 526-535; G. Petta & I. Walker, "Relative Deprivation and Ethnic Identity", *British Journal of Social Psychology, 31*, 1992, p. 285-293 などを参照。

(61) K. Lewin, "Psycho-Sociological Problems of a Minority Group", in *Resolving Social Conflicts*, Harpar & Brothers Publishers, 1946 (first edition: 1935), p. 145-158.

(62) この問題の検討はH. F. Dickie-Clark, *The Marginal Situation*, Routledge & Kegan Paul Ltd., 1966［今野敏彦・寺門次郎訳『差別社会の前衛――マージナリティ理論の研究』新泉社、一九七三年］および拙著『異文化受容のパラドックス』（朝日選書、一九九六年）。実験社会心理学からはN. Ellemers, A. Van Knippenberg, N. K. de Vries & H. Wilke, "Social Identification and Permeability of Group Boundaries", *European Journal of Social Psychology, 18*, 1988, p. 497-513; A. Van Knippenberg & N. Ellemers, "Social Identity and Intergroup Differentiation Processes", *in* W. Stroebe & M. Hewstone (Eds.), *European Review of Social Psychology*, Vol. 1, Wiley, 1990, p. 137-169。

(63) A. de Tocqueville, *De la démocratie en Amérique*, Vol. 2, Gallimard, 1961, p. 192-193.

(64) Rawls, *op. cit.*, p. 465. 同様の立場をデカルトも表明している（ルネ・デカルト「情念論」［野田又夫訳］、『世界の名著22　デカルト』［中央公論社、一九六七年］所収四四五頁）。

［……］善や悪が他の人々に属するものとしてわれわれに示されているとき、われわれはその人々がその善や悪をもつにふさわしいと考えることもあり、ふさわしくないと考えることもある。ふさわしいと考える場合には、そのことがわれわれのうちに起こす情念は、事物が起こるべきように起こるのを見ることはわれわれにとってある善きことであるかぎり、「喜び」にほかならない。［……］しかし、もしその人々がその善や悪にふさわしくないとわれわれが考えるとき、善は「羨み」を起こし、悪は「憐れみ」を起こす。

(65) H. Tajfel, *Differentiation between Social Groups: Studies in the Social Psychology of Intergroup Relations*, Academic Press, 1978.

(66) 宇野重規『トクヴィル　平等と不平等の理論』（講談社学術文庫、二〇一九年）、七四―七六頁。

(67) 同一〇三―一〇四頁。

(68) Dupuy, «Mimésis et morphogénèse», art. cit., p. 266-272.

(69) Dupuy, *Le sacrifice et l'envi, op. cit.*, p. 187-188; ——, *Avions-nous oublié le mal?*, Bayard, 2002, p. 78-92.

(70) Rawls, *op. cit.*, p. 470.

(71) E. S. Anderson, "What is the Point of Equality?", *Ethics, 109*, 1999, p. 287-337を参考に脚色した（該当部分はp. 305）。

(72) 現実に生きる国王の身体は滅びようとも、本質としての国王は永遠に不滅な実体だという理論が中世ヨーロッパで発展した（E. Kantorowicz, *The King's Two Bodies: A study in Mediaeval Political Theology*, Princeton University Press, 1957 [tr. fr., *Les deux corps du roi. Essai sur la théologie politique au moyen âge*, Gallimard, 1989, p. 200-207]）。各歴代天皇は「天皇霊」なる未来永劫に存続する唯一の本質が宿るための質料にすぎないという折口信夫の理論がある。天皇霊は生まれた時から天皇に備わるのではなく、大嘗祭の呪術的儀式を通して天皇の身体に付着する外来魂だと解釈された。天皇制は万世一系ならぬ万世一帝であり、天皇の正統性が血縁連続性にではなく、天皇霊の一貫性・不変性に求められた。存続が図られなければならないのは制度自体であり、そこに属する各個人は制度を支える物質的媒体にすぎない（津田博幸「天皇がまとう魂」『別冊宝島94　もっと知りたいあなたのための天皇制・入門』、一三二―一五一頁）。

(73) H. Bergson, *Les deux sources de la morale et de la religion*, PUF, 2003 (première édition : 1932), p. 338.

(74) S. Moscovici, *La machine à faire des dieux. Sociologie et psychologie*, Fayard, 1988.

(75) E. Durkheim, *Sociologie et philosophie*, PUF, 1996 (première édition : 1924), p. 74-75. 主体という表現

につられてデュルケムの真意を誤解してはならない。次の文章が明示するように、超個人的実体の定立を意味しない。「個人的であるか社会的であるかを問わず、意識とは実体ではまったくなく、多かれ少なかれ有機的に結びつけられた現象群の集合にすぎないと私は何度も繰り返し言明している。それにもかかわらず、私の立場に対して実在論だの存在論主義だのという非難がなされてきた」(E. Durkheim, «Préface» de la seconde édition, in *Les règles de la méthode sociologique*, *op. cit.*, p. XI. およびE. Durkheim, *Le suicide*, PUF, 1993 [première édition : 1930,] p. 361-362も参照)。デュルケム社会学に頻出する「集団意識」「精神的個体性」などの表現は、個人現象と集団現象との間の断絶を強調せんがための比喩にすぎない。思考し意思決定する主体ではない。

結論に代えて

責任という虚構。このタイトルを選んだのは責任概念の危うさを指摘するためだけではなかった。責任の根拠を問う視点から人間の絆の謎に迫ろうとしたからだ。人を愛したり、自己を犠牲にしてまで他人のために尽くす現象は当たり前のようだが、実はとても不思議な現象だ。経済学・社会学・心理学・生物学、そして哲学が格闘してきた。だが、未だに解答は見つかっていない。

外部の存在が同一性を生み出すと主張した前著『民族という虚構』と同様に、本書の底を流れるテーマも他者性である。他者とは何かという巨大な問いに正面から立ち向かったわけではない。集団とは何か、赦しとは何か、意味とは何かといった、それ自体難しい問題群をさらに検討する必要がある。

人の絆の不思議を解明する入り口として本書は、自由になされた行為だから責任を負うという因果論の検討から議論を始めた。自由意志を斥けるのは、科学的アプローチで人間世界を割り切るためではない。自由意志を救うために倫理哲学者は多くの理論を試みてきた。だが、どれも満足な答えだとは思えない。無理をして複雑な議論に搦め捕られ、袋小路に陥っていないか。自由や責任を因果論の枠組みで考える発想自体が改められなければならない。

ホロコーストの分析を通して人間の隠された姿を垣間見たのは当然ながら、ナチスを免罪するためではない。人間の根源的な集団性・他律性に光を当てたかったからだ。第二次世界大戦時の日本の戦争責任を今日の日本人が問いただす際、自らは荷担しなくとも、日本の一員として連帯責任を取る論理になっている。自分自身が強姦し、殺人を犯す可能性が視野から欠落している。それでは犯罪者と自らとの間に一線を画す点において勧善懲悪主義と変わらない。他でもないこの私が犯罪に手を染める可能性を見つめないと、問題の本当の姿は見えてこないし、同じ悲劇を再び繰り返す羽目にもなる。

死刑を可能にする無責任体制に目を向けたのは、死刑制度を批判したり、廃止を呼びかけるためではない。ホロコーストや戦争犯罪のような悪だけでなく、我々が必要と認める制度も実は同じメカニズムに支えられている。善と悪の境界は想像以上に曖昧だ。地獄への道は善意で敷き詰められている。この警句の意味を我々はもう一度よく考えるべきだろう。

真理や正義の内容は時と場所によって変わる。ジョージ・オーウェル『一九八四年』が描いたように、正しい人ばかりの社会ほど恐ろしいものはない。中世の宗教裁判や魔女狩り、ナチス・ドイツ、スターリンのソ連、そして中国の文化大革命も正しい世界を作ろうとした事実を忘れてはならない。正義と平等の実現を目指したルソーの思想が、彼の真摯な意図に反して全体主義に変身したのも同様だ。正しい世界の構想に誤りがあったのではない。歴史や文化を貫通する普遍的真理や正しい生き方が存在するという信念自体の危険性にもっと敏感になるべきではないか。

冤罪の必然性を分析したのは、冤罪犠牲者の苦しみを軽視し、事故だから諦めろと諭すためではない。犯罪捜査や裁判には曖昧さや恣意性がつきものだから処罰をやめよと主張するのでもない。犯罪は怒りや悲しみをもたらす。感情的反応が責任者を求め、処罰を与える。集団で生きる人間の世界から犯罪と処罰が消えることはありえない。しかしそこで実際に目にするのは、我々が信じるような正義の鉄槌ではない。無実の人を犯人と取り違えなければすむ話ではない。因果律で考える限り、犯罪行為の原因は真犯人さえもすり抜ける。それなのに何故、誰かに責任を負わせ、処罰するのか。この問題を本書は問い続けたのだ。

人間は身体を持つ。生き物としての人間、生身の身体が世界秩序を作る。犯罪に我々は論理だけで反応するのではなく、怒りや悲しみを必ず覚える。感情や認知バイアスという濾過装置を通さなければ判断できない人間の行動が、哲学者や科学者の覚めた論理だけで理解できるはずがない。心の論理と社会の論理にしたがって我々は日々判断・行動し生きている。歴史条件や文化背景を超越して練り上げられる規範的考察では責任現象を把握できない。責任はまさしく社会・心理現象であり、それとは別に論理的に定立される責任はない。

責任という虚構。大切なのは根拠の欠如を暴くことでなく、無根拠の世界に意味が出現する不思議を解明することだ。どうせ社会秩序は虚構に支えられざるをえないから、より良い虚構を作るよう努力すべきだという意見もある。だが、そんなに簡単に世界の虚構性を認めてよいのか。逆説的に聞こえるだろうが、根拠に一番こだわっているのは私の方だ。道徳や真理に根拠はない。しかしそれにもかかわらず、揺るぎない根拠が存在すると感知されなければ人間生活はありえない。虚構として根拠が生成されるとともに、その恣意性が隠蔽される。人間が作り出した規則にすぎないのに、その経緯が人間自身に隠される。物理法則のように客観的に根拠づけられる存在として法や道徳が人間の目に映るのは何故か。これが本書の問いだった。

世界の根拠を定立する方向は三つしかない。カントの用語に戻るならば、自然因果律の発想で社会秩序を根拠づける限り、神やプラトン的イデアのような精神的実体を究極的原因として想定するか、ラプラス決定論のように、現在の世界秩序を物質的初期条件へと還元する以外に可能性はないだろう。本書は、究極的原因という概念自体を否定しながら世界の根拠を解明する第三の道を模索した。究極的原因を求める発想はタマネギの皮むきのように空しい。後には虚無あるいは無意味しか残らない。生命には意味などない。再生産を繰り返し、死ぬまで生き続ける。それだけだ。だが、人間が営む夥しい相互作用から生成される集団現象が人間から遊離し、〈外部〉として現前するおかげで根拠が構成される。真善美は集団性の同意語だ。無から根拠が生まれる錬金術がここにある。神のような超越的存在を斥けながら同時に、遺伝子や物質的所与への還元主義をも否定した上で、それでも人間世界に意味が現れる可能性をこの認識論が保証する。

なぜ規範が存在するのかという問いに答えはあるだろうか。どのように道徳が生まれるのかという発生論は可能だろうか。歴史的事実の考察としては有意義だが、そこに内在的論理を見いだすことはできない。原因と根拠は違う。道徳が発生した歴史的道筋を再構成できても、それは根拠と何ら関係がない(1)。

真理や根拠は集団性の別名であり、人間の運命は我々自身に手の届かないところで進行する。これは悲観論ではない。その逆だ。人間の歴史は法則に収斂できない。どんなに科学が進歩しても人間の未来は予知されえない。歴史は実際に生ずることでしか、その姿を明らかにしない。社会は人間から遊離して自律運動するからだ。

そもそも歴史は可能なのか。世界の初期状態から何らかの法則に従って現在が生まれるならば、それは本来の意味での歴史ではない。単純な決定論を採る限り、歴史の展開は数学的証明と同じ論理構造になり、未来は過去に還元される。歴史の可能性はどのように保証されるのか。歴史認識論の多くはそこに人間の自律性を見る。世界の決定論的進行に楔を打ち込み、断絶を導入する契機として人間の自由意志を支えにする。[2] だが、身体や脳の状態に縛られない自由な意志を措定するならば、デカルト的二元論に行き着くしかないだろう。本書はその方向と袂を分かち、違う道を求めた。自由意志をデウス・エクス・マキナとして密輸入するのでなく、歴史を初期条件の内的展開と捉えるのでもなく、歴史の自律性を説明するために個人と社会、つまり要素と全体の乖離に注目した。

自由意志を認めず、各人が抱く意図を超えて世界が展開されると主張する本書が、人間の思考を通してホロコーストのような悲劇を回避する可能性を示唆するのは論理矛盾に見えるかもしれない。だが、それは誤解だ。人間も社会も、蓄積される情報・経験に従って、その運動は変化する。社会は自己言及的に変遷する自律システムだ。人間以外の生物も学習により行動が変化し外界に適応する。しかしそこに自由意志や主体性はない。それと同じ事情だ。集団現象が我々の意志から遊離する以上、人間の努力や思想がよりよい未来を築くかどうかは誰にもわからない。思想が世界の発展に貢献することもあれば、逆に悲惨な事態を生むこともある。多くの知識人が期待を託した共産主義がスターリン、金日成、ポル・ポトの名の下に敗北したように。それでも人間の行動や思考は必ず世界を変革する。

人間はどう生きるべきか、責任・刑罰体系はどうあるべきかという規範的考察を避け、人間は実際どう生きているか、社会はどう機能しているか、責任という現象の構造・意味は何かという記述的態度を本書は一貫して採った。責任はどうあるべきかという問いから逃げたのではない。この問いに究極的な答えは存在しない。社会・文化・歴史条件に拘束されながら、私たちにはこの答えが正しいと思われるという以外に、この問いに答えはない。

それではヒトラーやスターリンにどう対抗するのか。我々が生きる上で究極的根拠など必要ない。人間は社会的かつ歴史的な存在であり、それら外的条件を離れて人間はありえない。悪と映る行為に我々は怒り、悲しむ。すでに社会・歴史条件に規定された倫理観に則って我々は判断するしかない。むろん議論を尽すことは大切だ。だが、どこまでいっても究極的な根拠は見つけられない。倫理判断は合理的行為でなく、信仰だ。それゆえに道徳・社会規範は強大な力を行使する。

虚構の重要性を説く本書が虚構のからくりを暴くのは自己矛盾ではないか。しかしこの疑念は当たらない。テレビや映画が残像現象によると知っても錯覚はなくならない。精神分析学者が無意識を解明しても無意識を制御できるわけではない。人間の相互作用から集団現象は必ず遊離し、そこに虚構が生まれる。無根拠性・恣意性は必然的に隠蔽される。

註

（1） スペンサー・マルクス・コントらの歴史発展段階説と異なり、ネオ・ダーウィニズムによると歴史法則は存在しない。無方向の遺伝子変異を進化プロセスの基礎に据える以上、進化は法則的に捉えられない。しかし同時に、変異した個体が子孫を残す確率が環境条件によって規定されるから、その段階で自然淘汰の圧力がかかる。ネオ・ダーウィニズムの功績は、歴史の発展方向に意味がないことを説明した点にある。

（2） R. Aron, *Introduction à la philosophie de l'histoire*, Gallimard, 1986 (première édition : 1938); P. Veyne, *Comment on écrit l'histoire*, Seuil, 1971.

補考　近代の原罪——主体と普遍

自由と責任の考察は多くが規範論であり、自由をどう捉え、責任をどう定めるべきかと問いかける。対して本書は「はじめに」で断ったように規範論を避け、自由と責任が社会で実際に機能する姿を分析した。どう生きるべきかを省察する思想ではなく、現実に人間がどう生きているかを記述する人間学であり、社会学である。オオワシのように大空を飛翔せよと、大海原を泳ぐ鯨に説いても意味がない。我々は鳥なのか海獣なのか。それが本書の問いである。

これは単なる問題設定の違いではない。本書は普遍を否定する。どんな時代・社会にも普遍的と信じられる価値は現れる。だが、時間経過とともに変化する以上、普遍的価値ではありえない。時代と社会に固有な世界観であるにもかかわらず、それが何故、普遍性の衣を纏うのか。虚構として根拠が成立すると同時に、その虚構性が人間の眼に隠される。

ゆえに歴史と文化に限定された社会規範にもかかわらず、普遍的価値と映る。超歴史的価値を否認する認識論としての相対主義は、裁きや処罰の社会慣習と矛盾しない。これが本書の答えである。

先ずは自由意志の不可能について敷衍する。内部はどこにもない。内因はデウス・エクス・マキナであり、そのような発想は近代の特殊な思考枠に囚われている。本書がこれまでの章で扱った応報正義だけでなく、分配正義も射程に収めて自由意志の正体を腑分けしよう。近代は個人という自律的人間像を生み出し、神を否定しながらも普遍を立てる。だが、そこには原理的な無理がある。知識社会学的見地から近代の袋小路に光を当てよう。

次に本書の鍵概念である虚構の意味を明確にする。虚構なしに現実は成立しない。虚構は現実の反対概念どころか、必要不可欠な土台をなす。擬制と虚構は違う。前者は成立原理が誰にもわかっている。対して後者はその仕組みが隠蔽されて初めて機能する。その違いは決定的だ。虚構の恣意性が隠されるメカニズムを探ろう。道徳の存立構造を示すとともに、虚構の意図的構築が不可能である理由を明らかにする。そして相対主義と普遍性が矛盾しない事実を見定めよう。

脳科学や認知心理学の成果は自由意志を否定すると序章に書いた。この解釈には従来から哲学者の反論がある。リベット実験の結果は意志の否定を証明したわけではないと言う[1]。ここでは日本の思想家五人の考察と対比して、私論の特徴を際立たせよう。解決方法はそれぞれ違えども、結局どの論者も自由と責任を社会規範として捉える。その点は本書の立場と同じだ。ただし、自由と責任を因果律の枠組みから解放する仕方が異なる。そこに近代のエピステーメーが影を落とす。

リベット実験の結果を認めた上で、自由意志をそれでも擁護する論者は多い。(1) 無意識の意志という着想、(2) 創発性を根拠に自由意志を救う試み、(3) 意志はある瞬間に生じるのでなく、時間の幅を持つ事象である。したがってリベット実験の結果は意志の否定を意味しないという解釈、(4) 行為指令や拒否の出発点が無意識かどうかは問題でなく、主体による意識的な最終決断が自由を保証するという主張がある。(1) と (2) はこの節で、(3) と (4) は次節で順に検討しよう。

リベットの実験結果と自由意志の両立を図るために、大澤真幸は無意識の意志を立てる。

[……] 野球では、投手がボールをリリースしてから、そのボールが打者のところに到着するまで、〇・五秒程度の時間しかかからない。打者は、たとえば「シュートだとわかったので、腕をうまくたたんで、はじき返した」等と報告するが、意識的な自覚に関

していえば、はじき返した後にシュートだったと気づいていたはずだ。しかし、身体は、シュートであることを即座に検出して、適切に反応しているのだから、この説明は、まったくの虚偽ではない。というより、意識は、実際に起きたことを、事後的に報告していると解すべきではないか。このとき、この打者の打撃は、自由な行為、自由意志の発動と見なすことはできないのだろうか。[2]

熱いフライパンに触って思わず指を引っ込める反射運動は二五〇ミリ秒ほどしかかからない。まず指を引っ込めてから熱いと感じるのであり、その逆ではない。意識的に分析していては投手のボールを打ち返せない。打者は長年の訓練により反射的に対応する。楽器演奏者も同様に、どの音を出そうと意識しては速い楽節を奏でられない。

ところでボタン押し実験で少しずつ遅く反応するよう指示すると反応時間が急に増加し、五〇〇ミリ秒以上かかる。二五〇ミリ秒から五〇〇ミリ秒の間ではボタンを押せない。無意識反射なら速いが、もう少しゆっくり押そうとすると意識運動が生じるからだ。[3] 大澤の解釈は次の引用ではっきりする。

> [……] 運転している車の前に、誰かが突然飛び出してきたとき、運転手は、咄嗟にブレーキを踏む。このとき実際には、ブレーキを踏んだ後に、他人が車道に飛び出したこ

とに気づくのだが、運転手本人は、順番を逆転させて、「誰かが飛び出してきたことに気づいたので、ブレーキを踏んだ」と意識する、［……］「ブレーキをかけよう」という意志の自覚が現れるのは、実際にブレーキをかけた時点よりも後であり、自覚が生じたときには、すべてが——意識されることなく——終わっている［……］。しかし、人が車の前に突然飛び出してきたときにブレーキを踏んだことが、そしてそれによって交通事故が回避できたということが、自由な行為ではない、という認定は、非常に奇異ではないか。少なくとも、運転手の反応は、選択的であり、かつ適切だったと見なすべきではないか。

［……］身体の意識以前的な反応を、広義の「気づき」と解すれば、意識の報告は、事態の正しい記述になっている(4)。

この言明の後、盲視・幻肢・カプグラ症候群・分離脳・エイリアン・アーム症候群を例に挙げ、認知活動が意識下で生ずる事実を大澤は認める。

脳科学が衝撃的なのは、ある種の無意識の過程が脳内で進行していることをあからさまにしたからである。脳科学の想定によれば、脳は、さまざまな機能単位（モジュール）が相互に結びつきながら、全体として自己準拠的・自己制御的な統一性を有するシステムとして描くことができる。その自己準拠的なシステムの大部分が――ときにはそのすべてが――、われわれの意識に上ることはない。これが、脳科学が示してきたことである。(5)

だが、無意識の意志なる着想は自由擁護に役立たない。無意識を自由意志と呼べば、主体と責任が空洞化するだけだ。自律的決定はイヌやネコにも当てはまる。しかし自由意志は自律性と違う。主体的行為だから責任を負うという表現が意味を持つためには、自律性以上の意味が主体性に含まれなければならない。無意識の意志は定義からして意識的に制御できない。制御不可能ならば、責任は生じない。リベットも言う。

行為の拒否選択が無意識でも、それが本当の選択であり、自由意志のプロセスと考えられるという提案もある。だが、自由意志に関するこの提案を私は許容できない。これでは自らの行為を制御できない。無意識に生じた選択に後ほど気づくだけだ。無意識に進行するプロセスのどれについても、直接的で意識的な制御が不可能になる。だが、自由意志のプロセスとは、行為を遂行するか否かという自らの選択に対して意識的に責任を負うことだ。意識的な制御可能性がなければ、無意識に生ずる行為に我々は責任を問わない。

癲癇発作を起こし意識や運動が麻痺している人や、口汚い悪口を叫ぶトゥーレット症候群患者の行為を、自由意志による行為とは呼ばない。ならば、健常者に無意識に生ずる出来事も制御不可能なのに、何故それが自由意志の結果であり、責任を負わねばならないと考えるのか。

意識的拒否は無意識プロセスによって引きおこされるのではない、あるいはその直接の結果でないと私は主張する(6)。

近代法および社会通念において責任は自由と対で理解される。殺人行為を避けられたにもかかわらず、その選択をしたから殺人罪に問われる。だが、無意識は定義からして制御できない。したがって無意識の殺意があったから殺人罪だと言うならば、不可避の行為を処罰することになる。猛毒を持つサソリや蛇と同様、危険な人物は殺すか、精神病院に収容して治療する、あるいは危険性がなくなるまで刑務所に隔離すると考えるならば、近代法における責任概念は無駄になる。精神喪失者を罰するのと同じだ。

そのような処罰概念がいけないと言うのではない。それは別の話だ。処罰の目的を社会防衛に絞るロンブローゾ・フェッリ・リストなど近代学派の立場には第4章で言及した。ここでは規範を議論するのではない。だが、近代的意味での責任概念は崩壊する。自由と責任は行為の制御可能性と不可分に結びついており、無意識の意志は役に立たない。大澤は結局、社会的文脈の中で初めて意味を持つ概念として自由を捉える。

脳の物的な過程が、物理学的な法則に基づく因果関係にトータルに規定されていること、これは、当然のことである。そのような因果関係から離れた何かが、脳の内部で生じているわけではないし、まして、脳や身体の物的水準と無関係な神秘の領域で生じているわけでもない。

それならば、自由は、どこにあるのか？ それは、他者との関係、第三者の審級との関係の中にあるのだ。どういうことか？ [……] 他者（第三者の審級）は、私の行為を肯定的もしくは否定的に評価する。他者（第三者の審級）に承認されるような行為を採用したとき、私は、妥当な行為を選択したことになるのである。逆に、他者（第三者の審級）に否認されたとき、私は、不適切な行為を選択したことになる。[……] それゆえ、自由は、本来的に社会的な現象である。(7)

これは二四六頁に挙げたアリストテレス説と同じだ。完全に制御可能な行為は存在しない。しかし社会は慣習に従って随意行為と不随意行為とに分け、前者の違反を処罰し、社会秩序を守る。

> 最後に、意識と自由との関係について、一言述べておこう。[……] 自由な選択、決断は、必然的に意識されたものだと解釈されてきた。しかし、ここで論じてきた点に自由の核心があるのだとすれば、その行為が、行為者に意識されているかどうか、自覚されているかどうかということは、自由な行為であるかどうかということとは、直接には関係がない。[……]
> [……] 私が、他者の視点、私の行為を承認したり否認したりするかもしれない第三者の審級の視点を内面化して行為したとしたらどうであろうか。その場合こそ、私は、自分の行為をモニタリングしながら、つまり意識しながら、行為を選択していることになるだろう。意識とは、このように、他者の視点の自己への内面化の産物である(8)。

「意識しながら、行為を選択している」と大澤は書くが、意識による行為の直接的な選択可能性を認めるわけではない。先に引用した部分に明らかなように、脳科学が示す物理的な意志生成プロセスを大澤は受け入れる。したがって他者の視点を内面化した結果、身体がそのパタンを学習し、社会規範に沿って無意識に行為するという意味だろう。野球の打者の訓練と同じだ。実際には無意識に行為するが、「意識しながら、行為を選択している」と社会的に認められる、つまり大澤は社会規範を述べている。意志が原因で行為が生ずるという構図が、こうして否定され、自由と責任が社会通念として把握し直される。

河野哲也はエリザベス・アンスコム[9]に依拠して意志の意味を再解釈する。意志はリベットが考えたような瞬間的原因でなく、言語により構造化される社会的了解の産物である。食事を取る行為は様々な身体運動で構成され、食事という文脈全体を捉えて初めて意志が意味を持つ。だから行為が無意識に起動するかどうかは問題にならないと言う。河野は創発性を主体の根拠に挙げる。[10]外来要素から成り立つにもかかわらず、それを超える主体が生まれる。したがって創発性によって生成される主体は自由だと結論する。[11]だが、そこには混同がある。問題を明らかにしよう。河野は決意の生成を自己組織化として描く。

それは、ちょうど、過飽和溶液や過融解の状態にある固体のなかには固体化のポテンシャルが存在していて、そこに種子が与えられることで結晶化が生じてくる過程になぞらえることができるだろう。つまり、決意というものがあるとすれば、それは、何かを無から生じさせることではなく、葛藤状態に解決をもたらすことであり、両義的な状態から両立不可能な状態へと歩を進めることである。それは、エネルギーに満ちてはいるが、構造の弱いアモルフな（無定型な）身体内外の環境を、自己組織化することだと言い換えてもよい。つまり、決意とは、［……］「まとめあげ」であるし、ゲシュタルト化であり、自己組織化である。[12]

主体の目的論的行為について述べるとき、河野は人間以外の動物も念頭に置いている。

先に目的論的行為に関して述べたように、まったく他の選択がなく行われる機械的な反射行動には自由はない。機械的な反射しかできない生物には自由はない。それに対して、高等な動物は、ある目的を達成するのにさまざまな手段をとれる。たとえば、移動するにしても、哺乳類は、探索的行為によってさまざまな到達ルートを発見できる。人間はこの手段の選択がもっとも柔軟な動物である。(13)

だが、イヌやネコが目的論的に行為するからといって、イヌやネコの責任を我々は問わない。本書が検討する、近代的了解での自由は責任と密接に結びついており、人間の自由はイヌやネコと同列に扱えない。

創発性からは自律性が導き出される。人間行動は身体要素の相互作用に還元できない。全体は部分の総和を超える。その通りだ。しかしすでに述べたように、自律性は人間に限らず、生物すべてに共通する性質である。自律性や学習能力と主体性は違う。イヌやネコが経験を通してエサ場や危険な地域を憶えるように生物はすべて自律的存在であり、学習も人間だけの特性ではない。創発性・自律性・自己言及性、そして学習能力は免疫系や神経系あるいは内分泌系にも当てはまる。水素原子にも酸素原子にもない性質を水分子が持つように、無生命の化合物も創発性を示す。自由や主体は、創発性・自律性・自己言及性・学習能力と峻別しなければならない。

創発性に依拠して主体を立てるように、自由を擁護する河野の思考枠はあくまでも因果律である。だが、因果律の枠組みで主体は定立できない。主体は何から生まれてくるのかという無限遡及を避けられないからだ（本書二四一―二四二頁）。そこで、自然科学の成果と矛盾しないように河野は主体の再定義を工夫する。そこに規範論が顔を出す[14]。

社会規範としての意志

河野同様、古田徹也も意志の意味を分析哲学的に再解釈する。リベット実験が測定したのは意志でなく、意志が意識化された瞬間にすぎない。しかし意志は時間の幅を持つ事象だと言う。車を運転して友人宅に行く。どの道を右に曲がるかなど個々の行為は意識されない。だから、車を運転して友人宅に行く行為のどの瞬間が意志かは同定できない。リベット実験で意志の意識化が脳活動開始後に生じても、自由意志の存在は否定できないと主張する。

そもそも「意図をもつ」ということに関して、零コンマ何秒という瞬間的な単位で開始時点を計測することはできるのだろうか。なるほど、自覚的に意識する（気づく）ということであれば、そうした開始の瞬間があると言うことはできる。［……］たとえば私が何気なく台所に行き、蛇口をひねってコップに水を注いで部屋に戻った後に、誰かから「君はいつ、どの瞬間に蛇口をひねろうと意図したのか」と聞かれても、それに答えることは困難だろう。私は確かに、蛇口をひねろうとして、実際にひねった。しかし、ひねる零コンマ何秒前に、何分前に、蛇口をひねろうという意図をもち始めたかは定かでない。定かでないというよりも、「意図をもつ」という契機が「気づく」ということと同様の瞬間的な体験であるのかどうか自体を問い直す必要がある。[15]

だが、この解決には困難が少なくとも二つある。（1）この方向だと意識と意志が切り離され、無意識の意志が出てくる。すでに大澤説を吟味したように、身体行動の原因として無意識の意志を認めると、行為の意識的な制御が不可能になり、責任概念が空洞化する。（2）意志が時間の幅を持つ一連の脳あるいは身体運動の総合過程なら、意志と行為の関係を因果律では理解できない。原因と結果という時間の流れに取り込むためには起点を考えざるをえない。

だから意志は瞬間的出来事だとか、因果律の枠内で考えよと言うのではない。分析哲学が説く通り、意志は時間軸に投影すべき事象ではなく、習慣が生み出す現象だ。ところで、因果律と異なる関係で意志と行為を結ぶとは何を意味するのか。それは心という内因が行為を引き起こすという了解を捨て、両者の関係を集団表象だと認めることだ。ヒュームの「因果規則説」が説くように（第4章註40）、自然界の客観的あり方でなく、人間の習慣や社会制度が作り出す表象として因果関係を理解することだ[16]。

筆跡による性格判断や血液型占いの迷信、穢れの観念、先祖崇拝や仏壇などの社会装置、近親相姦タブー、人種偏見、性欲の対象などがこの関係に当たる。犯罪者として認定されるのは行為者でなく、犯罪のシンボルだというフォーコネ説も同じタイプの関係だ。法律概念の意思もこれである。殺意は殺そうという心理状態でなく、このような状況では殺意があったと認めるという了解だ。つまり、意志と行為の関係は物理的な因果関係でなく、社会規範である。

國分功一郎も意志の意味に注意を喚起する。

［……］「自由で自発的な意志決定といえども、それに先立つ脳神経活動がある」といった主張がなされている（リベット『マインド・タイム――脳と意識の時間』下條信輔訳、岩波書店、二〇〇五年「訳者あとがき」二六六頁）。さらには、「意志決定があってから行為が遂行されるという構図は脳神経生理学によって否定されている」というやや挑発的

な物言いもしばしば見受けられる（小坂井敏晶『責任という虚構』東京大学出版会、二〇〇八年、二二頁）。こうした主張については、端的にその言葉遣いの不正確さが指摘されねばならない［……］、「意志決定」や「意志」といった決定的に重要な言葉が曖昧にしか理解されていない［……］。[17]

そして古田徹也の指摘に依拠してリベット研究の意義を疑問視する。

［……］先の実験に基づいて「意志決定があってから行為が遂行されるという構図」を否定するためには、まず、意図をもつとか意志するといった契機が、意識すると同様の瞬間的な体験であるのかどうかを問わねばならない。ところがそうしたことはまったく問われていない。［……］ある行為が始まる前に、脳のなかで何らかの変化が起こるというのは少しも不思議なことではない。それが意識に先立っていても何か驚くべきことなどあるだろうか？　結局、この実験は行為や意志について何も新しいことを教えてくれない。[18]

因果関係の次元で考えれば、どの行為も自発的ではありえないと國分も認める。

［……］過去からの帰結でない、真の始まりである未来を司る器官としての意志とは、まさしく、純粋に自発的な能力のことであろう。［……］

しかし、すでに指摘した通り、そのような意志の存在は哲学的にはとても支持しえない。純粋な始まりなどないし、純粋に自発的な同意もありえない。(19)

喜んで行う行為（國分によると能動的行為）も、嫌々やる自発的行為（中動的行為）も、手足を掴まれて無理やりやらせられる非自発的行為（受動的行為）もすべて外因が起こす行為であり、因果関係の次元では変わらない。違うのは、それを解釈する社会規範上の区別である。

本書は行為の因果律と社会制度のズレに注目する。意志と行為の物理的関係と集団表象とを区別し、自由意志は存在しないが、自由意志という虚構が処罰と不平等を正当化すると主張する。対して國分は社会制度の内部で行為を区別し、責任帰属の社会慣習を分析する。随意運動と不随意運動を分けたアリストテレスのアプローチに似ている。その上で國分は自由意志を再定義し、規範論を練る。

ある行為が過去からの帰結であるならば、その行為をその行為者の意志によるものと見なすことはできない。その行為はその人によって開始されたものではないからである。

たしかにその行為者は何らかの選択はしたのだろう。しかしこの場合、選択は諸々の要素の相互作用の結果として出現したのであって、その行為者が己の意志によって開始したのではないことになる。（強調原著者）

［……］

［……］このような選択と区別されるべきものとしての意志とは何か？　それは過去からの帰結としてある選択の脇に突然現れて、無理やりにそれを過去から切り離そうとする概念である（強調原著者）。しかもこの概念は自然とそこに現れてくるのではない。それは呼び出される（強調小坂井）。

「リンゴを食べる」という私の選択の開始地点をどこに見るのかは非常に難しいのであって、基本的にはそれを確定することは不可能である。あまりにも多くの要素がかかわっているからだ。

ところがそのリンゴが、実は食べてはいけない果物であったがゆえに、食べてしまったことの責任が問われねばならなくなったとしよう（強調原著者）。責任を問うためには、この選択の開始地点を確定しなければならない。その確定のために呼び出されるのが意志という概念である。この概念は私の選択の脇に来て、選択と過去のつながりを切り裂き、選択の開始地点を私のなかに置こうとする（強調小坂井[20]）。

ここで言う選択はカントの自然因果律に従う。対して責任を問う場面で「後からやってきて、その選択に取り憑く[21]」意志は社会規範の産物である。そこまでは本書の立場と同じだ。ただし、それを國分は虚構とは考えず、規範論を練る。そこが違う。

斎藤慶典もリベット実験を参照し、身体運動が無意識に開始される事実を認める[22]。だが、行為指令や拒否の出発点が無意識かどうかは問題でなく、主体による意識的な最終決断が自由だと主張する。

> 〔……〕「自発性（自発的行為）」と「自由」は区別されなければならない。〔……〕いわゆる自発的行為には無意識ないし潜在的な過程が先行しており、その段階で、当の行為はさまざまな原因や動機に導かれている。自発性とはいわば「勝手にそちらの方から湧き起こってくる」ものであって、実はそれ自体を私たちがどうこうできるものではない。これに対して私たちには、そうした行為やそれへと向けての欲求を明白に意識した時点で、あらためてそれを肯定し・受け容れるか、否定し・斥けるかを判断する時間的な余裕が与えられている〔……〕。先の「自発性」が、いわば現実の真っ只中でそのつど待ったなしに当の現実に応じてゆくことだとすれば、そのような「自発的行為」をいったん意識化した上であらためてそれを**みずからの**ものとして受け容れるか・斥けるかという段階で現れる「自由」（私の自由）は、現実からの何ほどかの距離を介して切り拓

かれた〈明晰な認識と判断に基づく私の生〉という新たな次元を画することになるのだ。たとえこの明晰な認識と判断といえども、なお隠れた（顕在化されていない）原因や動機に導かれている可能性がつねに残るとしても、である[23]。

無意識は制御できない。にもかかわらず、「みずからのものとして受け容れるか・斥けるかという段階で現れる『自由（私の自由）』」とは何か。この立場は二八五―二八七頁で参照した実存主義者ラリー・メイの主張に似ている。再び引用する。

> ［……］形而上学的罪は、何をするかという狭い概念に基づくのではなく、自らがどんな人間であるかを選択するというより広い概念に規定される[24]。
>
> 実存主義的倫理を支える原理によれば、自らが何者であるかの選択に対して、つまり自らの行動だけでなく、態度・属性・性格の選択に対してもひとは常に道徳的責任を負う[25]。

だが、どんなに頑張っても属性や性格は選べない。人格形成の原因を遡れば、当人を突き抜けて外部に必ず雲散霧消する。人格形成責任論の詭弁は第4章ですでに指摘した（二三六―二三七頁）。私が生まれる前に私はいなかった。したがって、今の私の原因は私ではありえない。因果律で考える限り、私の行為・存在の責任は私に負えない。醜い姿に生まれたり、身体に障害を持って生を受けたりする。それは遺伝かもしれないし、枯れ葉剤やサリドマイドのような異物が原因かもしれない。あるいは偶然の結果かもしれない。だが、どちらにせよ、当人の責任ではありえない。精神も同じだ。私の人格と能力は遺伝・環境・偶然の相互作用が作る。どれも外因だ。唯心論や二元論を採って、身体と独立する魂を想定しても、この問題は回避できない。私の魂を作るのは私でないからだ。したがって因果律に依拠する限り、私の魂の責任は私に課すことができない。実存主義の要請は身体障害者に自己責任を迫るのと変わらない。これでは、自由と責任を擁護する斎藤の意図に反する結論が導かれてしまう。

表現の違いはあれど、因果律で意志と責任を捉えられない事実は、以上検討した論者たちも了解する。ところが、その上で意志の意味を再解釈し、自由意志が存在すると彼らは結論づける。本書は逆に自由意志の不可能を説く。その違いはどこから来るのか。本書は規範論を避け、終始一貫して記述的態度を採る。対して哲学のアプローチは規範論を練り、自由の再定義を図る。これが我々の分岐点だ。だが、彼我の違いの理由については後に答えることにして、先ずは内因という概念を検討し、自由意志や主体の定立が不可能な理由の考察を続けよう。

主体という内部はどこにあるのか。空間に投影された内部／外部という構図がすでに勘違いだ。実体や魂ではなく、統合された自己表象あるいは認知システムの意味で主体を捉えても問題は変わらない。脳の機能により自己表象が作られ、維持される。この表象が壊れると精神に異常が生ずる。そこまでは正しい。

休みなく流れてゆくものとして我々は時間を認識する。ところが離人症患者には、今という瞬間がバラバラにやってくるだけで、自然な連続性が感じられない。今なる刹那の単なる群れでなく、連続する経験を我々が感知するのは、無意識に捏造される物語のおかげだ。[26]二〇〇二年まで精神分裂病と呼ばれていた統合失調症は、主体虚構がうまく機能しない障害である。

この認知システムは脳に生成される機能であり、プロセスだ。誕生前にあるのは両親の遺伝子と母の胎内環境だけである。それらがどのような相互作用を起こしても、また偶然が作用しても、生成物は当人が作ったものではない。外因から生じた出来事だ。私の成立以前に私は存在しない。家庭での躾や学校教育および周囲との経験を通して、この認知システムは発達する。すべて外因だ。遺伝・環境・偶然という構成要因と、それらが総合されて生まれる認知システムとの間に飛躍があっても、このシステムが生成物である事実に変わりない。したがって思考や行為の出発点に私を据えることはできない。

米国の風刺画家シドニー・ハリスの作品に物理学者とおぼしき二人が議論する場面がある[27]。新理論の証明が記された黒板の前で年配の学者が若い同僚に指摘する。「この第二段階だが、もっと明確に示すべきじゃないか」。見ると、「ここで奇跡が起こる」と書いてある。どうして外因から主体が生まれるのか。どのようにして外因が内因に変身を遂げるのか。このデッサンと同じように論理的飛躍、つまり奇跡が起きている。受精の瞬間に神が命を吹き込むという一神教の物語も、神という外因が我々の存在を規定する。したがって問題の根は同じだ。

遺伝／環境論争が心理学で繰り広げられてきた。それは家庭環境や学校教育など外力によって人間の性格や能力を変化できるかという問いだ。遺伝も環境も外因であり、内因はどこにもない。ところが、いつしか遺伝が内因と誤解され、不変／可変の構図が内因／外因のパラダイムにすり替わる。それは偶然でない。神の死がもたらした近代のエピステーメーがそこに隠れている。超越的源泉が消え、根拠が外部から内部に移動したからだ。

各人固有の要素が成長を司るという意味では遺伝子決定論は内因説だ。だが、遺伝子は両親から受ける所与である故に、実は外因説である。偶然の作用を加えても外因しかない。つまり各人の身体と精神は外部要素の沈殿物だ。この外発的所与を内因と取り違えることで、遺伝／環境の対立構図が内部／外部の二元論に変身する[28]。

内因の詭弁の例として人格形成責任論をすでに検討した。さらに二例挙げよう。痛みを感じるのは当人だけであり、他人の痛みは想像しかできない。歓喜に沸いたり、悲しみに沈む時、そう感じる私がいる。デカルトの「我思う、ゆえに我あり（Cogito, ergo sum.）」の論理構造も同じだ。

だが、ここには飛躍がある。cogito（我思う）が成立するからと言って、そこに私が存在するとは結論できない。「私が思う」という形で意識が生まれる、「（私の）歯が痛い」「（私は）哀しい」という形で感覚が現れる。そこまでは良い。だが、「思う私」「痛みを感ずる私」「哀しむ私」の存在はそこから導けない。あくまでもcogito（我思う）という現象が成立するのであり、それを可能にする私が存在するかどうかは別の問題だ。ラテン語表現は主語egoを省略する（Ego cogito, ergo ego sum）。I think, therefore I am. やJe pense, donc je suis. と英語やフランス語で表記すると、さらに錯覚しやすい。「I think」や「je pense」という現象から切り離されたIやJeは存在しない。

ゲオルク・クリストフ・リヒテンベルクはEs denkt. と言い、バートランド・ラッセルがIt thinks in me. と表現し、ジャック・ラカンが、Ça pense en moi. つまり「私において、それが思う」と言い換えた。「それ（es、it、ça）」は実体ではない。It rains. のitと同様、形式主語である。主体は存在しない。

内因の詭弁をもう一つ挙げる。決定法則と自由意志の両立論を立て、因果律の枠内で自由を擁護する論者は多い。ハリー・フランクファートの有名な思考実験を検討しよう。当人が知らないうちに、ある人Pの脳内に装置が埋め込まれた。犯罪行為Aを行わず、犯罪でない非Aを行おうとしても装置が作動してAを行ってしまう。したがってPに行為の選択肢はなく、行為は決定法則に従う。ここでPは自由意志によってAを選ぶとしよう。どちらにせよAしか行為できない状況であっても、ここでAを自由に選び、装置が作動しない以上、この行為の責任がPに発生する。つまり他行為不可能性と自由意志は両立し、責任も担保できる。フランクファートはこう論じた。[29]

だが中島義道が説くように、[30]これは詭弁だ。フランクファートは他行為可能性を否定しながら、その前段階で他の決心の可能性を認め、結局、他行為可能性を密かに導入している。確かにA以外の行為はできないが、「Aを決心するか、非Aを決心するか」の選択がPに許されている。そうでなければ、「自由意志によりAを決心すればAを行うが、自由意志によって非Aを決心しても装置のせいでAを行ってしまう」という前提が崩れる。つまりAを決心するか非Aを決心するかまだ決定されない時点が存在し、かつ、どちらかをPは選べることになる。これでは「他行為が不可能でも自由意志が存在し、したがって責任を負う」という命題を論証するはずが、その前の決心する段階で他行為の一種である他決心可能性を許容している。

外因により行為が決定されるという脳科学の知見と自由意志の両立を証明する目的でフ

ランクファートはこの思考実験を提案した。ところが結局、外因に制御されない決心の可能性を密輸入するのでは問題を先送りにしただけであり、論証に失敗している。これでは決定論でなく、非決定論であり、自由意志と決定法則が両立する証明にならない。Aか非Aのどちらかを選ぶ自由意志が、どうして可能なのか。それが肝心の問いである。本書二四一―二四二頁で議論したように、このような自由意志はアポリアに陥る。

自由意志という内因は中世の魂の名残だ。生命というモノの存在が生物学に否定されて久しい。生命は実体でなく、プロセスあるいは現象である。それ以前に魂も科学に淘汰された。精神活動は脳が生むプロセスだ。だが、主体と名を変えて今でも魂の亡霊が彷徨う。決定法則と自由意志の関係をめぐって哲学者は今でも膨大な議論を費やす。因果律の枠組みで、行為の出発点に自由意志を持ってくれば、デウス・エクス・マキナにならざるをえない。内部という視点と外部という視点は別種の認識枠であり、因果律という外からのアプローチでは、内部に投影される主体現象を把握できない。そこには原理的な断絶がある(31)。リベットやガザニガの研究だけでなく、脳科学の成果を前に自由と決定論をめぐる論争が続くのは、西洋の学者が今でも一神教の影響下にあり、魂のイメージに囚われているからだ(32)。

酒を飲んだり、覚醒剤や抗鬱剤を摂取すると知的能力や感情に変化が現れる。脳にタンパク質が蓄積されて認知症になり、人格が崩壊する。心肺停止が数分続くと脳が破壊され、死を免れたとしても意識は戻らない。交通事故や脳手術の後遺症で痴呆化する。脳が精神活動を生成するのでなければ、何故このような変化が起きるのだろう。

社会という拡散する方向に探し続けても、逆に脳という収斂する方向に探し続けても、主体は見つからない。社会学者や心理学者の多くは主体の危うさを認める。だが、その論理を最後まで突き詰めずに、探せば、主体がどこかにあるだろうと高をくくる。オアシスの蜃気楼が砂漠に現れる。そこに着きさえすれば飲み水があり、命拾いしたと胸を撫でる。だが、近づけば、蜃気楼は遠のき、ついには消え去る。内因は幻想だ。

イヌやネコに我々は語りかける。爬虫類や熱帯魚、そしてコンピュータに話しかける人もいる。死んだ肉親の写真や墓に言葉をかける習慣も同じだ。人と会話する時も、我々はしばしば独りよがりに解釈している。主体は虚構であり、人間の行為を理解する仕方がすでに擬人法である。

自由意志の正体

意志が行為を生むと我々は信じる。つまり意志を原因、行為を結果として時間の流れに位置づける。だが、意志・主体・自由をどう定義し直そうと、それらを行為の原因と位置づけること自体がすでに的外れだ。河野哲也の立論と対比して私論を明確にしよう。河野はデカルト的主体概念を斥け、ネットワーク機構として主体を把握する。

こうした個体主義的な心＝主体の概念に抗して、本書で提示したいのは、次のような心＝主体の概念である。まず、心の分散性の概念である。すなわち、心は脳のなかにあるのではなく、あえてその所在を問うならば、脳以外の身体の諸器官、さらに身体の外部にあるさまざまな事物に宿っていると見ることも可能だということである。この意味で、心は環境のなかに拡散して存在していると言ってもよい[33]。

どんなに拡散され、ダイナミックに形を変えてもシステムは実在物だ。対するに私論が言及する虚構は実在物でなく、解釈枠である。意志や主体は心理状態でないし、メカニズムやプロセスでもない。殴る・銃撃する・強姦するなど、ある身体行動を受動的出来事でなく、積極的に選ばれる自主的行為だとみなす社会判断そのもの、人間存在のあり方を理解する形式が主体や意志と呼ばれるのである。責任概念の歴史変遷を見たように、近代のエピステーメーが導く社会制度であり、政治装置である。

こんな比喩が理解を助けるだろうか。主体はどんな構造をしているのかと河野は問いかける。対して私論にとって主体は構造でなく、世界を見る眼鏡だ。そびえ立つ摩天楼の屋根に美しい虹が架かっている。虹というシステムを河野は同定しようと努める。対して、虹を錯覚するのは、どのような眼鏡を通して見ているからなのか。これが私論の問いである。

カントの「自由による因果性」を中島義道が解説する。

> ［……］自由による因果性を導入する目的はただ一つ、行為の発生に至る自然因果性による説明とは独立に、行為者に責任を帰する根拠（理由）がほしいからです。
>
> 自然因果性から独立にまったく別の因果性を認めることは、まずもってわれわれが責任を追及する存在者であるところから導かれる。しかも、責任追及とは、ある限定された範囲に収束するものでなければならず――よく言われることですが「一億総懺悔」は責任追及の放棄でしかない――、しかもいつかどこかで終止するものでなければならない。これらのことをしっかり押さえていた点、カントは正しかった。
>
> しかし、残念ながら、カントはそこに至ることによって責任追及を終える点を、そこから自由が発する点へと読みかえてしまった[34]。

自由意志は責任を根拠付けるために動員される虚構だ。古代ギリシア時代にも中世キリスト教時代にも自由意志は要らなかった。近代だけが必要とする概念である。それは神の支配を免れて個人が自由になったという単純な事情によるのでない。神が死に、超越的外部に世界秩序の根拠を投影できなくなれば、根拠は個人に内在化されざるをえない。そして責任の根拠が個人に内在化される世界において私の行為の責任を問うためには、この行為の原因が私自身でなければならない。この歴史変遷は第4章ですでに確認した（二四六―二四八頁）。

哲学や科学がそうであるように、人間の知はブラックボックスを次々とこじ開け、中に入る。ところがマトリョーシカ人形のように、内部には他のブラックボックスがまた潜んでいる。内部探索を続けても最終原因に行き着けない。そこで人間が見つけた解決は、最後の扉を開けた時、内部ではなく外部につながっているという逆転の位相幾何学だった。この代表が神である。正しさの証明も必要なければ、疑いさえ許されない外部が究極の原因をなし、根拠を担保する。

しかし近代を迎え、世界の秩序が人間自身によって作り出される事実に人間は気づいてしまった。秩序を保証していた超越的根拠が消え去り、本来の恣意性が露わになった。共同体の外部に最終根拠を見失った近代は、自由意志と称する別の最終根拠を個人の内部に発見した。だが、これは神の擬態だった。内因はデウス・エクス・マキナだ。人間を超越する外部を捏造した前近代と同じ論理が踏襲されている(35)。

自由と責任が語られるのは処罰の場面だけでない。能力差の原因は遺伝か環境か。このテーマに科学が関心を寄せた元々の理由は、人種・階級・性別などによる違いを説明するためだった。人格や能力が先天的に決まり、どんな教育を施しても不変ならば、劣った人間がいても社会が悪いせいでないし、劣悪な人間にはそれに見合った生活を強いてかまわない。「劣等人種」の植民地支配や男尊女卑は正当化されるし、下級労働者の待遇改善も必要ない。内因ならば、自己責任だからだ[36]。

人格や能力は外部の力で変化可能かと科学は問いかけた。だが、内因／外因の思考枠に当てはめられ、意味がすり替えられる。人格や能力の形成責任を当人が負わされ、経済格差が正当化される。貧富の差を個人の資質に帰する社会では、社会構造の変革を目指す集団行動が起きにくい。顕著な格差にかかわらず、米国社会で革命が起きない理由は、各自の能力が公平に評価され、努力次第で社会上昇が可能だと市民の大半が信じるからだ[37]。階層上昇が可能であるか、あるいは実際にはそうでなくとも、可能だという幻想がある時、社会構造の正否は問われない。負け組は自己責任を負わされる。メリトクラシーは不平等を正当化するイデオロギーである。

過去の桎梏を逃れ、自らの力で未来を切り開く可能性として機会均等の理念が導入された。だが、それは巧妙な罠だった。家庭の貧困が原因で進学できず、出世を断念するならば、当人のせいではない。不平等な社会は変えるべきだと批判の矛先が外に向く。対して自由競争の下では違う感覚が生まれる。成功しなかったのは自分に能力がないからだ。社会が悪くなければ、変革運動に関心を示さない。メリトクラシーの普及を通して学校制度は不平等を正当化し、近代個人主義社会の安定に寄与する。平等な社会を実現するための装置が逆に、不平等な社会構造を固定する土台として機能する。

近代は自由と平等をもたらしたのでない。格差を正当化する理屈が変わっただけだ[38]。自由に選んだ人生だから貧富の差に甘んじるのではない。逆だ。貧富の差を正当化する必要があるから、人間は自由だと近代が宣言する。努力しない者の不幸は自業自得だと宣告する。詐欺まがいの論理が社会を支える。リバタリアンのロバート・ノージック[39]だけでなく、環境の影響と自己選択の区別に依拠するロナルド・ドゥオーキン[40]、そしてジェラルド・コーエン[41]やリチャード・アーネソン[42]らが主張する「運の平等主義(luck egalitarianism)」もすべて、主体概念を擁護し、格差を正当化するイデオロギーである。政治哲学や法学の様々な試みはどれも、瓦解する砂上の楼閣を押し留めるための虚しい抵抗だ。正義論の正体は神学であり、自由と平等は近代の十戒である。

近代は神という外部を消し去った後、自由意志なる虚構を捏造して原因や根拠の内部化を目論む。その結果、自己責任を問う強迫観念が登場する。

普遍性と哲学

脳科学の挑戦を受けても哲学者のほとんどは様々な抜け道を探し、主体を擁護する。すでに言及したフランクファート以外にも、ダニエル・デネット(43)など多くの論者が決定法則と自由意志の両立論を採る。能力や性格は家庭環境・遺伝・偶然の相互作用から生まれるから、より良い生活を享受する権利は誰にも発生しないと主張する『正義論』の著者ジョン・ロールズ(44)でさえも、処罰に話が及ぶと、犯罪行為をなした者を罰するべきだと常識を踏襲する。分配の平等においては能力と性格の外因説を説きながら、処罰には行為の外因説を認めない(45)。常識の懐疑が哲学の本分なのに何故、自由意志にしがみつくのか。主体を死守する目的が最初に置かれ、そのために議論をこじつけるようにさえ見える。

自由や責任が決定論問題と無関係だとわかっている哲学者は少数だ。シュリックは『倫理問題』第七章「どのような時、人は責任を問われるか」をこう始める。

> 私は躊躇し嫌々ながら、この章の倫理問題を議論する。何故なら、倫理の根本的問いと今日でも考えられているが、実はすでに議論が盛んになされ、誤解が原因で導入されたにすぎない、自由と意志をめぐる疑似問題だからだ。思慮深い思想家たちによりずっと昔に解決済みの疑似問題だ。この誤解は今まで何度も話題にされ、特にヒュームが明晰な説明を与えた。この問いを扱うために大量のインクと紙を無駄遣いするだけでなく、もっと重要な問題に回すべき知的エネルギーを浪費し続ける、哲学の大スキャンダルだ[……]。「自由」について一章を綴るのは本当に恥ずかしい。倫理において重要なのは

小見出しに入れた「責任」という単語だけだが、まさしくこの言葉から誤解が生まれる。［……］この哲学上のスキャンダルの息の根を今度こそ止められるという期待で私は自分を慰めよう。[46]

強制を感じるか否かが自由と不自由とを分ける基準であり、行為の決定論も非決定論も、自由かどうかの判断と無関係である。決定論問題と自由を結びつけるのがそもそも的外れだ。こう論じるシュリックの文章は一九三〇年、つまり一世紀近く前に書かれた。それでも相変わらず多くの思想家が、この疑似問題に囚われている。

正しさを保証する超越的源泉が失われた今、誰もが安定を求め、どう生きればよいのかと模索する。だが、この強迫神経症に哲学者こそが罹るのは何故か。論理を厳密に追う訓練を受け、叡智に支えられる人々こそが、近代エピステーメーの虜囚になるのは何故か。それには理由がある。ほとんどの人間は近代の原理的矛盾に気づきもしない。論理飛躍を気にしなかったり、宗教や迷信に逃げ込む。だが、緻密に考える哲学者にそんな安易な解決は採れない。普遍と自由の矛盾の前で右往左往する姿は、彼らの洞察力と誠実さの現れである。それを理解しなければ、近代の奈落は見えない。

シュリックの考察は決定論との矛盾を避けるための規範論ではない。社会において自由や意志がどのように理解されているかという客観的事実の考察である。第一章「倫理学は何を求めるか」でシュリックは倫理学の課題を明示する。

［……］規範科学にできることは、規範を知ることだけだ。規範を自ら定立したり、生み出したりはできない［……］。規範科学にできるのは、ひとの判断基準の発見だけであり、そこから現在の事実がどう生まれるかの分析だけである。規範の起源はつねに科学や知識の外にあり、科学や知識に先行する。つまり科学は規範の源泉を認知できるだけであり、規範の根拠は科学の中にない。(47)

法という言葉の二つの意味の混同を指摘した上で、自由と決定論は無関係だとシュリックは説く（本書二四三―二四四頁ですでに言及した）。法則の否定は法則の誤りを意味する。対して、法律（規範）の否定は違反である。法則は物事が実際に起きる事実の記述であるから、その通りにならないなら、単に法則が間違っている、そのような法則は存在しないことを意味する。天体運動がケプラーの法則に従わないなら、ケプラーの法則が誤りなのであり、「ケプラーの法則に従わなければ駄目じゃないか」と天体を叱りはしない。法則とその否定は両立しない。

他方、法律（規範）の違反者が現れても、法律のまちがいを意味しない。我々は強制的に法律に従わせられる。違反すれば、罰則が待つ。法律とその否定は両立する。それどころか、そもそも違反がなければ、法律は無用だ。殺人が絶対に起きなければ、殺人罪を定める意味がない。違反が予想されるからこそ、法律の存在意義がある。このように法則の否定と法律の否定は意味が異なる。自由は法則の反対概念でなく、強制の反対概念である。自由と決定論の関係に頭を悩ますのはカテゴリー誤謬を犯すからだ[48]。

我々は自由をこう理解している、自由という言葉を社会はこう使っている。これがシュリックの分析だ。自由の正しい定義を提案するのではない。具体的に例示しよう。強調箇所に注意されたい。

［……］自由は強制の逆を意味する。強制なしに行為するとき人間は自由であり、自らの自然な欲望にしたがう行為を外的手段によって妨げられるとき、人は強制されており、自由でない。したがって閉じ込められたり、鎖に繋がれたり、あるいはピストルの脅しの下に、そのような命令がなければ採らなかった行為を強要される場合、人は自由でない。このことは完全に明白であり、日常生活において、例えば法律によって、このように不自由が定義され、このような強制がまったくないとき、人は完全に自由であり、責任を問われると考えられている。その中間のケースもある。例えばアルコールや覚醒剤の下で行為する。その場合、当人がある程度自由でなかったと社会が宣言し、責任が緩和されるべきだと考える。[49]

すでに参照した黒田亘の立場も確認しよう。

> ［……］意志という事象が客観的に存在し、作用しているということを立証するのは不可能であると思う。というより、「原因としての意志」はあくまで擬制的存在であって、この事情を見抜くことこそ哲学的行為論の第一歩というべきであろう（強調小坂井）。だがそれと同時に、意志なるものが存在し、原因として作用するという観念ないし信念が、われわれの生活を動かしている重要な因果的要因である、という事実を直視しなければならない。すなわちわれわれは、意志が実在し、作動しているかのように感じ、考え、行動している（強調原著者）。［……］「原因としての意志」という観念は、意志行為をとり巻き、支えている慣習ないし制度の重要な一部であり、その観念の実在性と効力を認めないわけにはいかないのである（強調小坂井）。
>
> ［……］
>
> 　要するに意志の記述は、その結果とみなされる行為の記述と一致する（強調原著者）。［……］すなわち「記述を同じくするふたつの事実の因果結合」という論理形式は、知覚や記憶だけでなく、意志行為に対してもたしかにあてはまる。あてはまるのは当然で、意志とは、行為と記述を同じくすることを第一の定義的な条件として設定された制度上

の存在以外のものではない。つまり、あの志向的因果の論理形式によって行為を語ることができるように、という目的でわれわれの言語に導入されたのが「意志」というタームであるといえよう（強調小坂井）[50]。

黒田もシュリックと同じアプローチであり、規範論でないのは明白だ。だが、社会問題を扱う本はたいてい規範論を練る。状況分析の後、解決の処方箋が必ず出てくる。対応策が見つからなければ、出版を躊躇するほどだ。一般書はそれでいい。だが、ものごとの根本を見据える哲学者までもが規範論に惑わされるのは何故か。

近代エピステーメーの強大な影響力を把握するために、河野哲也の思考枠を検証しよう。モーリッツ・シュリックと黒田亘の立場を河野は「柔らかい決定論」と称して批判する[51]。「柔らかい決定論は、決定論を認めながらも、決定論における必然性と人間の自由は両立可能であり、自由という概念には意味があると主張する」と河野は言う[52]。

［……］シュリックによれば、「人間は強制されずに行為するとき自由であり、自分の自然的願望の方向に行為することが外から妨害されるとき、彼は強制されているか、または不自由である」（Schlick, 1930 : 128）[53]。彼によれば、「自由の感じ」とは、自分がある行為の起点となったことを知ることである。自由とは行為がまったく無動機に為される

ということではない。むしろ、どのような行為が生じるかは動機によってすでに定まっている。ある行為が生じたときには、一定の動機がその行為を発動させているのであり、動機は行為の因果的な起点としての役割を果たしている。そして、私がその動機をもつことは必然であり、別のことを意志することはできないはずである（Schlick, 1930：132）。シュリックの考えは、柔らかい決定論の典型である。

あるいは、黒田亘（1992）も、一種の柔らかい決定論を主張する。黒田によれば、自由な行為とは、多年にわたる経験をつうじて形成された人格的主体の個性を明瞭に表現する行為のことである。それは、自我の表面に属するのではなく、その深層から発する行為である。したがって、「従来の自由論が説いてきたのとは逆に、［……］それ以外ではありえないほどに人格的に決定された行為をおこなうこと」こそが、自由であるという（黒田 1992：87）。こうした黒田の考えは、大まかに解釈してしまえば、人は自分から発するものにしたがって行為することが自由であると言っているのであり、それは、人格と自然的願望という違いをのぞけば、シュリックの考えとさほど異なっていないようにも思われる。[54]

そして河野は二人に異論を唱える。

私は、次の二つの点で柔らかい決定論に疑問をおぼえる。第一に、内的な必然性（自然的願望や人格的動機）から生じるというだけの理由で、ある行為を自由な行為と呼ぶことはできないことである。柔らかい決定論は、外的な束縛がないことと自由とを同一視して、あの行為ではなくこの行為を選択するといった選択の自由を拒否してしまう。これは、小鳥を自由にしてやると称しながら、その足に見えない糸をくりつけているようなものであり、自由意志論者を納得させることはできないであろう。もし、一定の内的メカニズムにしたがうことが自由であるならば、行動をプログラムされた人工知能やロボットにも自由を認めなければならないし、あらゆる生命体に自由を認めなければならなくなってしまう。しかし、プログラムどおりに動く計算機や、本能が命じる以外の行動を取れない生物に自由があるとはとても思えない。〔……〕「私は行動を起こす時点で、他の選択をすることが可能であったか」を問題にしているのである。意志の自由は、選択の自由をぬきにはありえない[55]。

明らかな誤読だ。決定論との矛盾を避けるために自由意志をどう解釈すべきかという規範論はシュリックも黒田も展開していない[56]。自由意志という概念が社会において果たす役割の検討である。だが、これは決して河野個人の早合点ではない。深い考察を目指す哲学者だからこそ犯す勘違いである[57]。

何故、哲学者こそが誤るのか。この問いに答えるために、神の死の意味を振り返ろう(二四六―二四八頁)。自由と普遍を一揃えで考えるようになったのは近代に入ってからだ。古代ギリシアにも中世キリスト教世界にも自由意志は要らなかった。近代だけが必要とする概念である。中世の桎梏から近代は人間を解放し、自由を与えた。そして普遍的価値に支えられた正しい社会の構築に尽力する。だが、そこからまさに近代の迷走が始まった。

近代は無理な要求を掲げる。普遍と自由は、どういう関係にあるのか。人間が自由な主体ならば、作り出される世界はどんな形をも取りうる。世界の原初が真理に支えられていたとしても、人間が生き永らえるうちに世界は次第に真理から離れてゆく。プラトン哲学が立てるイデア論や、知恵の樹の実を囓ってエデンの園を追い出されたというキリスト教の物語が、その典型だ。逆に、時間が経つにつれて真理に近づくと考える思想家もいる。ヘーゲルやマルクス、あるいはオーギュスト・コントの進歩主義がよく知られている。弁証法により真理に近づくとヘーゲルは考えた。アリストテレスの目的因は万物の本質に向かう運動を起こす。ヘーゲルの着想はこれに似ている。だが、真理が未来で人間を待ち受けるならば、自由の意味がない。自由と普遍は相互排除の関係にある。

普遍と主体、この原理的に矛盾する二つの信奉が近代を特徴づける。神の臨終を聞いた時、これからは自分たちが世界を築き上げるのだと人間は誓った。意志の力を信じ、歴史変遷は人間が司るのだと了解した。理性を通じて真理が明らかにされ、世界は次第に良くなると確信した。哲学者の多くはこのエピステーメーに搦め捕られ、自由意志を擁護し、普遍を志向する。そこに自由と責任の規範論を練り上げる罠が待ち受ける。

神がいない世界で秩序をどう根拠付けるか。普遍を求める哲学者にこそ、この問いは深刻になる。神の権威を認めなければ、道徳や法は人間自身が制定しなければならない。ところが人間の判断が正しい保証はない。正しさの根拠が明示された瞬間に、ではその根拠はなぜ正しいのかという問いが繰り返される。これが真理だと議論を力ずくで打ち切る審級はもうない。

神のいない世界で普遍を求める試みには原理的な無理がある。だから神が化けた個人主体にしがみつき、決定法則と自由意志の両立論のような苦しい言い訳をひねり出す。規範論を旨とする法哲学や政治哲学にとって主体の否定は、神の存在を神学が否認するに等しい暴挙なのだろう。

脳科学・認知科学・社会学・社会心理学において主体はすでに舞台を降りている。だが同時に、日常感覚の自由や責任は別次元の問題として専門知識とかみ合わない。自由や責任に触れるやいなや、感情的な反応を伴って主体が呼び戻される。時代や世界の相対性を知る歴史家や文化人類学者も同様に、身近な問題となると途端に自由と責任の擁護に回る。行為の因果論を否定し、主体概念を批判する哲学者も市民としては、近代社会で責任を支える自由意志を手放さない。だから主体や責任の虚構性に言及すると強い反発が返ってくる。[58]

近代のエピステーメーが我々の目を覆う。新奇な事物の受容や異質な解釈の理解を妨げるのは知識不足でない。逆に知識の過剰、常識が邪魔をする。科学理論が社会に普及する過程で歪曲が起こったり、第三世界への新技術導入がしばしば失敗する原因は人々の知識欠如ではない。学術理論や異文化要素と相容れない通念・宗教・迷信・風習があるからだ。一九三頁で言及したモスコヴィッシの分析を再び挙げる。

論理的手続きの進行方向とちょうど反対に、既存の価値観に沿った結論が最初に決定される。そしてどのような結論が選び取られたかに応じて、検討にふされるべき情報領域が無意識に限定・選択される。まず客観的な推論がなされ、その結果として論理的帰結が導き出されるのではなく、その逆に、先取りされバイアスのかかった結論を正当化するために推論が後から起こってくる。[59]

異質な知識の摂取は、空箱に新しいものを投入するようなことではない。箱はすでに溢れんばかりに詰まっている。様々な要素群が整理され、ぎっしりとひしめく箱の中にさらに新しい要素を追加する。そのままでは余分の空間がないから、既存の要素を並べ替えたり、一部の知識を捨てなければ、新要素は箱に入らない。世界にはいつも意味が充満している。哲学者の分析を近代のエピステーメーが無意識のうちに規範論へと導く[60]。

多くの人々が正義を求め、より平等な社会を作ろうと努力する。だが、規範論は人間の現実から目を背けて祈りを捧げているだけだ。集団現象を胎動させる真の原因は、それを生む人間自身に隠され、代わりに虚構が現れる。規範論の素朴な善意の背景に蒙昧、傲慢、そして偽善が潜む。それをまず自覚しなければ、何も始まらない。

汚れていると信じ、いつまでも手を洗い続ける強迫神経症。疑似問題に惑わされ、偽の解決に逃避する。乗客の半分が死亡する航空機事故が起き、家族の名が生存者リストにあるようにと手を合わせる。受験結果を見に行き、合格を願いながら自分の受験番号を探す。事態はすでに確定しており、今更何をしようと変わらない。それでも我々は祈る。未来だけでなく、過去さえもねじ曲げようと呪文を唱える。規範論は雨乞いの踊りだ。不都合な事実を隠蔽するために動員されるイデオロギーである。

相対主義と普遍

相対主義への根強い懐疑がある。価値が相対化されれば、悪を糾弾できなくなると言う。ここに勘違いの元がある。普遍主義と相対主義の違いについて萱野稔人の解説を参考にしよう。

文化相対主義とは、それぞれの文化によって価値観も異なる以上、あらゆる文化に適用されるべき「絶対的な正しさ」はないと考える立場のことである。これに対して普遍主義とは、あらゆる文化をこえてなりたつ正義というものはありうるし、あるべきだと考える立場のことである。

文化相対主義の立場からすれば、死刑廃止といえども一つの文化的な価値観の反映にすぎず、それを普遍的に正しいと考えることはできない。たしかにヨーロッパの価値観からすれば死刑廃止は正しい道かもしれない。しかしなぜそれがヨーロッパ以外の地域でも適用されるべき正しい道だといえるのだろうか。

これに対して普遍主義は、死刑は人権にかかわる普遍的な問題だと考える。人権がそれぞれの文化的価値観によって損なわれてはならないのと同様に、死刑もまたそれぞれの文化をこえた次元で問題にされなくてはならない、ということである。(61)

これは規範論における相対主義と普遍主義の対立だ。他方、本書の主張は存在論あるいは認識論としての相対主義であり、入不二基義が枠組み相対主義と呼ぶ立場に近い。

認識の枠組みαにおいては、X氏の「思いp」は真であるのに対して、Y氏の「思い

q」は偽である。しかしまた、別の認識の枠組みβにおいては、X氏の「思いp」は偽であるのに対して、Y氏の「思いq」は真である。このように枠組みに応じて真偽が異なるということが可能であるならば、各人の「思い」がそのまま「真理」であるという癒着へと陥らずにすむ。「真理」の基準は、各個人が「そう思うこと」から、「認識の枠組み」という超個人的なレベルへと移動する。[62]

ここまでは萱野からの引用と変わらない。では、この認識枠の相対性はどう考えるのか。入不二を再び引用する。

真理が、ものの見方や時代や文化的背景などに対して相対化されるとき、その真理の「根拠」は、その真理を可能にしているものの見方や時代や文化的背景である。言い換えれば、その局地的な根拠を超えるような、つまり、ものの見方や時代や文化的背景に左右されないような、確固とした「根拠」は存在しないということである。相対化することは、絶対的に見えた「根拠」を、そのように局所的なものへと格下げし、最終的には「無根拠」に直面していく。どんな真理も、それが真理であることに、結局のところ、決定的な理由もなければ、それを支えている最終的な土台もないのだというように。根拠がなく底が抜けているという事態は、あの一番外側の「枠組みX」にこそふさわしい。

「一番外側である」ということは、それ以上その外側から支えてくれるものが何もないということなのだから。しかし、それは、「枠組みX」が限定されたローカルなものだからではない。むしろ逆である。「枠組みX」は、唯一的で普遍的でしかありえず、絶対性へとどこまでも近づいているがゆえに、それより外が不在であることへと、すなわち「無根拠」へと直面する[63]。

一番外側の枠組みXとは、ブラックボックスの最後の扉を開けたとき、内部ではなく外部につながる逆転の位相幾何学（四一七頁）と呼んだ虚構の物語である。枠組みの相対化を続けながらも、それが無限遡及に陥らないのは、虚構の恣意性が忘却され、人間の眼に隠されるからだ。

禁止のない社会は存在しない。社会に生きる人間にとって禁止行為は絶対悪であり、相対的判断はなされない。だが、何が禁止されるかは時代・社会に左右される。殺人でさえ、全面的に禁ずる社会は存在しない。死刑や戦争は国家による殺人だ。ある条件下で殺人を許容し、殺人を命ずる制度である。江戸時代の仇討ちもそうだ。親のかたきを討たない選択肢は武士になかった。殺人は義務だ。人身御供という習慣もかつてあった。供犠の拒否が逆に犯罪をなす。ヨーロッパ中世の魔女狩りも同様である。

美人の基準を考えよう。顔をどれだけ眺めても美しさの理由はわからない。美意識は社会規範の反映にすぎない。善悪の基準も同じだ。悪い行為だから非難されるのではない。我々が非難する行為が悪と呼ばれるのである。真理だから受け入れるのではない。共同体に認められた価値観だから真理に映る。第4章（二五四—二六〇頁）で示したように、真善美は集団性の同義語である。[64]

普遍的だと信じられる価値は、どの時代にも生まれる。しかし時代とともに変遷する以上、普遍的価値ではありえない。[65] 相対主義とは、そういう意味だ。何をしても良いということではない。悪と映る行為に我々は怒り、悲しみ、罰する。裁きの必要と相対主義は何ら矛盾しない。人間は歴史のバイアスの中でしか生きられない。社会が伝える言語・道徳・宗教・常識・迷信・偏見・イデオロギーなどを除いたら、人間の精神は消滅する。考えるとは、感じるとは、そして生きるとは、そういうことだ。

科学認識論における構成主義も誤解されている。相対性が顕わになっては科学が成立しない。知識、すくなくとも学問としての知識は普遍性を志向する。科学の定義からして相対主義は受け入れられない。こういう批判がある。だが、それは勘違いだ。構成主義の最も重要な功績は、世界の恣意性の暴露ではない。恣意性が隠蔽される事実の認定だ。

新しい科学理論が提示され、古い説が乗り越えられてゆく。つまり科学は常に真理を未来に先送りする。科学の本質が反証可能性にあるとカール・ポパーは主張した。[66] 科学的真理は定義からして仮説の域を出ない。命題を満たす全要素の検討は不可能だ。「Aという種の生物はすべての個体が白い」という命題を証明するためには、世界中に現存するAを見つけて、それらがすべて白い事実を確認する必要がある。だが、それでも十分ではない。観察した個体以外にAが存在しない保証はない。どこかに隠れる個体が黒いかもしれない。死に絶えたAの中に黒い個体が含まれていた可能性も否定できない。将来生まれるAの中に黒い個体がないとも言い切れない。しかし逆に命題を否定するのは簡単だ。白以外のAが一つ見つかるだけで、命題の誤りが証明される。このように科学の真理は原理的に不確定である。反証性は科学的思考の定義だ。

未来に答えを預ける科学に対して、宗教の真理は過去に刻まれる。ユダヤ教にとってはタナハ（旧約聖書）、キリスト教にとっては旧約・新約聖書、イスラム教にとってはコーランが真理の源泉をなす。教義内容が毎日変わるようでは宗教の権威が崩れる。プラトンのイデア論のように、宗教では全体構造が原初に与えられる。社会は閉鎖システムとして立ち現れる。普遍的価値は宗教であり、閉ざされた社会に現れる蜃気楼である。

古代ではプラトンが、近代に入ってからはルソーやカントなど思想家の他にも、ロベスピエール・ヒトラー・スターリン・毛沢東・金日成など多くの政治指導者が正義の理念を掲げた。宗教裁判や魔女狩りを通して中世キリスト教も正しい世界を守ろうとした。善悪の基準や施策を誤ったのではない。普遍的真理や正しい生き方がどこかに存在するという信念自体が問題だ。アイザイア・バーリンの警告を忘れてはならない。「〜への自由」と呼ばれ、到達すべき理想を想定する積極的自由は全体主義に繫がる思想である。[67]普遍を求める努力に自由の本質があるとする考えは、まさしく近代が罹った病理だ。

あり得る誤解をもう一つ解いておこう。本書は社会決定論ではない。「お前の本は評判高いが、神の役割はどこにあるのか」と尋ねた皇帝ナポレオンに、「陛下、神などという仮説は私に無用です」と物理学者ラプラスが答えた。自由意志も無用な仮説である。だが、ラプラスと違い、本書は作動因の一つとして偶然を重視する。同様に、主体も自由意志や主体を否定しても決定論ではない。無意識を実体視するフロイトや、遺伝子に主体の位置を与えるリチャード・ドーキンス[68]のように、内なる他者、つまり寄生虫かエイリアンが我々を操るような不気味な認識論とは違う。[69]

偶然が果たす役割にもっと注目すべきだ。ほんの小さな出来事をきっかけに異なる道を歩み出す。偶然に翻弄される受動的イメージと異なり、予言の自己実現あるいはピグマリオン効果を通して、変革プロセスに人間が積極的に参加する。偶然出会った人や本が人生を大きく変える。才能を発掘する指導者に出会い、スポーツ選手・研究者・芸術家のアプローチや技術が劇的に変化する。自分の隠れた才能に気づき、新しい挑戦を始める。今まで当然視していた思考枠を疑問視して、それ以降、違う人生を歩む。

人間が知らないだけで、実は過去の状況によりすべてが決定されている、偶然は存在しないとラプラスは考えた。だが、クールノーが説いたように、[70]独立する二つの系がそれぞれ内部の因果関係によって完全に決定されていても、二つの系が出会う場面では偶然が生ずる。瓦が屋根から落ちて通行人の頭を直撃する場面を考えよう。雨で屋根が次第に傷み、瓦がいつか落下する。その時その場所で瓦が落下した事実は決定論的事象だ。他方、天気の良い日に通行人が散歩に出る。その時その場所を彼が通ったのも決定論的事象だ。だが、屋根の傷み具合と通行人の散歩は互いに独立した系をなす。瓦の落下と通行人の位置は無関係であり、瓦落下による怪我は偶然起きた事故である。宇宙の全素粒子が瞬時に相互作用を起こすことはできない。光速度の限界からも、それは無理だ。独立系は無数に存在する。したがって偶然は実在する要因である。欠如としてだけ偶然を把握してはならない。神秘的な内因を認めなくとも、人間と社会環境の多様性が過去に還元不可能な未来を用意する。

虚構の意味

第6章で詳しく説明したにもかかわらず、虚構という言葉で本書が意味する内容が伝わらないようだ。例えば斎藤慶典は本書に言及し、虚構という表現を疑問視する。

［……］「良心をもとうと（すなわち、おのれを担おうと）欲する」こととしての「意志」

ないし「意欲」を「自然」の次元における（「客観的」）存在として証示することができない点についていては、本書も同意見である。だが本書は、その「意志」ないし「意欲」が「架空」（黒田）あるいは「虚構」（小坂井）であるとは考えない。なぜなら、「架空」ないし「虚構」の対概念（反対概念）である「現実」（あるいは「自然」）がそのようなものとして姿を現わす（現象する）のも、「意志」や「意欲」が姿を現わすのと同じ次元以外ではないからだ。［……］（本書の見るところ、「虚構」という表現を用いているとはいえ、小坂井も必ずしもそれを否定的・消極的なものと考えてはいない）[71]。

残像を利用して映画やテレビ映像が成立する。虹や蜃気楼も錯覚だが、誰の目にも映る確固とした現実である。同じ長さの二本の線分が配置によって違う長さに見えたり、隣接する同色の形を異なる色に感じたりする錯視は有名だ。知覚は錯覚なしに成立しない[72]。プロセスが錯覚によって成り立つ事実と、そのプロセスが現実の力を生み出す事実との間に矛盾はない。虚構のおかげで現実が成立する。虚構と現実の相補性を敷衍し、誤解を解こう。

虚構と表現するから誤解が起きるのであって、フィクションと書くべきだと助言する人もいる。だが、カタカナ言葉を使って意味をぼかしても解決にならない[73]。『般若心経』の章句「色即是空　空即是色」のように本書は実体論を斥け、関係論を採る。世界は夥しい関係の網から成り立ち、究極的な本質はどこにも見つけられない。だが、その関係こそが堅固な現実を作り出す。空は無と違う。どんなモノも出来事も自存せず、他の原因に依って生ずる。本質や実体は存在せず、関係だけが現れる。これが空の含意だ。曖昧な表現でごまかすのでなく、逆に立場を鮮明にする目的で虚構という表現を本書は使う。

虚構という表現は意味が強すぎるから擬制の方が良いと勧める人もいる。だが、擬制と虚構は違う。「事実に反することを事実であるかのように扱うこと。事実に反することがだれにも自覚されていない「神話」や、相手に自覚させないようにする「嘘」と異なり、だれもが、それが事実に反することを知っている点に特色がある」と説明されるように、(74)擬制はその虚構性が意識される。だが、虚構性が明らかになっては道徳や宗教は機能しない。虚構が生まれると同時に、その虚構性が隠される。支配もそうだ。安定した支配は被支配者の合意に支えられ、支配の存立構造が隠蔽される。理想的な状態で保たれるとき、支配は真の姿を隠し、自然の摂理のように作用する。(75)

法制度は擬制であり、機能を担保するために警察という暴力装置を必要とする。だが、宗教・道徳・権威は虚構であるゆえに自主的な服従を促す。擬制と虚構の違いは権力と権威の違いにも似ている。なだいなだ『権威と権力』から引用する。

［……］クラーク［「少年よ、大志を抱け」という言葉で知られる札幌農学校初代校長］が農

学校を作った時、学校の職員たちが、学校ができたなら、生徒が従うべき規則を作らねばならぬ、といったのだ。その時、クラークが何と答えたか、知っているかね。[……]規則はいらない。規則で教育ができるか。《紳士たれ》この一語で充分だ、といったのさ。[……]彼のいるあいだは規則は作られなかった。だが、生徒たちは、よくまとまっていた。あの……べしとか、べからずとかのいっぱい並んだ規則など不要だったのだ。だが、彼が日本を去ったあと、すぐに校則が作られるようになった。クラークが権威でまとめていたあと、権威を持たない人が、あとをついで校長の地位についた時、まず必要だったのは規則さ。[……]規則や法は、文章だけだったら、何の意味もない。それをやぶったものを罰する、処分する、というおどしが必要だ。力が必要だ。[……]だから、……すべし、……すべからず、という文章のあとには、権力のあり場所を示す、学長とか校長とか東京都とかの名が書かれる。規則をやぶったものたちをほおっておいたら、その規則はまもられなくなる。規則の権威がなくなる。だから、罰を強めざるをえない。規則の権威は、権力によってまもられるということになる。

[……]権威も権力も、いうことをきき、きかせる原理に関係している。権威は、ぼくたちに、自発的にいうことをきかせる。しかし、権力は、無理にいうことをきかせる。[76]

権力は擬制であり、合理的判断に支えられる。他方、権威は虚構であり、信仰として機能する。権力（暴力と契約）と権威（ヒエラルキー）の違いに関するルイ・デュモンの指摘を思いだそう（三五五頁）。虚構の力を理解するために、『プロテスタンティズムの倫理と資本主義の精神』でマックス・ヴェーバーが展開した有名なテーゼを参照しよう。資本主義の成立には、ある精神革命が必要だった。禁欲生活を営み、労働から得た利益を生産投資に回し、さらに大きな利益を求める。この習慣が普及しなければ、資本主義経済の発展はない。ところが、カトリックの教えは世俗的成功の愚を諭す。

必要以上の物的利益を追求するなら、それは神の恩寵が与えられていない証拠である。このような利益を得ることは他人の犠牲なしに不可能だろうから、世俗の欲望は絶対に排除しなければならない(77)。

神の恩寵を得る上で、日常生活での敬虔な努力の大切さをカトリック教会は説く。だが、カルヴァンはこのような教えを呪術だと斥ける。人間の努力で救済を得られるとは愚かな迷信であり、全能の神を恐れぬ冒瀆だ。「神の意志により、また神の栄光の示現のために、ある者は永遠の命を定められ、他の者は永遠の死を定められている」（ウェストミンスター告白、一六四七年）。人間は神が自らの栄光を成就するための道具にすぎない。神のために人間が創造されたのであり、人間のために神がいるのではない。信徒が何をしようとも、神が定めた運命は変わらない。救われるのか永遠に呪われるのかを知る方策は存在しない。救われる運命にある者はどんな悪行を行っても、神の恵みを拒んでも否応がなしに救われる。反対に、呪われた者はどんなに善行を積んでも恩寵に手が届かない。

運命が最初から決まっているならば、苦労して他人に尽くしたり、より良い生き方を求めて努力する意味がない。だが、そのような合理的判断をカルヴァン予定説は導かなかったとヴェーバーは説く。

予定説の論理的帰結は言うまでもなく宿命観だろう。だが、「試練」という概念の導入により、実際の心理的結果は反対になった[78]。

選ばれた人間かどうかを探る方法が実はある。神の栄光を実現するための道具なら、敬虔な生活を送り、有能なはずだ。酒に溺れ、淫行にうつつを抜かす輩であるはずがない。したがって脇目もふらぬ努力を毎日重ねている事実こそ、神の軍団に属す証拠だ。自らは神に選ばれた、自分の存在は無意味でないと禁欲生活を通して信じる。こうして勤勉に働き続け、物質・精神生活が豊かになってゆく。ひるがえっては経済繁栄の結果から、自分が選ばれた人間だと再確認する。虚構が循環プロセスを始動し、ついに現実を作り出す。

虚構性が顕わになると虚構は機能しない。一般に心理現象は本当の理由が意識されれば、成立しない。恋を例に取ろう。相手をなぜ好きなのか。背が高いから、美人だから、優しいから、高収入だから、有名人だから……、こんな理由を思いつくかもしれない。だが、好きな理由が明確に意識されるようでは、恋愛感情は芽生えない。容姿が美しいからならば、もっと美しい人が他にいる。裕福だからならば、もっと金持ちがいる。有名人は他にもいっぱいいる。こうして恋する相手は唯一の存在でなくなってしまう。恋と呼ばれるのは、打算や具体的理由を超えて相手自身が好きだという感覚だ。とにかく好きだという、曖昧で同時に揺るぎない確信だけがある。根拠が隠されるおかげで、恋が生まれる。贈与・貨幣・支配も同様だ。虚構性が隠されるおかげで循環運動が成立する。

社会制度の虚構性を認めた上で、だからこそ、より良い虚構を作るべきだと説く社会学者や哲学者は勘違いしている。道徳は合理的判断と違う。慣習であり、信仰だ。それゆえに強大な力を行使する。パスカルの箴言をもう一度思い起こそう（三四三頁）。道徳・真理・裁きに根拠はない。だが、それにもかかわらず根拠が存在すると勘違いされなければ、人間生活は営めない。

道徳は人間が作り出した規則にすぎない。その事実を認めながらも、人間の手に届かない、物理法則のような普遍性を生み出すためにはどうすべきか。これがルソー最大の課題だった。第6章で疎外＝外化の役割を分析した。ルソーの問いへの答えがそこにある。各人の主観が相互作用を通して普遍的価値を仮現するプロセスである。

人間行動を律する信仰の力に驚く。宗教・お守り・占い、墓・仏壇・神棚などの社会装置、冠婚葬祭の儀式、割礼と女性器切除の風習、性タブー、七五三・元服・洗礼・入学式・卒業式・入社式・成人式などの通過儀礼、豚・牛・犬・猫・蛇の食物禁忌、抑止力を持たない死刑や復讐の制度、原爆犠牲者追悼の祈りやホロコースト慰霊碑、靖国神社参拝、国歌斉唱と国旗掲揚、天皇制や王制、信頼や赦しの慣習、自由・平等・正義・人権などの概念……、どれも迷信であり、虚構だ。だが、それら恣意的で無根拠な慣習や禁止抜きに人間社会は成立しない。

哲学や科学の合理性に人間がしたがうならば、社会学・文化人類学・心理学・精神分析は存在意義を失う。倫理は信仰であり、根拠は存在しない。殺人や強姦など、議論の余地ない犯罪だと認識されるのは理由が明白だからではない。逆だ。禁止する本当の理由がわからないからである。「悪いに決まっている」。思考が停止するおかげで規範の正しさが信じられる。(79) ジンメルの循環的推理を思い出そう(三四二—三四三頁)。判断基準は歴史・社会条件に拘束される。この答えが正しいと今ここに生きる我々の眼に映る。これが真理の定義である。

虚構論の目的

道徳が機能する上で、その虚構性が隠される必要について述べた。残る課題は、（1）なぜ虚構が生まれ、消えないのか、また虚構性が露呈しないのか、（2）人間生活にとって虚構が不可欠ならば、虚構を暴く本書に意義があるのか、という問いに答えることだ。

虚構性が隠される必要があるからといって、その通りになるとは限らない。必要条件と十分条件は違う。虚構が生まれるのは何故か。そして同時に虚構性が必ず隠されるのは何故か。実はすでに各所で説明しているが、正確を期して要点をまとめよう。

第6章で説いたように、道徳・宗教・言語など集団現象は人間の意図を離れて自律運動する。歴史の偶然に左右されながら人間世界は変遷する。最終根拠は論理的演繹によって成立せず、社会現象に根拠は存在しない。したがって道徳などの社会制度が成立する際、どの形に落ち着くか原理的に不可知である。ところが人間は合理化＝正当化せずにいられない[80]。ゆえに、秩序を支える本当の仕組みは明らかにされぬまま、社会と時代の常識に応じた物語が紡がれる。人間の意識に上らない実際の構造と、制度を説明する虚構はこうして齟齬をきたす[81]。

虚構の不可欠を説きながら虚構を暴く本書は自己矛盾でないかという疑問には、もう少し詳しく答えよう。処罰の仕組みを暴いて何かの役に立つのだろうか。第4章でデュルケムを引いて詳述したように、社会規範からの単なる逸脱が犯罪の本質だ。Aという理由で悪であるなどと、定まった内容で犯罪は定義できない。要点を再び引用する。

禁止行為をしないよう我々が余儀なくされるのは、単に規則が我々に対して当該行為を禁ずるからにすぎない[82]。

すべての人々の精神を支配し、同じ行動を引き出す完全な全体主義社会を樹立する以外、社会規範からの逸脱を防ぐ方法はない。必然的に逸脱が生じ、誰かが処罰される。集団的存在である人間にとって悪と処罰は原罪であり、避けられない。ならば、本書の議論は無駄なのか。

不平等を隠蔽する虚構はどうだろうか。正義論に戻ろう。ロバート・ノージックのようなリバタリアンはジョン・ロックの所有権論を踏襲し、自らの精神および身体の完全な所有者として人間を捉える。したがって各自の能力に応じて貧富の差が生じるのは当然だ。他者の自由を侵害しない限り、獲得した富はすべて自分の労働の産物であり、その所有も消費も正当である。所得への累進課税は富の収奪であり、不当な強制労働に相当する[83]。

ところで能力の多くは誕生の時点ですでに決まる。その原因が遺伝であれ、家庭環境であれ、どちらにせよ当人に選択できない要素だ。そこで、生まれつきの不運を補償すべきだとロナルド・ドゥオーキンは主張する。家庭環境や遺伝など偶然の外因と、当人の意志決定とを峻別し、自己制御の利かない前者から生ずる格差を不当とする一方、責任を負うべき後者から派生する格差は正当と認める。(84)

だが、意志の強さ、努力する能力、好みも外因が育む。人格形成責任論の詭弁は確認した。自己責任の根拠はどこにもない。(85)ここから三つ目の正義論が導かれる。イングマール・ペルソンは、だから富の均等分配が正義だと説く。(86)だが、勤続三〇年の熟練従業員と同じ待遇を新人に与え、社長も部長も平社員もすべて同じ給料にすべきだと考える者は少ない。それに、才能に恵まれた者は均等分配を受け入れない。したがって不満が渦巻き、社会が安定しない。それでも均等分配を維持するためには圧倒的な強制力が要る。幼少の頃からイデオロギー教育を施し、造反者は強制収容所に閉じ込め、再教育する。それでも態度が改まらなければ処刑する。つまり全体主義社会でなければ、ペルソンの説く正義は実現できない。

全員に均等な所得を分配する社会では、高い能力を持つ者の労働意欲をそぎ、生産性が悪くなる。そこで各人の能力に見合った労働を引き出す誘因を与え、社会全体の富を増やす。そして累進課税を介して富の一部を再分配すれば、能力が低い者も結果として、より良い生活を享受できる。質と量に優れた労働をなす事実から、より多くの富を得る権利が高能力者に付与されるのではない。各自の能力は外因の沈殿物だから、生産物への請求権は誰にもない。下層者の生活を向上させる手段としてのみ、格差は正当化される。これがジョン・ロールズの論法である。[87] だが、すでに確認したように、この構想は自ら墓穴を掘る。秩序原理が完全に透明化した社会は、未来への希望が完全に断たれる苛酷な世界だ(三六七―三六九頁)。

袋小路から逃れる術はない。封建制に代わり、資本主義が生まれた。一方では家系を基に人間を格付けし、他方では能力による格差を認める。ヒエラルキーを正当化する仕方は違えども、欺きなのはどちらも変わらない。

マルクスとエンゲルスが夢見た共産主義の実験は失敗したが、法の下の平等という理念の欺瞞が誰の目にも明らかになり、他の平等観に取って代わられる日がいつか来るかもしれない。

だが、それでも虚構はなくならない。正義とは何か、公正な社会はどうあるべきかと、人間関係を権利概念によって理解するアプローチにそもそも無理がある。政治哲学は正しい公共空間として社会を構想する。普遍的解を求める以上、時間が抜け落ちる。権利や権力という明示的関係だけでなく、時間を経て沈殿する権威という、宗教に比すべき物語が加わって初めて正統性が感知される。幾何学の公理がそうであるように、最終根拠は論理によって成立しない。根拠は信仰であり、論理を閉じるための虚構である。

社会は矛盾を内包する関係態であり、多数派支配に少数派が異議を突きつける。支配者と被支配者とを交代させながら、時間が経てば他の支配形態に変わる。だが、支配の具体的な形は変遷してもヒエラルキー自体は決してなくならない。そしてどの支配が正しいのかという問いに答えは存在しない。ならば、私論は無意味なのか。

だが、それは勘違いだ。人間生活に虚構が欠かせないと説きながら、その仕組みを暴くのは自己矛盾だと断ずるのは、本書を規範論として誤読するからだ。私論を貫く通奏低音は認識論としての相対主義である。道徳や理念は思想家が編みだすのではない。集団現象は人間から遊離して初めて機能する。そうでなければ、恣意性が意識され、普遍性が感じられない。社会規範の遊離は機能するための必須条件である。長い年月がかかって言語が定着し、変遷していくように、旧い常識が崩れては新しい常識に取って替わられる。

万物は流転する。人間の信ずる価値は時代と社会が作り、また時代と社会が変えていく。食物の好みや恋愛相手、スポーツや芸術の好き嫌いも自分が決めるのではない。だが、外来の欲望だからと切り捨てるならば、タマネギの皮をむくように後には何も残らない。人間が社会・歴史的存在であるとは、そういう意味だ。

キリストやガンディーは正しく、ヒトラーやスターリンは悪人だというのは後世が出した審判にすぎない。キリストもガンディーも社会秩序への反抗者だった。対してヒトラーやスターリンは当初、国民の多くに支持された。多数派には多数派の立場、少数派には少数派の考えがある。どちらが正しいかを決定する中立な位置はない。両者を超越する神の視点は存在しない[88]。各時代・社会に固有な価値観を超える正義の定立は原理的に不可能だ。歴史とは、時間とは、変化の同義語だ。真理は過去になかったし、未来にもない。人間の堕落ゆえに古の知恵が覆われたのでもなければ、歴史を積み重ねるにしたがって普遍に近づくのでもない。正しい社会の形はいつになっても、誰にもわからない。

思想家の提言はたいてい無力だ。名もない市民の素朴な思いと同様、私論を含め、学問は一つの意見として常識や世論の形成に貢献する。だが、それ以上でも、それ以下でもない。今でも神を信じる人がいるし、迷信もなくならない[89]。科学者にとって当たり前の知見でも、それを受け入れない人は多い。道徳は宗教の一種だ。虚構の内容は変わる。だが、一つの虚構が消えても、他の虚構が必ず生まれる。規範論は問題の根から目を背け、逃げ道ばかり探している。問題の原点にさえ、我々はまだ到達していないのだ。

註

（1） A. R. Mele, *Free. Why Science Hasn't Disproved Free Will*, Oxford University Press, 2014.

（2） 大澤真幸『生きるための自由論』（河出ブックス、二〇一〇年）四三頁。強調小坂井。

（3） T. Nørretranders, *The User Illusion. Cutting Consciousness Down to Size*, Penguin Books, 1991/1998, p. 225.

（4）大澤、前掲書四二―四三頁。強調小坂井。

（5）同、七二頁。リベットの研究は自由を脅かす実験結果として発表当時、哲学者や心理学者に激しい衝撃を与え、方法論上の批判や実験結果の解釈に異論が出た。リベット実験は今なお頻繁に参照されるとともに反論もつきない。だが、考えてみれば、この実験結果は当然だ。身体運動と同様に言語・感情・思考なども脳が司る。脳が精神活動を生む以上、その生成は瞬時に行われえず、ある一定の時間が経過する。したがって、その間、脳の生成物は意識に上らない。どんな情報も伝達には時間がかかる。秒速三〇万キロメートルで進行する光さえ、太陽から約一億五〇〇〇万キロメートル離れた地球まで到達するのに八分二〇秒近くかかる。仮に今、太陽が消失したとしても八分以上、地球はその事実を知らず、同じ軌道を回り続ける。伝達媒体が何であろうと情報や力は瞬時に伝わらない。どんなスーパー・コンピュータでも演算に時間がかかるように、脳が意志を生成するまでに〇・三秒ほど必要である。意志や意識は行為の出発点ではない。統一された精神や自己は存在しない。脳では多くの認知過程が同時進行しながら情報処理される。

（6）B. Libet, *Mind Time. The Temporal Factor in Consciousness*, Harvard University Press, 2004, p. 145-146.

（7）大澤、前掲八〇―八一頁。強調小坂井。

（8）同、八二―八三頁。強調小坂井。

（9）E. Anscombe, *Intention*, Blackwell, 1957.

（10）「創発性とは、下位の性質や過程から、新しい還元不可能な上位の性質や過程が生じることを言う。上位の階層は下位のものを構成要素としながらも、下位の性質や法則に還元できない独自の創発的因果法則が生じる。上位の性質や過程は、ただ単に認識上の、あるいは現象上のまとまりとして（すなわち、随伴現象として）認められるだけではなく、固有の実在性を有していると考えられている。たとえば、生物は、物理学的物質を成分として成り立っているが、物理学に還元できない生物学的法則性を示し、その秩序が自身の物質成分に因果的影響を与える。生物は、物理的なものの上位の階層として創発的な性質を示すのである」。河野哲也『意識は実在しない』（講談社選書メチエ、二〇一一年）一六六頁。ここに現れているように、河野は人間だけでなく、生物全体に共通する性質として創発性を考えている。

（11）創発性から主体は導けない。水素と酸素が化合して水の新たな性質が出現する。これは水素と酸素が化合すれば必ず生ずる創発性であり、時々は金に変身したり、ウランに変わったりはしない。決定論的プロセスである。ならば、それはメカニズムにすぎず、主体の発生ではない。

創発性は決定論的プロセスとは限らない。偶然により毎回異なる生成物が発生する可能性もある。受精卵から人格へと発展するプロセスには多くの偶然が介在する。だが、偶然が作用して生まれる創発性は誰にも制御できない。したがって、これも主体ではない。

（12）同一五六—一五七頁。

（13）同一七四頁。

（14）本書後述、四二五—四二七頁を参照。

（15）古田徹也『それは私がしたことなのか』（新曜社、二〇一三年）四七—四八頁、強調原著者。

（16）D. Hume, *A Treatise of Human Nature*, Penguin Classics, 1969 [first edition: 1738-40], p. 121-131, 181-225.

（17）國分功一郎『中動態の世界——意志と責任の考古学』（医学書院、二〇一七年）第1章註08、三二三—三二四頁、強調原著者。

（18）同、三二三頁。

(19) 同、一五九頁、強調小坂井。
(20) 同、一三一―一三二頁。
(21) 同。
(22) 斎藤慶典『生命と自由』、東京大学出版会、二〇一四年、五一―五六頁。
(23) 同、五二―五三頁、強調原著者。
(24) L. May, "Metaphysical Guilt and Moral Taint", *in* L. May & S. Hoffman (Eds.), *Collective Responsibility. Five Decades of Debate in Theoretical and Applied Ethics*, Rowman & Littlefield Publishers, Inc., 1991, p. 241.
(25) *Ibid.*, p. 243.
(26) 木村敏『時間と自己』(中公新書、一九八二年)、二四―三一頁。外因が重なって自律的認知システムが生まれ、主体虚構が成立する。この奇跡とも呼ぶべき生成プロセスの解明に発達心理学は努める。だが、それは本書の課題ではない。
(27) S. Harris, *Chalk Up Another One. The Best of Sidney Harris*, Rutgers University Press, 1992, p. 1.
(28) そもそも内部とは何だろうか。内部/外部という構図に我々は慣れているが、実は自明ではない。魂あるいは心と身体の二元論を考えてみよう。どちらが内部なのか。魂は身体から遊離する。ならば、魂あるいは心が外部で、身体が内部だと考えても良いはずだ。心や魂を内部と感じるのは、今まさに考えている主体があり、それが魂あるいは心と表象されるからだろう。食事をした瞬間、食物は消化管の中にある。ところで消化管の内部とは何か。単純化すれば人間の身体は一本の土管のようなものであり、胃や腸など消化管の中は身体の内部ではなく、解剖学的にみれば身体の外部である。考えれば考えるほど、無限遡及的に内部が外部に還元されていくだけでなく、そもそも何に対する内部と外部なのかと問うとわからなくなる。内部／外部という構図自体がすでに、ある特殊な思考枠の産物である。

（29） H. G. Frankfurt, "Alternate Possibilities and Moral Responsibility", *in* G. Watson (Ed.), *Free Will*, Oxford University Press, 2003, p. 167-176.

（30） 中島義道『後悔と自責の哲学』（河出文庫、二〇〇九年）二三―二七頁。

（31） T. Nagel, *The Last Word*, Oxford University Press, 1997.

（32） 世論調査会社ＩＦＯＰ（Institut français d'opinion publique）が二〇一一年に実施したアンケートによると、神を信じるフランス人は五六％に上る。そのほとんどがカトリック教徒だ。また米国上位二一大学に勤務する研究者一六四六人を対象として二〇〇七年に行われた調査によると、物理学者・化学者・生物学者のうち、神を信じない学者はわずか四割にすぎなかった（B. M. Hood, *The Science of Superstition. How the Developing Brain Creates Supernatural Beliefs*, HarperOne, 2010, p. 63.）。

（33） 河野哲也『環境に拡がる心　生態学的哲学の展望』（勁草書房、二〇〇五年）二一―二二頁、強調原著者。

（34） 中島義道『後悔と自責の哲学』（河出文庫、二〇〇九年）一〇六頁、強調原著者。

（35） 前掲拙著『神の亡霊』序「近代という社会装置」を参照。

（36） 時代を遡ろう（以下の記述は A. Pichot, *La société pure. De Darwin à Hitler*, Flammarion, 2000, p. 71-85. による）。フランス革命により貴族制が崩壊し、ブルジョワジーが勃興した。その後、社会ダーウィニズムがこの支配者交代劇の正当化に一役買った。生物学の分野でダーウィン進化論が成功した後、それが人間社会に応用されてハーバート・スペンサーの「適者生存」という概念が生まれ（H. Spencer, *The Principles of Biology*, 1864.）、社会ダーウィニズムとして発展したと一般に理解されている。だが、事実は逆だ。生物学における進化論の成功が社会ダーウィニズムを導いたのではない。ダーウィン進化論が生物学者に受け入れられたのは社会ダーウィニズムの定着後である。フランシス・ゴルトン、エルンスト・ヘッケル、アウグスト・ヴァイスマン、ユーゴー・ド・フリースなどがそれぞれの説を展開し、自然淘汰概念を別にすれば、進化論にはかなりの論理的混乱が見られ、一九一五年頃まではまだ生物学者を納得させる理論でなかった。アダム・スミスなど当時支配的だったブルジョワ経済学の着想がダーウィン進化論を基礎付け、発展をみたのである。当時の社会学や経済学からヒントを得たとダーウィン自身認めている。

世界の有機的存在［生物］が級数的に増加し、それらの間で不可避的に起こる生存競争について次章で考察する。これはマルサス学説の動植物への応用である［強調小坂井］。種それぞれにおいて生存できる数以上の個体が生まれる。したがって結果として生存のための闘争が頻繁に生じ、個体間に差があれば、複雑な条件の中で少しでも適した個体の生き残る確率が高くなり、ゆえに自然選択が生ずる［naturally selected。強調ダーウィン］。強力な遺伝原理により、こうして選ばれた変種は、変化を受けた新しい形質を増殖する傾向を持つ（C. Darwin, *On the Origin of Species by Means of Natural Selection*, Dover Publications Inc, 2006［first edition: 1859］, p. 3.）。

ダーウィン『種の起源』が発刊された一八五九年からトーマス・ハント・モーガン『メンデル的遺伝のメカニズム』が公にされた一九一五年の時期は産業革命の発展と完成の時代に当たる。支配階級の貴族を引きずり下ろした後、ブルジョワジーが権力を掌握してゆく時期でもある。自らの優位を正当化するために貴族は家系と血縁を引き合いに出す。神授説を援用し、キリスト教会の庇護に頼る。対してブルジョワジーの拠り所は彼らの才能と勤労しかない。社会的地位や権力、そして富は彼らが自ら稼ぎ出したものだ。こうして「貴族の血 対 真の能力」という図式ができあがる。

適者生存による自然淘汰を説くダーウィン進化論も社会ダーウィニズムもメリトクラシー（能力主義）を支持する。その意味でダーウィン説はブルジョワジー支配に都合の良い理論として迎えられた。そして十九世紀は科学主義が台頭した時代でもある。神話に寄りかかる貴族を打倒する上で、ダーウィン進化論はブルジョワジー支配に科学的根拠を提供した。

遺伝を意味するフランス語 hérédité の語源はラテン語 hereditas であり、もともと経済や法律の用語だった。死亡者が残した財産および相続手続きを指示する語だったが、親から子へと伝わる生物学的特性や能力、そしてその伝達プロセスの意味で類比的に一八二〇年頃より使われ出した。同時に、相続の意味で hérédité は使われなくなり、héritage という経済および法律の新しい用語に取って代わられる。

社会ダーウィニズムの遺伝と貴族の血縁は意味が異なる。貴族の間で伝わるのは家柄であり、氏である。貴族制度によって維持されるのは内容でなく、貴族と平民の境界だ。差異により成立する社会制度である（差異と同一性の相補性については拙著『増補 民族という虚構』ちくま学芸文庫、二〇一一年、第一、二章を参照）。ここでの血縁は社会階級の象徴であり、生物学的基盤に支えられる概念ではない。対して社会ダーウィニズムが導入し、ブルジョワジー台頭を正当づけたメリトクラシーは生物学的な、今日我々が理解する遺伝とより密接に関わっていた。社会秩序を遺伝メカニズムで根拠付け、国内の貧富と植民地支配を正当化したのである。

（37） W. Sombart, *Warum gibt es in den Vereinigten Staaten keinen Sozialismus?*, Mohr, 1906 [tr. fr. *Pourquoi le socialisme n'existe-t-il pas aux Etats-Unis?*, PUF, 1992.]

（38） 奴隷制・農奴制・封建制・資本制と経済形態が変遷するにつれ、剰余価値搾取の方法は変わった。奴隷の生産物は奴隷所有者がすべて取り上げる。自分がする労働の一部を農奴は領主の所有地に振り分ける。自ら生産した農作・畜産物の一部を小作農は封建領主に差し出す。これらの支配形態では搾取の仕組みが明白だ。ところが、人間の労働力が商品の形態を取る資本主義社会では事情が変わる。労働力以上の価値が労働（すなわち労働力の消費）によって生み出される。しかし労働力の価値と労働の価値との差は労働者に還元されず、資本家によって吸収される。結局、搾取自体はなくならない。剰余価値移転の仕組みがより巧妙に隠されただけである。

（39） R. Nozick, *Anarchy, State and Utopia*, Basic Books, 1974.

（40） R. Dworkin, *Sovereign Virtue. The Theory and Practice of Equality*, Harvard University Press, 2002.

（41） G. A. Cohen, *Self-Ownership, Freedom and Equality*, Cambridge University Press, 1995.

（42） R. J. Arneson, "Equality and Equal Opportunity for Welfare", *Philosophical Studies*, 56, 1989, p. 77-93.

（43） D. C. Dennett, *Freedom Evolves*, Penguin Books, 2003.

（44） J. Rawls, *A Theory of Justice* (Revised Edition), The Belknap Press of Harvard University Press, 1999 [first edition: 1971]. 下層者の生活を向上させる手段としてのみ、格差は正当化される。だが、より多くの富を得る権利が高能力者に付与されるのではない。後述を参照。

（45） Rawls, *op. cit.*, p. 226-227; M. Sandel, *Liberalism and Limits of Justice*, Cambridge University Press, 1982, p. 89-95.

（46） M. Schlick, *Fragen der Ethik*, Springer, 1930 [tr. fr. « Questions d'éthique », in *Questions d'éthique. Volonté et motif*, PUF, 2000, p. 125].

（47） *Ibid.*, tr. fr., p. 26. 強調原著者。

（48） *Ibid.*, p. 128-131.

(49) *Ibid*., p. 130-131。強調小坂井。

(50) 黒田亘『行為と規範』(勁草書房、一九九二年)、一七五—一七八頁。

(51) 菅豊彦『実践的知識の構造』(勁草書房、一九八六年、一七五頁。河野前掲『環境に拡がる心』、一九一頁から引用)は硬い決定論をこう規定する。(1)決定論が正しいとすれば、あらゆる人間の行為はそれに先行する出来事や状態によって因果的に決定されている。(2)もしあらゆる行為がこのように先行条件によって因果的に決定されているならば、誰も(現になした行為とは)別の仕方で行為をすることは不可能である。(3)しかし、われわれは、別の仕方で行為が可能である場合にのみ、自由意志を持つということができる。(4)したがって、決定論が正しいとすれば、人間には自由意志がない。

(52) 河野、同一九一頁。

(53)『倫理学の諸問題』安藤孝行訳、行路社、一九八一年、一六四頁。河野は邦訳に拠っているが、本書は仏訳に基づく。

(54) 河野前掲書一九二—一九三頁。強調原著者。

(55) 同一九四頁。

(56) ちなみに河野が引用する邦訳において「自由の感じ」と表記される箇所は、仏訳では「自由の意識(conscience de la liberté)」となっている。どちらにせよ、自由ではなく、その主観的な感覚だとシュリックは断っている。Shlick, *op. cit.*, tr. fr., p. 134.

(57) 二〇一九年一〇月三〇日現在 Amazon.co.jp でカスタマーレビューとして投稿・掲載されていた、拙著『社会心理学講義』(筑摩選書、二〇一三年)と『人が人を裁くということ』(岩波新書、二〇一一年)の感想を例に挙げよう。どちらの著作も本書同様、人間と社会の姿を探る記述論である。だが、近代のエピステーメーに導かれ、規範論として読者は理解している。お二人とも知識人であることが伺え、理解不足が原因で誤読が起きたのではない。特に後者の書き手は弁護士のようであり、実務家の立場からの批判である。これらの意見を挙げるのは、知識人でさえも間違えると揚げ足を取るためではない。逆に、神の代替物として近代が生み出した人権概念に最も敏感に反応し、かつその理念に依存するのが哲学や法学であるゆえにこそ生じる誤読である。他意はなく、読者の理解を助けるための引用である旨、ご理解を乞う。

〈『社会心理学講義』の感想〉

［……］講義というタイトルからも推し量れるように社会心理学の方法論を順を追って解説するタイプの構成である。こういった構成の書物が往々にして陥る罠がある。それは「現状追認」だ。自分の思考を演繹的に整理・発展させて主張をするタイプの著作ならば、必ず価値判断がある。しかし過去の学者たちの方法論を蒐集して帰納的に組み立てる（つまりこの本のような）構成では、どうしても現状追認から抜け出せない。

たとえば裁判に心理学者や精神科医ばかりが呼ばれ、社会学者が呼ばれないこと。これは著者が言うように、社会的な観点も含めた複合的な判断をせねばならないのに個人の精神的異常に問題を矮小化させている証左だろう。しかし著者はむしろ裁判が個人の精神の問題に矮小化するのを当たり前だとし、社会的な視点を求める人達を「わかっていない」と切り捨てる。これはどういう顚倒だろうか。確かに裁判に社会的な分析を持ち込んでしまえば責任を個人に帰することが難しくなる。責任を個人に帰することが難しくなれば、精神的に異常な犯罪者をバッサリ断罪することができなくなり、国民の溜飲を下げることも難しくなる。まぁ、それも確かだろう。犯罪者を断罪して国民の溜飲を下げるという機能が裁判にはある以上、社会的な問題を個人の精神の問題に矮小化することを続けなければならないと著者は言うのだ。

ここで著者が陥っているのが「現状追認」の罠である。方法論的に分析していけば確かに「裁判にはそういう機能がある」とか「国民が溜飲を下げることで秩序が」とか、そういうデータが集められることだろう。しかしそれはあくまで、現状がこうなっているという分析であり、倫理ではない。徹底して帰納的に分析していくあまり、その分析をまるまる追認してしまい、その分析結果がよいことなのか悪いことなのか、その価値判断まで辿り着けていないのだ。現状を説明することと、現状を倫理的に問うことは違う。帰納的（つまり自然科学的）に社会を分析することの功罪を、この著作でまざまざと見せつけられる気がした。

〈『人が人を裁くということ』の感想〉

本書は3部構成になっていますが、著者のメインテーマである第3部（原罪としての裁き）には、少なくとも法制度論としては賛成できません。第3部の著者の主張を私なりに要約すると、次のとおりです。

（1）人間には「自由意思」（自分の行為を制御する能力）は備わっておらず、従って「責任」（自分の行為に対する非難可能性）というものはない。

（2）それにも関わらず、犯罪の行為者を犯人（＝責任者）として処罰するのは、社会秩序を維持するために、犯罪のシンボルとして処罰される「スケープゴート」が必要だからである（歴史的には「魔女」や「動物」が選ばれたこともある）。

（3）「責任」と「罰」は表裏一体であり、責任があるから罰するのではなく、犯罪のシンボル（スケープゴート）として選ばれたものに「責任」があるとされる。

なお、第1部と第2部では、現実の裁判において「冤罪」を回避し難いことがデータに基づいて論証されており（そのこと自体に異論はありません）、全体の流れとして読むと「冤罪犠牲者もスケープゴートとして理解すべき」というかの如くです。

しかし、著者の主張には2つの点で賛成できません。

第一に、人間には自由意思がないという著者の前提は、常識的に考えて俄かに信じ難いものですし、科学的にもまだ決着が着いていません（著者が根拠とする実験を行ったリベット自身もこれに同意していません）。

仮に、この前提が正しいとすれば、人が刑法その他の法律や契約を守って社会生活を営むことは凡そ不可能となるはずです。しかし、実際には、大多数の人は法律や契約を守って生活しており、だからこそ社会が成り立っています。法律や契約がフィクション（虚構）であることは論を待ちませんが、「大多数の人は法律や契約を守る」という事実はフィクションではないはずです。

第二に、著者のいうとおり、人間に自由意思がないとすれば、刑罰を正当化することは、もはや出来なくなるはずです。

著者は、「スケープゴートが必要だから」ということで刑罰が正当化される（現にされている）と考えているようですが、少なくとも、人権思想を基礎とする近代刑法においては、刑罰の正当化根拠として明らかに不十分です。仮に、これだけで十分だとすれば、行為者の処罰に留まらず、法律を理解できない責任無能力者や、さらには冤罪犠牲者の処罰も正当化されることになりかねません。

近代刑法は、まず「証拠による裁判」の原則を打ち立て、次に「責任主義」によって処罰対象にさらに絞りをかけました。著者は、冤罪が避け難いという現実と、責任は虚構であるという議論によって、近代刑法の2つの原則を無効化し、刑罰の正当化根拠を等閑視していると言わざるを得ません。

冤罪は、理論的に回避不可能というものではなく、困難ではあっても、これを根絶するための不断の努力を続ける他ありません（そのための方策については、著者が引用文献として挙げる秋山賢三『なぜ裁判官は誤るのか』、浜田寿美男『自白の心理学』などが参考になります）。しかし、人間に自由意思がないということが科学的に証明された場合、刑罰という制度は廃止せざるを得ないと思います。

(58) 人権を専門にするジュネーブ大学の哲学教授とパリ・ユネスコのシンポジウムで同席し、私論を説明した際、「脳科学者や社会心理学者は自由や責任など議論しなくてもよろしい。それは越権行為というものだ。科学のアプローチで自由や責任は理解できない」と叱られた。フォーコネ説が非人道的だと的外れな批判をする社会学者にも出会った。規範論として読むからだ。

これらの反応は単に読みが浅いか、思慮不足ゆえの誤解だと最初の頃は高をくくっていた。行き違いの背景に近代のエピステーメーが陣取っていると気づいたのは、ずっと後のことだ。リベット実験を始めとする脳科学の成果を認めながらも、自由や責任に触れるやいなや、哲学者・自然科学者・社会科学者が一様に自由意志概念に固執する。当のリベットでさえも、自分の実験結果に右往左往する始末だ。この態度の不思議さを真正面から見据えた時、規範論と近代的思考の共犯性が浮かび上がった。

(59) S. Moscovici, *Psychanalyse, son image et son public*, PUF, 1976, p. 246-290. このような誤解は専門家にも起きる。ソロモン・アッシュが行った有名な影響実験は、個人が集団によって簡単に影響される典型的な例として、どの社会心理学の教科書にも載っている。だがアッシュの仮説そして結論は、人間の他律性や自己決定能力の欠如でなく、多数派の圧力に抵抗する人間の力や自由の証明だった。アッシュの全研究を貫く哲学や人間像を後の社会心理学者は把握せず、実験結果の表層だけに注目したために逆の解釈を引き出した。詳しくは前掲拙著『社会心理学講義』第9講を参照。R. Friend, Y. Rafferty & D. Bramel, "A Puzzling Misinterpretation of the Asch 'Conformity' Study", *European Journal of Social*

Psychology, 20, 1990, p. 29-44. が一九五三年から一九八四年までに英語で出版された社会心理学の教科書九九冊を分析し、アッシュの解釈から徐々に離れていった経緯を明らかにした。

(60) 精神分析が注目するしくじり行為を考えよう。単なる失敗や不注意の結果と捉えないで、背後に隠れた力動プロセスをフロイトが見いだした。しくじり行為自体はフロイトの登場を待つまでもなく、広く知られていた。だが、それを単なる誤りやバイアスと考えている限り、意識と違う論理に従う無意識の存在に気づかない。S. Freud, *Zur Psychopathologie des Alltagslebens* [tr. fr., *Psychopathologie de la vie quotidienne*, Payot, 1967].

(61) 萱野稔人『死刑　その哲学的考察』(ちくま新書、二〇一七年) 二一一―二一二頁。

(62) 入不二基義『相対主義の極北』(ちくま学芸文庫、二〇〇九年) 七四頁。

(63) 同一六〇頁。

(64) 宗教・迷信・イデオロギーは合理的思考の敵なのか。合理性とは何か。意味とは何か。前掲『神の亡霊』の随所で議論した。

(65) 普遍的価値が存在するとしよう。なぜ、その価値は普遍的に正しいのか。さしあたり二つの可能性がある。一つは究極的根拠としての精神的(非物質的)存在を想定する立場であり、もう一つは人間世界の物理的条件が最終根拠を規定すると考える立場である。

第一の立場を考えよう。神がいれば、善悪の基準は正統性が保証される。神が正しいと決める価値は正しい。プラトンのイデア論の通りならば、各社会・時代に固有な価値観を超える普遍的な真善美の基準が存在する。だが、宗教やイデア論のように過去のどこかに真理の根拠を想定するのでなければ、普遍はどう保証されるのか。

第二の立場はどうか。生物としての自然な姿はあるだろう。だが、自然に忠実であることが何故、正しいのか。熱すぎたり冷たすぎる環境で人間は生きられない。そのような限定条件は当然ある。緊張を絶えず強いられる人間関係は避けられ、平和を人間は希求するだろう。だが、何故、それが正しいのか。ある生物が好む客観的条件があっても、それを守るかどうかは善悪と無関係だ。そのような条件を当該の生物は好む、求めるというだけの話である。衣服を身につける習慣、食物を火で調理する技術、戦争をする性向、医療による弱者救済、性欲のあり方など、そもそも人間の文化は自然に反している。したがって、どちらの方法も普遍性の定立に失敗する。

(66) K. R. Popper, *La logique de la découverte scientifique*, Payot, 1973.

(67) I. Berlin, "Two Concepts of Liberty", in *Liberty*, Oxford University Press, 2008, p. 166-217. バーリンは二つの自由を区別した。一つは、自ら欲する通りに行動する可能性を意味する消極的自由。他者の自由を阻害しない限り、各人の自由は無制限に認められる。人を殺す自由や強姦する自由も理屈上は考えられる。しかし、そのような自由は他者の自由を害するから認められない。こう理解するのである。国家権力や他者の干渉から逃れるという意味で「〜からの自由」とも呼ばれる。ホッブズやジョン・スチュアート・ミルが支持した立場である。もう一つの積極的自由は、感情や欲望に流されず、理性が命じるままに正しい行動を取ること、つまり自律を意味する。殺人や強姦の自由は、そもそも概念として成立しない。自由の範囲を基に規定される「〜からの自由」と対照的に、到達すべき理想を想定する積極的自由は「〜への自由」と呼ばれる。この立場の論者としてカントやルソーがよく知られている。

(68) R. Dawkins, *The Selfish Gene*, Oxford University Press, 2006 [first edition: 1976].

(69) 互盛央『エスの系譜』(講談社、二〇一〇年、一—二頁) より引く。

フロイトの言う「エス」とは何か。第二局所論を初めて公にした『自我とエス』(一九二三年) では、

「エスとの関係における自我は、馬の圧倒的な力を手綱を引いて止めねばならない騎手と同じである」と言われている。自我を衝き動かし、自我に行動させて、みずからの意志を実現する心的なエネルギーとしてのエス。行動がなされたあと、人はこう言うことになる――「なぜか分からないがそうしてしまった」、「まるで自分ではない何かにやらされているようだった」〔……〕。

みずからの行動の原動力だったことは明らかなのに、それが何なのかは明言できないもの。その得体の知れない力を示すために着目されたのが、ドイツ語の代名詞「es（エス）」だった。英語の「it」に相当するこの語は、他の名詞を受ける代名詞として用いられるほか、「雨が降る（ドイツ語：es regnet／英語：it rains）」あるいは「一時だ（ドイツ語：es ist ein Uhr／英語：it is one o'clock）」のように、天候や時間を示す表現の主語としても使われる。明示できない何か、「それ」と呼ぶほかない何かを示すこの語は、他の事物のようには存在しておらず、それゆえ言語では表せないものの名称である。〔……〕そんな特異な語であるからこそ、フロイトは暴れ馬のように自我をふりまわす無意識的なものの名称として、この代名詞から造語された普通名詞「エス（Es）」を採ったのだ。

対して、何度か言及したハイエクのアプローチは個人の内部にも外部にも主体を否認し、偶然を理論に内包する立場である。

突然変異と自然淘汰という二つの原理の組合せで、ネオ・ダーウィニズムは変化のメカニズムを説明する。偶然生ずる突然変異と、その個体がたまたま生まれ落ちた環境条件に応じて淘汰される以上、どの方向に世界が変遷するかは原理的にわからない。だが、いったん進化が起きれば、秩序が形作られ、世界を縛る。今日の世界から過去を振り返ると、種の変遷を司る法則があると錯覚しやすいが、そのような進化法則の存在をまさにダーウィンが否定した。生物が棲む地域内で自然淘汰が決定論的に働いても、どの場所に生まれ落ちるかは偶然だ。世界の変遷には内在的理由がなく、未来の行方は誰にもわからない。歴史には目的もなければ、根拠も存在しない。

野生動物のドキュメンタリー番組に「高い枝の葉を食べるためにキリンのクビが長くなった」とラマルク用不用説が登場する。獲得形質が遺伝しない事実はすでに常識だ。それにもかかわらず、一般視聴者向けの番組では、このタイプの解説が幅を利かせる。

現在主流のネオ・ダーウィニズムと必ずしも矛盾するわけではない。突然変異で誕生したクビ長のキリンは、短いキリンよりも高い枝の葉を食べるのに適する。したがって生存率が高く、子孫を残す確率が高い。結果として、短いタイプが長いタイプによって次第に置き換えられ、高い枝の葉を食べるためにキリンのクビが長くなったように見える。しかしテレビの解説を聞いて、そう理解する人は少ないだろう。クビを伸ばして高い枝の葉を食べるうちにクビが長くなり、その形質が子孫に伝わるのだと子どもたちは納得する。なぜ目的論が現れるのか。

それは単なる誤りや無知のなせる技ではない。これは擬人法だ。意志が世界を構築するという信仰の投影だ。進化に法則はない。生物の未来は偶然に委ねられる。適者生存の意味を誤解し、より良くなることが進化だとする歪曲は、主体と普遍を信じる近代が誘導する論理的帰結である。

(70) A. A. Cournot, *Matérialisme, vitalisme, rationalisme. Etudes sur l'emploi des données de la science en philosophie*, Hachette, 1875, p. 306.

(71) 斎藤慶典『私は自由なのかもしれない――〈責任という自由〉の形而上学』(慶応義塾大学出版会、二〇一八年)、四五四頁、註32。

(72) 下條信輔『サブリミナル・マインド』(中公新書、一九九六年)、同『〈意識〉とは何だろうか』(講談社現代新書、一九九九年)。

（73）　来栖三郎『法とフィクション』（東京大学出版会、一九九九年）は法と倫理学の分野でフィクションという表現を多用する。

（74）　長尾龍一、『日本大百科全書（ニッポニカ）』（小学館、一九八四年）。

（75）　殺傷や飢餓など物理的強制力や拘束力は支配の本質でない。継続する安定した支配は剝き出しの暴力によって成立しない。「一定最小限の服従意欲、すなわち服従に対する外的あるいは内的な利害関心が、あらゆる真正な支配関係の要件である」とヴェーバーは説く（M. Weber, *Wirtschaft und Gesellschaft*. Mohr, 1922 [tr. fr. *Economie et société*, Plon, 1995, p. 95.]）。真の支配ではその正統性が感知され、被支配者自身が支配関係に合意する。この合意が強制力の結果と映らず、自然な感情として受け入れられるほど、支配は強固になる。安定した社会秩序維持のために支配は必要不可欠であり、支配から自由な社会は原理的にありえない。

（76）　なだいなだ『権威と権力』（岩波新書、一九七四年）四三―四五、六二頁。

（77）　M. Weber, *L'éthique protestante et l'esprit du capitalisme*, Plon, 1964, p. 98.

（78）　Note 67, in *ibid.*, p. 141. 強調小坂井。

（79）　前掲拙著『神の亡霊』、第四回「普遍的価値と相対主義」参照。近親相姦タブーはすべての社会に見受けられる普遍的現象だと言われる。ところで平行イトコ婚は禁止されるのに、交差イトコ婚は許容されるだけでなく、奨励される社会もある。有性生殖をする生物は同系交配を避けて多様性を保つという進化法則や遺伝学的理由では、この違いを説明できない。そこで女の交換制度として婚姻が解釈される。他集団に女を贈与すると共に、外部から女を自集団に迎え入れる循環運動が生まれる。クロード・レヴィ＝ストロースは、このように外婚を奨励する契機として近親相姦タブーを説明した（C. Lévi-Strauss, *Les structures élémentaires de la parenté* [2e édition], Mouton, 1967.）。

だが、これは起源論だ。婚姻や性の形態が変化した現代でも同じ習慣が維持される理由はない。フランス・オランダ・スウェーデン・ルクセンブルク・ベルギー・スペイン・ポルトガル・ブラジル・アルゼンチン・日本・中国・ロシア・インド・トルコ・イスラエル、そして西アフリカのコートジボワールなどでは、成人間の同意による近親相姦は合法である。スイスとドイツでも、まもなく禁止が解かれる見通しになった。レヴィ＝ストロース説であろうと、エディプス・コンプレックスを持ち出すフロイト説であろうと、近親相姦を忌避する理由が明らかになった瞬間にタブーは相対化され、消滅への道を辿る。

(80) 前掲拙著『社会心理学講義』第6、7講を参照。

(81) 個人心理も同様である。ダリル・ベムは説く（D. J. Bem, "Self-Perception Theory", *in* L. Berkowitz (Ed.), *Advances in Experimental Social Psychology*, Vol. 6, Academic Press, 1972, p. 1-62.）。他人の心の中は覗き込めない。したがって行動から心理を推測するしかない。犬を連れて散歩する隣人を毎日見かける。その行動から推察して、この人は犬が好きなのだなと思う。だが、覗き込めないのは他人の心だけでなく、自分の心も同じだ。自分の行動を見て心理状態を推測するにすぎない。飼い犬を連れて毎日散歩に出る、その自分の姿から、私は犬を好きに違いない、そうでなければ、高い餌代を払って犬を飼うはずもなければ、仕事が忙しいのに毎朝散歩に連れて行くはずもないと推測する。自分の感情・意見・行動を理解したり説明したりする際、心理情報に我々は頼るのでない。行為・判断が形成される心理過程は当人にも知ることができない。自らの行為・判断であっても、あたかも他人のなす行為・判断であるかのごとくに推測する他ない。

では自分の心の動きをどう理解するのか。常識と呼ばれる知識を我々は持ち、社会・文化に流布する世界観を分かち合う。どのような原因で行為が生ずるのかという因果律も、この知識に含まれる。窓を開けるのは部屋の空気を入れ替えたり、外を眺めたりするためであり、空腹を覚えたので窓を開けたという説明は非常識である。すなわち自らの行動を誘発した本当の原因は別にあっても、他のもっともらしい「理由」が常識の中から選ばれる。この「理由」は社会で学習する因果関係のパタンである。つまり行為や判断の説明は、所属社会に流布する世界観の投影を意味する（R. E. Nisbett & T. D. Wilson, "Telling More than We Can Know: Verbal Reports on Mental Processes", *Psychological Review*, 84, 1977, p. 231-259.）。

（82） E. Durkheim, *Sociologie et philosophie*, PUF, 1996 [première édition : 1924], p. 62.

（83） R. Nozick, *Anarchy, State and Utopia*, Basic Books, 1974 [tr. fr. *Anarchie, Etat et utopie*, PUF, 1988, p. 208-217].

（84） R. Dworkin, *Sovereign Virtue. The Theory and Practice of Equality*, Harvard University Press, 2002. 自己責任論の表明は p. 1-7; 285-303.

（85） 主体に関する考察は前掲拙著『神の亡霊』を参照。

（86） I. Persson, "A Defense of Extreme Egalitarianism", *in* N. Holtug & K Lippert-Rasmussen (Eds.), *Egalitarianism: New Essays on Nature and Value of Equality*, Clarendon Press, p. 83-98.

（87） Rawls, *op. cit.*, p. 57-73.

（88） 多数派と少数派の対立から新しい社会規範が成立するプロセスについては前掲拙著『社会心理学講義』第3部「変化の謎」を参照。

（89） ギャラップ社が二〇〇五年に米国で実施した調査によると、悪魔の憑依・超能力・祟りを信じる人の割合は順に四二％・四一％・三七％だった。ＳＯＦＲＥＳ社が二〇〇〇年にフランスで行った調査では、手を触れるだけで病気を治す超能力、テレパシー、星占いを信じる人がそれぞれ五四％・四〇％・

三三%に上る（D. Boy, « Les Français et les para-sciences : vingt ans de mesure », *Revue Française de Sociologie*, 43, 2002, p. 35-45.）。

迷信の原因は無知ではない。フランスで星占いの利用者は低学歴層に多いが、超能力は小中高卒者よりも大学進学者の方が信じやすい。生半可な知識がある者ほど、将来、科学的に証明される可能性があると思うからだ（E. Gardair & N. Roussiau, *La superstition aujourd'hui*, De Boeck, 2014, p. 19.）。

迷信を信じないと口では言いながらも、実際には迷信に沿った行動を取る者も多い。イギリス人とメキシコ人とを比較した研究では、HIVキャリアとの身体接触を避ける行動を不合理だと答える割合が、口頭ではメキシコ人よりもイギリス人の方が高い。ところが実際行動は両者とも変わらない（D. Boy & G. Michelat, « Croyances aux parasciences : dimensions sociales et culturelles », *Revue Française de Sociologie*, 27, 1986, p. 175-204.）。

迷信を信じやすい人と、そうでない人とを区別する意義は低い。マリノフスキが示したように（B. Malinowski, *Magic, Science and Religion, and Other Essays*, The Free Press, 1948, p. 14.）、未開社会の人々が呪術にいつも頼るわけではない。珊瑚礁の安全な海で漁をする時は科学的知識を基に近代人と同じように思考する。呪術を用いるのは、制御できない状況を乗り切るためである。公海に出て荒波の中、命を危険にさらす漁では安全を祈って儀式を行う。つまり迷信に頼るかどうかは教育程度の差でなく、状況の違いによる。だから近代になって科学が発達しても迷信は消えない。フランスのミッテラン元大統領や米国のレーガン元大統領が星占いで政策や行事の日時を決めていた事実はよく知られている。国の重大事を司る不安があるからだ。賭け事で特に縁起を担ぐのも、不確実な状況を制御できると錯覚するからである。

一九九一年の湾岸戦争時にイスラエルで行われた実地研究を引こう（G. Keinan, "Effects of Stress and

Tolerance of Ambiguity on Magical Thinking", *Journal of Personality and Social Psychology*, 67, 1994, p. 48-55, cited *in* S. A. Vyse, *Believing in Magic. The Psychology of Superstition*, Oxford University Press, 1997, p. 133)。テルアビブに多くのスカッド・ミサイルが落ちる一方、イェルサレムは攻撃されなかった。戦争が進むにつれ、危険区域と比較的安全な地域の違いが住民に明らかになる。すると危険区域の住民ほど迷信に頼る傾向が現れた。「密封された部屋を作り、右足から入ると被害に遭わない」などという迷信を調べると、危険地域の住民ほどストレスを感じ、かつ迷信を実行することがわかった。曖昧な状況にストレスを感じる者と平気な者とを比較すると、前者の方が迷信を信じやすい傾向も明らかになった。つまり不安を感じる者ほど、迷信のおかげで出来事を制御できると錯覚する。

　不治の病に冒されると、少なからぬ人が民間療法に頼る。手をかざすだけで病気が治ると嘯く気功を信じ、鍼灸・カイロプラクティック・オステオパシー・アロマテラピーなどに希望を託す。これらはどれもプラシーボ効果だ（S. Singh & E. Ernst, *Trick or Treatment? Alternative Medicine on Trial*, Corgi Books, 2008/2009. および拙著『社会心理学講義』第1講）。あるいは神社に参ったり、お祓いをしてもらう。新興宗教の餌食になる人もいる。どれも制御幻想である。

あとがき

過去に蓄積された叡智の助けなしに本書は成立しなかった。出典の多さはまさしく私の独創性欠如を曝けだしているが、責任にまつわる問題群を概観するつもりで本書を綴ったのでもない。またそのような力は私にない。責任というテーマに私を向かわせた動機は何だったのか。

どうしたら独創的な研究ができるのか、自問したことのない研究者はいないだろう。しかし、この問いは出発点から誤っている。他の人と違う研究テーマやアプローチを見つけようと欲する時、我々はすでに他人との比較で考えている。それがそもそも独創性からずれている。研究者にとっても芸術家にとっても本当に大切なのは自分自身と向き合うことであり、その困難さを自覚することだ。妻・直子はこう教えてくれた。

ソクラテスにもパスカルにも親鸞にもまず自らの問いがあった。師の言葉や既存研究が答えを教えてくれるなら、こんなに楽なことはない。だが、誰も満足な答えをくれないから仕方なしに自分で探す。カントのような難解な本でも、同じ内容を自分で書くことを思えば読むのは遥かに簡単だ。他人の頭を使って解決できるならば誰も自分で答えを探したりしない。自分では解けないから他人や書物に頼る。しかしやはり自分の問題は自分で解くしかない。問題を解く端々から次々に噴出する新たな問いに私は戸惑った。過去の偉大な思想家や専門家の教示に頼りつつも、拙いながらも自分の頭で何とか答えようとしたつもりだ。本書が手探りで進んだ方向に出口はあるのか。その判断は読者に任せるしかない。しかし自由と責任の常識的了解が深い問題を孕む事実は明らかにできたと思う。

何故、私は責任概念に関心を持つのか。

フランスに住みだして三〇年近くになる。アルジェリアに住んでいたこともある。日本を離れてすでに人生の半分以上が過ぎた。その間、外国人と一緒に生きながら、人種差別・民族紛争・移民問題・異文化受容について考えてきた。そこには日本人としての私と西洋世界および第三世界との関係を理解したいという欲求があった。私は日本人なのか。日本人とは何を意味するのか。西洋人の真似をし、必要もないのに西洋語を会話や文章にちりばめる日本人。そして同時に他のアジア人やアフリカ人を差別し続ける日本社会。「名誉白人症候群」を研究課題に選んだ背景には、フランスで異邦人として生きる私自身の悩みがあった〔拙著『答えのない世界を生きる』祥伝社、二〇一七年〕。

ささやかながら文章を書き、いわば自己精神分析のような作業を通してアイデンティティの問題が少しずつ解決したのだと思う。すると今度は日本人としての私と西洋世界や第三世界との関係でなく、単に私と他者との関係という、より一般的な問題に関心が移っていった。それは『民族という虚構』を上梓した頃だ。本当に関心があったのは民族よりも虚構だったと脱稿して初めて気がついた。集団に常に翻弄されつつも、集団から離れたら存在自体が危うくなる人間。そんな姿を描きながら、具体的な民族問題を超えて、人の絆の不思議さに今更ながら驚いたのだろうか。

言うまでもなく、本書のアプローチで責任現象が十全に把握できるわけではない。一人の不幸や死がもたらす悲哀と、統計データや人文・社会科学が提示する分析との間には絶対に超えられない溝がある。マクロ経済学の分析が描く経済構造再編の動きと、そのうねりに翻弄され、転落する一家の苦しみはそれぞれ別の次元に属する現象だ。犯罪の全貌が解明されても、他ならぬこの人が死ななければならなかった意味は誰にもわからない。だが、そのような重い問いに学問が答えをくれるとは信じられない。第一、私のような未熟者の手に負える問題ではない。また私に与えられた任務でもないと思う。

宇野重規（東京大学）、黒田昭信（フランス・セルジー・ポントワーズ大学）、小林敏明（ドイツ・ライプチヒ大学）、矢田部和彦（パリ第七大学）、山上浩嗣（関西学院大学）、渡辺一敏（パリＫＳＭ社、翻訳家）の諸氏は拙稿に目を通し、貴重な助言をくれた。

東京大学教養学部フランス科で集中講義の機会を与えられ、三年間続けて本書の内容の一部を発表させていただいた。受講生諸君の意見はとても参考になった。日本心理学会第六九回大会特別講演に招聘してくださった萩原滋氏（慶應義塾大学）、数度にわたり講演の機会を与えていただいた山本純一氏（慶應義塾大学ＳＦＣ）のお二人には特にお世話になった。また加藤義信（愛知県立大学）、杉万俊夫（京都大学）、杉山俊一（河合塾予備校）、出口治明（Pacific-Atlantic Club）、藤原武弘（関西学院大学）の諸氏のおかげで、各界の方々に私見を述べる機会を得られた。前著に引き続き、今回も羽鳥和芳氏に編集を担当していただいた。煩瑣な注文を快く引き受けてくださる編集者に巡り会えたことを幸運に思う。

皆さんに厚くお礼を申し上げる。

私が日本語で初めて書いた『異文化受容のパラドックス』（朝日選書、一九九六年）の編集担当者、渾大坊三恵さんが交通事故で亡くなってから早くも一年以上が経つ。単なる編集者と著者の関係を超え、毎年帰国のたびに会って酒を飲みながら愚痴をこぼす仲だった。逝く一月前に彼女はパリに遊びに来て、ゴッホが最晩年を過ごした土地を一緒に訪れた。素晴らしい天気だった。ゴッホと弟テオが眠る墓地近くの野原をおしゃべりしながら散歩した光景が甦る。彼女は私の成長をいつも気にかけ、忌憚ない助言をくれた。本書ができあがるのを楽しみにしていた彼女だった。少し嗄れた声が今でも聞こえる。「いい作品が書けたね」と褒めてくれるだろうか。「まだまだ修行が足りない」と叱られるだろうか。もう読んでもらえないと思うと本当に残念だ。

二〇〇八年春、パリにて

小坂井敏晶

文庫版あとがき

『民族という虚構』がちくま学芸文庫に加えられた際、「解説」を付けなかった。御願いできる適切な人を思いつかなかったし、誤解を誘う文章を書かれてはかえって困るという危惧もあった。だが今回は尾崎一郎氏（北海道大学法学部教授）という信頼できる知己がいたので、文庫化が決まった時、「解説」執筆の依頼を即断した。面倒な仕事を快く引き受けて下さり、感謝の念に堪えない。私の力不足のために行き届かない側面を法学者として補足して下さった。

回りくどい表現や無駄なくり返しを文庫化の機会に大幅に減らした。しかし内容にはほとんど手を入れていない。本文は変更せず、発刊後に気づいた至らない点は「補考」で可能な限り答える方針を採った。たくさんの修正を北村善洋編集長にお願いし、ご苦労をおかけした。常日頃、彼にはことあるごとに相談に乗っていただき、教えを請うている。心から感謝申し上げる。

「補考」で大澤真幸・河野哲也・古田徹也・國分功一郎・斎藤慶典諸氏の考究と対峙した

おかげで、私論の立ち位置がより明確になった。どなたとも面識がないが、失礼を顧みず、比較対象に挙げさせていただいた。普遍的考察を目指す思想家にとって、本書の知識社会学的分析は不本意に違いない。御海容を乞うとともに、優れた視点を開示くださった彼らに感謝の意を表したい。

諸氏の論考を拝読した時期はそれぞれ違うが、どの論者も私の立場と異なるぐらいにしか思っていなかった。ところが「補考」を執筆するためにまとめて再読した際、初めの印象の誤りに気がついた。自由も責任も因果律では捉えられないと認める点において、彼らの説も私論と変わらない。だが、意識が生ずる以前に身体運動の発動指令を脳が送る事実には誰もが同意しながら、自由意志の有無については彼らと私とで正反対の結論が導かれる。何故だろう。根本的な何かが違う。共通認識から出発しながらも彼らは自由と責任の可能性を主張する。この到達点の不思議さを真正面から見据えた時、規範論と近代の共犯性が浮かび上がった。彼我の隔たりの原因が近代の解釈にあったとは、「補考」を書くまで十分判っていなかった。

近代的思考枠の深く広範な縛りに気づいた発端は、『神の亡霊――近代という物語』の執筆だった。この論考は最初『UP』で二年間、隔月連載した後、本文に三倍の量の注釈をつけて書籍化した。その折りに全体を俯瞰する目的で「序」を書く過程で、自由意志が神の化身にすぎないことを発見した。外部に位置する神の代替物として自由意志が内部に捏造された事情は「補考」でも触れた。近代が胎動させた大転換が我々の思考を今も拘束する。相互矛盾する自由と普遍を同時に追い求める姿勢が必然的に生まれ、規範論へと駆り立てる。存在を記述する私論を当為として誤読するバイアスは近代のイデオロギーに直結している。

本書を綴ったきっかけは、パリ第八大学での講義中に学生から出た一つの質問だった。ミルグラムの実験はホロコーストに結びつけて議論される。上から指示されるだけで、ほとんどの人間が悪事をなすなら、ナチスを裁く資格が我々にあるのか、責任概念はどうなるのか。[1] 問題はこの研究だけに止まらない。人間行動の他律性は社会心理学の中心メッセージだ。私が学生に伝える知識はとんでもない結論に行き着くのではないか。

大学の同僚に尋ねてみた。社会状況に人間行動が強く影響されるからといって、完全に決定されるわけではない。ミルグラムの実験では被験者の六五％が高圧電流で拷問した。その後に各国で行われた追試実験でも七〇％から九〇％の服従率だった。つまり残りの被験者は指示に抵抗して拷問を拒否している。人格によっても行為は左右されるから、各人に自由はあるし、したがって責任を負う必要もあると言う。

それでいいのかな、と私もいったんは納得する。だが、人格という内因も本を正せば、親から受けた遺伝形質に家庭や学校などの社会影響が作用して形成される。我々は結局、外来要素の沈殿物にすぎない。一つの受精卵に外界の物質・情報が加わってできたのが私だ。したがって私の行動を分析し続ければ、最終的に行動の原因や根拠が私の内部に定立できなくなる。論理矛盾というだけでなく、教員として、人間として、どう対処すべきか困った。社会心理学はまちがっているのではないか。学生から私に突きつけられた、この問いとの格闘の結果が本書である。

日本語で上梓した後、フランス語でも出版しようと *Responsabilité morale et fiction sociale*（『道徳責任と社会虚構』）を準備し、いくつかの大手出版社に打診した。だが、どの版元も拙稿を受け入れてくれなかった。『民族という虚構』の元になったフランス語版 *L'étranger, l'identité. Essai sur l'intégration culturelle*, Payot, 2000（『異邦人と同一性。文化統合試論』）がよく売れて、文庫になってからも増刷されていたので、版元の担当編集者に先ず打診した。ところが草稿を一読しただけで、その後は口も利いてくれなくなった。最初の章で提示したホロコースト解釈に腹を立てたからだ。

アーレント『イェルサレムのアイヒマン』が誤解され、世論に叩かれたのと事情が似ている。ただし彼女の時代と違い、私独自の解釈どころか、すでに歴史学界の常識になったテーゼであり、私はその論理をさらに突き詰めただけだ。政治的に慎重を要するテーマなので、用心のためフランスの社会学者と歴史学者に前もって拙稿を読んでもらった。学界ではすでに周知の事実であり、まったく問題ないとお墨付きを得たが、版元には相手にされなかった。事情通でない編集者の眼には修正主義者の弁と映ったのだろう。その後、大手版元数社に原稿を郵送したが、「内容や文体の高い価値は認めますが、貴君の原稿を受け入れる媒体が残念ながら弊社にはありません」という就職の内定不合格通知のような定型の断り状がいつも返ってきただけだった。

フランスの出版事情は日本以上に厳しく、商業出版社が発行する人文・社会科学書の平均発行部数は二〇一〇年度の数字で四五八冊にすぎない。[2] 友人の社会心理学者は四〇社に提案したが、どこも採用してくれず、結局、自分の勤める大学の出版局で出したと言う。だが、拙著の場合は発行部数の少ない学術出版社を最初から除外したからというよりも、ホロコーストを題材に非ユダヤ人が責任を論じること自体、フランスでは難しいのだと思う。この失望も与って、それ以降、フランス語では執筆しなくなった。わずかな例外を除けば、論文も書いてない。

ホロコーストに関する思い出をもう一つ書こう。『イェルサレムのアイヒマン』を読んだとき、覚めた眼で虐殺メカニズムを追究する姿勢に感服しながらも、最後に肩すかしをくわされた気がした。何故、分析論理を最後まで突き進めないのか。[3] ブラウニング『普通の人々』、ヒルバーグ『ヨーロッパ・ユダヤ人の絶滅』、ツヴェタン・トドロフ『極限に面して』[4]、ミルグラム『権威への服従』など、人間の他律性を執拗なまでに暴き立てる他の著作を読んでも違和感は消えなかった。

ミッシェル・テレスチェンコ『これほど脆い人間性の表層　悪の陳腐さ　善の陳腐さ』[5]

に出会った時、常識的な責任概念を根底から疑う書がホロコーストの文脈でもついに出たかと期待を持って読み出した。だが、結局は同じだった。状況次第で誰もが悪事をなす事例に戦慄しつつも、最終的に著者は人間の自由を救ってくれる、慣れた責任概念を擁護してくれると安心しながら読み進むことができる。これらの書物が多くの読者に受け入れられた一因も、この辺りにあるはずだ。自由意志の存在を疑問視する脳科学の研究も事情は変わらない。責任に触れるやいなや問題を馴致し、常識に収拾する。リベットさえも自分の実験結果に右往左往する始末だ。

最近亡くなった作家・橋本治の文体について内田樹氏がブログに書いている。

書き手は「自分が知っていること」をではなく、「今知りつつあること」を、遅れて知りつつある読者に向けて説明するときに、もっとも美しく、もっとも論理的で、もっとも自由闊達な文章を書く。［……］橋本さんの「説明」には手抜きがない。他人が相手なら、「めんどうくさいから少し話を急がせよう」とか「引証はこの程度で結論に進むか」というようなこともあるかも知れない。でも、自分が相手なのである。自分相手に説明の手を抜くということはありえない。自分が納得しなければ話が終わらないのだから。

私も同じ気持ちで書いている。読者に説く以前に、自分自身が納得するために。名誉白人・西洋化・民族同一性・差別・責任・裁判・宗教・道徳・迷信・平等とテーマは変われど、書く動機はいつも同じだ。底に静かな怒りが常にある。論理だけでなく、感情の次元で執筆が支えられないと、魂を込めた分析はできない。良いアイデアが見つかったからと文章を綴るのはプロに任せれば良い。私はアマチュアとして書き続ける。本書も私自身が矛盾に悩み、格闘するうちに答えが見つかった。

むろん本を出すからには読者を無視するわけではない。私の関心は世界の存立構造にあり、私の迷いは世界を理解するための窓口だ。現実に迫る入り口がせっかく開いているのに、問題を消して扉を閉じてはいけない。小説家・詩人・音楽家・画家などの活力も同じだと思う。

答えを見つけようとするから、こんなものを書いても意味あるのかと自問する。四門出遊のように、解けない問題はたくさんある。本質的問題ほど答えはない。問いさえ明確にできれば、私の仕事としては十分だ。あとは他の人が、そして次の世代が解いてくれるだろう。

二〇一九年冬、サン・ジェルマン・アン・レーの閑居にて

小坂井敏晶

註

（1） T. Nagel, "Moral Luck", in *Mortal Questions*, Cambridge University Press, 2003 [first edition: 1979], p. 24-38.

（2） M. Lévy-Rosenwald, *L'édition en sciences humaines et sociales. Pour une contribution du CNL à son développement*. Centre national du Livre, 2012, p. 20.

（3） 因果律に依拠する限り、アイヒマンは裁けないとアーレントは認める（H. Arendt, *Eichmann in Jerusalem: A Report on the Banality of Evil*, Penguin Books, 1994, Epilogue, p. 253-279）。

> 刑事手続は強制的になされる。被害者が忘れたい、あるいは赦したいと考える場合でも行われる。［……］「この種の犯罪において傷つけられたのは被害者だけでなく、それ以上に、法が破られた共同体そのものである」（p. 261）。
>
> ［……］アイヒマンに関して困ったのは、彼が他の多くの人間と変わらず、彼らほとんどが倒錯者でもサディストでもなく、おぞましいほど正常だったことだ（p. 276）。
>
> ［……］すべての近代法制度は犯罪を構成する上で、悪をなす意志を前提にする。［……］この意志が欠如する時、道徳的狂気も含め、どんな理由にせよ、善悪をわきまえる能力が失われるならば、犯罪は生じなかったと我々は考える（p. 277）。

そこでアーレントはフォーコネと同様の原理を持ち出す。

「大罪は自然に対する侮辱であり、世界全体が復讐を叫ぶ。悪は自然の調和を破り、処罰だけが調和を回復できる。傷つけられた共同体は、道徳秩序が犯罪者を処罰する義務を負う」(Yosal Rogat)という考えを野蛮だと我々は判断し、拒絶する。だが、ずっと忘れられてきた、これらの理由によりまさにアイヒマンは裁判にかけられ、これら究極的理由により死刑が正当化されるのだと私には思われる。ある「人種」を地上から永久に消し去ることを公然の目的とする計画にアイヒマンは関わり、中心的役割を果たした故に、彼を抹殺する必要があった。そして「正義実現のためだけでなく、その事実が公になる」必要が真実であり、次の言葉で裁判官が被告人に対峙する勇気があったなら[だが、そうでなかった]、そしてその場合にのみ、イェルサレムで行われた裁判が正しかったと誰にも認められたはずだ(p. 277)。

だが、秩序維持の隠された仕組みが露わになっては近代の処罰制度が機能しない。裁判官が選ぶべき判決文をアーレントは次のように締めくくる。

だが、あなたは自分の意志でこの連続殺人に加担した。あなたは殺人を遂行し、つまり大量虐殺政策を積極的に支持したのだ。[……]そして、この世界に誰が住むべきであり、誰が住むべきでないかを決める権利がまるであなたとあなたの上司にあるかのごとく、ユダヤ人およびいくつかの国の人々と地球を共有することを拒否する政策をあなたは支持し、実行した。同様に、この地球をあなたと共有したいと考える人は誰も、人類のどこにも我々には見いだせない。あなたが絞首刑に処されるべき理由はこれであり、これが唯一の理由である（p. 279。強調小坂井）。

悪をなす意志が犯罪の構成には必要であり、この処罰論理がアイヒマンには適用できないと断っておきながら、ユダヤ人絶滅政策を自分の意志で積極的に支持し、実行したから絞首刑に処されるべきだとアーレントは最終的に自由意志を密輸入する。

（4） T. Todorov, *Face à l'extrême*, Seuil, 1994.

（5） M. Terestchenko, *Un si fragile vernis d'humanité. Banalité du mal, banalité du bien*, La Découverte/MAUSS, 2005.

解　説　虚構を暴き、虚構に生きる

尾崎一郎

自由意志という政治装置

神は直接認識できない。しかし神が存在し、神こそが善悪の普遍的根拠であることは、自明の前提だった。近代社会はその自明性を疑う。神という超越的権威に頼ることなく、人間自身の手によって善悪を決め統治を正当化しようとしている。その意味で神は死んだのだ。とはいえ、規範的なコミュニケーションにおいて確かな根拠がなくてよいとまでは近代の人間は考えない。むしろ、時空を超えた普遍性を備えた正しさによって根拠づけられねばならないと考えている。「民族」の同一性、「主体」の自由意志、「正義」の普遍性などは、神に代わる正しさの普遍的根拠として近代社会が依拠してきた概念である。小坂井氏が一連の著作で明らかにしてきたのは、これらの概念がいずれも無根拠であること、そもそも究極の根拠を求めても無限遡及に陥ってしまうこと、である。しかし、これらは無根拠であるにもかかわらずそのようには認識されていない。むしろかつての神同様、自明かつ普遍的な真理であるかのように思い込まれている。小坂井氏は「虚構」という言葉でこの事態を捉える。宗教的な意味での神が信憑性を喪失しても、人間は「神の擬態」たるこれらの虚構を信じる。それに頼って相互行為することで、社会的動物としての生を安んじて生きているのである。

本書は、「自由意志」を備えた「主体」という虚構を近代社会が採用する理路を明らかにする。それは「責任」に関わっている。社会において発生した様々なエラーや逸脱の責任を、神という人間を超越する外部によって根拠付けることを近代社会はしない。他ならぬ人間（「個人」）に「内在化」させる（小坂井敏晶『神の亡霊――近代という物語』東京大学出版会、二〇一八年、以下『亡霊』、三頁）。すなわち、他の行為をなし得たにもかかわらずそれではないある行為を自由意志で選択したのだから個人はその責任を負うべきであるという論理が採られる。責任の根拠は人間（行為主体）の自由意志ということである。この考え方は近代社会に生きる私達の常識にも、また法や道徳にも深く浸透している。ちなみに、組織・集団についても「集団に固有の心的状態があり、それに基づく責任を問える」という形の「素朴理解」が人々の間に存在していることが指摘されている（唐沢穣＝松村良之＝奥田太郎編著『責任と法意識の人間科学』勁草書房、二〇一八年、二九〇頁）。しかし、認知科学や社会心理学の科学的知見は、「主体」や「自由意志」という構成を実は取り得ないことを示している。行為を司る理性的精神という「統一視座」は実体としてはどこにもないのである（本書序章）。それは社会心理現象、すなわち社会環境の中で「不断の自己同一化」によって脳が繰り返す認識のプロセスにすぎない（小坂井敏晶『人が人を裁くということ』岩波新書、二〇一一年、以下『裁く』、一五二頁、同『社会心理学講義――〈閉ざされた社会〉と〈開かれた社会〉』筑摩選書、二〇一三年、以下『社会心理学』、一〇五―一〇六頁）。にもかかわらず近代社会は「主体」や「自由意志」の概念を手放さない。なぜか。誰かに責任を負わせなければ社会的におさまりがつかないのでスケープゴートたる責任者の自由意志を想定しているのだと小坂井氏は言う。「社会には逸脱者が必ず現れる。そして社会秩序を維持するために逸脱者を処罰しなければならない。ところで処罰はどう正当化されるか。人間は自由だから、その行為に責任を持たねばならない。我々はそう信じる。だが、実は論理が逆立ちしている。責任を誰かに課す必要があるから、人間は自由だと社会が宣言するのである。自由は虚構であり、見せしめのために責任者を作り出して罰し、怒りや悲しみを鎮める政治装置である。」（『亡霊』二一頁）。この論理の転倒は「隠蔽」されており社会の構成員に気づかれない。

以上の分析の過程で、ホロコーストの原因を精緻に分析すればするほど結局誰も悪くないという結論が導かれるとか、裁判において冤罪を原理的に無くすことはできず一定の確率で必然的に発生するというような、一読しただけでは驚きを禁じえない見解が示される。そうだとしたら、裁判や刑罰の正当性などどうやって確保できるのか、ホロコーストの不正義を断罪することなどどうしてできるのかと、読者は戦慄するだろう。そうした驚きは、本書の副産物である『裁く』を普通の法律家が読んだときにも生じるに違いない。しかし、丁寧に読めば確かに著者の言うとおりに理解しないと筋が通らないことを納得させられる。近時、ある歴史学者が、湯起請・鉄火裁判のような「神判」が室町・戦国から江戸初期にかけて一時的に復活・流行した事情を明らかにした（清水克行『日本神判史』中公新書、二〇一〇年）。彼によると、近世権力が未成熟・不安定な状況の中で共同体の秩序を回復しつつ紛争処理や治安維持や異端排除が恣意的・専制的ではないかのように思わせるために、当時ですら半信半疑の目で見られていた「神慮」をあえて問うという形がとられたという。不信心が人々の間に拡大するにつれ湯起請からより過激な神判である鉄火起請へと移行したが、江戸中期以降権力が成熟し統治の構造・理念が確立した結果「神判」も用なしとなり廃れていった。小坂井氏が本書で示すのは、近代社会においても「裁判」や「責任」が社会において持つ意味と機能は変わっていないということである。他方、ローマ法学の最新の知見では、古代ローマ法における犯罪とは（私的権力を解体し自由を実現する）「政治システム」の根幹を破壊する「物的結果」を引き起こしたことを意味し、それは個人が当該結果を「一義的無媒介」に引き起こしているとき（「故意」）にのみ有責とされたという。有責と判断するのは、破壊に対処する政治的決定としての「裁判」である（木庭顕『笑うケースメソッドⅢ：現代日本刑事法の基礎を問う』勁草書房、二〇一九年）。このような刑事法の本源が見失われ曖昧になっている近代だからこそ、小坂井氏が指摘するような機能を

「裁判」が果たしてしまっているのかもしれない。いずれにせよ、虚構が「真理」として通用することで破綻なく社会が成立し続けているのである。ましてや神に対する「不信心」が行き渡った近代社会においては虚構が「真理」たらざるを得ない。本書を読んだときの私達の驚きは、私達がまさに虚構を自明の真理と信じ込み受け入れてしまっていることの現れである。

べき論の排除と人間存在の社会性

小坂井氏の論究の魅力は、神の亡霊としての「主体」ないし「自由意志」の虚構性を暴くのに、他の論者がしがちなこと、すなわち、それ自体一定の前提・想定を受け入れないと理解し難い思弁的・哲学的な議論、に頼らないことにある。むしろ、社会心理学、社会学、認知心理学、脳科学、精神分析学などの実証的な知見に立脚して論理的かつ説得的に議論を展開している。それらの知見が示すのは、人間の自律性が「他者との恒常的な情報交換の中で変遷し続ける動的な均衡状態」であること（小坂井敏晶『増補 民族という虚構』ちくま学芸文庫、二〇一一年、以下『民族』、二一八頁）である。つまり、個々人の一見自律的な決定や行動は当人が意識する以上に他者や社会状況から多様な影響を受け規定されているのであり、それこそが社会的動物としての人間の本質である。心理現象自体が根源的に社会的である（『社会心理学』第4講）。個人は独立自存ではなく他者や環境との関係において生きている。関係こそが人間の生の基本である。一見独立に成立しているように見える個人の「人格」ですら、親から受けた遺伝形質に家庭教育や学校などの社会影響が作用して形成されたものである。つまり、一つの受精卵に外界の物質・情報が加わり作用してできたのが私達ひとりひとりなのだから、我々は「外来要素の沈殿物」である（『民族』三〇九頁）。従って、厳密に考えれば、我々の行動もまた、先行する「外因」の相乗によって、すなわち多様かつ複雑な外的因子の偶然の相互作用によって、現実化しているものと言わざるを得ないことがわかる。先行する規定因子を持たずそれ自身が原因＝出発点という意味の「内因」は存在しない。つまり行為者の「自由意志」はデウス・エクス・マキナとして想定されているものにすぎない。リベットの実験を始めとする脳神経生理学の知見もその証左として言及されている。脳では多くの認知過程が並列して同時進行し外界からもたらされる情報が処理されている。「意志」の自覚の過程と行動の発現の過程もまたそうであり、時間的先後関係で接続されていない。結局、主体の自由な意志決定があるがゆえの責任、という一見因果関係的な構成は、自然科学的な因果律とは独立な社会的構築物にすぎないことがわかる。「主体（の自由意志）」は、近代という社会・歴史条件に深く規定され心理的媒介項として構築された（『社会心理学』一二七頁、一九六―一九九頁）、まさに虚構なのである。

自由な主体と因果律との折り合いをどうつけるのかをめぐって無数の混乱した議論がこ

れまで展開されてきた。法律家なら、「罪刑法定主義」と並んで「責任主義」を基本要素とする近代刑法学における「有責性」をめぐる複雑な議論の蓄積を思い出すかもしれない。混乱の多くは、因果律を決定論と、自由を非決定論とそれぞれ短絡していることに起因している。この構成をとると、因果律が妥当するなら決定論を受容せざるを得ずしたがって人間は自由たり得ないことになるので、人間が自由であるためには因果律を否定しなければならなくなる。本書「補考」でも注記されているように、このアポリアを解くことをめざして、暗黙の想定や「べき論」に囚われながらそれに気づかずに、それでも主体の自由意志はある、なければならない、と必死に論証しようとする議論は今もってあとをたたない。小坂井氏は次々とそれを論駁する。

実証的な知見を重視する小坂井氏は、べき論とは「人間の現実から目を背けて祈りを捧げているだけ」の「雨乞いの踊り」にすぎないと強く批判する（『亡霊』八頁）。この点、氏によれば、自存する自由な独立主体たる個人を想定しつつ時空を超えた普遍性を確立するという矛盾する要求を近代が掲げるからこそ多くの知識人が規範論に捉えられていくのだという。人間が本当に自由なら普遍的な真理の束縛からも自由でなければならないはずだからである（「補考」、普遍性と哲学）。矛盾のつじつまを合わせるのが規範論だ。近代社会が自ら背負い込んだ原罪とも言える。しかし、そもそも、人間の自由と因果律とは両立するかという問いは問いの立て方自体が間違っていたのだ。「決定論的法則から逃れるという意味での自由は存在しない」（『民族』三一〇頁）のであり、自由／責任は自然の因果律とは別の論理体系に属するのである。間違えた問いにべき論で挑み続ける苦行は労多くしてどこか物悲しい。

虚構という媒介項

もう一つ、小坂井理論が他の理論と一線を画しているより重要なポイントがある。すなわち、「主体」をはじめとする「神の亡霊」たる諸概念が虚構であると喝破しつつも、いやまさに（氏のいう意味での）虚構であるがゆえに、それに代わる「真実」なる「実体」や「根拠」を要請しないということである。「虚構」はその意味で狭義の「フィクション」とは異なる。なぜこのことが重要か。実は、ある概念や概念体系が「リアル」「本当」ではないなにかである、つまり、本物ではない虚偽である、という指摘自体は決して珍しいものではない。例えば、筆者が専攻する「法社会学」は、完全無欠な実定法体系という法律学の想定がそれに過不足なく包摂されるはずの社会関係の「現実」から乖離しているという認識から出発している。コモン・ローの米国でも法の形式的・論理的完結性という想定が transcendental nonsense だという有名な批判がある（Felix Cohen）。こうした自省のもとに、法学者は本当の現実（実在）に正しい論証の根拠を追い求めた。法の自足的な体系に真実がないのであれば、社会にそれを見出そうというのである。多様な社会関係や利益状況の「経験科学」的な解明が本当の法に客観的に到達する途のはずだと信じられる。しかし、有力な反論もある。結局、法的概念の体系性や自律性と「経験科学」的な知見をどう関連付けるか、社会学的知見を法的論証に代えて判断の根拠とすることはそもそも許されるのか、は、法律学方法論における基本的な論点であり続けている。時代時代で語り口や手法こそ違えども、内容的には「概念法学」と「社会学的法律学」という両極の間を右往左往するばかりである。

小坂井氏の虚構論はこのような「真実」「実在」の安易な探求に陥らない。むしろ、虚構が虚構として存立していることで私達はかろうじて「現実」を把握することができ、概念や記号を用いた有意味なコミュニケーションによる社会的生を営むことができていることを、冷静に見つめる。虚構と現実は対立しない。逆に、相補的に結合している。虚構という認識枠が媒介することで現実の認識が可能になるのである。法学を学んだ者であれば、民法学者来栖三郎のフィクション研究の晩年（一九九〇年代半ば）の成果を想起するだろう。彼は、「［真実なる］実在からの任意的離反」（すなわち虚偽）がなぜ法に必要なのかという問いから出発した。四十年にわたる探究を続けた結果、「自由意志」とは「実在が明確に定義されていない」フィクションであり、「意志の自由」という「仮定」は、「実践的に人々が望ましいと考える結論に到達するための便宜的手段に外ならない」という境地にまで到達した（来栖三郎『法とフィクション』東京大学出版会、一九九九年、三二四―三二五頁)。「社会契約」についても次のように言う。「いずれにしても現実に社会契約は存在しなかったろう。……現実にそのような社会契約は存在しえないし、またしなかった。それにもかかわらず、社会契約が存在したとするのは、……規範的現状を変更しようとする目的を達成する手段として、存在しないのに存在すると仮定するのであるが、しかもそれは現実に根拠をもった理想としてであり、架空的なものと考えるべきではない。」(同三五八頁)。対応する「実在」がなくとも「架空的」ではないということの指摘は、小坂井氏の『亡霊』におけるくだり、「虚構と現実は切り離せない。虚構のおかげで堅固な現実が成立するのである。」(強調原文、七頁)まであと一歩のところまで迫っている。

　無論、小坂井氏が言うところの虚構は、「実践的に望ましい結論に到達するための便宜的手段」にすぎないのではない。これだと、法律学事典で定義されるような狭義の法的「擬制」、すなわち嘘だとわかっていてあえて「みなす」思考、「かのように」扱う思考、と区別できない。「虚構」は「擬制」ではない。小坂井理論においては、「実践的な判断」よりもはるかに根源的な、私達の社会的コミュニケーションを成立させている基礎条件が明らかにされているのである。先述したように虚構が虚構であることは「隠蔽」されている。隠蔽されていることに人間は気づかない。それは自明性を身にまとった「現実」の認識枠組として規範化され共有されているということである。隠蔽しているのは特定の誰か(権力者や思想家)ではない。むしろ、言語・道徳・宗教のように、人間の相互作用の中から自然に発生してくる、個々の人間から遊離した自律的な集団現象であり、だからこそ社会の構成員の誰にも届かない確かな根拠として現れその虚構性が意識されない。このことを指して「隠蔽」と呼んでいるのである（『民族』三一六頁、本書第6章）。さらに、神ではなく人間の意志である、というその内容が、人間自身の手による制御という、近代においてさらに強まった欲望と結託し強い訴求力を持っているということもできよう。それは小坂井氏も言うようにしばしば錯覚、幻想にすぎないのだが（『亡霊』一三七頁）。いずれにしても、哲学者も法学者もこうした認識枠組に深いところで囚われていて、手の込んだべき論を繰り広げては枠組の再生産に精を出す。このようにして成立している虚構が人間の相互関係を媒介するおかげで、かろうじて人間の社会的な生が可能になっているのである（『民族』三一八、三二四頁）。しかし、虚構があることで社会が成立していることを人間は意識していない。半ば勘付きながら意識するのを拒んでいるのかもしれない。

筆者の見るところ、まさに虚構が個々人から遊離した集団現象として成立し規範化されるとともに、道徳や法といった多様な規範を正当化していることに問題の核心はある。人間は社会的動物として社会を形成することで種として存続してきた。社会学や社会心理学が明らかにするように多様な規範なくして社会は成立しない。それらの規範を、虚構というそれ自身規範化され自明視された媒介項が正当化し根拠付ける。社会を俯瞰するのではなく社会に生きている
と認識している人間、その意味でまっとうに人間としての生を生き

ている人間が、近代社会の成立条件の根源を抉る小坂井氏の虚構論を前に「べき論」によって再武装してしまうのは素直な反応である。彼らにとっては実証的知見に抗ってでも虚構は維持され信じられねばならないのだ。

虚構の暴露と省察

小坂井氏の理論の性格を理解するためにもうひとり法学者を引こう。自由や責任と決定論問題が無関係であるとわかっていた理論家の一人と本書第4章でも参照されているハンス・ケルゼンである。ケルゼンは自然の因果律とは独立に社会的に構築された因果関係として自由意志と責任が接続されていることを鋭く認識していた。すなわち、第一に、自然の一部として見るならば人間行動は先行する諸原因（小坂井氏の言う外因）に規定された結果として捉えられるのであり、因果律を免れるという意味での自由など存在しないこと、第二に、それにも拘らず、人間行動を道徳規範・宗教規範・法規範などの規範に従って自由ゆえの責任という形で解釈しうるし、実際にしていること、を指摘するのである。人間は帰責の終点であるがゆえに自由である（man is free because he is the end point of imputation）と道徳や法は構成する。そのようにして帰責し賞罰を科すことは、自由な人間なら罰を科されるような行為は避けるであろうと言うような意味での「因果関係」を前提としているが（法の行為規範性）、それは自然を支配する因果律（law of causality）とは異なり、規範的秩序（normative order）に属する論理である。自然を支配する因果律からなる因果的秩序と自由ゆえの帰責という構成を採る規範的秩序とは相互に異なる二つの認識方法であり、並列しているという。（ケルゼン『正義とは何か』宮崎繁樹他訳、木鐸社、一九五七＝一九七五年、二二八―二二九頁、『純粋法学　第二版』長尾龍一訳、岩波書店、一九六〇＝二〇一四年、以下『純粋法学』九〇―九八頁）。

他方で、周知のようにケルゼンは、この二つの認識方法のうちの一つである規範的秩序に属する法を認識する学問として「純粋法学（Reine Rechtslehre）」を定立した。彼は、「純粋法学」とは法という対象の認識に専心し、法とは何か、法はどのように存在しているかという問いに答える科学であって、法がいかにあるべきか、いかに作られるべきかという問いに答えるものではないことを強調する。つまりどんな内容の法律を作るべきかという政策論的な意味でのべき論を排し、規範的秩序としての法の理論的記述を試みた（『純粋法学』第一章一節、第一版序文も同旨）。規範（当為命題）としての法が道徳その他の社会規範とは異なるまさに法であるために満たすべき条件としてケルゼンが語るのは、根本規範（Grundnorm）なる究極の上位規範が（カント的な意味での）「先験論理的条件（transzendental-logische Bedingung）」として前提される（vorausgesetzt）ことである。それによって法規範の妥当（拘束力）が担保されると構成される（『純粋法学』四五頁、一九四―一九五頁）。このような理論を、近代実定法体系がいかなる虚構によって媒介されているかをオリジナルな概念で記述し暴露するものとして理解することはもちろん可能である。しかし、法学者ケルゼンが究極の根拠による正当化という論理構成を与えることで法の妥当をべき論的に弁証している面も多分にある。つまり、法の虚構性の「隠蔽」に彼もまた手を貸している。根本規範概念をめぐっては今なお議論が続いている。これに対し、小坂井氏はずっと冷めている。自律的規範体系の理論を提示するわけではないし、ましてや究極の根拠はこれだと示すわけでもない。冒頭で述べたように、「根拠を立てようとすれば、ではその根拠を正当化する根拠は何なのかと問いが繰り返される。正しい秩序を定める試みは無限遡及に陥る。」からである（『亡霊』四―五頁）。ジンメル（あるいはルーマン）の社会学が示唆するように正当化の構造は自己言及的な循環論である（『民族』三二五頁、本書第6章）。つまり論理的に根拠を取り出す試みは不可能なのである。規範が規範であることは、その遂行・実践を通してか、あるいは「規範は規範である」というトートロジー命題としてしか語り得ない。いずれにしても、よりよい虚構の提示を氏は目指していない。大切なのは、「法も道徳も虚構である。だが、その虚構性が同時に隠蔽される。虚構のおかげで社会が機能する事実自体が人間の意識から隠される。」（『亡霊』九頁）ということを正確に認識することである。

虚構に媒介されることで人間が社会を維持できることとは、見方を変えれば、社会システムが虚構を媒介とすることによって、究極的真理も普遍的価値も存在しない（『社会心理学』四三頁）という意味で「答えのない開かれた世界に終着点を設け、システムを閉じている。」ことだと小坂井氏は言う。すなわち、虚構は偶然が支配し無秩序で不安定な世界の代わりに認知環境を安定させるわかりやすい物語を生み出す（『亡霊』六頁）。しかし、システムを完全に閉じることは実はできない。「どんな論理体系も自己完結しない」（同四頁）のであり「世界を合理的に把握し尽く」すことはできないからである。（同二九二頁）。法という自律的なコミュニケーション・システムによって世界の「複雑性を縮減」（ルーマン）し、法的責任は道徳的・社会的責任とは違うと強弁しても、虚構性を免れるわけではないし、完結するわけでもない。かくして、神なきあとにおいてなお「普遍的根拠」をあきらめない近代社会は袋小路に入ってしまっていることが繰り返し暴かれ続ける。べき論・規範論ではなく認識論にたつならば暴く他に途はないからである。

虚構の虚構性を認識したあと我々はどうするか。シニシズムに陥り偶然に身を委ねるか、非西洋的な「天」とか「因縁」、あるいはかつての自然法論にいう「自然」のような、人間世界の外部にあらためて根拠を求め、より隠蔽性の高い虚構を対案として提示するか、法の虚構性を知りながら法を語り続ける法律家のように専門的コミュニケーションの閉域に立てこもるか……。この態度選択の過程にもまた「べき論」が介在してくるだろう。結局姿かたちは変われども虚構そのものはなくならない。そこまでして人間は社会を存続させたい生き物のようである。と同時に、虚構が虚構であると暴き続けてしまうのもまた人間である。そのことを我々は自覚している。神なき近代社会に生きることについての反省（とメタ反省）が何度でも促される。透徹した知性の探究に終わりは決して訪れない。

（おざき・いちろう　北海道大学法学部教授　法社会学）

1969, p. 41-78.

Wittgenstein, L., *Tractatus logico-philosophicus, suivi de Investigations philosophiques*, Gallimard, 1961［ヴィトゲンシュタイン『論理哲学論考』木村洋平訳，社会評論社，2007 年］.

Wood, C. C., "Pardon, Your Dualism is Showing", *Behavioral and Brain Sciences, 8*, 1985, p. 557-558.

Wood, J. M., Nezworski, M. T., Lilienfeld S. O. & Garb, H. N., *What's Wrong with the Rorschach?*, Jossey-Bass, 2003［ジェームズ・M・ウッドほか『ロールシャッハテストはまちがっている――科学からの異議』宮崎謙一訳，北大路書房，2006 年］.

Wright, L., *Remembering Satan: A Case of Recovered Memory and the Shattering of an American Family*, Knopf, 1994［ローレンス・ライト『悪魔を思い出す娘たち――よみがえる性的虐待の「記憶」』稲生平太郎・吉永進一訳，柏書房，1999 年］.

Y

Yates, J., "The Content of Awareness is a Model of the World", *Psychological Review, 92*, 1985, p. 249-284.

読売新聞大阪社会部『逆転無罪』（講談社，1990 年）

読売新聞社会部『ドキュメント　裁判官　人が人をどう裁くのか』（中公新書，2002 年）

Z

Zimbardo, P., *Quiet Rage: The Stanford Prison Experiment Video*, Stanford University, 1989.

W

Wachter, R. M. & Shojania, K. G., *Internal Bleeding*, RuggedLand, 2005［ロバート・M・ワクター，ケイヴェ・G・ショジャニア『新たな疫病「医療過誤」』福井次矢監訳，原田裕子訳，朝日新聞社，2007年］.

我妻洋『社会心理学入門』（上下，講談社学術文庫，1987年）

Wallach, M. A., Kogan, N. & Bem, D. J., "Diffusion of Responsibility and Level of Risk Taking in Groups", *Journal of Abnormal and Social Psychology, 68*, 1964, p. 263-274.

渡辺慧『知るということ』（東京大学出版会，1986年，ちくま学芸文庫，2011年）

渡部保夫『無罪の発見』（勁草書房，1992年）

渡部保夫「序論　目撃者取り調べのルール」，渡部保夫監修，一瀬敬一郎・厳島行雄・仲真紀子・浜田寿美男編著『目撃証言の研究』（北大路書房，2001年）所収，1-17頁

渡部保夫『刑事裁判を見る眼』（岩波現代文庫，2002年）

Watson, G. (Ed.), *Free Will*, Oxford University Press, 2003.

Weber, M., *Wirtschaft und Gesellschaft*, Mohr, 1922 [tr. fr. *Economie et Société*, Plon, 1995].

Weber, M., *L'éthique protestante et l'esprit du capitalisme*, Plon, 1964.

Wegner, D. M. & Whearley, T., "Apparent Mental Causation: Sources of the Experience of Will", *American Psychologist, 54*, 1999, p. 480-492.

Weiner, B., *Judgments of Responsibility: A Foundation for a Theory of Social Conduct*, Guilford Press, 1995.

Wells, G. L. & Bradfield, A., "Good, You Identified the Suspect: Feedback to Eyewitnesses Distorts Their Reports of the Witnessing Experience", *Journal of Applied Psychology, 83*, 1998, p. 360-376.

Wells, G. L. & Murray, D. M., *Eyewitness Testimony: Psychological Perspectives*, Cambridge University Press, 1984.

Wells, G. L., Small, M., Penrod, S., Malpass, R. S., Fulero, S. M. & Brimacombe, C. A. E., "Eyewitness Identification Procedures: Recommendations for Lineups and Photospreads", *Law and Human Behavior, 22*, 1998, p. 603-647.

Wicker, A. W., "Attitudes *vs* Actions: The Relationship of Verbal and Overt Behavioral Responses to Attitude Objects", *Journal of Social Issues, 25*, *du bien*, La Découverte/MAUSS, 2005.

Teubner, G. (Ed.), *Die Rückgabe des zwölften Kamels. Niklas Luhmann in der Diskussion über Gerechtigkeit*, Lucius & Lucius Verlagsgesellschaft, 2000［G・トイプナー編『ルーマン　法と正義のパラドクス——12頭目のラクダの返還をめぐって』土方透監訳，ミネルヴァ書房，2006年］.

Thomson, J. J., "The Trolley Problem", *Yale Law Journal, 94*, 1985, p. 1395-1415.

Tocqueville, A. de, *De la démocratie en Amérique*, Gallimard, 1961［トクヴィル『アメリカのデモクラシー』全4冊，松本礼二訳，岩波文庫，2005-08年］.

東京三弁護士会合同代用監獄調査委員会編『ぬれぎぬ』（青峰社，1984年）

Trapier, P. & Barret, A.-L., *Innocents. Le calvaire des accusés d'Outreau*, J'ai lu. 2005.

津田博幸「天皇がまとう魂」，『別冊宝島94　もっと知りたいあなたのための天皇制・入門』（JICC出版局，1989年1月）所収，132-151頁

Turner, H. A., *Hitler's Thirty Days to Power: January 1933*, Addison-Wesley, 1996.

U

宇野重規『トクヴィル　平等と不平等の理論家』（講談社選書メチエ，2007年，講談社学術文庫，2019年）

V

Valins, S., "Cognitive Effects of False Heart-Rate Feedback", *Journal of Personality and Social Psychology, 4*, 1966, p. 400-408.

Van Knippenberg, A. & Ellemers, N., "Social Identity and Intergroup Differentiation Processes", *in* W. Stroebe & M. Hewstone (Eds.), *European Review of social Psychology, 1*, Wiley, 1990, p. 137-169.

Veyne, P., *Comment on écrit l'histoire*, Seuil, 1971［ポール・ヴェーヌ『歴史をどう書くか——歴史認識論についての試論』大津真作訳，法政大学出版局，1982年］.

Voltaire, *Zadig ou la destinée*, 1748［ヴォルテール「ザディーグまたは運命」，ヴォルテール『カンディード　他五篇』植田祐次訳（岩波文庫，2005年）所収］.

Smiley, M., *Moral Responsibility and the Boundaries of Community: Power and Accountability from a Pragmatic Point of View*, The University of Chicago Press, 1992.

Smith, R. E., Keating, J. P., Hester, R. K. & Mitchell, H. E., "Role and Justice Considerations in the Attribution of Responsibility to a Rape Victim", *Journal of Research in Personality, 10*, 1976, p. 346-357.

Snyder, M. & Swann, W. B., "Hypothesis-Testing Processes in Social Interaction", *Journal of Personality and Social Psychology, 36*, 1978, p. 1202-1212.

Snyder, M., "When Belief Creates Reality", *in* L. Berkowitz (Ed.), *Advances in Experimental Social Psychology*, Vol. 18, Academic Press, 1984, p. 247-305.

徐京植・高橋哲哉『断絶の世紀　証言の時代——戦争の記憶をめぐる対話』（岩波書店，2000 年）

Sombart, W., *Warum gibt es in den Vereinigten Staaten keinen Sozialismus?*, Mohr, 1906 [tr. fr. *Pourquoi le socialisme n'existe-t-il pas aux Etats-Unis?* PUF, 1992.].

Spencer, H., *The Principles of Biology, I-II*, 1864, 1867.

Strawson, G., "The Impossibility of Moral Responsibility", *in* G. Watson (Ed.), *Free Will*, Oxford University Press, 2003, p. 212-228.

Strzelecki, A., "The Plunder of Victims and Their Corpses", *in* Y. Gutman & M. Berenbaum (Eds.), *Anatomy of the Auschwitz Death Camp*, Indiana University Press, 1994, p. 246-266.

Styron, W., *Sophie's Choice*, Vintage, 2000 (first edition: 1979)［ウィリアム・スタイロン『ソフィーの選択』上下，大浦暁生訳，新潮文庫，1991 年］.

鈴木健夫『ぼくは痴漢じゃない！—冤罪事件 643 日の記録—』（新潮文庫，2004 年）

T

Tajfel, H., *Differentiation between Social Groups: Studies in the Social Psychology of Intergroup Relations*, Academic press, 1978.

互盛央『エスの系譜』（講談社，2010 年）

高橋和巳『日本の悪霊』（新潮文庫，1980 年）

高橋哲哉『戦後責任論』（講談社，1999 年）

瀧川裕英『責任の意味と制度——負担から応答へ』（勁草書房，2003 年）

Terestchenko, M., *Un si fragile vernis d'humanité. Banalité du mal, banalité*

2003.
Schlick, M., *Fragen der Ethik*, Springer, 1930［tr. fr., «Questions d'éthique», in *Questions d'éthique. Volonté et motif*, PUF, 2000, p. 9-177］［M・シュリック『倫理学の諸問題』安藤孝行訳，行路社，1981年］.
Schurz, G., "Experimentelle Überprüfung des Zusammenhangs zwischen Persönlichkeitsmerkmalen und der Bereitschaft zum destruktiven Gehorsam gegenüber Autoritäten", *Zeitschrift für experimentelle und angewandte Psychologie*, *32*, 1985, p. 160-177.
Schwartz, L., *Petit manuel de garde à vue et de mise en examen*, Arléa, 2002.
Scubla, L., «Est-il possible de mettre la loi au-dessus de l'Homme? Sur la philosophie politique de Jean-Jacques Rousseau.», *in* J.-P. Dupuy, *Introduction aux sciences sociales. Logique des phénomènes collectifs*, Édition Marketing, 1992, p. 105-143.
Shanab, M. & Yahya, K., "A Behavioral Study of Obedience in Children", *Journal of Personality and Social Psychology*, *35*, 1977, p. 530-536.
Shanab, M. & Yahya, K., "A Cross-Cultural Study of Obedience", *Bulletin of the Psychonomic Society*, *11*, 1978, p. 267-269.
Sheridan, C. L. & King, R. G., "Obedience to Authority with an Authentic Victim", *Proceedings of the Annual Convention of the American Psychological Association*, *7*, 1972, p. 165-166.
Shoemaker, S., *Self-knowledge and Self-identity*, Cornell University Press, 1974 (first edition: 1963)［S・シューメーカー『自己知と自己同一性』菅豊彦・浜鍋辰二訳，勁草書房，1989年］.
Shoemaker, S. & Swinburne, R., *Personal Identity*, Basil Blackwell, 1984［S・シューメーカー，R・スウィンバーン『人格の同一性』寺中平治訳，産業図書，1986年］.
下條信輔『サブリミナル・マインド』（中公新書，1996年）
下條信輔『〈意識〉とは何だろうか』（講談社現代新書，1999年）
Simmel, G., *Philosophie des Geldes*, Duncker & Humbolt, 1977［tr. fr., *Philosophie de l'argent*, PUF, 1987］［G・ジンメル『貨幣の哲学』新装復刊，上下，元浜清海・居安正・向井守訳，白水社，2004年］.
Singh, S., & Ernst, E., *Trick or Treatment? Alternative Medicine on Trial*, Corgi Books, 2008/2009.
Sironi, F., *Bourreaux et victimes. Psychologie de la torture*, Odile Jacob, 1999.

1979 年）所収].

Rousseau, J.-J., «*Discours sur l'origine et les fondemens de l'inégalité parmi les hommes*», in *Œuvres complètes, III*, Gallimard, 1964, p. 109-237［ルソー「人間不平等起源論」原好男訳,『ルソー全集 4』（白水社, 1978 年）所収］.

Rugg, M. L., "Are the Origins of Any Mental Process Available to Introspection?", *Behavioral and Brain Sciences, 8*, 1985, p. 552.

S

Sabini, J., *Social Psychology*, W. W. Norton & Company, Inc., 1992.

Sabini, J. R. & Silber, M., "Destroying the Innocent with a Clear Conscience", *in* J. E. Dimsdale (Ed.), *Survivors, Victims, and Perpetrators: Essays on the Nazi Holocaust*, Hemisphere Publishing Company, 1980, p. 329-358.

Safrian, H., *Die Eichmann-Männer*, Europaverlag, 1993.

Saint-Sernin, B., «La causalité», *in* D. Andler, A. Fagot-Largeault & B. Saint-Sernin (Eds.), *Philosophie des sciences*, Vol. 2, Gallimard, 2002, p. 825-938.

斎藤慶典『レヴィナス　無起源からの思考』（講談社選書メチエ, 2005 年）

斎藤慶典『生命と自由——現象学、生命科学、そして形而上学』（東京大学出版会, 2014 年）

斎藤慶典『私は自由なのかもしれない——〈責任という自由〉の形而上学』（慶応義塾大学出版会, 2018 年）

坂本敏夫『元刑務官が明かす死刑のすべて』（文春文庫, 2006 年）

Sandel, M., *Liberalism and Limits of Justice*, Cambridge University Press, 1982.

Sanson, H.-C., *Sept générations d'exécuteurs. Mémoires des bourreaux Sanson*, Future luxe nocturne Éditions, 2003.

Sartorius, N., Shapiro, R. & Jablensky, A., "The International Pilot Study of Schizophrenia", *Schizophrenia Bulletin, 1*, 1974, p. 21-34.

笹澤豊『道徳とその外部——神話の解釈学』（勁草書房, 1995 年）

Schacter, D. L., *The Seven Sins of Memory*, Houghton Mifflin, 2001［ダニエル・L・シャクター『なぜ、「あれ」が思い出せなくなるのか——記憶と脳の 7 つの謎』春日井晶子訳, 日本経済新聞社, 2002 年］.

Schachter, S. & Singer, J., "Cognitive, Social, and Physiological Determinant of Emotional States", *Psychological Review, 69*, 1962, p. 379-399.

Scheck, B., Neufeld, P. & Dwyer, J., *Actual Innocence*, New American Library,

Popper, K. R., *La logique de la découverte scientifique*, Payot, 1973.
Pressac, J.-C., *Les crématoires d'Auschwitz*, CNRS Éditions, 2007 (première édition : 1993).

R

Rachels. J., "Killing and Starving to Death", *Philosophy, 54*, 1979, p. 159-171.
Rawls, J., *A Theory of Justice*, The Belknap Press of Harvard University Press, 1999［ジョン・ロールズ『正義論　改訂版』川本隆史・福間聡・神島裕子訳, 紀伊國屋書店, 2010 年］.
Reason, J., *Managing the Risks of Organizational Accidents*, Ashgate, 1997［ジェームズ・リーズン『組織事故――起こるべくして起こる事故からの脱出』塩見弘監訳, 高野研一・佐相邦英訳, 日科技連出版社, 1999 年］.
Reuchlin, M., *Psychologie*, PUF, 1977.
Ricœur, P., «Aliénation», in *Encyclopœdia Universalis*, 1990, Vol. 1, p. 819-823.
Rosenbaum, R., *Explaining Hitler: The Search for the Origins of His Evil*, Random House, 1999.
Rosenhan, D. L., "On Being Sane in Insane Places", *Science, 179*, 1973, p. 250-258.
Rosenhan, D. L., "The contextual Nature of Psychiatric Diagnosis", *Journal of Abnormal Psychology, 84*, 1975, p. 462-474.
Rosenthal, R. L. & Frode, K. L., "The Effect of Experimenter Bias on the Performance of the Albino Rat", *Behavioral Science, 8*, 1963, p. 183-189.
Rosenthal, R. L. & Jacobson, L., *Pygmalion in the Classroom*, Holt, Rinehart & Winston, 1968.
Ross, L., "The Intuitive Psychologist and His Shortcomings", *in* L. Berkowitz (Ed.), *Advances in Experimental Social Psychology*, Academic Press, Vol. 10, 1977, p. 173-220.
Rotman, P., *L'énnemie intime*, Seuil, 2002.
Rousseau, J.-J., «Considérations sur le gouvernement de Pologne et sur sa réformation projetée en avril 1772», in *Œuvres complètes, III. Du contrat social. Écrits politiques*, Gallimard, 1964, p. 951-1041［ルソー「ポーランド統治論」氷見文雄訳, 『ルソー全集 5』(白水社, 1979 年) 所収］.
Rousseau, J.-J., «*Contrat social*», in *Œuvres complètes, III*, Gallimard, 1964, p. 279-470［ルソー「社会契約論」作田啓一訳, 『ルソー全集 5』(白水社,

大森荘蔵『時間と存在』（青土社，1994 年）

大森荘蔵『時は流れず』（青土社，1996 年）

Orléan, A., «La monnaie comme lien social. Étude de Philosophie de l'argent de Georg Simmel», *Genèses*, *8*, 1992, p. 86-107.

Orléan, A., «La monnaie autoréférentielle: réflexions sur les évolutions monétaires contemporaines», *in* M. Aglietta & A. Orléan (Eds.), *La monnaie souveraine*, Odile Jacob, 1998, p. 359-386.

Osterhouse, R. A. & Brock, T. C., "Distraction Increases Yielding to Propaganda by Inhibiting Counter-Arguing", *Journal of Personality and Social Psychology*, *15*, 1970, p. 344-358.

大塚公子『死刑執行人の苦悩』（角川文庫，1993 年）

P

Pascal, B., *Pensées*, Gallimard, 1977［パスカル『パンセ』全３冊，塩川徹也訳，岩波文庫，2015-16 年］.

Persson, I., "A Defense of Extreme Egalitarianism", *in* N. Holtug & K. Lippert-Rasmussen (Eds.), *Egalitarianism: New Essays on Nature and Value of Equality*, Clarendon Press, p. 83-98.

Petta, G. & Walker, I., "Relative Deprivation and Ethnic Identity", *British Journal of Social Psychology*, *31*, 1992, p. 285-293.

Piaget, J. *Le jugement moral chez l'enfant*, PUF, 1932［ピアジェ『児童道徳判断の発達』大伴茂訳，同文書院，1977 年］.

Pichot, A., *La société pure. De Darwin à Hitler*, Flammarion, 2000.

Piper, F., "Gas Chambers and Crematoria", *in* Y. Gutman & M. Berenbaum (Eds.), *Anatomy of the Auschwitz Death Camp*, Indiana University Press, 1994, p. 157-182.

Piper, F., "The Number of Victims", *in* Y. Gutman & M. Berenbaum (Eds.), *Anatomy of the Auschwitz Death Camp*, Indiana University Press. 1994, p. 61-76.

Piper, F., «Les conditions de vie et de travail spécifiques du Sonderkomando», in *Des voix sous la cendre. Manuscrits des Sonderkommandos d'Auschwitz-Birkenau*, Mémorial de la Shoah/Éditions Calmann-Lévy, 2005, p. 239-250.

Platon, «Les Lois ou de la législation», in *Œuvres complètes*, *II*, Gallimard, 1950［プラトン『法律』上下，森進一ほか訳，岩波文庫，1993 年］.

中島義道『時間と自由　カント解釈の冒険』（講談社学術文庫，1999 年）

中島義道『哲学の教科書』（講談社学術文庫，2001 年）

中島義道『後悔と自責の哲学』（河出文庫，2009 年）

成田和信『責任と自由』（勁草書房，2004 年）

Nelson, R. J., "Libet's Dualism", *Behavioral and Brain Sciences, 8*, 1985, p. 550.

Neuberg, M., *La responsabilité. Questions philosophiques*, PUF, 1997.

Newman, L. S., "What Is a 'Social-Psychological'Account of Perpetrator Behavior? The Person versus Situation in Goldhagen's Hitler's Willing Executioners", *in* L. S. Newman & R. Erber (Eds.), *Understanding Genocide: The Social Psychology of the Holocaust*, Oxford University Press, 2002, p. 43-67.

Newman, L. S. & Erber, R. (Eds.), *Understanding Genocide: The Social Psychology of the Holocaust*, Oxford University Press, 2002.

Nisbett, R. E. & Wilson, T. D., "Telling More than We Can Know: Verbal Reports on Mental Processes", *Psychological Review, 84*, 1977, p. 231-259.

野田正彰「死刑，それは私たちがどんな社会に生きているのかを考える視角」『「麻原死刑」で OK か？』（ユビキタ・スタジオ，2006 年）

Nørretranders, T., *The User Illusion. Cutting Consciousness Down to Size*, Penguin Books, 1991/1998. [トール・ノーレットランダーシュ『ユーザーイリュージョン——意識という幻想』柴田裕之訳，紀伊國屋書店，2002 年].

Nozick, R., *Anarchy, State and Utopia*, Basic Books, 1974.

O

大澤真幸『生きるための自由論』（河出ブックス，2010 年）

大庭健『他者とは誰のことか』（勁草書房，1989 年）

大庭健『自分であるとはどんなことか』（勁草書房，1997 年）

大庭健『「責任」ってなに？』（講談社現代新書，2005 年）

O. Henry, "The Gift of the Magi", in *41 Stories by O. Henry*, Signet Classics, 2007, p. 65-70.

Ogorreck, R., *Die Einsatzgruppen und die "Genesis der Endlösung"*, Metropol Verlag, 1996 [tr. fr., *Les Einsatzgruppen. Les groupes d'intervention et la «genèse de la solution finale»*, Calmann-Lévy, 2007].

小口千恵子「10 分間のなぞ——事実認定上の問題」，長崎事件弁護団編『なぜ痴漢えん罪は起こるのか』（現代人文社，2001 年）所収，21-28 頁

大森荘蔵『時間と自我』（青土社，1992 年）

dad", *Psiquis, 2*, 1981, p. 212-221.

Montmollin, G., «Le changement d'attitude», *in* S. Moscovici (Éd.), *Psychologie Sociale*, PUF, p. 91-138.

モール，ハンス「人間の自由と生物学的本性」，P. コスロフスキ，Ph. クロイツァー，R. レーヴ編『進化と自由』山脇直司・朝広謙次郎訳（産業図書，1991 年）所収，45-72 頁

森達也『死刑』（朝日出版社，2008 年）

森川哲郎著・平沢武彦編『身の毛もよだつ　日本残酷死刑史』（日本文芸社，2006 年）

森村誠一『悪魔の飽食』（光文社，1981 年）

Moscovici, S., *Psychanalyse, son image et son public*, PUF, 1976 (première édition : 1961).

Moscovici, S., *Social Influence and Social Change*, Academic Press, 1976.

Moscovici, S., *La machine à faire des dieux. Sociologie et psychologie*, Fayard, 1988［セルジュ・モスコヴィッシ『神々を作る機械――社会学と心理学』古田幸男訳，法政大学出版局，1995 年］.

Moscovici, S., & Doise, W., *Dissensions et consensus. Une théorie générale des décisions collectives*, PUF, 1992.

Moscovici, S., & Zavalloni, M., "The Group as a Polarizer of Attitudes", *Journal of Personality and Social Psychology, 12*, 1969, p. 125-135.

村上宣寛『「心理テスト」はウソでした。』（日経 BP 社，2005 年）

村野薫『死刑はこうして執行される』（講談社文庫，2006 年）

N

永井均「なぜ悪いことをしても〈よい〉のか」，大庭健・安彦一恵・永井均編『なぜ悪いことをしてはいけないのか』（ナカニシヤ出版，2000 年）所収，43-61 頁

長尾龍一「擬制」『日本大百科全書（ニッポニカ）』（小学館，1984 年）所収

なだいなだ『権威と権力』（岩波新書，1974 年）

Nagel, T., *The View from Nowhere*, Oxford University Press, 1986.

Nagel, T., "Moral Luck", in *Mortal Questions*, Cambridge University Press, 2003 (first edition: 1979), p. 24-38［トマス・ネーゲル『コウモリであるとはどのようなことか』永井均訳（勁草書房，1989 年）所収］.

Nagel, T., *The Last Word*, Oxford University Press, 1997.

May, L., "Metaphysical Guilt and Moral Taint", *in* L. May & S. Hoffman (Eds.), *Collective Responsibility: Five Decades of Debate in Theoretical and Applied Ethics,* Rowman & Littlefield Publishers, Inc., 1991, p. 239-254.

McGuire, W. J., "Attitudes and Attitude Change", *in* G. Lindzey & E. Aronson (Eds.), *Handbook of Social Psychology* (second edition). Random House, 1985, p. 233-346.

Mead, G. H., *Mind, Self, and Society: From the Standpoint of a Social Behaviorist,* edited by C. W. Morris, The University of Chicago Press, 1934［ミード『精神・自我・社会』復刻版，稲葉三千男・滝沢正樹・中野収訳，青木書店，2005 年］.

Mele, A. R., *Free. Why Science Hasn't Disproved Free Will*, Oxford University Press, 2014.

Mellema, G. F., *Collective Responsibility*, Rodopi B. V., 1997.

Merikle, P. M. & Cheesman, J., "Conscious and Unconscious Processes: Same or Different?", *Behavioral and Brain Sciences, 8*, 1985, p. 547-548.

Merton, R. K., *Social Theory and Social Structure*, The Free Press, 1957［ロバート・K・マートン『社会理論と社会構造』森東吾ほか訳，みすず書房，1961 年］.

Milgram, S., "Some Conditions of Obedience and Disobedience to Authority.", *Human Relations, 18*, 1965, p. 57-76.

Milgram, S., *Obedience*, New York University Film Library, 1965.

Milgram, S., «Préface à la deuxième édition française», in *Soumission à l'autorité*, Calmann-Lévy, 1974, p. 7-16.

Milgram, S., *The Individual and the Social World: Essays and Experiments,* Addison-Wesley, 1977.

Milgram, S., *Obedience to Authority: An Experimental View*, Pinter and Martin Ltd., 2005 (first edition: 1974)［S・ミルグラム『服従の心理』山形浩生訳，河出文庫，2012 年］.

Mill, J. S., *A System of Logic Ratiocinative and Inductive*, Longman, 1970 (first edition: 1843)［J・S・ミル『論理学体系——論証と帰納』全６巻，大関将一訳，第３～５巻は小林篤郎との共訳，春秋社，1949-59 年］.

Minsky, M., *The Society of Mind*, Simon & Schuster, 1985［マーヴィン・ミンスキー『心の社会』安西祐一郎訳，産業図書，1990 年］.

Miranda, B., Caballero, B., Gómez, G. & Zamorano, M., "Obediencia a la autori-

p. 181-185.

Libet, B., "The Timing of a Subjective Experience", *Behavioral and Brain Sciences*, 12, 1989, p. 183-185.

Libet, B., "Do We Have Free Will?", *Journal of Consciousness Studies*, *6*, 1999, p. 47-57.

Libet, B., *Mind Time: The Temporal Factor in Consciousness*, Harvard University Press, 2004［ベンジャミン・リベット『マインド・タイム――脳と意識の時間』下條信輔訳，岩波書店，2005年］.

Lifton, R. J. & Mitchell, G., *Who Owns Death? Capital Punishment, the American Conscience, and the End of Executions*, HarperCollins Publishers, 2002.

Lifton, R. J., *The Nazi Doctors: Medical Killing and the Psychology of Genocide*, Basic Books, 2000 (first edition: 1986).

Loftus, E. & Ketcham, K., *The Myth of Repressed Memory*, St. Martin's Griffin, 1994［E・F・ロフタス，K・ケッチャム『抑圧された記憶の神話――偽りの性的虐待の記憶をめぐって』仲真紀子訳，誠信書房，2000年］.

Locke, J., *An Essay Concerning Human Understanding*, edited by P. H. Nidditch, Clarendon Press, 1975 (first edition: 1690)［ジョン・ロック『人間知性論』全4冊，大槻春彦訳，岩波文庫，1972-77年］.

M

Madeira, V. & Vital-Durand, B., *J'ai menti*, Stock, 2006.

Malinowski, B., *Magic, Science and Religion, and Other Essays*, The Free Press, 1948.

Manent, P., *Histoire intellectuelle du libéralisme*, Calmann-Lévy, 1987［ピエール・マナン『自由主義の政治思想』高橋誠・藤田勝次郎訳，新評論，1995年］.

Mantell, D. M., "The Potential for Violence in Germany", *Journal of Social Issues*, *27*, 1971, p. 101-112.

Markus, H. R. & Kitayama, S., "Culture and the Self: Implications for Cognition, Emotion, and Motivation", *Psychological Review*, *98*, 1991, p. 224-253.

丸山真男『日本の思想』（岩波新書，1961年）

Marx, K., *Le capital. Critique de l'économie politique*, Éditions Sociales, 1977［カール・マルクス「資本論 第一巻」，『マルクス・コレクション』４・５，今村仁司・三島憲一・鈴木直訳，筑摩書房，2005年］.

1051.
Lerner, M. J., Miller, D. T. & Holme, J. G., “Deserving and the Emergence of Forms of Justice.”, *in* L. Berkowitz (Ed.), *Advances in Experimental Social Psychology*, vol. 9, 1976, p. 133-162.
Lerner, M. J. & Simmons, C. H., “Observer's Reaction to the ‘Innocent Victim’: Compassion or Rejection?”, *Journal of Personality and Social Psychology, 4*, 1966, p. 203-210.
Levi, P., *Se questo è un uomo*, Giulio Einaudi Editore, 1976［プリーモ・レーヴィ『アウシュヴィッツは終わらない』武山博英訳，朝日選書，1980 年］.
Lévi-Strauss, C., *Les structures élémentaires de la parenté* [2e édition], Mouton, 1967.
Lévi-Strauss, C., «Introduction à l'œuvre de Marcel Mauss», *in* M. Mauss, *Sociologie et anthropologie*, PUF, 1983 (première édition : 1950)［マルセル・モース『社会学と人類学』１・２，有地亨・伊藤昌司・山口俊夫訳（弘文堂，1973 年）所収］.
Lewin, K., “Psycho-Sociological Problems of a Minority Group”, in *Resolving Social Conflicts*, Harper & Brothers Publishers, 1946 (first edition: 1935), p. 145-158［カート・レヴィン『社会的葛藤の解決――グループ・ダイナミックス論文集』末永俊郎訳（東京創元社，1954 年）所収］.
Leyens, J.-P., *Psychologie sociale*, Pierre Mardaga, 1979.
Leyens, J.-P., *Sommes-nous tous des psychologues?*, Pierre Mardaga, 1983.
Libet, B., “Commentary on Benjamin Libet (1985) Unconscious Cerebral Initiative and the Role of Conscious Will in Voluntary Action”, *Behavioral and Brain Sciences, 10*, 1987, p. 781-786.
Libet, B., “Theory and Evidence Relating Cerebral Processes to Conscious Will”, *Behavioral and Brain Sciences, 8*, 1985, p. 558-566.
Libet, B., “Open Peer Commentary”, *Behavioral and Brain Sciences, 8*, 1985, p. 539-558.
Libet, B., “Unconscious Cerebral Initiative and the Role of Conscious Will in Voluntary Action”, *Behavioral and Brain Sciences, 8*, 1985, p. 529-539.
Libet, B., “Are the Mental Experiences of Will and Self-Control Significant for the Performance of a Voluntary Act?”, *Behavioral and Brain Sciences, 10*, 1987, p. 783-786.
Libet, B., “Continuing Commentary”, *Behavioral and Brain Sciences, 12*, 1989,

Cannot Be Recognized", *Science, 207*, 1980, p. 557-558.
黒田亘『行為と規範』(勁草書房，1992 年)
来栖三郎「フィクションとしての自由意志」『法とフィクション』(東京大学出版会，1999 年) 所収，283-325 頁

L

Langer, E. J. "The Illusion of Control", *Journal of Personality and Social Psychology, 32*, 1975, p. 311-328.

Langer, E. J. & Roth, J., "Heads I Win, Tails It's Chance: The Illusion of Control as a Function of the Sequence of Outcomes in a Purely Chance Task.", *Journal of Personality and Social Psychology, 33*, 1976, p. 951-955.

Lanzmann, C., *Shoah*, Gallimard, 1985 [クロード・ランズマン『ショアー』高橋武智訳，作品社，1995 年].

Laplanche, J. & Pontalis, J.-B., *Vocabulaire de la psychanalyse*, PUF, 1967 [J. ラプランシュ，J.-B. ポンタリス『精神分析用語辞典』村上仁監訳，新井清ほか訳，みすず書房，1977 年].

Laqueur, W. (Ed.), *The Holocaust Encyclopedia*, Yale University Press, 2001 [ウォルター・ラカー編『ホロコースト大事典』井上茂子ほか訳，柏書房，2003 年].

Latané, B. & Darley, J. M., "Group Inhibition of Bystander Intervention in Emergencies", *Journal of Personality and Social Psychology, 10*, 1968, p. 215-221.

Latané, B. & Darley, J. M., *The Unresponsive Bystander: Why Doesn't He Help?*, Appleton-Century Crofts, 1970 [ビブ・ラタネ，ジョン・ダーリー『冷淡な傍観者——思いやりの社会心理学』新装版，竹村研一・杉崎和子訳，ブレーン出版，1997 年].

Lemarchand, R., "The Rwanda Genocide", *in* S. Totten, W. S. Parsons & L. W. Charny (Eds.), *Century of Genocide*, Routledge, 2004, p. 395-412.

Lecherbonnier, B., *Bourreaux de père en fils. Les Sanson 1688-1847*, Albin Michel, 1989.

Lemoine, P., *Le mystère du placebo*, Odile Jacob, 1996 [パトリック・ルモワンヌ『偽薬のミステリー』小野克彦・山田浩之訳，紀伊國屋書店，2005 年].

Lerner, M. J. & Miller, D. T., "Just World Research and the Attribution Process: Looking Back and Ahead", *Psychological Bulletin, 85*, 1978, p. 1030-

木村敏『生命のかたち／かたちの生命』（青土社，1995 年）
小浜逸郎『「責任」はだれにあるのか』（PHP 新書，2005 年）
小林道憲『複雑系の哲学』（麗澤大学出版会，2007 年）
小林敏明『〈ことなり〉の現象学——役割行為のオントプラクソロギー』（弘文堂，1987 年）
小林敏明『アレーテイアの陥穽』（ユニテ，1989 年）
Kohlberg, L., *The Philosophy of Moral Development: Moral Stages and the Idea of Justice*, Harper and Row, 1981.
小出正夫『ドキュメント四日市冤罪事件』（主婦の友社，1981 年）
河野哲也『意識は実在しない』（講談社選書メチエ，2011 年）
河野哲也『環境に拡がる心——生態学的哲学の展望』（勁草書房，2005 年）
國分功一郎『中動態の世界——意志と責任の考古学』（医学書院，2017 年）
小坂井敏晶『異文化受容のパラドックス』（朝日選書，1996 年）
小坂井敏晶『民族という虚構』（東京大学出版会，2002 年，ちくま学芸文庫〔増補版〕，2011 年）
小坂井敏晶『社会心理学講義——〈閉ざされた社会〉と〈開かれた社会〉』（筑摩選書，2013 年）
小坂井敏晶『神の亡霊——近代という物語』（東京大学出版会，2018 年）
小坂井敏晶『答えのない世界を生きる』（祥伝社，2017 年）
Kozakai, T., «Conformisme», *in* S. Mesure & P. Savidan (Eds.), *Le dictionnaire des sciences humaines*, PUF, 2006, p. 183-185.
Kozakai, T., «Une interprétation psychosociale de la responsabilité morale», *Bulletin de Psychologie, 481-1*, 2006, p. 81-91.
Kozakai, T., "Moral Responsibility and Social Fiction", *in* K. Gergen, T. Sugiman & W. Wagner (Eds.), *Meaning in Action: Constructions, Narratives and Representations,* Springer, 2007, p. 289-301.
Kozakai, T., «De la responsabilité collective: Esquisse d'une théorie de la fiction sociale», *Bulletin de Psychologie, 494-2*, 2008, p. 131-144.
Kren, G. M. & Rappoport, L., *The Holocaust and the Crisis of Human Behavior*, Holmes & Meier, 1980.
Kuhn, T. S., *The Structure of Scientific Revolutions,* The University of Chicago Press, 1962［トーマス・クーン『科学革命の構造』中山茂訳，みすず書房，1971 年］.
Kunst-Wilson, W. R. & Zajonc, R. B., "Affective Discrimination of Stimuli that

菅豊彦『実践的知識の構造』（勁草書房，1986 年）
Kanin, E. J., "False Rape Allegations", *Archives of Sexual Behavior, 23*, 1994, p. 81-92.
Kant, I. *Critique de la raison pure*, Gallimard, 1980［カント『純粋理性批判』熊野純彦訳，作品社，2012 年］.
Kant, I., *Critique de la raison pratique*, GF-Flammarion, 2003［カント『実践理性批判』熊野純彦訳，作品社，2013 年］.
Kantorowicz, E., *The King's Two Bodies: A Study in Mediaeval Political Theology*, Princeton University Press, 1957 [tr. fr., *Les deux corps du roi. Essai sur la théologie politique au moyen âge*, Gallimard. 1989]［エルンスト・H・カントーロヴィチ『王の二つの身体――中世政治神学研究』上下，小林公訳，ちくま学芸文庫，2003 年］.
柄谷行人『探究Ｉ』（講談社学術文庫，1992 年）
柄谷行人「親の責任を問う日本の特殊性」，『倫理 21』（平凡社，2000 年）所収，15-35 頁
Karny, M., "The Vrba and Wetzler Report", *in* Y. Gutman & M. Berenbaum (Eds.), *Anatomy of the Auschwitz Death Camp*, Indiana University Press, 1994, p. 553-568.
加藤典洋「語り口の問題」『敗戦後論』（講談社，1997 年）所収，225-275 頁
萱野稔人『死刑 その哲学的考察』（ちくま新書，2017 年）
Keinan, G., "Effects of stress and tolerance of ambiguity on magical thinking", *Journal of Personality and Social Psychology, 67*, 1994, p. 48-55.
Kelsen, H., *What is Justice? Justice, Law, and Politics in the Mirror of Science. Collected Essays*, The Lawbook Exchange, 2001 (first edition: 1957)［『ケルゼン選集３　正義とは何か』宮崎繁樹ほか訳，木鐸社，1975 年］.
Kershaw, I., *The Nazi Dictatorship: Problems and Perspectives of Interpretation*, Edward Arnold, 1985.
Kiesler, C. A., *The Psychology of Commitment: Experiments Linking Behavior to Belief*, Academic Press, 1971.
Kilham, W. & Mann, L., "Level of Destructive Obedience as a Function of Transmitter and Executant Roles in the Milgram Obedience Paradigm", *Journal of Personality and Social Psychology, 29*, 1974, p. 696-702.
木村敏『時間と自己』（中公新書，1982 年）
木村敏『あいだ』（弘文堂，1988 年，ちくま学芸文庫，2005 年）

I

一ノ瀬正樹『原因と結果の迷宮』（勁草書房，2001 年）

池上俊一『動物裁判――西欧中世・正義のコスモス』（講談社現代新書，1990 年）

池上正樹『痴漢「冤罪裁判」――男にバンザイ通勤させる気か！』（小学館文庫，2000 年）

インフェルト，L『アインシュタインの世界』武谷三男・篠原正瑛訳（講談社ブルー・バックス，1975 年）

入不二基義『相対主義の極北』（ちくま学芸文庫，2009 年）

伊佐千尋・渡部保夫『日本の刑事裁判――冤罪・死刑・陪審』（中公文庫，1996 年）

Israel, J., "Experimental Change of Attitude Using the Asch-Effect", *Acta Sociologica, 7*, 1963, p. 95-104.

岩井克人『貨幣論』（筑摩書房，1993 年，ちくま学芸文庫，1998 年）

岩井克人『資本主義を語る』（ちくま学芸文庫，1997 年）

J

Janis, I. L., *Groupthink: Psychological Studies of Policy Decisions and Fiascoes* (second edition), Houghton Mifflin, 1982.

Jaspers, K., *Die Schuldfrage*, 1946 ［tr, fr., *La culpabilité allemande*, Minuit, 1990］［カール・ヤスパース『戦争の罪を問う』橋本文夫訳，平凡社ライブラリー，1998 年］.

Jones, C. & Aronson, E., "Attribution of Fault to a Rape Victim as a Function of Respectability of the Victim", *Journal of Personality and Social Psychology, 26*, 1973, p. 415-419.

Joule, R.-V. & Beauvois, J.-L., *Petit traité de manipulation à l'usage des honnêtes gens*, Presses Universitaires de Grenoble, 1987 ［ロベール゠ヴァンサン・ジュール，ジャン゠レオン・ボーヴォワ『これで相手は思いのまま――悪用厳禁の心理操作術』薛善子訳，阪急コミュニケーションズ，2006 年］.

K

加賀乙彦『悪魔のささやき』（集英社新書，2006 年）

香川達夫『刑法講義［総論］』（第３版，成文堂，1995 年）

fr., *Droit, législation et liberté. Vol. 1, Règles et ordre*, PUF, 1995]［ハイエク『法と立法と自由Ⅰ～Ⅲ』新版ハイエク全集第Ⅰ期第8～10巻，西山千明・矢島鈞次監修訳，春秋社，2007-08年］．

ハイエク，F・A「抽象の第一義性」吉岡佳子訳，アーサー・ケストラー編著『還元主義を超えて』（工作舎，1984年）所収，421-448頁

Heider, F., *The Psychology of Interpersonal Relations*, Wiley, 1958［フリッツ・ハイダー『対人関係の心理学』大橋正夫訳，誠信書房，1978年］．

Hilberg, R., *The Destruction of the European Jews*, Holmes & Meier, 1985［tr. fr., *La destruction des Juifs d'Europe*, Fayard, 2006］［ラウル・ヒルバーグ『ヨーロッパ・ユダヤ人の絶滅』上下，望田幸男・原田一美・井上茂子訳，柏書房，1997年］．

平尾透『倫理学の統一理論』（ミネルヴァ書房，2000年）

廣松渉『もの・こと・ことば』（勁草書房，1979年，ちくま学芸文庫，2007年）

廣松渉『物象化論の構図』（岩波書店，1983年）

廣松渉『身心問題』（青土社，1989年）

Hobbes, T., *Leviathan*, edited by Richard Tuck, Cambridge University Press, 1991［ホッブズ『リヴァイアサン』全4冊，水田洋訳，岩波文庫，1992年］．

Hobbes, T., "Of Liberty and Necessity" & "The Questions concerning Liberty, Necessity and Chance", *in* V. Chappell (Ed.), *Hobbes and Bramhall on Liberty and Necessity*, Cambridge University Press, 1999.

本多勝一『殺される側の論理』（朝日文庫，1982年）

Hood, B. M., *The Science of Superstition. How the Developing Brain Creates Supernatural Beliefs*, HarperOne, 2010.

Hood, R., *The Death Penalty: A World-Wide Perspective*, Clarendon Press, 1996［ロジャー・フッド『世界の死刑――国連犯罪防止・犯罪統制委員会報告書』辻本義男訳，成文堂，1990年］．

Hume, D., *A Treatise of Human Nature*, edited with an introduction by E. C. Mossner, Penguin Classics, 1969 (first edition: 1739)［ヒューム『人性論』全4冊，大槻春彦訳，岩波文庫，1948-52年］．

Husson, E., *Une culpabilité ordinaire? Hitler, les Allemands et la Shoah*, François-Xavier de Guibert, 1997.

sous la cendre. Manuscrits des Sonderkommandos d'Auschwitz-Birkenau, Mémorial de la Shoah/Éditions Calmann-Lévy, 2005, p. 269-313.
Grey Walter, W., *Presentation to the Osler Society*, Oxford University, 1963.
Grossman, D., *On Killing: The Psychological Cost of Learning to Kill in War and Society*, Back Bay Books/Little, Brown and Company, 1996［デーヴ・グロスマン『戦争における「人殺し」の心理学』安原和見訳，ちくま学芸文庫，2004 年］.
Gudjonsson, G. H. & MacKeith, J. A. C., "Retracted Confessions: Legal, Psychological and Psychiatric Aspects.", *Medical Science Law, 28*, 1988, p. 187-194.
Guimond, S. & Dubé-Simard, L., "Relative Deprivation Theory and the Quebec Nationalist Movement: The Cognition-Emotion Distinction and the Personal-Group Deprivation Issue", *Journal of Personality and Social Psychology, 44*, 1983, p. 526-535.
Gourevitch, P., *We Wish to Inform You That Tomorrow We Will Be Killed with Our Families*, Picador, 1998［フィリップ・ゴーレイヴィッチ『ジェノサイドの丘——ルワンダ虐殺の隠された真実』上下，柳下毅一郎訳，ＷＡＶＥ出版，2003 年］.

H

萩原滋『責任判断過程の分析』（多賀出版，1986 年）
浜田寿美男『取調室の心理学』（平凡社新書，2004 年）
浜田寿美男『自白の研究［新版］』（北大路書房，2005 年）
Haney, C., Banks, C. & Zimbardo, P., "Interpersonal Dynamics in a Simulated Prison", *International Journal of Criminology and Penology, 1*, 1973, p. 69-97.
Haney, C. & Zimbardo, P., "The Past and Future of U. S. Prison Policy: Twenty-Five Years after the Stanford Prison Experiment", *American Psychologist, 53*, 1998, p. 709-727.
Harris, S., *Chalk Up Another One. The Best of Sidney Harris*, Rutgers University Press, 1992.
Hart, H. L. A. & Honoré, A. M., *Causation in the Law*, Oxford University, 1985 (frist edition: 1959)［H. L. A. ハート，トニー・オノレ『法における因果性』井上祐司・真鍋毅・植田博訳，九州大学出版会，1991 年］.
Hayek, F. A., *Law, Legislation and Liberty*, Routledge & Kegan Paul, 1979［tr.

福田平・大塚仁編『刑法総論』(青林書院，1997年)
古田徹也『それは私がしたことなのか』(新曜社，2013年)

G

Gansberg, M., "Thirty-Eight Who Saw Murder Didn't Call the Police", *New York Times*, March 27, 1964.

Gardair, E., & Roussiau, N., *La superstition aujourd'hui*, De Boeck, 2014.

Gazzaniga, M. S., *Le cerveau dédoublé*, Dessart et Mardaga, 1970.

Gazzaniga, M. S., *The Social Brain: Discovering the Networks of the Mind*, Basic Books, 1985 [tr. fr., *Le cerveau social*, Odile Jacob, 1996] [M・S・ガザニガ『社会的脳——心のネットワークの発見』杉下守弘・関啓子訳，青土社，1987年].

Gazzaniga, M. S., *The Mind's Past*, University of California Press, 2000.

Gazzaniga, M. S., *The Ethical Brain: The Science of Our Moral Dilemmas*, HarperPerennial. 2005.

Gilbert, M., *Sociality and Responsibility*, Rowman & Littlefield Publishers, Inc., 2000.

Girard, R., *Mensonge romantique et vérité romanesque*, Grasset, 1961 [ルネ・ジラール『欲望の現象学——文学の虚偽と真実』古田幸男訳，法政大学出版局，1971年].

Girard, R., *Des choses cachées depuis la fondation du monde*, Grasset & Fasquelle, 1978 [ルネ・ジラール編『世の初めから隠されていること』小池健男訳，法政大学出版局，1984年].

合田士郎『そして、死刑は執行された』(恒友出版，1987年)

Godbout, J. T., *Le don, la dette et l'identité. Homo donator vs homo œconomicus*, La Découverte/M.A.U.S.S., 2000.

Goldhagen, D. J., *Hitler's Willing Executioners: Ordinary Germans and the Holocaust*, Knopf, 1996 [ダニエル・J・ゴールドハーゲン『普通のドイツ人とホロコースト——ヒトラーの自発的死刑執行人たち』望田幸男監訳，北村浩ほか訳，ミネルヴァ書房，2007年].

Goldstein, J. H., Davis, R. W. & Herman, D., "Escalation of Aggression: Experimental Studies", *Journal of Personality and Social Psychology, 31*, 1975, p. 162-170.

Greif, G., «Le témoignage du Sonderkomando Yakkov Gabbay», in *Des voix*

Ellemers, N., Van Knippenberg, A., De Vries, N. K. & Wilke, H., "Social Identification and Permeability of Group Boundaries", *European Journal of Social Psychology, 18*, 1988, p. 497-513.
榎下一雄『僕は犯人じゃない』（筑摩書房，1983 年）

F

Farr, R. M., *The Roots of Modern Social Psychology*, Blackwell, 1996.
Fauconnet, P., *La responsabilité. Étude de sociologie*, Alcan, 1928 (première édition : 1920).
Festinger, L., "A Theory of Social Comparison Processes", *Human Relations, 7*, 1954, p. 117-140.
Festinger, L., *Theory of Cognitive Dissonance*, Stanford University Press, 1957 [フェスティンガー『認知的不協和の理論――社会心理学序説』末永俊郎監訳，誠信書房，1965 年].
Finkelstein, N. & Birn, R. B., *A Nation on Trial: The Goldhagen Thesis and Historical Truth*, Henry Holt and Company, 1998.
Fogelman Soulié, F. (Ed.), *Les théories de la complexité. Autour de l'œuvre d' Henri Atlan*, Seuil, 1991.
Foot, P., "Killing and Letting Die", *in* J. Garfiled (Ed.), *Abortion: Moral and Legal Perspectives*, University of Massachusetts Press, 1985, p. 177-185.
Foucault, M., *Surveiller et punir. Naissance de la prison*, Gallimard, 1975 [ミシェル・フーコー『監獄の誕生――監視と処罰』田村俶訳，新潮社，1977 年].
Frager, R., "Conformity and Anticonformity in Japan", *Journal of Personality and Social Psychology, 15*, 1970, p. 203-210.
Frankfurt, H. G., "Alternate Possibilities and Moral Responsibility", *in* G. Watson (Ed.), *Free Will*, Oxford University Press, 2003, p. 167-176.
French, P. A., *Collective and Corporate Responsibility*, Columbia University Press, 1984.
French, P. A., "The Corporation as a Moral Person", *in* L. May & S. Hoffman (Eds.), *Collective Responsibility: Five Decades of Debate in Theoretical and Applied Ethics*, Rowman & Littlefield Publishers, Inc., 1991, p. 133-149.
Freud, S., *Zur Psychopathologie des Alltagslebens* [tr. fr., *Psychopathologie de la vie quotidienne*, Payot, 1967].

ciale, Calmann-Lévy, 1992［ジャン゠ピエール・デュピュイ『犠牲と羨望――自由主義社会における正義の問題』米山親能・泉谷安規訳，法政大学出版局，2003 年］.

Dupuy, J.-P., *Pour un catastrophisme éclairé. Quand l'impossible est certain*, Seuil, 2002.

Dupuy, J.-P., *Avions-nous oublié le mal?*, Bayard, 2002.

Dupuy, J.-P., «Mimésis et morphogénèse», *in* M. Deguy & J.-P. Dupuy (Eds.), *René Girard et le problème du Mal*, Grasset, 1982, p. 275-276［M・ドゥギー，J.-P. デュピュイ編『ジラールと悪の問題』古田幸男ほか訳（法政大学出版局，1986 年）所収］.

Dupuy, J.-P., «Rationalité», *in* M. Canto-Sperber (Ed.), *Dictionnaire d'éthique et de philosophie morale*, PUF, 2001, p. 1332-1338.

Dupuy, J.-P., Koppel, M. & Atlan, H., «Complexité et aliénation. Formalisation de la conjecture de Von Foerster», *in* J.-P. Dupuy (Ed.), *Introduction aux sciences sociales. Logique des phénomènes collectifs*, Edition Marketing, 1992, p. 255-262.

Durkheim, E., *Les règles de la méthode sociologique*, PUF, 1981 (première édition : 1937)［デュルケム『社会学的方法の規準』宮島喬訳，岩波文庫，1978 年］.

Durkheim, E., *Le suicide*, PUF, 1993 (première édition : 1930)［デュルケーム『自殺論』宮島喬訳，中公文庫，1985 年］.

Durkheim, E., *Sociologie et philosophie*, PUF, 1996 (première édition : 1924)［エミル・デュルケーム『社会学と哲学』佐々木交賢訳，恒星社厚生閣，1985 年］.

Dutton, D. G. & Aron, A. P., "Some Evidence for Heightened Sexual Attraction under Conditions of High Anxiety", *Journal of Personality and Social Psychology*, *30*, 1974, p. 510-517.

Dworkin, R., *Sovereign Virtue. The Theory and Practice of Equality*, Harvard University Press, 2002.

E

Edwards, D. M., Franks, P., Fridgood, D., Lobban, G. & Mackay, H. C. G., "*An Experiment on Obedience*", Unpublished Student Report, University of the Witwatersrand, Johannesburg, South Africa, 1969.

D

Darley, J. M. & Latané, B., "Bystander Intervention in Emergencies: Diffusion of Responsibility", *Journal of Personality and Social Psychology, 8*, 1968, p. 377-383.

Darley, J. M. & Gross, P. H., "A Hypothesis-Confirming Bias in Labeling Effects", *Journal of Personality and Social Psychology, 44*, 1983, p. 20-33.

Darwin, C., *On the Origin of Species by Means of Natural Selection*, Dover Publications Inc., 2006 [first edition: 1859].

Dawkins, R., *The Selfish Gene*, Oxford University Press, 2006 [first edition: 1976].

Decrop, G., «Préface à l'édition de 1995», *in* R. Hoess, *Le commandant d'Auschwitz parle*, La Découverte, 2005, p. 5-28.

デカルト「情念論」野田又夫訳,『世界の名著 22　デカルト』(中央公論社, 1967 年) 所収

Dennett, D. C., *Freedom Evolves*, Penguin Books, 2003.

Descombes, V., *La denrée mentale*, Minuit, 1995.

Descombes, V., *Les institutions du sens*, Minuit, 1996.

Dickie-Clark, H. F., *The Marginal Situation*, Routledge & Kegan Paul Ltd., 1966［H・デッキー＝クラーク『差別社会の前衛――マージナリティ理論の研究』今野敏彦・寺門次郎訳, 新泉社, 1973 年］.

Dubois, N., *La psychologie du contrôle. Les croyances internes et externes*, Presses Universitaires de Grenoble, 1987.

Dumont, L., *Homo hierarchicus*, Gallimard, 1966［ルイ・デュモン『ホモ・ヒエラルキクス――カースト体系とその意味』田中雅一・渡辺公三訳, みすず書房, 2001 年］.

Dumont, L., *Homo æqualis. Genèse et épanouissement de l'idéologie économique*, Gallimard. 1977.

Dumont, L., *Essais sur l'individualisme*, Seuil, 1983［ルイ・デュモン『個人主義論考――近代イデオロギーについての人類学的展望』渡辺公三・浅野房一訳, 言叢社, 1993 年］.

Dumouchel, P. & Dupuy, J.-P. (Eds.), *L'auto-organisation. De la physique au politique*, Seuil, 1983.

Dupuy, J.-P., *Le sacrifice et l'envie. Le libéralisme aux prises avec la justice so-*

1987, p. 1070-1079.

Brown, R., "Further Comment on the Risky Shift", *American Psychologist, 29*, 1974, p. 468-470.

Browning, C. R., *Ordinary Men: Reserve Police Battalion 101 and the Final Solution in Poland*. HarperCollins Publishers Inc., 1992 [tr. fr., *Des hommes ordinaires, Le 101e bataillon de réserve de la police allemande et la Solution finale en Pologne*, Les Belles Lettres, 1994] [クリストファー・ブラウニング『普通の人びと――ホロコーストと第 101 警察予備大隊』谷喬夫訳, 筑摩書房, 1997 年, ちくま学芸文庫〔増補版〕, 2019 年].

Browning, C., "Introduction", *in* L. S. Newman & R. Erber (Eds.), *Understanding Genocide: The Social Psychology of the Holocaust*, Oxford University Press, 2002, p. 3-7.

Brudny-de Launay, M.-I., «Présentation», *in* H. Arendt, *Eichmann à Jérusalem*, Gallimard, 1991, p. I-XXIII.

Buckhout, R., "Nearly 2,000 Witnesses Can Be Wrong", *Bulletin of the psychonomic society, 16*, 1980, p. 307-310.

Burrin, P., «Shoah», in *Encylopœdia Universalis*, Vol. 20. 1990, p. 994-998.

C

Chisholm, R. M., "Human Freedom and the Self", *in* G. Watson (Ed.), *Free Will*, Oxford University Press, 2003, p. 26-37.

Christianson, S., *Innocent: Inside Wrongful Conviction Cases*, New York University Press, 2004.

Cialdini, R. B., Cacioppo, J. T., Bassett R. & Miller, J. A., "Low-Ball Procedure for Producing Compliance: Commitment then Cost", *Journal of Personality and Social Psychology, 36*, 1978, p. 463-476.

Cohen, G. A., *Self-Ownership, Freedom and Equality*, Cambridge University Press, 1995.

Commission to Investigate Allegations of Police Corruption and the Anti-Corruption Procedures of the Police Department, *Commission Report*, New York City, July 7, 1994.

Cournot, A. A., *Matérialisme, vitalisme, rationalisme. Etudes sur l'emploi des données de la science en philosophie*, Hachette, 1875.

Bertone, A., Mélen, M., Py, J. & Somat, A., *Témoins sous influences. Recherches de psychologie sociale et cognitive*, Presses Universitaires de Grenoble, 1995.

『別冊宝島 1419　死刑囚最後の1時間』（宝島社，2007年5月）

Bettelheim, B., «Eichmann : le système——les victimes», in *Survivre*, Robert Laffont, 1979, p. 321-340.

Blackstone, W., *Commentaries on the Laws of England*, 1765.

Blass, T., "The Milgram Paradigm after 35 Years: Some Things We Now Know about Obedience to Authority", *in* T. Blass (Ed.), *Obedience to Authority: Current Perspectives on the Milgram Paradigm*, Lawrence Elbaum Associates, Inc., 2000, p. 25-59.

Blass, T., "Perpetrator Behavior as Destructive Obedience: An Evaluation of Stanley Milgram's Perspective, the Most Influential Social-Psychological Approach to the Holocaust", *in* L. S. Newman & R. Erber (Eds.), *Understanding Genocide: The Social Psychology of the Holocaust*, Oxford University Press, 2002, p. 91-109.

Blass, T., *The Man Who Shocked the World: The Life and Legacy of Stanley Milgralm*, Basic Books, 2004［トーマス・ブラス『服従実験とは何だったのか——スタンレー・ミルグラムの生涯と遺産』野島久雄・藍澤美紀訳，誠信書房，2008年］.

Boudon, R., «Individualisme et holisme dans les sciences sociales», *in* P. Birnbaum & J. Leca (Eds.), *Sur l'individualisme*, Presses de la Fondation Nationale des Sciences Politiques, 1986, p. 45-59.

Boudon, R., *Effets pervers et ordre social*, PUF, 1993 (première édition : 1977).

Boy, D., « Les Français et les para-sciences : vingt ans de mesure », *Revue Française de Sociologie, 43*, 2002, p. 35-45.

Boy, D., & Michelat, G., « Croyances aux parasciences : dimensions sociales et culturelles », *Revue Française de Sociologie, 27*, 1986, p. 175-204.

Brauman, R. & Sivan, E., *Éloge de la désobéissance. À propos d'«un spécialiste» Adolf Eichmann*, Le Pommier-Fayard, 1999［ロニー・ブローマン，エイアル・シヴァン『不服従を讃えて——「スペシャリスト」アイヒマンと現代』高橋哲哉・堀潤之訳，産業図書，2000年］.

Bornstein, R. F., Leone, D. R., & Galley, D. J., "The Generalizability of subliminal Mere Exposure Effects: Influence of Stimuli Perceived without Awareness on Social Behavior", *Journal of Personality and Social Psychology, 53*,

霧生和夫訳，荒地出版社，1971年］.

Asch, S. E., "Studies of Independence and Conformity: A Minority of One against a Unanimous Majority", *Psychological Monographs: General and Applied, 70*, 1956, p. 1-70.

Atlan, H., *Entre le cristal et la fumée. Essai sur l'organisation du vivant*, Seuil, 1979［アンリ・アトラン『結晶と煙のあいだ――生物体の組織化について』阪上脩訳，法政大学出版局，1992年］.

Atlan, H., *Tout, non, peut-être. Éducation et vérité*, Seuil, 1991.

Atlan, H., Koppel, M. & Dupuy, J.-P., "Von Foerster's Conjecture: Trivial Machines and Alienation in Systems", *International Journal of General Systems, 13*, 1987, p. 257-264.

Aubenas, F., *La méprise. L'affaire d'Outreau*, Seuil, 2005.

Axtman, K., "US Milestone: 100th Death-Row Inmate Exonerated", *Christian Science Monitor*, April 12, 2002.

B

Balibar, F., *Einstein 1905. De l'éther aux quanta*, PUF, 1992.

Banner, S., *The Death Penalty: An American History*, Harvard University Press, 2002.

Bayle, F., *Psychologie et éthique du national-socialisme. Étude anthropologique des dirigeants S. S.*, PUF, 1953.

Beauvois, J.-L., *La psychologie quotidienne*, PUF, 1984.

Beauvois, J.-L. & Joule, R.-V., *Soumission et idéologies, Psychosociologie de la rationalisation*, PUF, 1981.

Benz, W., "Death Toll", *in* W. Laqueur (Ed.), *The Holocaust Encyclopedia*, Yale University Press, 2001, p. 137-145［ウォルター・ラカー編『ホロコースト大事典』井上茂子ほか訳，柏書房，2003年］.

Bergson, H., *Les deux sources de la morale et de la religion*, PUF, 2003 (première édition : 1932)［ベルクソン『道徳と宗教の二つの源泉』合田正人・小野浩太郎訳，ちくま学芸文庫，2015年］.

Berlin, I., "Two Concepts of Liberty", in *Liberty*, Oxford University Press, 2008, p. 166-217.

Berlow, A. "The Wrong Man", *The Atlantic Monthly*, 1999, November, p. 66-91.

引用文献

原則として，欧文の引用文献について邦訳がある場合は［　］内に記し，また，邦訳が複数ある場合は，発行年の新しいものを優先して掲載した．

A

青木英五郎「自白維持と部落差別との関連について」『青木英五郎著作集Ⅱ』（田端書店，1986 年）所収

青木英五郎「自白過程の研究」『青木英五郎著作集Ⅱ』（田端書店，1986 年）所収

秋山賢三『裁判官はなぜ誤るのか』（岩波新書，2002 年）

Anderson, E. S., “What is the Point of Equality?”, *Ethics, 109*, 1999, p. 287-337.

Anscombe, E., *Intention*, Blackwell, 1957.

Anspach, M. R., *A charge de revanche*, Seuil, 2002.

Appiah, A., “Racism and Moral Pollution”, *in* L. May & S. Hoffman (Eds.), *Collective Responsibility: Five Decades of Debate in Theoretical and Applied Ethics,* Rowman & Littlefield Publishers, Inc., 1991, p. 219-238.

Arendt, H., *Eichmann in Jerusalem: A Report on the Banality of Evil*, Penguin Books, 1994 (first edition: 1963)［ハンナ・アーレント『イェルサレムのアイヒマン――悪の陳腐さについての報告』新装版，大久保和郎訳，みすず書房，1994 年］.

Arendt, H., *Responsibility and Judgment,* edited by Jerom Kohn, Schocken Books, 2003［ジェローム・コーン編，ハンナ・アーレント『責任と判断』中山元訳，筑摩書房，2007 年，ちくま学芸文庫，2016 年］.

有福孝岳『行為の哲学』（情況出版，1997 年）

Aristote, *Rhétorique*, Librairie Générale Française, 1991［アリストテレス『弁論術』戸塚七郎訳，岩波文庫，1992 年］.

Arneson, R. J., “Equality and Equal Opportunity for Welfare”, *Philosophical Studies, 56*, 1989, p. 77-93.

Aron, R., *Introduction à la philosophie de l’histoire*, Gallimard, 1986 (première édition : 1938)［レイモン・アロン『歴史哲学入門』レイモン・アロン選集 4，

ま

や

た

さ

索　引

あ

か

本書は、二〇〇八年七月三十日、東京大学出版会より刊行された。文庫化にあたり、大幅な増補と改訂を行った。

〈ほんもの〉という倫理　チャールズ・テイラー　田中智彦訳
個人主義や道具的理性がもたらす不安に抗するには「〈ほんもの〉という倫理」の回復こそが必要だ。現代を代表する政治哲学者の名講義。　（宇野重規）

政治宣伝　ジャン＝マリー・ドムナック　小出峻訳
レーニン、ヒトラーの時代を経て、宣伝は今どのような役割を果たすか。五つの定則を示し、デモクラシーに対するその功罪を見据える。　（川口茂雄）

空間の詩学　ガストン・バシュラール　岩村行雄訳
家、宇宙、貝殻など、さまざまな空間が喚起する詩的イメージ。新たなる想像力の現象学を提唱し、人間の夢想に迫るバシュラール詩学の頂点。

リキッド・モダニティを読みとく　ジグムント・バウマン　酒井邦秀訳
変わらぬ確かなものなどもはや何一つない現代世界。社会学の泰斗が身近な出来事や世相から〈液状化〉の具体相に迫る真摯で痛切な論考。文庫オリジナル。

社会学の考え方〔第2版〕　ジグムント・バウマン／ティム・メイ　奥井智之訳
日常世界はどのように構成されているのか。日々変化する現代社会をどう読み解くべきか。読者を〈社会学的思考〉の実践へと導く最高の入門書。新訳。

コミュニティ　ジグムント・バウマン　奥井智之訳
グローバル化し個別化する世界のなかで、コミュニティはいかなる様相を呈しているか。安全をとるか、自由をとるか。代表的社会学者が根源から問う。

近代とホロコースト〔完全版〕　ジグムント・バウマン　森田典正訳
近代文明はホロコーストの必要条件であった――。社会学の視点から、ホロコーストを現代社会の本質に深く根ざしたものとして捉えたバウマンの主著。

フーコー文学講義　ミシェル・フーコー　柵瀬宏平訳
シェイクスピア、サド、アルトー、レリス……。フーコーが文学と取り結んでいた複雑で、批判的で、戦略的な関係とは何か。未発表の記録、本邦初訳。

ウンコな議論　ハリー・G・フランクファート　山形浩生訳／解説
ごまかし、でまかせ、いいのがれ。なぜ世の中、こんなものがみちるのか。道徳哲学の泰斗がその正体とカラクリを解く。爆笑必至の訳者解説を付す。

21世紀を生きるための社会学の教科書
ケン・プラマー
赤川学監訳
パンデミック、経済格差、気候変動など現代世界が直面する諸課題を視野に収めつつ社会学の新しい知見を解説。社会学の可能性を論じた最良の入門書。

世界リスク社会論
ウルリッヒ・ベック
島村賢一訳
迫りくるリスクは我々から何を奪い、何をもたらすのか。『危険社会』の著者が、近代社会の根本原理をくつがえすリスクの本質と可能性に迫る。

民主主義の革命
エルネスト・ラクラウ／シャンタル・ムフ
西永亮／千葉眞訳
グラムシ、デリダらの思想を摂取し、根源的で複数的なデモクラシーへ向けて、新たなヘゲモニー概念を提示した、ポスト・マルクス主義の代表作。

鏡の背面
コンラート・ローレンツ
谷口茂訳
人間の認識システムはどのように進化してきたのか、そしてその特徴とは。ノーベル賞受賞の動物行動学者が試みた抱括的知識による壮大な総合人間哲学。

ミメーシス（上）
E・アウエルバッハ
篠田一士／川村二郎訳
西洋文学史より具体的なテクストを選び、文体美学を分析・批評しながら、現実描写を追求する。全20章の前半のホメーロスよりラ・サールまで。

ミメーシス（下）
E・アウエルバッハ
篠田一士／川村二郎訳
ヨーロッパ文学における現実描写の流れをすばらしい切れ味の文体分析により追求した画期的文学論。全20章の後半、ラブレーよりV・ウルフまで。

人間の条件
ハンナ・アレント
志水速雄訳
人間の活動的生活を《労働》《仕事》《活動》の三側面から考察し、《労働》優位の近代世界を思想史的に批判したアレントの主著。（阿部齊）

革命について
ハンナ・アレント
志水速雄訳
《自由の創設》をキイ概念としてアメリカとヨーロッパの二つの革命を比較・考察し、その最良の精神を二〇世紀の惨状から救い出す。（川崎修）

暗い時代の人々
ハンナ・アレント
阿部齊訳
自由が著しく損なわれた時代を自らの意思に従い行動し、生きた人々。政治・芸術・哲学への鋭い示唆を含み描かれる普遍的人間論。（村井洋）

メディアの文明史
ハロルド・アダムズ・イニス
久保秀幹 訳
粘土板から出版・ラジオまで。メディアの深奥部に潜むバイアス＝傾向性が、社会の特性を生み出す。大柄な文明史観を提示する必読古典。（水越伸）

重力と恩寵
シモーヌ・ヴェイユ
田辺保 訳
「重力」に似たものから、どのようにして免れればよいのか……ただ「恩寵」によって。苛烈な自己無化への意志に貫れた、独自の思索の断想集。ティボン編。

工場日記
シモーヌ・ヴェイユ
田辺保 訳
人間のありのままの姿を知り、愛し、そこで生きたい——女工となった哲学者が、極限の状況で自己犠牲と献身について考え抜き、克明に綴った、魂の記録。

青色本
L・ウィトゲンシュタイン
大森荘蔵 訳
「語の意味とは何か」。端的な問いかけで始まるこのコンパクトな書は、初めて読むウィトゲンシュタインとして最適な一冊。（野矢茂樹）

法の概念〔第3版〕
H・L・A・ハート
長谷部恭男 訳
法とは何か。ルールの秩序という観念でこの難問に立ち向かい、法哲学の新たな地平を拓いた名著。批判に応える「後記」を含め、平明な新訳でおくる。

生き方について哲学は何が言えるか
バーナド・ウィリアムズ
森際康友／下川潔 訳
倫理学の中心的な諸問題を深い学識と鋭い眼差しで再検討した現代における古典的名著。倫理学はいかに変貌すべきか、新たな方向づけを試みる。

思考の技法
グレアム・ウォーラス
松本剛史 訳
知的創造を四段階に分け、危機の時代を打破する真の思考のあり方を究明する。『アイデアのつくり方』の源となった先駆的名著、本邦初訳。（平石耕）

ポパーとウィトゲンシュタインとのあいだで交わされた世上名高い10分間の大激論の謎
デヴィッド・エドモンズ／ジョン・エーディナウ
二木麻里 訳
このすれ違いは避けられない運命だった？　二人の思想の歩み、そして大激論の真相に、ウィーン学団の人間模様やヨーロッパの歴史的背景から迫る。

言語・真理・論理
A・J・エイヤー
吉田夏彦 訳
無意味な形而上学を追放し、〈分析的命題〉か〈経験的仮説〉のみを哲学的に有意義な命題として扱おう。初期論理実証主義の代表作。（青山拓央）

ちくま学芸文庫

増補　責任という虚構

二〇二〇年一月十日　第一刷発行
二〇二四年三月十日　第五刷発行

著　者　小坂井敏晶（こざかい・としあき）

発行者　喜入冬子

発行所　株式会社　筑摩書房
東京都台東区蔵前二―五―三　〒一一一―八七五五
電話番号　〇三―五六八七―二六〇一（代表）

装幀者　安野光雅

印刷所　明和印刷株式会社

製本所　加藤製本株式会社

ISBN978-4-480-09953-2 C0136